国家出版基金项目
NATIONAL PUBLICATION FOUNDATION

中国近代史学文献丛刊

王东　李孝迁／主编

支那通史

[日]那珂通世／著
周保明／点校

上海古籍出版社

2022年度国家出版基金资助项目

上海市教育委员会科研创新计划重大项目
“‘行动的指针’：中共史家的国史书写（1941–1979）”
（2023SKZD06）

华东师范大学社会主义历史与文献研究院、
“中国历史学话语体系建设与国际传播基地”资助项目

那珂通世（1851–1908）

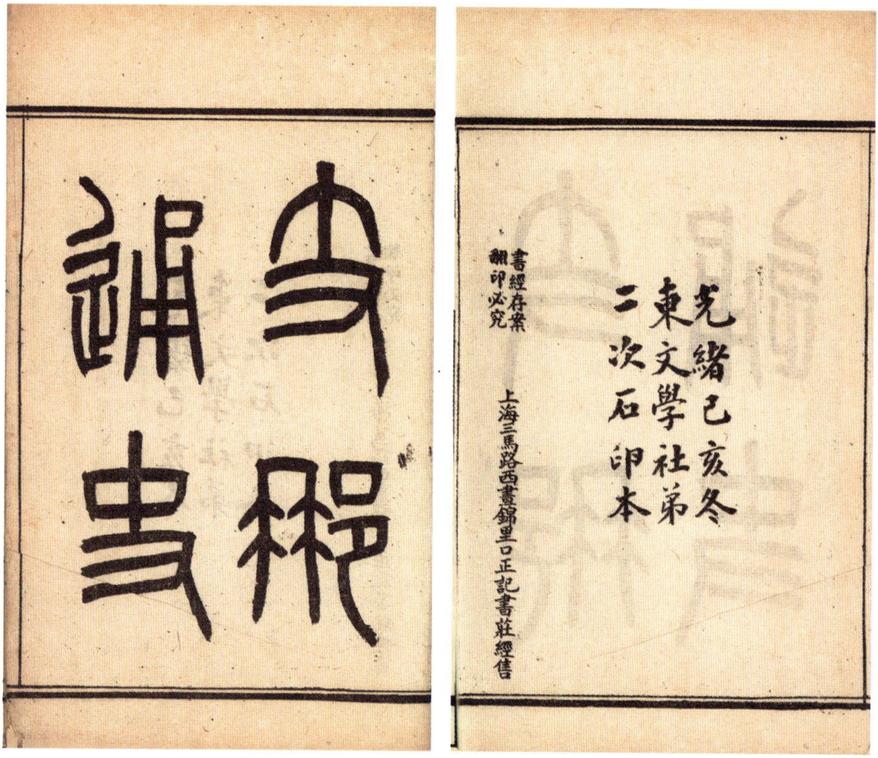

支那通史

光緒己亥冬
東文學社第
二次石印本

書經存案
翻印必究

上海三馬路西畫錦里口正記書莊經售

支那通史

丛刊缘起

学术的发展离不开新史料、新视野和新方法，而新史料则尤为关键。就史学而言，世人尝谓无史料便无史学。王国维曾说："古来新学问之起，大都由于新发现。"无独有偶，陈寅恪亦以为"一时代之学术，必有其新材料与新问题"，取用此材料，以研求问题，则为此时代学术之新潮流；顺此潮流者，谓之预流，否则谓之未入流。王、陈二氏所言，实为至论。抚今追昔，中国史学之发达，每每与新史料的发现有着内在联系。举凡学术领域之开拓、学术热点之生成，乃至学术风气之转移、研究方法之创新，往往均缘起于新史料之发现。职是之故，丛刊之编辑，即旨在为中国近代史学史学科向纵深推进，提供丰富的史料支持。

当下的数字化技术为发掘新史料提供了捷径。晚近以来大量文献数据库的推陈出新，中西文报刊图书资料的影印和数字化，各地图书馆、档案馆开放程度的提高，近代学人文集、书信、日记不断影印整理出版，凡此种种，都注定这个时代将是一个史料大发现的时代。我们有幸处在一个图书资讯极度发达的年代，当不负时代赋予我们的绝好机遇，做出更好的研究业绩。

以往研究中国近代史学，大多关注史家生平及其著作，所用材料以正式出版的书籍和期刊文献为主，研究主题和视野均有很大的局限。如果放宽学术视野，把史学作为整个社会、政治、思潮的有机组成部分，互相联络，那么研究中国近代史学所凭借的资料将甚为丰富，且对其也有更为立体动态的观察，而不仅就史论史。令人遗憾的是，近代史学文献资料尚未有系统全面的搜集和整理，从而成为学科发展的瓶颈之一。适值数字化时代，我们有志于从事这项为人作嫁衣裳的事业，推出《中国近代史学文献丛刊》，计划陆续出版各种文献资料，以飨学界同仁。

丛刊收录文献的原则：其一“详人所略，略人所详”，丛刊以发掘新史料为主，尤其是中西文报刊以及档案资料；其二“应有尽有，应无尽无”，丛刊并非常见文献的大杂烩，在文献搜集的广度和深度上，力求涸泽而渔，为研究者提供一份全新的资料，使之具有长久的学术价值。我们立志让丛刊成为相关研究者的案头必备。

这项资料整理工作，涉及面极广，非凭一手一足之力，亦非一朝一夕之功，便可期而成，必待众缘，发挥集体作业的优势，方能集腋成裘，形成规模。华东师范大学历史学系，在史学理论与史学史研究领域有着长久深厚的学术传统，素为海内外所共识。我们有责任，也有雄心和耐心为本学科的发展贡献绵薄之力。在当下的学术评价机制中，这些努力或许不被认可，然为学术自身计，不较一时得失，同仁仍勉力为之。

欢迎学界同道的批评！

前　言

日本学者译介、研究西洋史，号称为掌握“万国文明之变迁大势”，然后向先进学习；而他们专注于“支那史”，目的同样在于了解“邻邦开化之大势”，着眼其“弱点”，为建立“新的东亚秩序”出谋划策。现实政治与历史写作的高度缠绕，“日本在明治维新以前，幕府擅权，封建的制度尚未泯灭，于是德川家著《大日本史》，主张尊王攘夷，忠君爱国，群相鼓吹，于是‘倒幕论’普及全国，浅见䌹斋因之著《靖献遗言》，备述中国古烈士之事迹，以鼓舞国民的爱国精神。山县大贰、顿山阳诸名流又从而响应之，因此倒幕空气，益为嚣张。幕府既倒，维新局面赖以成功。日本史家向自称为吴太伯或徐福之后为荣，其后喜言国体，俱削而不书。文部省常令那珂通世等，编著日本历史，从新作东洋史，以提高国民自尊和自信的心理，所以日俄战后，即有‘日本的强盛，由于日本历史助成’的论调”。[①]

自明治维新起，日本开始全方位向西方学习，欧美历史著作遂盛行于东瀛，如法国基佐（F. Pierre Guillaume Guizot）《欧罗巴文明史》（*Histoire de la Civilisation en Europe*，永峰秀树译，1877 年）、英国巴克尔（Henry Thomas Buckle）《英国文明史》（*History of Civilization in England*，土居光华等译，1879 年）、美国巴来（Peter Parley）《万国史》（*Universal History, on the Basis of Geography*，牧山耕平译，1886 年）、英国须因顿（Willian Swinton）《万国史》（*Outlines of the World's History*，植田荣译，1886 年）等，对日人的历史书写产生了莫大影响。此前，日本中学的中国史教科书，多采用《十八史略》《元明史略》《清史揽要》等书，“但比之欧美历史教科书，其体裁大异，编纂之旨

① 郑鹤声：《中小学本国史教授的目标》，《申报》1936 年 1 月 16 日，第 11 版。

趣亦不同，关于历史上扼要事项之选择，颇多遗憾，故中学教科书之支那史，当时实有修纂之必要”。[①]《支那通史》的编著，正是应时代之需、融合旧学新知的产物，“这支那史的学风，和幕末以来输入的西洋风史学相接触，在新日本底史学界，产生了相背而驰的两个倾向：一个是，要把新来的东西类化于旧来的支那史中；一个是，要把旧来的东西，应化于新来的西洋风史学中。重视客观的史实的西洋风的支那通史，实由于后者底胜利而产生的”。[②]

那珂通世（1851—1908）为盛冈武士之后，1872 年入学庆应义塾别科，毕业后经福泽谕吉推荐，在师范学院与初中担任教职，后成为千叶师范学校与东京女子师范学校的校长、东京大学教授。1901 年获得文学博士学位。次年被任命为国语调查委员与净土宗大学佛教地理讲师，后前往中国、朝鲜作调查。

日本之有东洋史学，其筚路蓝缕之功，不能不推那珂通世、白鸟库吉、桑原骘藏三人，“那珂博士中年以后，致力于东洋史学之创造，晚年覃精蒙古史，成不朽之名著。白鸟博士则恃其对于语言学上深厚之禀赋，对于塞外史多所发明；与泰西学者联镳并驰，为一代大师。而桑原博士比之二人为最少之晚进，夙与两博士齐名。其少作《中等东洋史》，裁制创新，删修整美，早为学林所称赏”。[③] 1886 年 7 月，那珂校点《近世朝鲜政鉴》刊行。次年八月，那珂与秋山四郎共著《日本地理小志》书成。“然此不足以见其学力，通世最倾注心力者，为支那史之编纂。”1894 年那珂通世倡设东洋史科目，在学科审查时提议将外国历史分为西洋历史与东洋历史二科，“列席者皆赞成”，是为东洋史科目之发端。“其说明东洋历史曰：‘东洋历史，以支那为中心，叙述东洋诸国治乱兴亡之大势，与西洋历史相对，构成世界历史之一半。’又曰：‘教授东洋历史，须注意日本与东洋诸国古来互相影响如何，且须说明东洋诸国对西洋诸国之关系。对于支那历史，仅以历代之兴亡为主，其人种之盛衰消

---

① ［日］三宅米吉著，黄子献译：《日本文学博士那珂通世传》，《师大史学丛刊》1931 年第 1 卷第 1 期，第 10 页。

② 汪馥泉：《中国学术研究底成绩》，《雨丝》1929 年第 5 卷第 41 期，第 2 页。

③ 《桑原博士还历纪念东洋史论丛》（新书介绍），《国立北平图书馆馆刊》1931 年第 5 卷第 2 号，第 100—101 页。

长可略之。但对于东洋历史，不独详叙东洋诸国之兴亡，且就于支那种、突厥种、女真种、蒙古种等之盛衰消长，亦须说及之。’”①

1895年1月，那珂通世在大日本教育会上作题为《东洋地理历史讲义》的系列演讲中，即以日本在甲午战争中取胜为例，特别强调东洋史教育的现实意义。《那珂东洋小史》(1903年)虽仍以大量篇幅叙述中国历史上的王朝兴衰，并继承了中国正史以中原地区为中心的空间表述，但不再出现《支那通史》中对蒙古军队杀戮抢劫的叙述，否定“汉化”；不再将日本置于以中国为中心的华夷世界的边缘位置，而是将传统中国王朝同周边其他族群置于同样的地位进行叙述，“空间意识及叙事结构都有了很大不同，实际上实现了对中国历史的‘去中心化’”。“东洋史”的“去中心化”叙事，以及所采取的中原与塞外、汉与非汉的二元对立模式，开创了后世日本史学界对东亚史、亚洲史研究的先河。1930年代，随着日本对外侵略扩张的加剧，出现了比“东洋”的地理范围更广的“大东亚”概念。那珂未将日本包括在“东洋”之内，而是将这一地区描述为诸多民族相互竞争的空间，为后来日本向大陆扩张奠定了思想基础。他一方面为甲午战后日本对朝鲜的军事统治寻找历史根据，另一方面将日本描绘成“东洋”文明开化的先导者，甚至憧憬着日本像英国统治印度、俄罗斯统治西伯利亚那样统治中国。②

1897年，那珂通世为桑原骘藏《中等东洋史》作序指出：“叙述欧洲之治乱兴亡，名之谓世界史与万国史，此一偏之见，非通论也。世界文明，非必尽由欧洲，东洋诸国，社会之勃兴，风气之进化，亦不弱于欧洲。东洋大国以四五数，既往、现在、将来，此国之与彼国，其间关系甚繁，既为国民，于东洋历代之乱治兴亡而不晓晰，可乎？故中学校之历史科，国史、西洋史外，有东洋史之目。近人所著东洋史甚多，然皆详中国而略塞外，若东西两洋之交涉，与中央亚细亚之状态，更挂其一而漏其万，欲考求亚细亚古今之大势，终未能了如指掌，予常憾之。迩者文学士桑原骘藏君，将其所著《中等东洋史》视予，予受而读之，史料取材于东西，而博引旁搜，东洋五千年来治乱兴亡之事变，约而能得其要。予喜此书

---

① 《日本文学博士那珂通世传》，第10、14—15页。

② 参见黄东兰：《作为隐喻的空间：日本史学研究中的“东洋”“东亚”与“东部欧亚”概念》，《学术月刊》2019年第2期。

之出于世，足以激动国民爱国之心也。”[1]“激动国民爱国之心”，是那珂著史的目的，《支那通史》成书于甲午战争的前夕，偶然中有必然，必然中也存在偶然。甲午战争客观上加速了“东洋史”的发展，日本之于中国，更加“不怀好意”，诚如时人所揭露：“以日本区区岛民，日日研究支那问题者，亦悍然以染指大陆为正当应行之天职矣。”[2]

《支那通史》的写作始于 1886 年，原计划完成上世史、中世史、近世史七卷。卷一为上世史（自唐虞三代至战国）；卷二、卷三、卷四为中世史（分上中下三期，上期自秦汉至晋并吴，中期为西晋南北朝至隋唐，下期自五代辽宋至金章宗末年）；卷五、卷六、卷七为近世史（分上中下三期，上期自蒙古始兴至元惠宗北迁，中期自明太祖至清太宗，下期自清世祖至晚清）。1888 年 12 月，“脱稿者有第一第二第三上共三册，乃刊行之”，1889 年 12 月第四册（第三卷下）发刊，1890 年 12 月第五册（第四卷）梓行。《支那通史》前四卷在两年内由东京中央堂出齐，然“近世史”终未完卷。对此，三宅米吉指出：“通世对于学问之研究，不尽则不止，其编《支那通史》，渐进至元代时，广求其史料于东西诸书，遂欲读其原据之蒙古文史籍，因此大费时日，以致停止《通史》之编纂，竟失续修之期。”[3]那珂大费时日深研蒙古史料，而后其翻译校注的《成吉思汗实录》能成为“不朽之杰作”，这段话是最好的说明。

《支那通史》之首篇，先说地理概略、人种类别、历朝概要。其上世史六篇，叙述唐虞三代至春秋战国之事迹，终以世态文物及先秦诸子之二篇，阐明上世之制度文化，“兼参西洋史例”。[4] 卷二至卷四为中世史，叙述秦汉至五代辽宋（至宁宗开禧中）金（至章宗末年）之史事变迁与制度沿革，尤其对中世中国纷繁复杂的各并立政权（或割据政权），处置巨细靡遗而详略得当。书中的古地名注以今名，年代则标注中国境内各主要并立政权纪年、朝韩纪元和日本纪元，且于卷末附录历朝兴亡禅代图、各朝及列国世系、帝王在位年数与年号表、历代官名（职官）沿革表等，卷四附录还增加了宋百官品秩表、宋儒传授图、文庙从配沿

---

① ［日］桑原骘藏：《中等东洋史教科书》，周同愈译，上海文明书局，1904 年，“序”。
② 饶怀民编：《杨毓麟集》，岳麓书社，2008 年，第 42 页。
③ 《日本文学博士那珂通世传》，第 11—12 页。
④ ［日］那珂通世：《支那通史》，东京中央堂，1888—1890 年，“序”（岛田重礼）。

革表。

《支那通史》有鲜明的特色。第一,开章节体史书之先河,分篇叙述,篇下分章,因事立题,各相统摄,按朝代顺序,依次编写,简易明白,一览了然,“凡显著之故事言行,概无遗漏,又不失事迹之要领”。[①] 成为适用于课堂教学的教材。第二,按上古、中古和近世划分中国历史,打破了传统的王朝更替、治乱兴衰为主线的叙事结构。第三,叙事完备,以取材中国旧籍为主,如《尚书》《左传》等先秦典籍,以及正史、《通鉴》《续通鉴》《通鉴纪事本末》《宋史纪事本末》《十八史略》《通鉴揽要》等,兼及《廿二史札记》《十七史商榷》《读通鉴论》等史论专著,同时参考欧美的中国研究著作数十种,尤其关于西域诸国交涉之事迹,“参酌欧人之研究,而采其要,以明了欧亚大陆诸国之史的关系”。[②] 第四,该书各卷详实而完备的“附录”,是十分必要、有益的补充。

南摩纲纪在东文学社本《支那通史》“序”中树立著史十条标准:“一曰详治乱之源委、国势之隆替,二曰辨政刑之美恶、教育之盛衰,三曰明地理之形、人种之别,四曰审制度之沿革,五曰记学术之异同、工艺之变迁,六曰分贡举铨选之良否,七曰举兵赋财政货币之制,八曰析贤愚淑慝忠奸正邪之迹,九曰载农商之勤惰、风俗之醇漓,十曰揭他国交涉之事。”这十条标准或方面,已明显隐含了此后不久萌发的“新史学”的气象。南摩纲纪同时指出,支那旧史或卷帙浩瀚,或散见诸书,“非专费十数年之力,则不能知焉”,已不能适应新式教育,而《十八史略》《通鉴揽要》等书,又“取舍详略失其宜,所谓十要者无由知之”。《支那通史》则对于“十要”略记不遗,“初学熟读此书,则不费力而得略知支那四千年之治乱、政刑、地理、人种、教育、制度、风俗及农工商等之大体,其为稗益也大矣”。[③] 中村正直也认为,《十八史略》《通鉴揽要》等“但止于纪事实,而不及典章法度”,而那珂此书,“纪事实而及制度,略古代而详近世,不独采于支那史,而兼收洋人所录,简易明白,一览了然”。[④] 王国维则以“良史”称之,赞其“取精于诸史,而复纵横上下于二千余年之书,

① 《日本文学博士那珂通世传》,第 11 页。
② 《日本文学博士那珂通世传》,第 11 页。
③ [日]那珂通世:《支那通史》,上海东文学社,1899 年,“序”(南摩纲纪)。
④ [日]那珂通世:《支那通史》,东京中央堂,1888—1890 年,“序”(中村正直)。

以究吾国政治、风俗、学术之流迁，简而赅，质而雅，而后吾族之盛衰与其强弱、智愚、贫富之所由然可知也”。①

中国历史停滞论是那珂通世对中国历史的基本认识。他说：“汉人谈治，必称唐虞三代之隆。三代者，谓夏商周也。其文化之盛，虽不尽如汉人所称，而当四邻皆纯夷之时，汉土独为礼乐之邦，政教风俗已擅美于东洋，足以观古代开化之一例矣。秦汉以下二千余年，历朝政俗，殆皆一样，文化凝滞，不复运动，徒反复朝家之废兴而已。其间战乱攘夺，不可胜纪。而其祸最惨烈者，在胡汉陵轹之时。然而胡人已取汉土，则舍其旧习，辄从汉俗，失其为异种之实。盖支那建国甚久，成俗极固，其开化之度，亦非四夷之可及，故胡人或能以其武胜汉，而以其文，则必自服于汉，虽胡君在上，其国则依然汉唐之中国也，国民之情态一定不变，无进无退，恰如在范型之中，此支那开化之所大异于西国也。”②“然其间有治朝，有乱世，如秦晋隋，暂成一统，其业不长，汉唐宋运祚久延，政俗又有可观者，故昔人或称之为后三代，其后元明清相踵，皆为隆盛之朝，此亦足称近世三代矣。然则古三代之后，二十六朝，其可称盛世者，即两次三代也。”③那珂还认为，中国学问以先秦为巅峰时代，之后的中国社会沉浸于故习的尚古主义，文化停滞不前。廖平曾谓“日本学说以六经退化有违进化公理”，自注云：“日本那珂通世颇疑《尚书·禹贡》未免夸饰，且谓中人尊经守古，坐此奴性，凡百学术遂无进步。”④那珂指出中国文化没有前进性、发展性，缺少进步思想，其通过对中国文化的批判，暗示日本国家要坚持独立自强的重要性。《支那通史》并非那珂通世学术“成熟期”的作品，但它诞生于甲午战争前夜，以上种种，与其说是在“诋毁”中国，不如说是在“警醒”日本。

以《支那通史》全书观之，作者的“论”并不常见，编写的主要手法是依据史料铺陈史实。以写人为例，如第八篇《先秦诸子》，专门的“传记”仅第二章《孔子略传》，短短数百字，从孔子生平事迹，到学说著述、教育

① 罗振玉（王国维代笔）：《重刻〈支那通史〉序》，［日］那珂通世：《支那通史》，上海东文学社，1899年。

② ［日］那珂通世：《支那通史》，二〇节。

③ ［日］那珂通世：《支那通史》，二一节。

④ 廖平：《世界哲理笺释·世界哲理进化退化演说》，巴蜀书社，2019年，第733页。

成就和后世影响，剪裁得当，言简意赅。又如对“焚书坑儒”事件的描写，仅是基本史料的转述。关于“焚书”，在李斯的建议下，除秦国史书、“医药卜筮种树之书”外，余书全部烧毁，“有敢偶语诗书者弃市，以古非今者族”。“坑儒”更是秦始皇猜忌多疑、刚愎自用，为一己之私欲的体现。① 作者少见地对王安石变法有所批评：“凡安石所行新法，青苗最为深害，其他保甲、募役、市易、保马、方田均税、免行钱诸役相继并兴，其法虽未必皆恶，行之不得其人，且以违祖法，乖民情，故上下不便，怨议纷起。汉人深畏天变，安石独谓灾异皆天数，非关人事得失，时人皆以为慢天悖经。”②又云：“宋初国用虽滥，然主皆宽厚，吏治亦淳，尚无病民之事。自神宗行青苗等法，而民始受害，然犹为富国强兵起见也。”③

《支那通史》甫一出版，“诸学校教科用之支那史，遂大进步，面目一新。其后清末变更教育制度，建设学校，亦以此书为适合新教科……盖此书所以用汉文著述，因以替代当时中学教科书之《十八史略》，然其后日本各中学渐不用汉文教科书，适值清末，新学竞起，因此书为汉文，遂受支那人之欢迎，至重刊流布，通世似预察支那之将来，而著此书也”。④ 1899 年，罗振玉主持的东文学社翻刻《支那通史》面世，成为争相购入的畅销书，“久已脍炙士林，岁不下脱销万余部，其价值可知”。⑤以至于重印时不得不附上了禁止书贾“翻刻射利”的告示。1899 年 6 月 14 日，东文学社在《申报》上刊登的售书广告，称赞《支那通史》“体例精善，于历代政令、风俗、建制沿革考证详核，洵为至美至善之作”，此后在该报“最要新书”栏目上榜两年之久。此书除东文学社及农会报馆出售外，慎记书庄、广学会、格致书室、申昌书局、千顷堂、十万卷楼、著易堂、两宜斋并各书庄等均有寄售。⑥ 现存黄遵宪故居人境庐私人藏书中有日本刻《支那通史》残本一部，卷二封底为黄遵宪手书残迹，曰：“（前缺）其后以语梁任父，任父谓不如用《日本国志》之体作中国史。然

① ［日］那珂通世：《支那通史》，二〇〇、二〇一节。
② ［日］那珂通世：《支那通史》，八九五节。
③ ［日］那珂通世：《支那通史》，一〇三三节。
④ ［日］《日本文学博士那珂通世传》，第 11 页。
⑤ ［日］山峰畯藏著，中国汉阳青年编：《续支那通史》，崇实书局，1904 年，“序”（马雄）。
⑥ 见《申报》1899 年 6 月 14 日，第 4 版。

亦托之空言而已。今年始见日本人那珂通世所撰此书，破尽崖岸，不受史家通例之缚束，所见乃胜于史余。然所采疏略，于古今荦荦大事，亦有未厌人意之处。要之，中国通行之史未有过之者也。执此一编熟诵之，用力少而收效立易矣。辛丑十月书此以给和兄。”①黄氏对此书评价之高，实无出其右者。

《支那通史》对中国近代史学产生了积极影响。清末中国学人掀起了模仿日本史书改编或自撰中国历史教科书的热潮，难怪顾颉刚说《支那通史》是“现在一切的中国中小学历史教科书的祖本”。②《支那通史》引入中国，在当时具有重要意义，中国通史著作（教科书）的编纂方面，无论对于学人开阔视野、更新观念，还是其新颖的体例安排、叙事模式，均对新旧交替之际中国“新史学”的发轫产生了较大的影响。1899—1902 年间，上海格致书院多次以“读《支那通史》书后”作为课题。③ 1902 年柳诒徵以《支那通史》为蓝本，改编、增补完成了《历代史略》，被学部审定为“中学应用历史教科”。《历代史略》凡六卷，前四卷改编自《支那通史》，后二卷（元、明两代）则为柳氏自撰，体裁上仍参照《支那通史》，卷下分篇章。1903 年京师大学堂刊印的《暂定各学堂应用书目》“中外史学门”，仍将《支那通史》确定为教科书，各地新式学堂、官私学校，纷纷遵照使用。

对于“支那人不能作支那史，窃取东籍而揣摩之”的普遍情形，王国维的态度颇为开放，正如他所说：“呜呼！以吾国之史，吾人不能作而他人作之，是可耻也；不耻不能作而耻读他人所作之书，其为可耻孰过是也。”④而章太炎则显得略为“自大”，在一次演讲中曾说：“至于中国的各种学问，日本的深浅，兄弟已经略略看得明白了。现在不必揭他人的短处，只说诸君回去施教，若信了日本的语，就要防防学生的伏兵，且看中国历史一项，一部《纲鉴易知录》，向来中国略读书的人，是看得最浅

---

① 转引自李玲《黄遵宪故居人境庐保存的日本汉籍》，《江西科技师范学院学报》2006 年第 5 期。按，“和兄”即温仲和，黄遵宪的同乡好友。

② 顾颉刚：《春秋时代的县》，《禹贡》1937 年第 7 卷第 6、7 期合刊，第 169 页。

③ 见《申报》1899 年 7 月 2 日，第 3 版；《申报》1899 年 12 月 26 日，第 3 版；《申报》1902 年 1 月 3 日，第 3 版。

④ 罗振玉（王国维代笔）：《重刻〈支那通史〉序》，［日］那珂通世：《支那通史》，上海东文学社，1899 年。

陋的，但到这边来听的历史，一部《支那通史》，翻来复去，缭绕了许多，比《易知录》更加浅陋。”[①]在章太炎看来，如此浅陋的史书，居然在中国热销，反说明中国史学界在国史书写上的滞后，甚至到了1940年代都没有产生被国人普遍接受的中国通史。

有鉴于《支那通史》长期以来没有标点本，故将此书列入《中国近代史学文献丛刊》。《支那通史》由汉文写成，1888—1890年间由东京中央堂初刻初印（前有中村正直序、岛田重礼序）。1899年上海东文学社石印此书（前有南摩纲纪序、王国维代罗振玉序）。1938—1941年间东京岩波书店出版了《支那通史》和田清的日文译本（前有和田清序）上中下三册（日译本取消了各段首的“节”序号）。在中国最通行者当属东文学社翻印本，也是此次点校整理所采用的底本，同时在必要时对照了中央堂初印本和岩波书店日译本。此次整理在内容上不做任何改动，保持原貌，即便个别“不合时宜”的字、词、句，我们也主张“本色”呈现，不删改不掩盖，毕竟任何一部历史著作都有其时代性，读者自会以历史的眼光加以评判。尤其“支那”一词，早已进入历史的场域，但它一度十分流行，语义多歧，也是事实，如果轻率改动，反而遮蔽了历史真相。各卷之“附录”颇具价值，亦予保留；对个别目录和正文中表述不一致的地方则稍加调整。《支那通史》正文共有一〇五三“节”，根据内容，每“节”可独立成“段”，但整理时一仍其旧，不做分段处理，且保留了“节”前的汉字数字序号（如“一〇五三节”），以小字呈现。古今地名、年代或其他注释或说明性质的小字部分，仍以小字处理；书中有数量不少的异体字，均径改为现代汉语习惯用字；因字形相近而刊刻错误者，如呕误为欧、毋误为母、戌误为戍、他误为佗、旱误为早、太误为大、闻误为间、于误为干、阵误为陈、浙误为淅、秦误为泰等，皆径改；衍字直接删除，缺字则按句意补。上述种种，均不作校注校记。

周保明

2024年夏于华东师大古籍部

---

① 章太炎：《留学的目的和方法》，章念驰编订：《章太炎全集·演讲集》上，上海人民出版社，2015年，第133—142页。

支那通史序

凡著史之要有十焉：一曰详治乱之源委、国势之隆替，二曰辨政刑之美恶、教育之盛衰，三曰明地理之形、人种之别，四曰审制度之沿革，五曰记学术之异同、工艺之变迁，六曰分贡举铨选之良否，七曰举兵赋财政货币之制，八曰析贤愚淑慝忠奸正邪之迹，九曰载农商之勤惰、风俗之醇漓，十曰揭他国交涉之事。余观支那史，固载此十要，然或卷帙浩瀚，或散见诸书，非专费十数年之力，则不能知焉。

今上重教育以为修齐治平之本，敕谕奖励，贤相良吏承奉翼赞，学校遍都鄙，至渔樵子女亦皆就学，可谓盛矣。其设科也，采择万国所长合教之，其目甚多，不得专力于一科，故若支那史，亦不得不就其略者读之，于是以《十八史略》《通鉴揽要》等为课本，然此二史取舍详略失其宜，所谓十要者无由知之，余常憾焉。窃不自量，欲为初学编课本而未果，顷那珂盛冈著《支那通史》征余叙，余一阅拍案曰：善哉！凡余所欲载十要略记不遗，可谓先获我心者矣。初学熟读此书，则不费力而得略知支那四千年之治乱、政刑、地理、人种、教育、制度、风俗及农工商等之大体，其为稗益也大矣。抑余更有望于盛冈能继此书著本邦及欧米之略史，亦各记其十要，则裨益于初学有最大者矣，刮目而待之。

明治二十四年纪元节识于东京环碧楼。高等师范学校教授南摩纲纪。

钦命二品顶带江南分巡苏松太兵备道兼管水利驿监事务世袭三等男爵李　为

给示谕禁事：据东文学社司事张叔衡禀称，窃中东绅士于去年春间在新马路开设东文学社已有年余，拟译印各书为各学堂教科之用，兹先印行《支那通史》一部以外，已译未印及未译成之书尚有数十种，并拟陆续付梓。惟坊间书贾习气，见书销路稍畅，往往冒名翻印射利，校雠不精，贻误学者，且于学社权利未免有碍，禀请示禁。前来除批示外，合行给示谕禁。为此示：仰书贾坊铺人等一体知悉，尔等不得将该学社前项译印书籍及续印各书私行翻印，希图渔利，如敢故违，一经告发，定即提案究罚不贷，其各遵照毋违。特示。

光绪贰拾伍年肆月初八日示

重刻支那通史序

临百里之地，于其境之贤士大夫、奸宄败类之数罔不知，民之疾苦利病罔不悉，则可谓良吏焉矣；临天下之众，于其国之盛衰，民之智愚、贫富、强弱，罔不探其所由然而知所以治之之术，则可谓良君相焉矣。若夫上下数千年，而究其一群之盛衰与其智愚、贫富、强弱之所由然，探赜索隐，举幽渺而张皇之，则非所谓良史者哉！故所贵乎史者，非特褒善贬恶、传信后世而已，固将使读其书者，知夫一群之智愚、贫富、强弱之所由然；所贵于读史者，非特考得失、鉴成败而已，又将博究夫其时之政治、风俗、学术，以知一群之智愚、贫富、强弱之所由然。近百年来，民智日进，新理日出，承学之士，持今世之识以读古书，故其所作提要钩元，而于政治、风俗、学术之间尤三致意。吾友东传藤田学士之言曰：自进化之论出，学子益重历史。岂不然哉！岂不然哉！振玉窃持此义以求诸古史氏，则唯司马子长氏近之，此外二十余代，载籍如海，欲藉此以知一时之政治、风俗、学术，譬诸石层千仞，所存僵石不过一二，其他卷帙纷纶，只为帝王将相状事实、作谱系，信如斯宾塞氏东家产猫之喻，事非不实，其不关体要亦已甚矣。《支那通史》者，日本那珂通世之所作也，都若干卷，取精于诸史，而复纵横上下于二千余年之书，以究吾国政治、风俗、学术之流迁，简而赅，质而雅，而后吾族之盛衰与其强弱、智愚、贫富之所由然可知也。此非所谓良史者欤！所谓持今世之识以读古书者欤！以校诸吾土之作者，吾未见其比也。岂今人之果胜于古人哉！抑时使然欤！呜呼！以吾国之史，吾人不能作而他人作之，是可耻也；不耻不能作而耻读他人所作之书，其为可耻孰过是也！故序而重刊之，世之君子以览观焉。

光绪己亥三月，上虞罗振玉序

目　录

卷 之 二

卷　之　三

卷之四

支那通史卷之一

首篇　总论

第一章　地 理 概 略

一节支那帝国，又名大清国，亚细亚洲之大国也。土地之广，亚于露英，人民之众，冠于列国。东隔东海，与我日本国相望，南临南海，接壤安南、南掌、缅甸，西南以喜马拉山与印度分界，东北有乌苏里江、黑龙江，北有阿尔泰山，西有天山、葱岭，皆以与露国分界，东西千三百余里，南北八百余里，面积凡七十二万方里，几居亚细亚三分之一。　二节东南一大部，支那本土也。纵横各五百余里，面积二十五万方里，大于我日本十倍。其地屡经朝家之兴亡，国号随变，无一定之称，国人自称曰“中国”，盖以为居天下之中也。又曰“中华”，或曰“华夏”，犹言文明之邦也，此皆对夷狄之称，而非国名也。大清者，今代之国号，即所以别于前朝也，与外国相对，亦用此称。外人概谓之“支那”，此非国人所自名，昔秦皇帝威震四夷，故西北诸国，遂呼其地曰“秦”，后转为“支那”也。汉朝代秦，有国四百余年，其后唐朝兴，有国殆三百年，皆远通外国，故又曰汉，曰唐，称其民曰汉人，或曰唐人。　三节国中连山大者数条，概皆与昆仑山脉相连。昆仑在天山之南，喜马拉山之北，群峰东趋，分为数支，东南入中国，为雪岭、云岭、岷山。岷山又分二支，相并而东，南支为剑山，为汉南诸山，至荆山而极；北支为朱圉、嶓冢、终南、太华，又东为熊耳、嵩高，山势南折，为方城、桐柏诸山，又转而东，至天柱而极，西人谓之北岭。北岭支脉北出者，曰吴山、陇山、桥山。云岭之东南，有越城、骑田、大庾诸岭。九疑、武夷诸山，蜿蜒数百里，达于东海之滨，谓之南岭。骑田、大庾之间，有大支脉北出，其高峰曰衡山，昆仑之一支稍北者曰祈连山，东过中国之北，为贺兰山、阴山、兴安岭，又东为医巫闾山、长白山，又有山东、山西诸山。山西诸山，与阴山相连，其长岭曰太行，高峰曰恒山、霍山。山东诸山，自为一群，不与诸大岭相连续，其高峰曰泰山、沂山。　四节国中有二大川，曰河，曰江。河水发源昆仑之东，斜过中国西北隅，北出塞外，遇阴山而东折，谓之北河；转而南，复入中国，过太行、桥山之间，谓之西河；遇北岭而东，谓之南河；又转东北，谓之东河，终注于渤海。其水溷浊带黄色，故号黄河，长凡一千余里，下流多水患，流域屡变。古时自南河转北，入大陆泽，东北会于湿水，而河东别有济水，略同今河道。其后河流渐东徙，与济合，遂转东南，以会于淮。至三十余年前，复转徙东北，今河道是也。其支川大者，左有汾水，右有渭水、洛水，三水皆名著于史。江水出于河源之西，东南入中国，名金沙江，转而东北，与岷江合，始称大江。东流并洞庭、鄱阳两湖之水，注于东海。下流一名扬子江，长凡千三百余里，大舶可航四百里，小船可溯七百里，实为亚细亚第一巨流。支川大者十余，皆大于我石狩川，而汉水最显，汉朝、汉土之号，实本于此水名。其外大川甚多，湿水一名永定河，发源太行之西北，并河北诸川，注于渤海。淮水发源桐柏山，并河南诸川，汇为洪泽，注于东海。粤江发源金沙江之东南，东流三百里，入南海，大次江河。　五节南北二岭横绝中国，地势分为三带，北岭淮水以北为北带，其南至南岭为中带，中带之南为南带。清朝置十八省以分辖中国，其六省在北带，曰直隶、山东、山西、河南、陕西、甘肃。直隶为清之畿辅，京城位其北，在永定河之左。七省在中带，曰江苏、安徽、浙江、江西、湖北、湖南、四川，唯江苏、安徽北境逾淮入北带。四省在南带，曰福建、广东、广西、云南。一省跨中南二带，曰贵州。南带之南有二大岛，曰台湾、琼州，台湾隶福建，琼州隶广东。顷闻清朝将建台湾为一省，未详其果然否。　六节各省有异名，直隶曰燕，山东曰齐，山西曰晋，河南曰豫，陕西曰秦，甘肃曰陇，江苏曰吴，安徽曰皖，江西曰江，四川曰蜀，贵州曰黔，云南曰滇，又合称陕西甘肃曰陕甘，江苏安徽曰江南，江南江西曰两江，湖北湖南曰湖广，又曰楚，福建浙江曰闽浙，广东广西曰两广，又曰粤，云南贵州曰云贵。　七节北带者，支那人种之所创建帝国也，历代国都多在此中。黄河左右自古称为中原，治世则常为文物之会，乱世则必为兵争之地。中带之民，势力常逊北人，而土田之美，水运之利，却胜北地，支那之富源，实在于兹，故户口繁殖，殆倍北带，而四倍南带。江苏、安徽、浙江三省，人烟最稠密，幅员不大于我邦，而人口殆三倍之。南带昔时为荒裔之地，自西国通商以来，埠头并设，贾舶云集，遂为富盛之地。　八节直隶省之东北一部曰满洲，虽在塞外，为清朝直辖之地，置盛京、吉林、黑龙江三省，谓之东三省。朝鲜国在满洲之南，斗出于东海、日本海之间，北以图们江、长白山界吉林省，西北以鸭绿江界盛京省，南端近接我邦，距对马岛直径仅十五里。　九节中国之西北一带，东至兴安岭，西至葱岭，南至喜马拉山，地势隆起，为一大高原，平地出于海面约数千尺，或至一万余尺。其地去海甚远，群岭遮蔽其东南，太平、印度二洋所发之云气，莫能达之，是以土壤干枯，少雨露之泽，有大沙漠，横亘九百里，起兴安岭，达于昆仑之阯，土人名曰戈壁，汉人或谓之瀚海。　一〇节高原诸部落，地界不甚明，大别之曰蒙古、伊犁、青海、西藏。又有甘肃省所辖地，斗入诸蕃部之间，西包罗布泊，北据天山，其东为蒙古，其西为伊犁，其南为青海。蒙古跨沙漠分为二部，漠南曰内蒙古，漠北曰外蒙古。伊犁跨天山，亦分南北二部，北曰新疆（一名天山北路），南曰回疆（一名天山南路）。青海，湖名也，今为河源地方之总称。西藏在青海及昆仑之南，地最高，山最峻，金沙江及南亚细亚诸大川澜沧江、潞江、布喇麻普特喇河、印度斯河发源于兹。其地分东西二部，曰前藏、后藏。此大清疆域之大略也。

第二章　人 种 之 别

一一节清国人民，概属西人所谓黄色种者，骨格容貌，与我邦人不甚相异，而种类甚多，其大者六：曰支那种，曰韩种，曰东胡种，曰鞑靼种，曰图伯特种，曰江南诸蛮种。支那种者，即汉人也，自称曰华人，创开支那者，此人种也。初居北岭之北，夙敷文化于河滨，后繁衍于江淮，遂达于南海，十八省皆为其占据，塞北海外亦多迁居。汉人甚重文字，士大夫讲学，专务文艺，所奉教法有三：曰儒，曰佛，曰道。有文学者，皆崇儒教，无学之民，或奉佛教，或奉道教，或并奉佛道二教，而二教之徒，亦大抵崇儒。又有奉基督教者，其徒未众。　一二节韩种，又名高丽种，今朝鲜人是也。文化夙进，亚于汉人，学者专用汉文，又有国字称谚文者，犹我邦有假字也。崇儒奉佛与汉人同，而道教不甚行焉。韩人对外国称自主之国，然世奉朝贡于清，为其与国。　一三节东胡种者，谓满洲及露国东止比利土人也，有数种焉。称满洲种者，独盛清朝，祖宗自此而兴，帝室宗戚及诸旗人迁入中国者，已与汉人混和，仪容风俗，殆无大异。　一四节鞑靼种分为二种，一曰蒙古种，居内外蒙古及青海，以畜牧为业，屡逐水草转移，风俗朴陋，信奉佛教；二曰土耳其种，又名回回，居回疆及中西亚细亚诸国，或迁居中国，皆摩哈麦教徒也。回疆之民，土著勤耕牧，或事商贩，风俗比于蒙古为稍优。蒙、回二种，俱出于古匈奴，勇悍善斗，东亚细亚诸人种中，大著名于西史者，此二种也。　一五节图伯特种，居前后两藏，自称印度刹帝利种之裔，盖鞑靼、印度两种相混者也。多事耕织，又善工艺，信佛教甚深，有教王曰喇嘛，尊崇如神，蒙古佛徒亦多崇奉之。满洲、鞑靼皆有国字，与汉文异，图伯特人以国字译佛经，卷秩颇多。鞑靼、图伯特诸部，皆臣属清朝，而政教多从其民俗，不用中国制度，唯羁縻之而已。　一六节江南诸蛮，小种落甚众，不暇枚举，其稍著者三种：一曰苗，居湖南、贵州；二曰猺，居湖南、两广；三曰獠，居云南。诸种皆性极顽陋，在众夷中为最劣，盖皆太古土人遗裔，及汉人繁殖，退据山谷者也。清朝设土司，任其自治，虽悉属各省之辖，而不与郡县同制。　一七节各种民口不详，大约汉人三亿六七千万，满人、韩人各千余万，鞑靼、图伯特各数百万，江南诸蛮数十万，统计全国，盖不下四亿，而其十分之九汉人也。今宇内之民，殆十有五亿，分为数百种，独汉人以一种居其四分之一，其繁殖之盛，五洲无比。支那史者，汉人之史也。汉人为之主，而鞑靼、东胡参之，递为盛衰，以成东亚细亚之沿革。至近世，鞑靼种稍衰，满人以东胡遗种大兴，遂定今代之业。今以其民口，较诸汉人不过百分之三，然既秉主权，称为贵种，汉人虽众，势力反不及之也。

第三章　朝家屡易附史分三纪

一八节支那者，宇内之旧邦也。开创以来数千年，异姓更王，兴亡相踵。统一中国者，凡十四代，曰唐、虞、夏、商、周、秦、汉、晋、隋、唐、宋、元、明、清。据一方而为帝王者，周末有七王国，秦、楚、齐、燕、赵、魏、韩。汉晋之际有魏、汉、吴三国，晋时有五胡十六国，成、前赵、后赵、前秦、后秦、西秦、前燕、后燕、南燕、北燕、前凉、后凉、南凉、北凉、西凉、夏。晋隋之际，宋、齐、梁、陈相继为南朝，后魏、北齐、后周为北朝，唐宋之际，有梁、唐、晋、汉、周五代及九国。前蜀、后蜀、吴、南唐、吴越、闽、楚、南汉、北汉。五代及宋之时，辽、金相继为北朝，北朝之西，有西夏、西辽，其外伪朝小国倏起倏灭者，不可胜数。历朝兴亡禅代图见卷末附录。　一九节历朝帝王，率皆汉人也。周汉之际，鞑靼种颇强盛，然未敢称尊号。至晋时，鞑靼、东胡诸种始入据中国为帝王，是为五胡。后魏遂以东胡种创建大国，北齐、后周以其种类继之。隋唐之际，鞑靼复盛，后唐、后晋以其支裔帝中原。辽以东胡种久雄于北边，金又继之，中国之大半属于东胡。及元起于鞑靼，灭金并宋，混一华夷，全国始归胡人之统辖矣。明逐元人，而中国复戴汉主者，殆三百年。清朝起于东胡，取明代之，迨今二百余年，基业巩固，华夏之民遂屈从于胡人矣。　二〇节汉人谈治，必称唐虞三代之隆。三代者，谓夏、商、周也。其文化之盛，虽不尽如汉人所称，而当四邻皆纯夷之时，汉土独为礼乐之邦，政教风俗，已擅美于东洋，足以观古代开化之一例矣。秦汉以下二千余年，历朝政俗殆皆一样，文化凝滞，不复进动，徒反复朝家之废兴而已。其间战乱攘夺不可胜纪，而其祸最惨烈者，在胡汉陵轹之时。然而胡人已取汉土，则舍其旧习，辄从汉俗，失其为异种之实，盖支那建国甚久，成俗极固，其开化之度，亦非四夷之可及，故胡人或能以其武胜汉，而以其文则必自服于汉。虽胡君在上，其国则依然汉唐之中国也。国民之情态一定不变，无进无退，恰如在范型之中，此支那开化之所大异于西国也。　二一节然其间有治朝，有乱世，如秦、晋、隋虽暂成一统，其业不长，汉、唐、宋运祚久延，政俗又有可观者，故昔人或称之为后三代。其后元、明、清相踵，皆为隆盛之朝，此亦足称近世三代矣。然则古三代之后二十六朝，秦、汉、三国、晋、宋、齐、梁、陈、后魏、北齐、后周、隋、唐、五代、辽、宋、金、元、明、清。其可称盛世者，即两次三代也。故今图编述之便，假分古今为三大纪，自唐虞三代至六国并于秦，二千余年，是为上世；自秦历汉唐至宋金之衰，千四百余年，是为中世；自元初历明至今，六百八十年，是为近世。中世、近世，又各因其三代，分为三纪，每纪以一卷充之，以叙历代治乱分合之概略，庶几初学之徒，或得由以察我邻邦开化之大势矣。

上 世 史

第一篇　唐虞

第一章　唐虞之国势

二二节支那开化甚古，较之亚细亚西南诸旧邦，最在其先。唐虞之世，距今四千一百余年，先于我邦纪元一千六百余年。汉人之祖先，既为土著之民，号称华夏，本业稼穑树艺五谷桑麻，织布帛锦绮，制陶器漆器，冶铸诸金，雕琢珠玉，营宫室，作舟车，设市场交易百货，有文书历算律度量衡。诸大族各据城邑为君长，谓之群后，即诸侯而小者也，其数甚众，号为万邦，而戴一帝以为宗主，谓之元后，又称天子。礼乐刑赏之制皆略备。　二三节其声教之所及，四百余里，分为九州：一曰冀州，在河之北，今直隶、山西也；二曰兖州，在河济之间，今直隶南境，山东西北境也；三曰青州，自渤海至泰山，今山东中部以东也；四曰徐州，自泰山至淮，今山东南境、江苏安徽北境也；五曰扬州，自淮至南海，今两江闽浙也；六曰豫州，自南河至荆山，今河南及湖北北境也；七曰荆州，自荆山至衡山之南，今湖广也；八曰雍州，在西河之西，今陕甘也；九曰梁州，在华山西南，今陕西南境及四川也。冀、兖、青、徐、豫、雍六州，皆在北带，扬、荆、梁三州，在中带，而两广云贵，未入州域也。　二四节国都在冀州西南，傍近之地可方百里，曰甸服，天子之国也。甸服之外有侯服，侯服之外有绥服，皆群后所国也。绥服以内，殆三百里文化先被之地，古所谓中国也。绥服之外，有要服、荒服，各种夷狄居之，因其方名之，东曰夷，南曰蛮，西曰戎，北曰狄，在九州中为羁縻之部落，时时贡其方物。

第二章　数十世开创

二五节自唐虞而上，邈不可考，古书有三皇五帝之号，而不指名其人，史家或以大皞、炎帝、黄帝、少皞、颛顼为五帝，或以黄帝、颛顼、帝喾、唐尧、虞舜为五帝，或以大皞、炎帝、黄帝为三皇，以少皞、颛顼、帝喾、尧、舜为五帝，或以天皇、地皇、人皇为三皇，以大皞、炎帝、黄帝、尧、舜为五帝，或曰大皞、炎帝、黄帝直相承而帝，或曰大皞传十五世，炎帝传八世，众说纷纷不定。　二六节所谓天皇、地皇、人皇者，非实有其人，后人徒设其名，以表三才开始之序也。旧史记大皞、炎帝、黄帝之事者，亦多杂荒诞之说，今莫由辨其真伪。其叙三帝开创之功甚详，曰大皞始画八卦、造书契、制嫁娶、结网罟、养牺牲、造琴瑟，曰炎帝始造耒耜、教民耕稼、尝百草、制医药、教民日中为市，曰黄帝始作器用、作货币、作舟车、制衣冠、营城邑，命苍颉制文字、大挠作甲子、容成作历、隶首作算数、伶伦作律吕、元妃嫘祖教民育蚕，凡人生利用之事，悉以为出于太古群圣人之制作。至于巢居、火食、衣木皮之类，亦举其创制者。然当草昧之世，华夏之民亦不过为一种夷族，岂有所谓群圣者哉！其称制作者，盖非出于一人一世之造意，积数世之经验而后成，特足以征民智渐开之度而已。　二七节今由唐虞国势之隆，以意推之，支那之向于开化，盖已历数百千年矣。且汉人恐当非支那土人，夫北带之地虽称为中原，固不如中带之沃饶而暖和，然而汉人不先居中带而自北带起者，盖由其本土在西方，沿河流而东迁也。当其入支那，江淮已有诸蛮散处，故先据河北，渐拓地于南疆，及种民益繁，智力益进，则攘斥四夷，营城设邑，遂开绝大帝国，分划九州，统一万邦，此必数十世开创之业，而年代世系，不可得知。至于唐虞时，人文既开，庶绩咸熙，历代之史，自是可得而述也。

第三章　尧舜事迹

二八节尧舜者，儒者之所最称述、支那百王所为仪范也，然其言行多出于后人假托，可择而取。尧之事业较可信者有二焉。其一，定历法也。尧命羲和主历象，测日行一周天之期，定为三百六十六日，以月行十二回为一年，置闰月以正四时。后世作历皆原于此法，而加修正也。其二，治洪水也。当尧之时，洪水横流，泛滥于国中，民不得定处，尧命崇伯鲧治之，九岁功不成，闻虞舜之贤，举以为相，舜使鲧之子禹平水土，卒以成功。　二九节舜者，瞽瞍之子，世邑于虞，今山西蒲州府。父顽，母嚚，弟象傲。舜耕稼陶渔，以事父母，克谐以孝，使不至奸，尧妻以二女嫔于虞，舜遂相尧摄国事，巡狩四岳，东岳泰山、南岳衡山、西岳华山、北岳恒山。觐群后，协时月，同律度量衡，修群后朝聘之礼。五岁一巡狩，群后四朝，有治功者，赐以车服。罪人用五种刑，曰墨、劓、剕、宫、大辟，五刑之可宥者，以流放代之。轻罪又用鞭朴，鞭为官府之刑，朴为学校之刑，或得出金赎其罪，谓之赎刑。流共工、放驩兜、窜三苗、殛鲧，四罪而国民咸服。共工、驩兜与鲧皆事尧得罪。三苗者，湖南苗傜之先也，据荆扬之间，今江西九江府、湖北武昌府及湖南东境。负险作乱，故执其渠酋窜逐之也。尧初居陶，今山东曹州府定陶县，一说曰今山西汾州府平遥县。后迁于唐，今山西太原府太原县。故号陶唐氏。及为帝都平阳。今山西平阳府。尧子丹朱不肖，因逊位于舜。尧崩，舜陟帝位于虞，号有虞氏。　三〇节舜时，官制略可得考，禹初为司空，此掌土之官也，后宅百揆，谓总理庶政也。弃为后稷，播百谷。契为司徒，敷五教于民。五教者，父义、母慈、兄友、弟共、子孝也。皋陶为士，主五刑。垂为共工，治百工。伯益为虞，掌山泽。伯夷为秩宗，典祭祀之礼。夔典乐，谐八音，以教胄子。胄子者，谓世家子；八音者，金、石、丝、竹、匏、土、革、木也。龙为纳言，出纳帝命。我大纳言之职，即本之也。三岁考功，三考乃行黜陟。九官皆协其职，而禹、皋陶、稷、契、益最显，故曰舜有臣五人而天下治。舜亦以其子商均不肖，逊位于禹。

第二篇　三代

第一章　夏后氏

三一节禹之治水也，居外八年，三过其门而不入，陆行乘车，水行乘船，泥行乘橇，山行乘棿，决九川至海，濬畎浍至川，通道路，开水运，因定九州贡赋，立五服之制，万邦乂安，四夷来王，唯苗民桀骜不服，禹奉舜命攻逐之，自是苗种益衰，不能复抗华夏。舜崩，禹受禅为元后，号夏后氏，都安邑，今山西解州夏县。不称帝而称王。王亦至尊之号也，是后三代之君皆称王。禹令九牧贡金，铸九鼎，图百物之形，三代相传，以为王者宝器。　三二节禹崩，子启贤，能承继禹业，诸侯有扈氏无道，启与战于甘，灭之。扈国，今陕西西安府鄠县。甘，扈之南郊。启子太康淫放失国，迁于河南而崩，弟仲康立。仲康崩，子相立。夏后氏衰，有穷后羿逐相而代夏政，穷国，今山东济南府德州。用寒促为相。羿善射，荒于游畋，寒促专国，外内咸服。羿为家众所杀，促因羿室生浇及豷，后使浇用师灭斟灌、斟寻氏，斟灌故城在山东青州府寿光县东北，斟寻故城在山东莱州府潍县东。杀夏后相，相妃有仍氏女，方娠，逃归于有仍，生少康焉。及长，为有虞庖正，虞舜后封国，今河南归德府虞城县。有田一成，有众一旅，能布其德以抚夏众。夏遗臣靡收二国之烬，以灭促而立少康。少康灭浇于过，国名，在山东莱州府城西北。使其子季杼灭豷于戈，国名，所在不详。夏复兴焉。少康崩，季杼嗣位。　三三节自杼历六世至孔甲，夏乱。孔甲后三世曰癸，暴虐，号为桀，伐有施氏，有施以末喜女焉，有宠，所言皆听，崇侈纵欲，以殚民财，关龙逢谏，桀杀之，国人大崩，遂为商汤所灭。夏后氏有国十有七世，凡四百有余年世系见卷末附录，以下商周及周末诸大国皆同。

第二章　商之兴亡

三四节汤子姓，契之后也。契为唐虞司徒，封于商，今陕西商州。传十余世至汤，居亳，今河南归德府治。与葛今归德府宁陵县。为邻，汤事之，葛伯放而不祀，曰无以供牺牲也。汤遗之牛羊，葛伯食之，又不以祀，曰无以供粢盛也。汤使亳众往为之耕，老弱馈食，葛伯率其民，要而夺之，不授者杀之，汤始用师征之，征十一国，而诸侯无敌者。初，莘国名，今河南开封府陈留县。人伊尹见桀，有所告，不用，伊尹去之，汤使人聘之，乃归汤，凡五就桀，五就汤，遂相汤伐桀，放之南巢。今安徽庐州府巢县。诸侯奉汤为天子，是为商王成汤，号伊尹，曰阿衡，事在我纪元前千九十余年。汤孙太甲，颠覆汤之典刑，伊尹放之桐。今山西绛州闻喜县。三年，太甲悔过，自怨自乂，以听伊尹之训，尹乃奉归于亳。太甲修德，诸侯归之，庙号太宗。　三五节自太甲历四世至太戊，用伊陟为相，勤于政事，商道复兴，庙号中宗。太戊之后，商寖衰乱，然十余世间，贤君三作，曰祖乙、盘庚、武丁。盘庚迁于殷，今河南河南府偃师县。自是商又号殷。武丁久劳于外，学于甘盘，及即位，三年默以思道，使人求四方之贤圣。有传说者，隐于传岩，在山西解州平陆县东北。筑道以供食，武丁举以为相，殷大治，诸侯咸朝，伐鬼方，夷狄之大国，所在不详。三年克之，庙号高宗。　三六节自高宗历四世，至武乙，迁于河北。今河南卫辉府淇县。武乙无道，陵侮天神，曾孙帝辛号为纣，有智辩，材力过人，伐有苏氏，获妲己，嬖之，厚赋税，重刑辟，纵淫乐，为长夜之饮，国民怨望，诸侯畔之。　三七节是时，西伯昌兴于雍州，昌姬姓，后稷弃之后也。后稷仕唐虞，教民稼穑，封于邰，今陕西乾州武功县。子孙世为后稷，以服事有夏，及至不窋，夏衰，不复务农，不窋以失其官，自窜于戎狄之间，不窋孙公刘迁于邠，今陕西邠州。复修后稷之业，庶民怀之。历八世，至古公亶父，獯鬻北狄大国。攻之，乃去邠，邑于岐山之下，国号周。今陕西凤翔府岐山县。邠人慕其仁，从徙焉。亶父长子曰太伯，少曰季历，季历娶太任，生昌，太任贤，教昌有方。古公卒，太伯不嗣，逃奔蛮夷，以让季历。历立，称公季，公季卒，昌立。　三八节昌施仁政，诸侯归之。纣召昌，囚于羑里。城名，在河南彰德府汤阴县北。七年，诸侯皆从之囚，纣惧而归之，命为西伯，得专征伐。伯者，诸侯之长也。虞、今山西解州平陆县。芮今解州芮城县。之君争田，久而不平，乃朝周，见周人贵礼让，惭而去，俱让其田，以为间原。昌礼贤下士，泰颠、闳夭、散宜生之徒，皆往归焉。伯夷、吕望避纣居海滨，闻西伯善养老，亦归之。西伯伐崇，国名，在陕西西安府鄠县。三旬不降，退修教，而复伐之，因垒而降，因作丰邑，在鄠县丰水上。徙都之。商王已失民心，周德日盛，西土咸服，泽被江汉，三分支那有其二，以服事殷。　三九节昌卒，太子发嗣为西伯，以吕望为太师，号师尚父。时纣暴虐不止，庶兄微子启去而之其封国，王族箕子佯狂为奴，诸父比干谏而死，于是西伯发东至孟津，津名，在河南怀庆府孟县南。大会诸侯，会者八百国，遂率以伐殷，师尚父督师，战于牧野，殷都南郊。殷师溃，纣自焚死，微子降。商为王六百有余年而亡，纣于汤为十六世孙，其间兄终弟及者甚多，凡三十世。

第三章　周之盛衰

四〇节我纪元前四百六十二年，西伯发代商为王，追尊古公曰大王，公季曰王季，谥昌曰文王，大封建宗族功臣，封太师吕望于齐，封王弟周公旦于鲁，齐鲁见次篇第二章。立纣子武庚为殷后，使王弟管叔、蔡叔、霍叔监之。王问道于箕子，箕子以《洪范》授之。《洪范》犹言大法，上世治道之要目也，传以为上帝所锡禹。王封箕子于朝鲜而不臣，子孙为箕氏，有国九百余年。当时所谓朝鲜者，今朝鲜西北境也。箕子施教，夷俗丕变，朝鲜开化自此始。　四一节王已克殷，东夏未靖而崩，谥曰武王。子成王诵幼，周公为太宰，摄政当国，召邑名，在陕西凤翔府岐山县西南。公奭为太保，保王躬。管、蔡流言曰，周公将不利于孺子，遂与武庚为乱，奄、徐、淮夷并兴，奄国故地在山东兖州府曲阜县东；徐夷故城在安徽泗州；淮夷，淮南之夷。周公东征，杀武庚、管叔，放蔡叔，伐奄三年，讨其君，淮徐皆平，封微子于宋，见五二节。以绍殷祀。夏商盛时，虽称治平而世犹质朴，礼制未甚明，周公多才艺，制礼作乐，更定制度，周之文物，于是灿然，汉人至今艳称，以为极盛之世。　四二节初，武王作镐京于渭南，谓之宗周，此后世长安之地，今为陕西首府，曰西安。武王又将营东都，未果，成王迁殷民于洛滨，因作洛邑，周公兴工筑王城，是为东都，此后世洛阳之地，今河南河南府治之。王至东都，受诸侯朝，命周公留治，而还镐京，自陕原名在河南陕州西南。以东，周公主之，自陕以西，召公主之，德化大行。成王崩，子康王钊立，时周公已卒，召公与毕邑名，在西安府城西北。公高相之。毕公者，武王庶弟也。成康之际，国内安宁，史称刑不用者四十余年。　四三节康王崩，子昭王瑕立。昭王南巡狩不返，子穆王满立。世传昭王济汉，汉滨人以胶船载之，中流船解，王溺死焉。穆王将征犬戎，西戎一种。祭公谋父周公之胤国，在河南开封府郑州东北。谏曰，先王耀德不观兵，王不听，征之，自是荒服者不至。穆王肆意周游，谋父作诗讽之，以止王心，王是以得没于宫。　四四节自穆王历共王、懿王、孝王、夷王至厉王，悦荣夷公，以为卿士。卿士者，执政也。荣公好专利以教王，诸侯不朝。厉王虐，国人谤王，王得卫巫，使监谤者，以告则杀之，国人莫敢言，道路以目。王喜曰，吾能弭谤矣。召公虎曰，是障之也，防民之口，其害甚于防川。王不听。三年，国人作难，王流于彘。邑名，在山西霍州东北。王子靖在召公之宫，国人围之，召公以其子代靖死，靖因得脱。诸侯释位，以间王政者十余年。及厉王死于彘，奉靖即位，是为宣王。　四五节是时，四夷皆已畔周，猃狁北狄大国。内侵，逼京邑，宣王命尹吉甫伐之，追至太原。今山西太原府。又命方叔南讨荆蛮，召公虎出平淮夷，王亲率六师征徐夷。樊仲山甫辅王，赋政于外，王职有阙，山甫补之，王化复行，周室中兴，既而政稍衰。鲁武公以二子括、戏见王，王命少子戏为鲁太子，仲山甫谏曰，是教逆也。王不听。武公卒，戏立，是为懿公，鲁人杀之，而立括之子，于是宣王伐鲁，立懿公弟孝公称，诸侯从是而不睦。　四六节宣王崩，子幽王宫涅立。幽王讨褒，姒姓国，今陕西汉中府褒城县。褒人纳女曰褒姒，王嬖之，废申后，以褒姒为后，生伯服。虢文王弟虢叔所封，今河南陕州卢氏县。公石父以谄佞得幸，为卿士。褒姒与之比逐太子宜臼，而立伯服。宜臼奔申。姜姓国，今河南南阳府。申，其母国也。王欲杀之，求诸申，申侯不与。我纪元前百十一年，王伐申，申人缯人召犬戎以攻周，杀王于骊山下，今西安府临潼县。郑桓公死之。晋文侯、卫武公、秦襄公帅师救周，郑、晋、卫、秦俱见次篇。

破犬戎，与郑武公共迎故太子立之，是为平王。以西都逼于戎，徙居洛邑。以岐丰之地今陕西凤翔府西安府。与秦。自武王至幽王，凡十二世三百五十二年，而周乃东迁，自是称为东周。是后周室衰微，王命不行，五霸齐桓公、宋襄公、晋文公、秦穆公、楚庄王。迭兴，主诸侯之会盟，以其事载于《春秋》，书谓之春秋之世。

第三篇　诸侯本末

第一章　周代封建之制

四七节支那诸侯，古称万国，其初不过族长部酋也，历世相兼并，渐生大国，夏有有穷、见三二节。昆吾，今直隶大名府开州。商有大彭、今江苏徐州府。豕韦，今河南卫辉府滑县。皆乘王政之衰，据有东夏，迭为雄长。商汤之时，诸侯尚有三千，及周初，为千八百国，周公相武王克商，灭国五十，封建亲戚，以藩屏周，兄弟之国者，十有五人，姬姓之国者，三十八人，异姓之得封者，亦十有八人。姜姓最显，世为王舅，姒姓出于大禹，封于杞，今河南开封府杞县。子姓出于成汤，封于宋，见次章。号二王后。黄帝尧舜之后，皆新受封。　四八节列爵惟五，曰公、侯、伯、子、男。公侯之国，称方百里（支那里法甚短，其百里者，当我十里内外），是为大国。伯半之，称方七十里，是为次国。子男又半之，称方五十里，是为小国。不能五十里，不达于王，附于诸侯，曰附庸。此建邦分土之常例也。但如齐、鲁、卫，或因元勋，或因懿亲，特赐大邦，加以附庸，为东方雄藩，此不拘常例。王有三公九卿及大夫士，诸侯亦有卿大夫士。士分上、中、下三等，王之上士，特称元士，诸侯之卿大夫之命于王者也。或曰，唯公、侯有卿，伯、子、男无之。九州五服，率沿禹制，甸服之地，西自岐山，东至洛汭，今陕西凤翔府以东、河南河南府以西。北包河内、谓南河之北，今河南怀庆府。河东，谓西河之东，今山西西南境。东西百三十里，南北五六十里，称方千里，谓之王畿，以充王官采邑。公卿受地视公、侯，大夫视伯，元士视子、男，故又称畿内诸侯。　四九节古者战用兵车，故兵赋以车算之。一成之田，当方一里许，出车一乘，卒数十人，百成为同，以封公侯，其赋百乘，王畿百同，其赋万乘，王曰兆民，诸侯曰万民。兆，百万也。九州人口，盖以千万数，而甸服之民，居其什一。诸侯之民，平均可万余人，然雄藩巨邦，或据数同之地，有民数十万，兵车千乘，其功德隆盛者，王特锡命，为众诸侯之长，谓之元侯，或曰侯伯。制军之法，五人为伍，五伍为两，四两为卒，五卒为旅，五旅为师，五师为军，军一万余人。王作六军，以征不庭，元侯作三军，以承王命，诸侯或一军，或无军，帅教卫以佐元侯，伯、子、男无军，无教卫，帅赋以从诸侯。有巡狩朝觐会同之礼，以修上下之交。王合诸侯，则元侯率之以见，元侯合诸侯，则侯率子、男以见。诸侯能治其国则有庆，庆以地，其国不治则有让，贬爵削地，或加讨伐。此宗周立国之大势也。　五〇节当其盛时，王畿千里，固结为一大国，同姓诸侯列据四方，以御外侮。异姓与诸姬相婚媾，亦不敢离畔。然诸侯各私其土，子其民，所谓王土王臣者，有名而无实，朝政能行于甸服，而不达于外服。及周室衰，异姓大国先生心焉。诸姬亦已疏远，自相阋争，畿内诸侯，亦有图自立者。王命梗塞，诸侯力攻，强并弱，大吞小，至平王时，兼并益炽，唯存百七十国，有爵列于伯子，而地倍蓰于公侯者，其大夫之大者，采地逾小国，号为百乘之家。列国争兴军旅，不复遵王制，齐、楚、秦、晋最强盛，皆拥三军，或作六军，并国二十若三十，势威陵王国，其后弱国愈灭，遂为二十许国，其大者七，曰秦、楚、齐、燕、赵、魏、韩，各有地百里，或至三百里，皆称万乘之国，而东周削弱，为一小国矣。

第二章　十四国起原及位置

五一节列国与周同姓者，鲁、卫、晋、郑、吴、燕、韩、魏最著。鲁，侯爵，周公旦之所封也，在徐州北境，今山东兖州府也，都曲阜。今兖州府曲阜县。周公相王室，元子伯禽就封，次子仕周者，世为公卿，称周公。卫，侯爵，武王弟康叔封之所封也，在冀州南境，今河南卫辉府也，初都殷纣之墟，后屡迁。晋，侯爵，成王弟唐叔虞之所封也，初国于汾水上流，后迁于其下流，至文侯仇定平王，至文公重耳文公从曾孙。大兴世霸诸侯，有冀州大半，今山西省及直隶南境、河南北境。都绛。绛有二，故绛今山西平阳府翼城县，新绛平阳府曲沃县。郑，伯爵，宣王弟桓公友之所封也，在周之东，都新郑。今河南开封府新郑县。吴，子爵，太伯之后也，据扬州，今两江之大半。故都在太湖东，今名苏州府，江苏首府也。燕，伯爵，召公奭之所封也，据冀州东北，今直隶河间府以北。都蓟，今京城之地也。召公之胤仕周者，世为公卿，称召公。魏，毕公高之后也，毕公国绝，苗裔毕万事晋，邑于魏，今山西解州芮城县。为魏氏，后世为诸侯。初有冀州南境今山西西南境及河南北境。及雍州东境，今陕西北境。都安邑，夏后旧都也，后丧地于秦，更开疆东方，跨冀、兖、徐豫四州，今河南东北境及直隶南隅、山东西隅、江苏安徽西北隅。迁都大梁，今河南首府开封也。韩，晋之支族也，邑于韩，故城在陕西同州府韩城县南。为韩氏，后为诸侯，取郑都之，其地环绕东周，与秦、楚、赵、魏相接。今河南之半及山西东南境。　五二节列国与周异姓者，齐、宋、楚、越、秦、赵最著。齐，姜姓，侯爵，太公望之所封也，都临淄，今山东青州府临淄县。至桓公小白，霸业隆，后为田氏所篡。田氏，妫姓，虞舜之胤，陈侯之支族也，本称陈氏，后改为田，事齐，遂代之，有青州及兖、徐之半，大抵今山东省也。宋，子姓，公爵，微子启之所封也，在豫州东境，都商汤之墟，曰商丘，今河南归德府也，至襄公兹父一霸。楚，芈姓，子爵，其先熊绎，事周成王、康王，封于荆蛮，至熊通始大，是为武王，至庄王旅，霸诸侯，后愈大，当其盛时，有荆、扬二州及徐、豫南境，今湖广、两江及河南东南境。都郢，今湖北荆州府也。越，姒姓，子爵，夏后少康之后也，在吴之南，今浙江绍兴府，其故都也。秦，嬴姓，伯爵，系出于伯益，益之苗裔蜚廉，以材力事殷纣，周公驱于海隅而戮之，其后有非子，为周孝王牧马，马大蕃息，邑诸秦，今甘肃秦州清水县。在渭水上流，至襄公非子五世孙。救周有功，平王封为诸侯，至穆公任好襄公五世孙。霸西戎，其后稍衰，而复大兴，有雍、梁二州，今陕西、四川。初都雍，今陕西凤翔府也，后迁咸阳，今西安府咸阳县也，皆在渭滨。赵与秦同姓，祖蜚廉，有居赵城者，今山西霍州赵城县。为赵氏子孙事晋，与韩、魏同为诸侯，有冀州之半，今直隶西南境及山西大半。都邯郸，今直隶广平府邯郸县也。　五三节自楚子始僭王号，吴、越相继效之，其后齐、魏、秦、燕、韩、赵、宋皆自称王，自是王号始轻。吴为越所灭，晋为韩、魏、赵所分，韩取郑，齐取宋，楚取越、取鲁，秦终灭周室，并列国而为皇帝，于是三代之诸侯尽亡。

第四篇　春秋

第一章　齐桓宋襄之霸

五四节郑桓公为周司徒，死于犬戎之难，其子武公，孙庄公，为平王卿士。平王欲分政于虢，庄公怨王。王崩，孙桓王林立，以虢公忌父为卿士，遂夺郑伯政。郑伯不朝，桓王以蔡、卫、陈伐郑，败绩。蔡，侯爵，蔡叔度之后，今河南汝宁府上蔡县。陈，妫姓，侯爵，虞舜之后，今河南陈州府。郑人射王中肩，王威不振如此。　五五节桓王生庄王，庄王生僖王，僖王时，齐侯小白始霸。初，小白长兄襄公无道，鲍叔牙知乱将作，奉小白奔莒。己姓，子爵之国，今山东沂州府莒州。管夷吾、召忽，奉小白兄公子纠奔鲁。襄公斃于乱，小白自莒入而立，是为桓公。鲁庄公伐齐，纳子纠，齐人败之。鲍叔言于鲁曰：子纠亲也，请君讨之，管、召仇也，请受而甘心焉。鲁乃杀子纠，召忽死之，管仲请囚，鲍叔受之，以荐桓公，公重用之，号为仲父。管仲为政，使士农工商异其居处，寄军令于国政，士养义勇，民殖财利，国以富强，诸侯慑服。　五六节桓公霸功之大者，在攘夷狄以救诸夏。是时，白狄居雍州东北，今陕西鄜州以北。赤狄居冀州内部，今山西潞安府。白狄别种居其北，今直隶定州正定府。山戎诸部又居其东北。今直隶东北境。江淮之地，未脱蛮夷之俗，自楚武王崛起于荆蛮，文王灭息、姬姓，侯爵之国，今河南光州息县。灭邓、曼姓，侯爵之国，今河南南阳府邓州。灭申，见四六节。豫州南境今湖北北境及河南南境。属楚，成王受之。令尹斗谷於菟，为政有贤声，国益强大，寖逼中国。周惠王时，山戎攻燕，燕人苦之。狄屡攻邢，侯爵，周公之胤，今直隶顺德府。又伐卫，灭之，卫人出庐于曹，卫邑，今河南卫辉府滑县。邢人亦溃。桓公北伐山戎，破之，命燕伯纳贡于周，又遣师逐狄，迁邢于威仪，故城有二，一在顺德府城西，一在山东东昌府城西南，不知孰是。具其器用而还之，城楚丘卫地，在滑县东，即隋卫南废县。而封卫焉。史称邢迁如归，卫国忘亡，美其善恤亡国也。遂帅宋公、鲁侯、陈侯、卫侯、郑伯、许男、曹伯伐楚，许，姜姓之国，今河南许州。曹，武王弟曹叔振铎所封，今山东曹州府定陶县。楚成王使问师故，管仲责以贡不入王室，楚使屈完如师，与诸侯盟于召陵。楚邑，今许州郾城县。　五七节桓公虽威制诸侯，不敢失尊王之义。周惠后宠王子带，将废太子郑而立之，桓公帅诸侯会王太子于首止，宋地，在河南归德府睢州东南。以宁周室。惠王崩，太子立，是为襄王。襄王元年，即我纪元十年，宰周公及诸侯会齐侯于葵丘，宋地，在归德府考城县东。王使周公赐齐侯胙。胙，祭肉也，王祭祖宗赐其肉，优礼也，且以齐侯老，命无下拜，齐侯辞不敢当，下拜登受，遂盟诸侯，令皆归于好。王子带召伊、洛之戎西戎入居伊、洛二水之间者。伐周，齐侯使管夷吾平戎于王，王以上卿之礼飨夷吾，夷吾辞之，受下卿之礼而还，征诸侯戍周，以备戎难。　五八节五霸桓公为盛，九合诸侯，一匡中国，管仲之力也。仲死，桓公亲近小人，寺人貂、易牙、开方专权，公又好内，内嬖如夫人者六人，皆有公子，公嘱公子昭于宋襄公，以为太子，五公子皆求立。公卒，乱作，易牙与寺人貂杀群吏，而立公子无亏。太子奔宋，桓公尸在床六十七日，尸虫出于户。宋襄公以曹伯卫人邾曹姓，子爵之国，今山东兖州府邹县。人伐齐，齐人杀无亏，宋师败齐，立孝公昭而还。　五九节初，襄公为太子，请立庶兄目夷，父桓公命之，目夷辞而退，襄公以为仁，授之政，于是宋治。襄王十三年，襄公合诸侯于盂，宋地，在归德府睢州。楚成王会之，执襄公以伐宋，已而释之。明年，宋楚战于泓，水名，在归德府柘城县西。目夷请及楚人未尽济击之，公不可，济而未成列，又以告，公曰未可，遂为楚所败。国人咎公，公曰：君子不困人于厄。世笑以为宋襄之仁。

第二章　晋文秦穆之霸

六〇节宋襄公霸业不成而死，晋文公踵兴。文公之父曰献公，献公以屈产之乘与垂棘之璧假道于虞以伐虢，虞公，爵王季弟虞仲之后，今山西解州平陆县。虢，见四六节。虞公许之，宫之奇谏，不听，百里奚不谏，去之秦。

晋灭虢，虢公丑奔周，遂袭虞，灭之，晋始大。　六一节献公尝克骊戎，姬姓之戎，居骊山。获骊姬，嬖之，卒杀太子申生，公子重耳奔白狄，公子夷吾奔梁。嬴姓，伯爵之国，今陕西同州府韩城县。献公卒，晋乱，二君杀死，夷吾求入立，以重赂许秦穆公及晋大夫。齐桓公使显朋会秦师纳之，是为惠公。惠公入而背外内之赂，晋饥，秦输之粟，秦饥，晋闭之籴，故秦伯伐晋，战于韩原，在韩城县西南。虏晋侯，既而归之。其岁晋又饥，秦伯复饩粟。重耳在外十九年，从狐偃、赵衰、贾佗、魏犨等，周游诸侯，秦伯召之于楚。及惠公卒，其子怀公立，秦伯纳重耳于晋，晋人杀怀公而奉之，是为文公。　六二节王子带以赤狄攻襄王，王出居于郑地，告难于诸侯。狐偃曰：求诸侯，莫如勤王。文公从之，帅师纳王，杀子带。王厚飨之，赐南阳今河南怀庆府。之田，文公请隧（隧者，王之葬礼也），王不许，曰：未有代德，而有二王，亦叔父之所恶也。　六三节楚成王使令尹成得臣与陈侯、蔡侯、郑伯、许男围宋，宋告急于晋。襄王二十年，我纪元二十九年。晋侯以齐、宋、秦之师，与楚人战于城濮，卫地，在山东曹州府濮州南。败之。王自至践土，郑地，在河南开封府荥泽县西北。策命晋侯为侯伯，诸侯盟于王庭，要言曰：皆奖王室，无相害也。鲁、卫、陈、蔡、郑、许、曹、邾皆从晋。是后百有余年，晋世霸中国。　六四节秦穆公使孟明视袭郑，蹇叔谏，不听，孟明闻郑有备，灭滑姬姓，伯爵之国，在河南河南府偃师县东。而还。时晋文公卒，未葬，其子襄公墨缞，与姜戎姜姓之戎，居晋南境。败秦师于崤，山名，在河南府永宁县北。虏孟明，既而逸之。自是秦晋构兵七十年矣。穆公能用贤，尝举百里奚于市，以为相，秦由是而兴。又信任蹇叔、公孙支，得由余于戎而问计。孟明，百里奚之子也，穆公以崤之败，深自罪，犹用孟明，增修国政，并国二十，遂霸西戎。穆公卒，以子车氏之三子为殉，皆秦之良也，国人哀之。　六五节晋有三军，其将佐皆卿也，中军帅常执国政，谓之元帅。襄公以赵盾赵衰之子。为元帅，公卒，盾立太子夷皋而相之，是为灵公。周顷王、匡王之际，晋政在赵氏，灵公不君，赵盾骤谏，公患之，将杀盾，不克，却遭弑，盾逆襄公弟黑臀于周而立之，是为成公。

第三章　楚庄之霸附吴始兴

六六节楚庄王，成王之孙也，即位初，国大饥，庸、今湖北郧阳府竹山县。

麇今郧阳府治。叛之，庄王帅秦人、巴姬姓国，今四川重庆府。人伐庸，灭之，群蛮百濮皆服，濮，蛮夷种名。又伐陆浑之戎，西戎一种，入居河南府嵩县。遂至于洛，观兵于周疆。周定王使王孙满劳之，庄王问鼎之轻重，似有图周之意者。满对曰：轻重在德，不在鼎，周德虽衰，天命未改，鼎之轻重，未可问也。　六七节庄王举涢艾猎为令尹，施教安民，平众舒，偃姓，诸夷故地，在安徽庐州府。盟吴越，楚国治强。陈夏征舒弑灵公，庄王伐之，谓陈人无动，将讨夏氏，遂入陈杀征舒，因县陈，诸侯县公皆庆，申叔时独不庆，王让之，对曰：人有言，牵牛蹊田，田主夺牛，蹊者信有罪矣。夺之牛，罚不已重乎？王曰：善。乃复封陈。　六八节郑已服楚，又徼事晋，周定王十年，我纪元六十四年。庄王围郑，十旬克之，郑襄公肉袒牵羊以降。庄王以郑伯能下人，退师数里，而许之平。晋景公使荀林父帅师救郑，不及，与庄王战于邲，郑地，在开封府郑州东。败绩。庄王使申舟聘于齐，过宋而不假道，宋人杀之。王闻之，投袂而起，驰围宋，宋告急于晋，晋不救，宋与楚平。　六九节庄王卒，子共王立。齐顷公伐鲁，又败卫师，鲁、卫乞师于晋，景公使郤克救之，败齐侯于鞌。齐地，在山东济南府界内。共王使叔父令尹婴齐帅蔡侯许男侵卫、侵鲁以救齐，遂与鲁成公及齐、秦等十国之大夫盟于蜀。鲁地，在山东泰安府城西。晋畏楚众而避之。　七〇节楚申公巫臣奔晋，令尹婴齐等有怨于巫臣，杀其族人，巫臣怨之，请晋侯使于吴，吴子寿梦悦之，乃通吴于晋，教之车战，使之叛楚。自是吴屡伐楚，取蛮夷属楚者，吴始大。

第四章　晋业复盛附子产相郑

七一节周简王时，晋厉公与秦、楚为成，秦、楚皆叛盟，厉公帅诸侯伐秦，败之。楚共王侵郑，郑叛于晋，简王十一年，我纪元八十六年。厉公伐郑，共王帅东夷救之，战于鄢陵，郑地，今河南开封府鄢陵县。败绩，王伤其目。　七二节厉公侈，多外嬖，反自鄢陵，欲尽去群大夫而立其左右，使胥童杀三郤，郤锜、郤犨、郤至三卿。栾书、荀偃杀胥童，遂弑厉公，逆襄公曾孙周于周而立之，是为悼公。悼公少而贤，使韩厥、荀罃荀林父孙。为政，以士鲂、赵武、赵盾孙。魏绛魏犨孙。为卿，举不失职，爵不逾德，民无谤言，霸业复盛。 七三节周灵王时，无终山戎国，今直隶顺天府蓟州。子嘉父纳虎豹之皮于晋，以请和山戎诸部。悼公欲伐之，魏绛曰：劳师于戎，诸华必叛，获戎失华，无乃不可乎？因陈和戎之三利，公悦，使绛抚诸戎。 七四节郑间于晋、楚，连年被兵，或事晋，或事楚。郑人侵蔡，楚人讨之，郑人欲从楚，或欲待晋救，终与楚平。悼公帅诸侯伐郑，郑恐行成，诸侯皆不欲与楚战，乃许郑成。师还，楚又伐郑，乃从楚。悼公归，谋所以息民，魏绛请尽积聚以贷，自公以下苟有积者，尽出之。国无滞积，亦无困人，行俭省用，车服从给。行之期年，国乃有节，三驾而楚不能与争盟，十二诸侯于郑地赦郑囚，礼而归之，晋民大和，诸侯遂睦。 七五节悼公卒，子平公立。士匄逐栾盈，栾书孙。杀其党，后盈入曲沃，栾氏邑，今山西绛州闻喜县。昼袭绛，不克，奔曲沃，晋人围之，灭栾氏。士匄为政，诸侯之币重，赵武代之，令薄其币而重礼之，复诸侯丧邑。灵王二十三年，我纪元百十二年。秦、晋为成，后三年，晋、楚为成。赵武与令尹屈建盟于宋，宋平公及齐、鲁等十国之大夫会焉，约曰：晋楚之从交相见也。晋楚争霸八十余年，至是始平。 七六节周景王时，郑罕虎授公孙侨政，侨使都鄙有章，上下有服，田有封洫，庐井有伍，从政三年，舆人诵之。侨为人恭敬，养民以惠，择能而使之，为辞命，裨谌草创之，游吉讨论之，公孙挥修饰之，而侨润色之，以应诸侯，鲜有败事。没侨之世，晋、楚无敢加焉，以郑有礼也。

第五章 春秋末诸大事楚灵骄而败；齐晋公室微弱；王室之乱；吴楚构兵；孔子相鲁

七七节楚共王卒，子康王立。康王时，与晋和。王卒，子郏敖立，叔父围为令尹，杀郏敖而自立，是为灵王。灵王使伍举如晋，求诸侯，请如宋之约。晋平公欲勿许，女叔齐曰：不可。晋楚唯天所授，不可与争，楚王方侈，君其修德以待其归，平公从之，诸侯会灵王于申。楚县，故申侯国。王率以伐吴，遂灭赖，子爵之国，在河南光州商城县南。取鄫鲁邑，本鄫国，今山东兖州府峄县。 七八节陈哀公之弟招，杀太子偃师，哀公缢。灵王使弟弃疾奉偃师子，围陈灭之，放招于越，灵王又诱蔡灵侯杀之，遂灭蔡，杀太子有为牺牲，以祭冈山，城陈、蔡、不羹，故城，在河南南阳府舞阳县西北。使弃疾为蔡公，又遣师围徐，以惧吴王次于乾谿，楚地，在安徽颍州府太和县东南。以为之援。周景王十六年，我纪元百三十二年。陈、蔡、不羹叛王，奉蔡公入郢，杀太子禄。王将还，师途而溃，王缢，弃疾立，是为平王，复封陈、蔡。　七九节齐栾施、高疆与陈无宇、鲍国斗，栾、高氏败，陈、鲍分其室。晏婴谓无宇，必致诸公，无宇尽致之，而老于莒，故莒子国，见五五节。景公与之高唐，今山东济南府禹城县。陈氏始大。无宇召诸公族尝被逐者，而皆反其邑，公族之无禄者，私分之邑，国之贫困者，私与之粟，大其家量，以贷粟于民，而以公量收之，齐民多归心焉。晏子恭俭，善与人交，立强臣之间，以礼自守，人不敢犯。景公重敛繁刑，晏子屡托事规谏，公能纳之，然公室已微，不能复救。　八〇节晋平公卒，子昭公立，诸侯事晋者，皆有贰心。楚灵王死之岁，昭公奉周卿士刘邑名，在河南府偃师县西南。文公，合诸侯于平丘，郑地，在直隶大名府长垣县南。大治兵以示威，甲车四千乘，然是后霸业卒衰，不复振矣。昭公卒，子顷公立。　八一节周景王宠王子朝，欲立之。王崩，王子猛立。王室乱，卿士单穆公、刘文公与子朝之党战，猛卒，谥悼王，弟敬王匄立。子朝入王城，尹文公立之。敬王居外，晋顷公令诸侯输王粟，具成人，知文子、荀罃孙跞。赵简子赵武子鞅。帅师纳王于成周，子朝奔楚。顷公卒，子定公立，魏献子、魏绛子舒。韩简子韩厥曾孙不信。合诸侯城成周，成周在洛邑东，王城下都也。　八二节楚平王信谗，欲杀太子建，执其师伍奢，奢有子尚及员，王以免其父召之，尚谓员曰：吾智不逮尔，我能死矣，尔能报之。尚至，王并杀之，员将亡，谓其友申包胥曰：我必覆楚。包胥曰：勉之，我必复之。员奔吴，吴王阖庐立，用员之谋伐楚，楚始病焉。平王卒，子昭王立。昭王失礼于蔡昭侯，昭侯如晋，请伐楚。周敬王十四年，我纪元百五十五年。晋定公奉刘文公，合十七诸侯于召陵，以侵楚，无功而还，晋于是乎失诸侯。蔡侯从吴，伍员导吴师伐楚，败之，于栢举楚地，今河南汝宁府西平县。五战，及郢，昭王奔随，姬姓，侯爵，楚属国，今湖北德安府随州。伍员发平王墓而鞭其尸。申包胥如秦乞师，秦哀公未许，包胥哭于秦庭七日夜，勺饮不入口，秦乃出师。明年，包胥以秦师至，大败吴师。昭王入于郢，赏功臣，包胥曰：吾为君也，君既定矣，又何求？遂逃赏。　八三节敬王十九年，鲁定公以孔丘为中都今山东兖州府汶上县。宰，一年，四方则之，遂为司寇，相定公。会齐景公于夹谷，齐地，在山东泰安府莱芜县南。齐人欲劫鲁侯，孔子以礼却之，将盟，齐人加于载书曰：齐师出境，而不以甲车三百乘从我者，有如此盟。孔子使兹无还揖对曰：而不反我汶阳之田，吾以共命者，亦如之。汶阳者，齐所侵鲁地也。齐侯将享鲁侯，孔子又以礼沮之，乃不果享，齐人归鲁侵地。 八四节鲁有三大家出于桓公，谓之三桓。三桓专国，公室卑弱，季氏最骄僭。孔子使门人仲由为季氏宰，将堕三都。三都者，三家之邑也。敬王二十二年，叔孙氏堕郈，叔孙氏邑故城有二，一在山东泰安府东平州南，一在沂州府城东。季氏将堕费，季氏邑，今山东沂州府费县。费人袭鲁，定公入于季氏之宫，费人攻之，入及公侧，孔子命申句须、乐颀伐之，费人北，国人败之，遂堕费。孔子为政，鲁国大治，齐人惧，归女乐以沮之，季桓子受之，三日不朝。孔子去鲁，历聘诸侯，门人多从之。后十余年，季康子以币召之于卫，乃归鲁，然鲁终不能用孔子。 八五节晋自昭公以来，公室卑弱，范、知、中行、赵、魏、韩氏皆大，号为六卿。范氏即士氏，知、中行氏皆荀氏也。孔子去鲁之明年，范昭子、士匄孙吉射。中行文子荀偃孙寅。伐赵简子，简子奔晋阳。赵氏邑，今山西太原府太原县。知文子言于定公曰：君命大臣，始祸者死，今三臣始祸，而独逐鞅，刑不钧矣，请皆逐之。知文子与韩简子、魏襄子献子之孙曼多。奉公以伐范氏、中行氏，二氏败。韩、魏以赵氏为请，赵简子入于绛。

第六章　吴越之兴亡附齐弑二君

八六节吴伐越，越王勾践败之于槜李，越地，在浙江嘉兴府城西。吴王阖庐伤而死，子夫差立，使人立于庭，苟出入，必谓己曰：夫差，尔忘越王之杀尔父乎？周敬王二十六年，我纪元百六十七年。败越于夫椒，山名，在江苏常州府无锡县太湖滨。勾践以余兵保于会稽，山名，在浙江绍兴府城东南。使大夫种行成，请为臣妾，吴王将许之，伍员曰：不可，树德莫如滋，去疾莫如尽，勾践能亲而好施，与我同壤而世为仇雠，今不取，后虽悔之，不可及已。太宰嚭受越赂，劝夫差许越成。员退告人曰：越十年生聚，十年教训，二十年之外，吴其为沼乎！勾践既免，使大夫种守国，入宦于吴。三年而释归，日与范蠡治兵，事图吴。　八七节齐景公卒，国夏、高张立少子荼，陈僖子无宇之子乞。逐国、高，废荼而立其兄悼公。悼公失欢于吴，敬王三十五年，吴王帅鲁哀公、邾子、郯嬴姓国，今山东沂州府郯城县。子伐齐，齐人弑悼公，赴于师，吴王乃还，齐人立悼公子简公。明年，简公伐鲁，不利，吴王又伐齐，败之于艾陵。齐地。简公宠阚止，欲除陈氏，陈成子僖子之子恒。杀阚止，遂弑简公而立其弟平公。成子专齐，封邑大于公所食，是后陈氏改称田氏。　八八节吴之将伐齐也，勾践率其众以朝焉，王及列士皆有馈赂，吴人皆喜，唯吴员惧曰：是豢吴也。入谏，王不听。员使于齐，属其子于鲍氏，夫差反自艾陵，闻之怒，使赐之属镂之剑以死。夫差欲霸中国，敬王三十八年，与单平公、晋定公、鲁哀公会于黄池，在河南卫辉府封邱县南。勾践乘虚兴师伐吴，获太子友，遂入吴都。夫差急盟而归，与越平。周元王元年，我纪元百八十六年。越围吴，居二年，吴师溃。夫差上姑苏，山名，在江苏苏州府城西。使行成，越王曰：昔天以越予吴，而吴不受，今天以吴予越，吾敢逆天而听君乎？夫差自杀。越已平吴，北征上国，宋、郑、鲁、卫皆入朝。范蠡功成，辞位而去，乘轻舟浮于太湖，莫知其所终，大夫种后以谗死。　八九节周自东迁至元王崩，凡十五世，三百有二年，而王室愈微，诸侯亡灭者，百五十国，是后韩、魏、赵氏分晋，齐田氏代姜氏，越衰于南，而燕兴于北，与秦、楚俱为七雄，号称战国。

第五篇　战国上

第一章　三晋田齐兴

九〇节周贞王十一年，我纪元二百三年。晋知襄子文子之孙瑶。与赵、韩、魏共分范、中行氏地以为邑，出公怒，告齐鲁，欲以伐四卿，四卿反攻公，公奔齐，道死，知伯立懿公，而专晋政。　九一节知伯贪而愎，求地于魏桓子、襄子之孙驹。韩康子，简子之孙虎。皆与之，又求于赵，赵襄子简子之子无恤。不与，知伯怒，帅韩、魏之甲以攻之。初，襄子父简子使尹铎为晋阳请曰：以为茧丝乎？抑为保障乎？简子曰：保障哉！尹铎损其户数，以轻赋税。简子谓襄子曰：晋国有难，必以晋阳为归。至是，襄子出奔晋阳，三家围而灌之，城不浸者三版，沈灶产蛙，民无畔意。贞王十六年，赵孟使人潜出说韩、魏，韩、魏与之约，共败知伯军，灭知氏而分其地。是时田襄子陈成子之子盘。相齐，使其兄弟宗人尽为都邑大夫，与赵、韩、魏通使，盖三家且有晋，而田氏且有齐也。　九二节周贞王崩，长子哀王去疾立，弟思王叔袭杀哀王而自立，少弟考王嵬又攻杀思王而自立，考王崩，子威烈王午立。威烈王二十三年，我纪元二百五十八年。晋三卿魏斯、赵籍、韩虔以周命列为诸侯，号曰三晋。斯，桓子之孙，是为魏文侯；籍，襄子兄伯鲁之曾孙，是为赵烈侯；虔，康子之孙，是为韩景侯。　九三节魏文侯以卜子夏、田子方为师，每过段干木之闾，必轼，四方贤士多归之。尝使乐羊伐中山，白狄别种国，在直隶正定府。三年克之。使西门豹守邺，邑名，今河南彰德府临漳县。河内称治。李悝教民尽地力，作平籴法。卫人吴起善用兵，文侯以为将，拔秦五城。起与士卒同衣食，分劳苦，卒有病疽者，起为吮之，士卒乐为之死，守西河，而秦兵不敢东向。　九四节赵烈侯好音，命相国公仲连赐郑歌者二人田，人万亩，公仲诺而不与，或教公仲进牛畜、荀欣、徐越三士，畜侍以仁义，明日欣侍以举贤使能，明日越侍以节财俭用，度功德而赐与，烈侯悦，止歌者之田。　九五节周安王十一年，我纪元二百七十年。田襄子之孙和迁齐康公于海上，使食一城，其后会魏文侯，求为诸侯，文侯为之请于周，周许之，和为齐侯，号太公，及康公卒无子，田氏遂并其邑。　九六节魏文侯卒，子武侯立。吴起与魏相不合，去之楚，楚悼王以为相。起明法审令，捐不急之官，以养战士，要在强兵，而贵戚大臣多怨起者，及悼王卒，攻杀之。安王二十六年，魏武侯、赵敬侯、韩哀侯共废晋靖公，而分其地。明年，韩灭郑，因自阳翟今开封府禹州。徙都焉。　九七节齐侯因齐，太公之孙也，后称王，是为威王。初立时，国不治，诸侯来伐。周烈王六年，我纪元二百九十一年。威王召即墨邑名，故城在山东莱州府平度州东南。大夫，语之曰：自子之居即墨也，毁言日至，然吾使人视即墨，田野辟，人民给，官无留事，东方以宁，是子不事吾左右以求誉也。封之万家。召阿今山东兖州府阳谷县。大夫，语之曰：自子之守阿，誉言日至，然吾使人视阿，田野不辟，人民贫馁，赵攻甄今山东曹州府濮州。子不救，卫取薛陵故城在阳谷县东北。子不知，是子厚币事吾左右以求誉也。是日，烹阿大夫及左右尝誉者。群臣悚惧，莫敢饰非，齐国大治，诸侯不敢致兵者二十余年。

第二章　秦孝公兴附申子相韩；孟轲出仕；楚并越

九八节当周显王时，河山以东强国六，河谓西河，山谓终南、太华之属。淮泗之间小国十余，秦僻在西陲，与楚、魏接界，诸侯皆摈秦，以夷狄遇之，不得与中国之会盟。秦孝公发愤修政，欲以强秦。显王八年，我纪元三百年。孝公令国中曰：宾客群臣，有能出奇计强秦者，吾且尊官与之分土。卫公孙鞅好刑名之学，西入秦，见孝公，说帝道，说王道，次说霸道，而后及强国之术，孝公大悦，与议国事，定变法之令，使民为什伍，而相纠察，若不纠举，则相连坐，告奸者，与斩敌首同赏，匿奸者，与降敌同罚，有军功者，各以率受爵，私斗者，各以轻重被刑，大小戮力，本业耕织，致粟帛多者，复其身事末利，及怠而贫者，举以为收孥民，有二男以上不分家者，倍其赋，宗室非有军功，不得为属籍。令既具未布，恐民之不信，立一木于国都南门，募民能徙置北门者，予十金。民怪之，莫敢徙。复曰：能徙者，予五十金。有一人徙之，辄予五十金。乃发令。太子犯法，卫鞅曰：法之不行，自上犯之，然君嗣不可施刑，刑其传公子虔，黥其师公孙贾。秦人皆趋令，行之十年，道不拾遗，山无盗贼，民勇于公战，怯于私斗，家给人足，乡邑大治。秦民初言令不便者，有来言令便，鞅曰：此乱法之民也，尽迁之于边。民莫敢议令。筑冀阙宫庭于咸阳，徙都之。并诸乡聚为县，县置令丞，凡三十一县。废井田，开阡陌，更为赋税法，平度量衡，秦国富强。　九九节申不害者，故郑之贱臣也，与卫鞅同时，其学本于黄老而主刑名，以干韩昭侯，昭侯以为相，内修政教，外应诸侯，十五年终申子之身，国治兵强。　一〇〇节显王二十八年，魏惠王伐韩，韩昭侯请救于齐，齐宣王使田忌、孙膑伐魏，大破之马陵，魏地，在直隶大名府城东南。杀其将庞涓，虏太子申，覆军十万。明年，卫鞅言于孝公曰：魏破于齐，诸侯畔之，因此时伐魏，魏必东徙，然后秦据河山之固，东向以制诸侯，此帝王之业也。公从之，使鞅伐魏，魏使公子卬御之，鞅遗卬书佯和，与会饮，伏甲虏之，因破魏师，惠王恐，献河西之地以和，去安邑，徙都大梁。秦封鞅商、今陕西商州。於在河南南阳府浙川县西。十五邑，号曰商君。　一〇一节商君用法严酷，尝临渭论囚，渭水尽赤。为相十年，人多怨之。孝公卒，太子立，是为惠文王。公子虔之徒告商君欲反，发吏捕之，商鞅之魏，魏不受，纳诸秦，秦人攻杀之，车裂以徇。　一〇二节魏惠王军屡败，卑礼厚币以招贤者。显王三十三年，孟轲至梁，说以仁义，惠王不能用。明年，惠王卒，子襄王立。孟子去梁适齐，齐宣王以为卿。　一〇三节自越王勾践没，越久不闻，至王无疆，伐齐又伐楚，楚威王大败之，尽取故吴地，越以此散。诸公族或为王，或为君，居闽浙之地，服属于楚。

第三章　苏张从横之谋

一〇四节秦国已强，宣力东方，诸侯非戮其力，殆不能制秦，而秦之利又在诸侯相离，于是合从连衡之说作。从，纵也，南北为纵；衡，横也，东西为横。故六国相合，谓之从，六国不合，各连和于秦，谓之横或衡。　一〇五节周人苏秦与魏人张仪，俱事鬼谷先生学从横之术。苏秦见秦惠文王，陈并诸侯之策，不用，秦乃去。显王三十六年，我纪元三百二十八年。北说燕文公曰：燕之不被秦兵，以赵蔽其南也，与赵从亲，六国为一，则燕必无患矣。文公从之，资秦车马以至赵，说肃侯曰：秦不敢举兵伐赵者，畏韩、魏议其后也，韩、魏入秦，则赵危矣，臣窃为君计，莫如六国合从以摈秦。肃侯悦，厚赐赉之，以约于诸侯。秦乃见韩宣惠王、魏襄王、齐宣王、楚威王，所至逞雄辩以说从之利，诸侯皆听之。约曰：秦攻一国，则五国救之，有不如约者，五国共伐之。于是苏秦为从约长，并相六国，北报赵，车骑辎重拟于王者。既而秦使公孙衍欺齐、魏以伐赵，赵侯让苏秦，秦恐，请使于燕，必报齐。秦去赵，而从约皆解。　一〇六节张仪入秦，惠文王悦之，以为客卿。仪伐魏取蒲阳，今山西蒲州府。复以与魏，因说魏襄王曰：秦之遇魏甚厚，魏不可以无礼。魏尽入上郡十五县春秋白狄地，今陕西延安府及鄜州绥德州。以谢焉。仪归为秦相，复伐魏取陕，今河南陕州。既而免相，出相魏，以为秦。　一〇七节燕文公卒，子易王立。苏秦说易王曰：臣居燕，不能使燕重，在齐则燕重，乃伪得罪，奔齐为客卿，劝宣王侈，欲以弊齐，后为齐人所杀。　一〇八节周慎靓王三年，我纪元三百四十三年。楚、赵、魏、韩、燕同伐秦，攻函谷关，秦之东关，在河南陕州灵宝县。秦出兵逆之，五国皆败走。明年，秦破韩、赵，斩首八万，诸侯振恐。张仪说魏哀王曰：诸侯约从，结为兄弟也。今亲兄弟尚有争财相杀伤，而欲恃反覆苏秦之余谋，其不可成亦明矣。哀王乃背从约，请成于秦。仪归，复相秦。巴、见六六节。蜀今四川成都府。相攻，俱告急于秦，时有韩寇，仪欲伐韩，惠文王用司马错之说，伐蜀取之，因遂取巴，秦益富强。　一〇九节惠文患齐、楚从亲，使张仪说楚怀王绝齐，请献商、於之地，怀王信之。陈轸曰：秦之所以重楚者，以其有齐也，今绝齐，则楚孤，秦奚与之地哉！王不听，闭关绝约于齐。齐湣王怒，与秦合。楚遣使受地于秦，其地东西数十里，以当时里法称之，曰六百里。仪见使者曰：地从某至某，广袤六里。怀王闻之大怒，欲攻秦。陈轸复谏，王又不听，伐秦大败，失汉中地。今陕西汉中、兴安二府。　一一〇节周赧王四年，我纪元三百五十年。秦欲得楚黔中地，今四川酉阳州、湖北施南府等。

请以武关秦之南关，在陕西商州东。之外即商於等地。易之。怀王曰：不愿，愿得张仪而献黔中。仪请行，因楚嬖臣幸姬，以得免死，因说怀王曰：为从者，无异于驱群羊而攻猛虎，不格明矣。今王不事秦，秦劫韩驱梁而攻楚，则楚危矣，王诚听臣，臣请使秦、楚长为兄弟之国，怀王已得仪而重出地，乃从之。仪遂之韩，说襄王以事秦而攻楚，襄王许之。仪归报，惠文封以六邑，号武信君，复使往说齐湣王、赵武灵王、燕昭王，连衡以事秦，皆许之。仪归，未至而惠文王卒，子悼武王荡立。悼武不说仪，诸侯闻之，皆畔衡，复合从。仪出相魏，寻死。苏、张皆以游说致身富贵，游士争慕效之。又有公孙衍、苏代、苏厉、周最、楼缓之徒，皆以辩诈相高，纷纷遍于四方。　一一一节秦悼武王卒，弟稷立，是为昭襄王，或略言昭王。昭王少，母宣太后芈氏治国事，任异父弟魏冉为政。赧王十六年，昭王遗楚怀王书，愿与会武关面相约结，昭睢曰：秦虎狼也，不可信。王子兰劝王行，秦人执之以归，楚人立太子横，是为顷襄王。怀王卒于秦，楚人怜之，如悲亲戚。

第四章　燕齐之胜败附孟尝君事

一一二节燕易王卒，子哙立。哙专任其相子之，终以国让之。子之南面行王事，而哙反为臣，国大乱，齐宣王伐之，五旬而举之，哙死，子之亡，齐因取燕。时孟子在齐，教宣王谋于燕众而置君，王不听，燕人畔齐，立太子平，是为昭王。孟子不遇于齐，致为臣而去，昭王吊死问孤，与民同甘苦，厚礼以招贤者，为郭隗筑宫而师事之，士争趋燕，乐毅自魏往，王以为亚卿，任以国政。　一一三节齐王族田婴事威王、宣王，任职用事。宣王卒，子湣王立，封婴于薛，在山东兖州府滕县。号靖郭君。婴有贱妾之子曰文，通傥饶智略，劝婴散财养士，宾客争誉其美。婴卒，文嗣为薛公，号孟尝君，招致诸侯、游士及有罪亡人，食客常数千人。秦昭王闻其贤，使请于齐，以为丞相。丞相，秦官，犹周太宰也。或谓昭王，孟尝君相秦，必先齐而后秦。王囚文，欲杀之，文逃归而相齐，文怨秦，与韩、魏共伐之，入函谷关，秦割河东三城以和。　一一四节湣王负强，南败楚，西摧三晋，时宋王偃淫虐，世呼曰桀，宋湣王灭之，广地数十里，王益骄，诸侯皆害之，孟尝君以薛附魏。周赧王三十一年，我纪元三百七十七年。燕昭王使乐毅为上将军，与秦、楚、三晋合谋以伐齐，败之济西。燕师长驱入临淄，湣王奔莒，燕封毅为昌国君，留徇齐城未下者。楚将淖齿率兵救齐，因为齐相。齿欲与燕分齐地，执湣王杀之。乐毅整军，禁侵掠，礼逸民，宽赋敛，除暴令，祀桓公、管仲于郊，齐民喜悦。六月之间，下齐七十余城，独莒、即墨不下，淖齿为莒人所杀。齐亡臣求湣王子法章而立之，是为襄王，保莒城、在江苏海州赣榆县西。即墨，人推田单为将，以拒燕。　一一五节乐毅留于齐五岁，二邑未服，赧王三十六年，昭王卒，子惠王立。惠王自为太子时，不快于毅，田单乃纵反间曰：乐毅欲王齐，齐人未附，故且缓攻，以待其事。齐唯惧他将之来，即墨残矣。惠王闻之，使骑劫代将，毅奔赵，将士愤惋。田单用火牛之计，大败燕师，杀骑劫，逐北至河上，七十余城皆复为齐，乃迎襄王入临淄，王以单为相，封安平君。孟尝君中立为诸侯，无所属，襄王畏之，与连和，及卒，诸子争立，齐、魏共灭之。赵惠文王欲与乐毅谋伐燕，毅泣辞之，王乃止，封毅于观津，在直隶冀州武邑县东南。竟死于赵，号望诸君。

第五章　赵武灵王及蔺相如

一一六节赵武灵王欲拓地于北疆，与肥义谋，胡服骑射，以教国民，略狄地至代、今直隶宣化府蔚州。云中，今内蒙古归化城土默特地。西及九原。今内蒙古毛明安及乌喇忒地。传国少子何，是为惠文王，使肥义相之，自号主父，北破林胡、楼烦，北狄二国，山西保德州宁武府，及太原府岢岚州等，楼烦故地也，林胡又居其北。欲自云中、九原直南袭秦不果，攻中山，见九三节。灭之。尝诈为使者入秦，秦昭王怪之，使人逐之，则已脱关矣。初，武灵废太子章而立惠文，既而怜章，欲王之于代，未决，章作乱，杀肥义，公子成、李兑讨灭之，遂围主父，使饿而死。　一一七节惠文得楚和氏璧，秦昭王请以十五城易之，惠文欲不与，畏秦强，欲与之，恐见欺，蔺相如愿奉璧而往，城不入则完璧而归。王遣之献璧，秦王无意偿城，相如乃绐取璧，使从者怀之，间行归赵，身待命于秦，秦王贤而归之。　一一八节田单复齐之岁，秦王与赵王会于渑池，今河南府渑池县。蔺相如从。及饮酒，秦王请赵王鼓瑟，赵王鼓之。相如请秦王击缶，秦王不肯，相如曰：臣请得以颈血溅大王，左右欲刃之，相如叱之，皆靡，秦王为一击缶，秦终不能有加于赵，赵亦盛为之备，秦不敢动。赵王归，以相如为上卿，位在将军廉颇右。　一一九节廉颇者，赵之良将也，多军功，以相如素贱人，徒以口舌居己上，羞为之下，欲见相如辱之。相如闻之，不肯与会，每朝常称病，出而望见辄引车避匿，其舍人皆以为耻。相如曰：夫以秦王之威，而相如廷叱之，相如虽驽，独畏廉将军哉？顾强秦所以不敢加兵于赵者，徒以吾两人在也，今两虎共斗，其势不俱生，吾所以为此者，先国家之急，而后私仇也。颇闻之，肉袒负荆，至门谢罪，遂为刎颈之交。

第六篇　战国下

第一章　秦连攻三晋附秦灭周；平原、信陵、春申好客

一二〇节秦丞相魏冉举白起为将，白起善用兵，尝败韩、魏于伊阙，山名，在河南府城南。斩首二十四万，又伐魏至轵，今河南怀庆府济源县。取六十一城。田单复齐之岁，起伐楚取鄢、今湖北襄阳府宜城县。邓。故邓侯国，今河南南阳府邓州。明年，拔郢，烧夷陵，楚陵墓之地，今湖北宜昌府。楚顷襄王徙都陈，故陈侯国，今河南陈州府。秦封起为武安君。明年，定巫、今四川夔州府。黔中。今四川酉阳州、湖北施南府及湖南西北境。　一二一节赧王四十五年，我纪元三百九十一年。秦人伐赵围阏与，故城在山西辽州和顺县西北。廉颇、乐乘皆曰：道远险狭，难救。赵奢曰：道远险狭，犹两鼠斗于穴中，将勇者胜。惠文王使奢救之，秦师败还，王赐奢号马服君，与廉、蔺同位。　一二二节魏人范雎，尝从中大夫须贾使于齐，齐襄王闻其辩口，私赐之金。贾疑雎以国阴事告齐，归告魏相魏齐，齐怒笞击之，折胁拉齿，置厕中，雎佯死。得逃出，魏人郑安平匿之，变姓名曰张禄，秦谒者王稽至魏，潜载与归，荐于昭王，雎教以远交近攻之策，王悦，以为客卿。时宣太后及穰邑名，即楚邓邑。侯魏冉擅国，雎说王废太后，逐穰侯，而代为丞相，封应邑名，在河南汝州宝丰县西南。侯。　一二三节范雎既得志，一饭之德必偿，睚眦之怨必报。魏使须贾聘于秦，雎弊衣间步往见之，贾惊曰：范叔无恙乎？取一绨袍赠之。雎为贾御，至相府，曰：我为君先入，通于相君。贾见其久不出，问于门下，范叔不出，何也？门下曰：无范叔，向者吾相张君也。贾知见欺，膝行入谢罪。雎曰：尔所以不死者，以绨袍恋恋尚有故人之意耳。乃使归告魏王曰：速斩魏齐头来，不

然且屠大梁。贾还以告魏齐，齐出走而死。睢荐王稽为河东今山西平阳府。守，召郑安平为将军。　一二四节楚黄歇侍太子完为质于秦，及顷襄王疾病，歇使太子亡归，而自请赐死。秦昭王怒，欲听之，应侯曰：不如无罪而归之，以亲楚王。从之。楚王卒，太子立，是为考烈王，以黄歇为相，号春申君。　一二五节秦武安君伐韩，拔野王、今河南怀庆府治。上党，赤狄故地，今山西潞安府。路绝，请降于赵，赵孝成王受之。赧王五十五年，秦王龁攻上党，拔之，遂伐赵，廉颇军长平，今山西泽州府高平县。坚壁不进，应侯使人为反间曰：秦独畏马服君之子赵括为将耳。赵王使括代颇，蔺相如曰：括徒能读父书，不知合变也。王不听。括少学兵法，自思天下莫敢当，尝与父奢言兵事，奢不能难，然不谓善也。括母问其故，奢曰：兵，死地也，而括易言之，赵若将括，必破赵军。及括将行，母上书言括不可使。括至军，果为白起所败，中矢死，卒四十万人皆降，白起尽坑杀之。后二年，秦王陵攻邯郸，少利，昭王欲使白起代陵，起曰：秦虽胜于长平，士卒死者过半，国内空，远绝河山而争人国都，取败必矣！辞疾不肯行，乃遣王龁。　一二六节赵孝成王使弟平原君胜求救于楚，平原君好士，食客数千人，欲择门下文武备具者二十人，与俱得十九人，余无可取者。毛遂自荐，平原曰：士之处世，若锥处囊中耳，其末立见，今先生处门下三年，胜未有所闻。遂曰：臣乃今日请处囊中耳，使遂蚤得处囊中，乃颖脱而出，非特末见而已。平原乃与之俱至楚，与考烈王言合从之利，半日不决，毛遂按剑历阶而上曰：从之利害，两言而决耳，今日出而言，日中不决，何也？王怒叱之，毛遂按剑而前曰：王之所以叱遂者，以楚国之众也，今十步之内，不得恃楚国之众也，王之命悬于遂手，且以楚之强，天下不能当。白起，小竖子耳，一战而举鄢郢，再战而烧夷陵，三战而辱王之先人。此百世之怨，赵之所羞，合从为楚，非为赵也。王曰：唯唯，乃与楚王歃血，定从而归。平原君曰：胜不敢复相士，以遂为上客。楚使春申君将兵救赵。　一二七节魏安厘王亦使晋鄙救赵，秦王使谓魏曰：赵旦暮且下，诸侯敢救者，必移兵击之。魏王恐，止晋鄙，留兵壁邺，使新垣衍说赵，欲共尊秦为帝。齐人鲁仲连在邯郸，见衍曰：彼秦者，弃礼义而上首功之国也。彼即肆然帝天下，则连有蹈东海而死耳。因痛论帝秦之害，衍再拜曰：先生天下之士也，吾不敢复言帝秦矣。　一二八节魏王弟无忌爱人下士，食客三千人，号信陵君，其姊为平原君夫人。赵急，使者冠盖相属，责救于信陵君，信陵屡请于王，且使宾客游说万端，王终不听。信陵素厚遇隐士侯嬴，嬴教信陵，祷王幸姬，窃得晋鄙兵符，且荐力士朱亥与俱，谓晋鄙合符而疑，则击杀而夺其军。信陵一如嬴言，得兵以进。　一二九节楚、魏救至，秦军屡却，白起曰：不听吾言，今何如？秦王闻之怒，废起为士伍。起与应侯有隙，竟赐剑而死。明年，信陵君大败秦师，王龁解围走，郑安平以二万人降赵，信陵君不敢归魏，使将将其军以还，平原君欲封鲁连，连笑曰：所贵于士者，为人排难解纷而无取也，即有取，是商贾之事也，辞去，终身不复见。　一三〇节秦王既用应侯之策，连攻三晋，周人恐。赧王五十九年，与诸侯约从以伐秦，为秦所攻，尽献其邑三十六，口三万。是岁，赧王卒，周亡，此当我纪元四百五年也。贞王以后，周拥空号，存于强国之间者，凡九世、二百十三年。自武王克商，至于此，合八百六十七年，传世三十有七。　一三一节明年，秦昭襄王五十二年，楚考烈王八年，齐王建十年，燕孝王三年，赵孝成王十一年，魏安厘王二十二年，韩桓惠王十八年。秦王稽坐与诸侯通，弃市，昭王临朝而叹曰：武安君死，而郑安平、王稽皆畔，内无良将，外多敌国。范雎惧，燕辨士蔡泽闻之，西入秦，见雎曰：四时之序，成功者去，商君、吴起大夫种，何足愿与，说雎以全身名之道。雎荐泽于王，谢病免相。王以泽为相，数月而辞之，号纲成君。　一三二节楚使春申君取鲁，鲁顷公迁于莒，寻为楚所灭。春申君好士，与孟尝、平原、信陵齐名，皆争招致宾客以相倾夺，平原使人于春申，使者为玳瑁簪，刀剑室饰以珠玉，欲以夸楚。春申客三千余人，其上客皆蹑珠履见之，赵使大惭。　一三三节秦昭襄王卒，太子柱立，是为孝文王。孝文即位三日而卒，子庄襄王楚立。庄襄王元年，楚十四年，齐十六年，燕王喜六年，赵十七年，魏二十八年，韩二十四年，我纪元四百十二年。以吕不韦为相国。不韦，阳翟大贾也。庄襄以昭王庶孙为质于赵，因不韦之助得入立，是以尊宠无比，封以河南今河南府十万户，号文信侯。　一三四节秦蒙骜破魏，魏王患之，使人请信陵君于赵，信陵畏得罪，不肯还，客毛公、薛公见曰：魏急而公子不恤，一旦秦克大梁，夷先王宗庙，公子何面目立于天下乎！信陵趣驾还，复为魏将，诸侯闻之，皆遣救，信陵帅三晋、楚、燕之师，败蒙骜于河外，谓南河之南。追至函谷关而还。

第二章 秦并六国

一三五节秦庄襄王卒，太子政立，后号为始皇帝。政生十三年矣，国事皆决于文信侯，号称仲父。秦攻伐无已时，三晋地益削，诸侯患之。秦王政六年，楚二十二年，齐二十四年，燕十四年，赵悼襄王四年，魏景闵王二年，韩三十二年，我纪元四百二十年。楚、赵、魏、韩、卫合从伐秦，楚考烈王为从长，春申君用事，至函谷，秦师出，五国皆败走，楚去陈，迁于寿春。今安徽凤阳府寿州。春申幸李园妹，有娠，纳之考烈王，生幽王悍。李园使盗杀春申，而专楚政。秦王政母，本邯郸舞姬，吕不韦初娶之，既而献诸庄襄王，生政，及为太后，时时与不韦私通。政既长，太后嬖人嫪毐作乱而诛，不韦坐免相，王迁太后于雍，齐客茅焦谏王，乃迎归咸阳，不韦后恐诛，饮酖死。 一三六节秦宗室大臣议曰：诸侯人来仕者，皆为其主游间耳，请一切逐之。于是大索逐客，客卿李斯亦在逐中，行且上书，论其非计。王乃召李斯，复其官，除逐客令。李斯劝王阴遣谋士游说诸侯，离间其君臣，然后使良将随其后，竟以并六国。 一三七节初，赵李牧事孝成王，守北边，时匈奴始强，屡为边患。牧养士习骑射，设奇阵大破之，匈奴奔走，不敢近赵。及孝成王卒，子悼襄王立，廉颇亡去，王召牧为将。王卒，子幽缪王立。秦之十三年，楚幽王四年，齐三十一年，燕二十一年，赵幽缪王二年，魏九年，韩王安五年。桓齮破赵，斩首十万，幽缪王以牧为大将，战于宜安，邑名，在直隶正定府藁城县西南。秦师败还，王封牧为武安君。明年，韩王安使韩非聘于秦，请为藩臣。非者，韩之诸公子也，善法术之学，秦王悦之，李斯嫉而间之，下吏治，斯遗非药，使自杀。十七年，内史腾灭韩，虏王安。明年，王翦伐赵，李牧御之。秦人与赵嬖臣金，使言牧欲反，赵人杀牧。明年，遂灭赵，虏幽缪王。王兄嘉自立为代王。 一三八节初，燕太子丹质于秦，秦王政不礼焉，怒而亡归。闻卫人荆轲勇，厚礼之，奉养无不至，欲遣轲劫秦王。时秦将樊於期得罪亡在燕，轲请得樊将军首及燕督亢燕膏腴地，在直隶顺天府涿州东南。地图以献秦，丹不忍杀之，轲私见於期，以意讽之，於期慨然自刎。丹奔往伏哭，遂函其首，置利匕首于图中，装遣轲，至咸阳，秦王喜见之，轲奉图进，图穷而匕首见，把王袖揕之，未至身，王惊起，轲逐之，王拔剑斩轲，遂体解以徇。王大怒，益发兵伐燕。二十一年，楚王负刍二年，齐三十九年，燕二十九年，魏王假二年，代王嘉二年。王翦拔蓟，燕王喜奔辽东，今盛京省东境。斩丹以献。　一三九节明年，王贲翦子。灭魏，杀王假。又明年，王翦大破楚，杀其将项燕。又明年，虏楚王负刍。楚自武王以来，王南疆二十五世，凡五百余年而亡。又明年，王贲灭燕，虏王喜，还灭代，虏王嘉。初，齐王建母君王后贤，事秦谨，与诸侯信，且秦连岁攻五国，五国各自救，以故建立四十余岁不受兵。君王后卒，齐客多受秦金，为反间，不修战备，不助五国攻秦。二十六年，王贲入临淄，王建降，迁之于共，今河南卫辉府辉县。饿而死。于是诸侯皆亡，唯卫犹存。至秦二世皇帝元年，废卫君角为庶人。

第三章　四夷远斥

一四〇节唐虞之世，中国广袤不满三百里，九州域内，夷狄居其大半，虽曰声教所及，莫不来王，其俗陋而性犷者未化也。周建两都，王畿跨三州，河济淮汉之滨，皆列置侯国，通道于九夷百蛮，使各以其方贿来贡，诸夏之盛轶于前代矣。然而戎狄之杂居冀雍，蛮夷之蟠据江淮者，犹未变于华，华夷之疆界，与虞夏无大异也。　一四一节周已衰，平王避戎东迁，而杂戎往往入居畿甸。春秋初，戎狄强盛，齐桓公攘之，仅得以绥诸夏。是时冀州有山戎、赤狄共见五六节。及众狄，居直隶西境、山西北境。山戎虽名戎，亦狄种也。雍州有白狄见五六节。及大荔、今陕西同州府朝邑县。义渠今甘肃庆阳府。诸戎，豫州有伊洛之戎。晋惠公归自秦，诱瓜州今甘肃西北境。之戎，处之中国，自是伊洛之滨，又有姜戎、阴戎、陆浑之戎。当时所谓戎狄者，非尽与汉人异类。姜戎与齐同姓，晋献公所灭骊戎者，与周同姓。又有大戎者，与晋同出于唐叔，唯其礼俗与戎侔，故谓之戎，犹东南之徐、楚、吴、越，皆出于汉种，而号为蛮夷也。　一四二节春秋中，戎狄渐衰，晋襄公败白狄，获其君，景公灭赤狄诸国，悼公和山戎诸部，昭公灭肥，今直隶正定府藁城县。顷公灭鼓，今正定府晋州。二国皆白狄别种也。陆浑之戎，亦为顷公所灭，其别部蛮氏，居河南汝州地。至春秋末，楚昭王灭之。战国初，秦厉公伐大荔，取其王城，伐义渠，虏其王。赵襄子北略狄土，韩、魏灭伊洛阴戎，余种西走，自是戎狄益远矣。　一四三节东南之夷，虽极蠢愚，非如戎狄之倔强难制，及楚之盛，群蛮莫不慴服。吴踵起，淮滨诸夷皆属焉。徐夷在西周盛时为强国，至春秋而微，遂为吴所灭。蛮夷已属吴、楚，风俗渐变，其不从化者，或匿于山谷，或逃于海滨，而江淮遂为衣冠之乡矣。　一四四节是故战国之时，虽支那甚乱，夷狄之远斥，胜于三代盛时。其后秦惠文王并巴蜀，昭襄王灭义渠，赵武灵王破林胡、楼烦，见一一六节。燕将秦开击却东胡，三国皆大拓土疆，筑长城以拒诸胡。及秦并六国，华夏之地，东渐于海，西据陇山，北包恒山，南达南岭，纵横四百里，夷狄殆绝踪。而南岭之南，今福建、两广。百越散处。巫黔之西南，今湖广西境、四川东南境及贵州、云南二省。土蛮据之。陇蜀之西，今甘肃、四川西境。氐羌诸部居之，俱无甚大者，唯东胡、匈奴、月氏，并在塞外，为夷狄强国。东胡即山戎，今满洲诸种之先也。月氏居甘肃西北境，甘州府及肃州、安西州。古瓜州之地，盖与晋惠公所诱来者同类也。匈奴，狄之一种，盖与殷周之獯鬻、猃狁同类，今鞑靼诸种之先也。诸胡皆无城郭常处，以畜牧射猎为业，贵壮贱老，不知礼义，父死，妻其后母，兄弟死，亦取其妻，故汉人贱斥，至以为犬猪之类。

第七篇　世态及文事

第一章　名字姓氏及世族

一四五节夏商之世，有名有姓，而无字与谥，亦无氏，贵贱皆呼其名，不相讳。至周世，呼字之俗起，丈夫二十，冠而命字，自称以名，称人以字，而不相呼名，唯于臣子及幼贱者则名之。　一四六节谥法亦自周始，人死则诔其行以立谥，而讳生时名。有物与死者同名，臣子必易其物名。秦始皇一废谥法，汉寻复之。周汉之际，制谥用一二字，唐宋以来，帝王谥号字数益多，至累二十余字，且君父之名，虽生时讳之，并同音之字尽避之，此周制所未有也。　一四七节姓者生也，所以明世系所出而别种族也，氏者犹家，所以表家门也，故一姓分为数十百氏。姓之起在太古，据古史，五帝皆有姓。唐虞时，种族甚多，有百姓之称。及周兴，姬姓繁衍于华夷，异姓渐绌，然犹有二十余姓。周衰，姜、芈、妫、嬴踵兴，与诸姬相轧，而他姓愈微。　一四八节氏始于以地名冠名，自周以前亦有之，然非人人必用之。周时，王子王孙公卿诸侯大抵以国邑为氏，后裔虽亡其地，亦袭称之。诸侯子孙，称公子公孙，公孙之子，以王父字为族。世臣率以邑为族，官有世功，则有官族。族者，氏之支别也，通谓之氏。男子冠名以氏而不称姓。姓者，妇人所称也，故其字多从女，如姬、姜、妫、嬴之属。及战国时，妇人亦不称姓而姓之用废。自是谓氏族曰姓，姓与氏无有异义。　一四九节古俗甚重世系，群姓皆称神圣之裔，唐虞大臣，如禹、皋陶、稷、契之属，皆出于名族。唯在商世，伊尹传说自匹夫升于宰辅，实为骇世之事。至周世，封建世禄之制益备，王朝公卿，莫非有土之君，诸侯执政，亦皆世臣，成例相沿，视为当然，士庶人各守其业，虽有俊杰，不得进为卿相，以孔子之贤圣，一用于鲁，亦不过位大夫。积弊渐甚，暴君滥用世传之权力，强臣大族，又篡弑相仍，祸乱无已，民苦水火，其势不得不变。数百年间，诸侯吞灭殆尽，其卿大夫亦兴亡益促。于是吴起、孙膑、乐毅、廉颇、白起、王翦等，白身而为将；苏秦、张仪、蔺相如、范雎、蔡泽等，徒步而为相。卿相之位，不复属世家之专有。及秦并六国，世侯世卿之家，亡灭无遗，遂开后世布衣将相之局，是古今国势之一大变也。

第二章　嫁娶之制附宫妾宦官

一五〇节周人娶女，必于异姓，若有娶同姓者，世以为失礼之大者。买妾不知其姓，则卜之，恐其同姓也。故同姓之国，虽氏族已别，疏远至数十世，不相通婚。鲁昭公娶吴姬，为二十世，兄弟自嫌其违礼，不谓之姬氏，而曰孟子。子者，宋姓也。异姓相婚者，虽甥舅之亲，不必避之，故如齐之于周、鲁，世相婚媾，常为重亲。　一五一节此俗非始于周，其所由来尚矣。夏商皆称女以姓，姓之用，殆似为嫁娶设者。盖支那之始立国也，群后列据四方，不相混和，王者虽能以德与力，尽服九州，然异姓之相竞争，竟不可遏，其于王家，亦非如宗藩之亲附无间，而求万邦协和甚难，故由嫁娶以合异姓者，在当时为切要之事。从是历代因仍成俗，遂为不易之法矣，后人从为之说曰：同姓之不娶，为重亲不育也。重亲不育，或有其理，然同姓之婚，则以其重亲嫌之，而异姓之重亲，则不以为非礼，此上世和异姓之便法，而非出于避重亲之意也。汉人至今犹守此礼，不敢娶同姓。然今之姓，古之氏族也，其称异姓者，纵令同其远祖，亦得相婚，故拘避不如古之严也。　一五二节太古男女无别，知母而不知父，及嫁娶之礼起，而配偶始定，然一夫配众妇，妻妾之名义不明。传曰：帝喾有四妃，其号唯曰元妃、次妃等，而不言妻妾也。舜娶尧二女为妃，虞思妻夏少康以二姚，亦不闻有嫡庶之分也。周时，王之嫡妻曰后，诸侯曰夫人，大夫曰内子，皆与其夫齐位，群妾莫敢与为匹，于是嫡庶之分始严矣。　一五三节诸侯嫁女列国，使同姓二国以其女媵之，三女皆以侄娣相从，姊妹姑侄，并为列妾，故国君一娶得九女，夫人早死，则继之以媵，或以侄娣，而不再娶。王纳后妃，盖亦如此，而其制不详。王及诸侯，皆以其群妾为内官。王之内官，凡一百余人，有夫人、嫔、御、世妇等之号，其贵宠者，位视公卿。王立六宫，诸侯三宫，以处众女。至战国时，诸侯拘女益众，大国累千，小国累百，怨气常盈宫中。　一五四节王侯宫庭有宦官者，阉人也。国法罪人有宫刑，故国多阉人，因以供宫中使令，或监守群妾，周时谓之寺人，战国以后谓之中人，又曰宦官。宦官本刑余之人，不得齿于士人，然常出入宫禁，以得侍王侯接后妃，动辄用事于中，朝士畏惮之。齐桓公死而国乱，由寺人专权也，秦之帝业，亦由宦者而败，其后汉、唐、明，皆被宦官之祸。历朝皆知其为国害，而不能去之，盖人主畜私无度，宫掖猥滥，非用此辈，无可以治内事也。

第三章　丧祭之礼附卜筮仙术

一五五节支那上世甚重祭祀，以为国家之大事。天地、日月、星辰、山川、林泽，皆神而祭之，不营神祠，不设神像，或作主，或望祭之。天神最尊者曰昊天上帝，或唯言天，王称天子，谓代天治民也。诸侯灭王而代其位，必称受天之命。王者筑坛于国都南郊，燔柴祀之，以其祖配食焉，谓之郊祀。郊祀者，王之大礼，诸侯以下不得行之。尊次上帝者为社稷。社，土神，后土配之；稷，谷神，后稷配之。社稷则诸侯亦得立之，又有州社、里社，盖其所祭之神，与王不同也。又有大采朝日、少采夕月之礼，以日月之食为灾变。孟夏日食，则王为之不举，伐鼓于社，以责群阴。王祭九州名山大川，诸侯祭境内山川，山崩川竭，及有水旱之灾，则君降服撤乐，祝用币，史用辞，以禜群神。自汉魏以来，祀地祇于北郊，其礼视南郊，天地群神从祀两郊。又祀日于东郊，祀月于西郊，于是四郊皆有祭坛。　一五六节支那丧礼之厚，他国之所未见也。周公立制，节目详备，哭泣擗踊皆有法。人死则必先复，复者，呼魂之礼也。次有沐浴、饭含、小敛、大敛之礼，衣衾棺椁，务尽其美，棺厚五寸，余椁称之，自王至庶人皆然。大敛终则殡，不敢辄葬。王七日而殡，七月而葬。诸侯五日殡，五月葬。大夫士三日殡，三月或逾月葬。丧期甚长，为父母斩衰二十五月，谓之三年之丧。其次齐衰十三月，谓之期丧。其次有大功、小功、缌麻之服，自九月至三月。王崩，群臣诸侯皆居丧三年，嗣王不亲政，谓之谅闇，百官皆听于冢宰，诸侯薨，亦准之。 一五七节自王至士，皆立庙，岁时修祭，以致孝敬、徼福祉，有事必告焉。王有七庙，二祧及四亲庙，为三昭三穆，与太祖之庙而七。夏祖禹、商祖契、周祖后稷，皆郊祀配天。其主百世不迁祧者，迁主所藏之庙也。亲庙亲尽，则迁其主于祧，而致新主于庙。诸侯五庙，无二祧，以太祖之庙为祧。大夫三庙，士一庙，庶人无庙，祭于寝。 一五八节祖考之祭，必撰族人，使服死者遗衣服，以象其生时，坐神主之侧，名之曰尸。祭者北面事之，献奠致礼，谓鬼神凭尸来格也。凡祭，以牛若羊豕为牺牲，以黍稷为粢盛，王侯行亲耕之礼，以劝农事，取其田之收，以供粢盛。后夫人行亲蚕之礼，以劝蚕事，缫其茧丝，以为祭服。此二礼，历代帝后多遵行之，至今不废。 一五九节卜筮之法，传自太古，灼龟甲而视其兆，以占吉凶，谓之卜设揲蓍之法。察数以占，谓之筮。王侯藏大龟于宗庙，以为宝器，国有大事，必卜之于庙。列国有卜筮之官，列于大夫，又有星占之术，察日星之变，以推人事之吉凶，兼候云气，言其灾祥，总谓之天道。此太史所职也。 一六〇节战国时，燕人宋毋忌、羡门子高之徒，称有仙化之术，怪迂之士争传习之，且言海中有三神山，曰蓬莱、方丈、瀛洲，诸仙人及不死之药皆在焉。齐威王、宣王、燕昭王，皆信其言，至使人入海求之。自是神仙之说行于世，燕齐海上多方术士。

第四章　阴阳五行之说

一六一节支那神道，以阴阳五行为本根，其说起于太古，浸染于人心甚深，儒、墨、道、法、兵、医诸家，皆不能脱其范围。以为天地有二元气，此造化之两极也，谓之阴阳。天阳而地阴，日阳而月阴，昼夜寒暑，死生动静，无非阴阳，于人为男女，于禽兽为雌雄牝牡，于位为君臣上下，于德为刚柔，万物皆由二气而成。卜筮者，敷衍此理者也，以为阴阳各分为老少，谓之四象。少阳、老阳、少阴、老阴。四象又生八卦，乾、坤、震、巽、坎、离、艮、兑。龟兆之所示者，即是也。遂以八卦相重，为六十四卦。卦有六爻，以极造化之变，揲蓍以得卦爻，因定吉凶，是周易筮法也。　一六二节五行者，谓水、火、木、金、土也。其说曰，木火属阳，金水属阴，而土居其中间，五者运行，气为五味，发为五声，章为五色，方有五位，岁有五时，人有五事，以修五德，天有五征，休征咎征，各应五事之得失。且言太古神人为五行之官，是谓五官，封为上公，祀为贵神，木正曰句芒，火正曰祝融，金正曰蓐收，水正曰玄冥，土正曰后土。后土即配王之社者也。又以太古圣帝配之五行：大皞配木，炎帝配火，黄帝配土，少皞配金，颛顼配水。五帝分主五方五时，而五官为之佐。或言天有五行之神，佐成上帝，曰青帝、赤帝、黄帝、白帝、黑帝，是为五帝，而大皞之属配焉，故亦云帝。秦自襄公文公皆祭白帝，其后祭青帝、黄帝、赤帝，各作其畤。汉高祖入秦，作北畤，以祭黑帝，于是雍有五畤。　一六三节又有五德终始之说，曰五行更旺，终始相生，王者易代，取法于斯。大皞首以木德王，火、土、金、水相继代之，以所生之行，转相承也。或曰，五行相胜，王者以其所胜相承也。秦始皇、汉武帝用相胜之说，后代皆从相生之说。相胜相生之次序如下图。

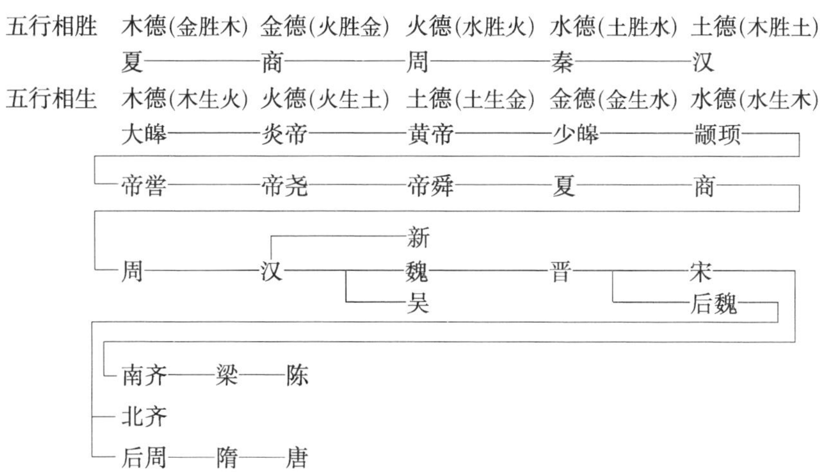

一六四节五行之说，至汉儒益敷衍之，举天地变异灾祥，皆分其类而归之于五行之力，乃以人事之吉凶，而曲为之配。且儒家之于五常，医家之于五脏，天文家之于五星，皆无不依五行为说。凡支那事物，多以五成者，盖由其强配五行也。爰据周汉人所说，作五行配当之图，附记于下。休征曰时，如时燠时旸。咎征曰恒，如恒燠恒旸。

五行	木	火	土	金	水
五臭	羶	焦	香	腥	朽
五味	酸	苦	甘	辛	咸
五声	角	徵	宫	商	羽
五色	青	赤	黄	白	黑
五方	东	南	中央	西	北
五时	春	夏	土用	秋	冬
五事	视	言	思	听	貌
五德	明	从	睿	聪	恭
五征	燠	旸	风	寒	雨
五岳	泰	衡	嵩	华	恒
五星	岁星	荧惑	填星	太白	辰星
五天帝	青帝	赤帝	黄帝	白帝	黑帝
五人帝	大皞	炎帝	黄帝	少皞	颛顼
五官神	句芒	祝融	后土	蓐收	玄冥
五祀	户	灶	中霤	门	行
五脏	脾	肺	心	肝	肾
五常	仁	礼	信	义	智
五虫	鳞	羽	羸	毛	介
五数	八	九	五	七	六

第五章　文书之沿革

一六五节 支那文字之作，在唐虞以前，摸写形体，以表庶物，谓之象形，如日、月、山、水是也，其数凡六百余。形之难象者，以符号表其义，谓之指事，如数字及上、下、左、右是也，其数凡一百余。合二字，并取其义，以表新义，谓之会意，如日月为明、口鸟为鸣是也，其数凡七百余。合二字，一取其义，一取其声，谓之谐声，如江、河皆水，而工、可为声，崑崙皆从山，而昆、仑为声是也。太古始制字，主指事、象形，而两间事物，不可一一作新形以表之，故以会意补之，以谐声成之。谐声甚多，鸟兽虫鱼草木金石之名，殆皆是也。汉言以一音成义，西人名之曰单音语。单音一千余，各具其义。又有一音而兼数义，则制数字以表其义。例如白之一音有许多义，先因象形作白字，又假其字为声，以作伯、柏、泊、舶等字，上加一则为百，百又从阜则为陌。盖上世所用文字，已不下五千，其后历代增加，至五万余字。　一六六节 上世有笔墨，而未有木皮纸，或书于木，或书于竹，故札、檄等字从木，篇、籍等字从竹，或用缣帛为纸，故纸字从糸。典籍大抵以漆液书竹简，以韦编之，卷而藏之，故算书册以卷数。秦始皇时，内史蒙恬始精毛笔之制，至后汉世，宦者蔡伦造意，用树皮弊布等捣抄作纸，文书之用，于是益便。古文变体极多，字画率皆纠绕蟠屈，殆类画图。其以漆液书者，头圆大而尾细，形似蝌蚪，故名蝌蚪文。周宣王时，太史籀作篆书，又名籀文。秦丞相李斯等增损籀文，作秦篆，世谓之小篆，谓籀文为大篆。狱吏程邈继造隶书，字画从省简，施之徒隶也。自汉以来，楷、行、草三体又作，书样较篆、隶更简捷。自是三体长为常用之书，而印玺及碑刻则用篆隶。

字体变迁图

（续表）

	古文	篆书	隶书	楷书	行书	草书
水		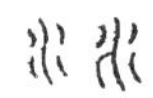	水	水	水	
鹿			鹿	鹿	鹿	
马			馬	馬	馬	
鱼			魚	魚	魚	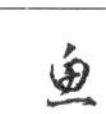
鸟		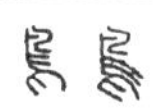	鳥	鳥	鳥	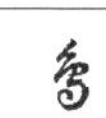

第六章　先秦典籍

一六七节支那典籍，最古者为《诗》《书》《易》《春秋》。《诗》者，周时之歌也，有三类，曰《国风》，曰《雅》，曰《颂》。《国风》，诸国之歌谣；《雅》，燕飨朝会之乐歌；《颂》，宗庙之乐歌也。今存者三百五篇。《雅》《颂》作者，大抵周名臣也。　一六八节《书》，又名《尚书》，三代史官记大政大事者也。《夏书》四篇，《尧典》记尧舜政治，《皋陶谟》记舜禹皋陶训戒之言，《禹贡》记禹成功，《甘誓》记启征有扈军令。四篇之作，盖在四千年前，天下古史存于世者，恐莫旧于此。其次，《商书》五篇，《周书》十九篇，合二十八篇。文辞皆极奇古，与周末文颇异。　一六九节《易》者，蓍筮之书也，列记卦爻之辞，以示吉凶，相传以为周初之作，故曰《周易》，有传十篇，谓之十翼，盖儒流好易者所加也。上世重龟卜甚于蓍筮，而卜书不传。　一七〇节《春秋》者，鲁史记也，孔子笔削之，正名显实，以讨僭乱，儒者重之，以为王法寓之，然文辞甚简，不足以考史事。公羊、穀梁、左氏各为之传，《左氏》三十卷，叙事最详，东周二百五十年，五霸功业，列国盛衰，历历可观。又有《国语》《战国策》，《国语》记春秋列国之言谈，与《左氏》相表里，《国策》记战国人之策谋，多从横权诈之言。周末之史可得考者，赖此三书存也。　一七一节儒者立六经之目，谓《诗》《书》《礼》《乐》《易》《春秋》也。《乐》书失传，其论散见于礼书中，故又称五经。礼有《周礼》《仪礼》《礼记》，谓之三礼，皆成于战国或汉初。《周礼》拟周制，叙天地四时六官天官大冢宰，地官大司徒，春官大宗伯，夏官大司马，秋官大司寇，冬官大司空。之职事。《仪礼》因古礼遗文，记冠、昏、丧、祭、燕、射、朝、聘之礼。《礼记》汇辑诸儒杂著者也，多论礼制之义。唐代立五经于学官，礼独取《礼记》，后人多从之。《礼记》四十九篇，中有《大学》《中庸》二篇，俱论修身治人之道，辞理精妙，逾于他篇，宋儒表出之，以配《论语》《孟子》，谓之四书。四书五经，儒家所奉以为圣典也。　一七二节《论语》二十篇，孔子及门弟子之语，而后人所辑而撰录也。孔子不著书，经传诸子载其语者，多出假托，故可见孔子之真者，莫如此书。《孟子》者，孟轲所自著也。轲，战国大儒，后世以孔孟并称。轲之后有荀况，亦儒家之名世者也，其书曰《荀子》。　一七三节先秦诸子之书，流传于世者数十部，儒家之外，有道家、墨家、法家、兵家、从横家等。《老子》《庄子》《列子》三书，道家尊奉之，号为真经。《墨子》及《晏子春秋》，墨家之所主。《管子》《商子》《韩非子》，法家之所宗也，三家大旨，略载于次篇。又兵家有《孙》《吴》《尉缭子》，从横家有《鬼谷子》。《孙子》者，孙武之书。《吴子》者，吴起之书也。吴起仕魏、楚，见第五篇。孙武与尉缭，出处不明，或曰，武事吴王阖庐，建军功，然左氏详叙吴事，绝不见武之名，恐非事实。《孙子》文辞精绝，颇多格言，故不独兵家尚之，文士亦爱读不措。鬼谷子，即所谓鬼谷先生，苏秦、张仪之师也，其书专论阴谋权术。以上诸书，皆支那文籍之英华，后世学者以为不可及，文士取材于斯，哲学士求道于斯，皆无不诵读讲究。

第八篇　先秦诸子

第一章　学风之变动

一七四节唐虞时，契为司徒，敷五教，夔典乐，以教胄子。此支那教育之始见于书者也。三代立学之制，国都有国学，乡邑有乡校，夏曰校，殷曰序，周曰庠。校者，教也；庠者，养也；序者，射也。皆乡校也。国学则三代共曰学。学、校、庠、序，皆以礼、乐、射、御、书、数为教科，谓之六艺，时时举行养老之典，以教民孝弟。　一七五节周代尚文，礼乐之盛，过于夏殷，经礼三百，曲礼三千，制度典章，拘缀繁碎，士大夫终世局促于玉帛钟鼓之间，不遑考察物理、论议政法，其习射御，亦主讲礼，非以养勇武，此皆周家防乱之术，而其所以流于文弱者，亦由是也。春秋时，虽周制已坏，学者犹崇尚旧风，专攻诗书礼乐，其谙典故、识名物者，谓之博物。列国史官，世守家学，不敢有所变通，君臣徒修威仪、事虚文而无补于治，人心益坏，不可复救。春秋之末，孔子出世，大振作学者，儒学自是兴焉。然亦不敢创立新说，专由古道而修饰之也。老聃盖有所见于时弊，违世离俗，欲求道德于礼义之外，而矫枉过直，去真理益远，然开异说之端，以鼓动人智者，实老子之书也。　一七六节及战国时，支那大乱，士竞智勇，于是学者各造新说，以诉于世。学校虽废，文学未坠于地，杨墨之徒出，与儒者相抗，儒分为八，墨离为三。又有述黄帝之道者，有为神农之言者，列、庄骋虚无之辨，申、韩衒法术之学，孟轲道性善，荀卿论性恶，宋研、尹文、驺衍、慎到之属，亦各有所主。兵家论兵，从横家说权谋，正邪相混，纯驳并陈。然各出卓见，不敢蹈袭前人，支那人智之活动，未有盛于此时也。　一七七节汉晋以后，老庄之说流为道教，与佛法共行于愚俗，而士君子大抵诵法孔子，历朝治体，专本儒教，自是经义制抑人心，学者莫敢舍古道发新义，百家论著累千万部，而诸经之注释衍义几居其半。其不依儒旨者，如道法诸流，亦皆渊源于先秦，少有出于后人创见者。故欲观支那之学风者，要先知先秦诸子之主论也。

第二章　孔子略传

一七八节孔丘，字仲尼，鲁人也，生而好礼，为儿嬉戏，常陈俎豆，设礼容。鲁，周公之后也，周礼尽在焉，士大夫皆娴于礼仪，孔子长于其间，见闻甚熟，夙以知礼闻，为人温而厉，威而不猛，恭而安，动容周旋皆中礼。　一七九节孔子博学而多能，诗书六艺，无所不通。少时贫贱，尝为委吏矣，则会计当尝；为乘田矣，则牛羊蕃息。比三十余岁，避鲁乱，适于齐，齐景公欲待以卿而不果，反于鲁，以诗书礼乐教弟子，四方来学者弥众。后为鲁司寇，定公用之不终，事见第四篇。孔子周游列国，所至不遇，畏于匡，郑邑，今直隶大名府长垣县。厄于宋，彷徨于郑、卫，穷于陈、蔡之间，六十八岁而归鲁，修礼正乐，笔削春秋，以周敬王四十一年纪元百八十二年。卒，时年七十三。葬鲁城北泗上，门人皆心丧三年，鲁人徙从冢而居者，百有余家，因名曰孔里。鲁世世相传，以岁时奉祠，诸儒讲礼于冢侧，后世因其故堂作庙，藏孔子衣冠琴书。号为圣庙。　一八〇节孔子述而不作，信而好古。其崇礼乐，重丧祭，敬鬼神，畏天命，皆师古也。孟子曰，孔子集大成，谓集古意而构成儒道也。其言平易而极简核，无浮辞。其说治国必本之于修身，修身治国，不二其道。故少言及政术者，论德而不论性，说人道而不说天道，其所常言孝、弟、忠、信、礼、义、勇、智之事，而以仁为众德之宗，以恕为求仁之方，诗书礼乐，皆为养德之具也。　一八一节孔子诲人谆谆不倦，弟子盖三千矣，知名者七十余人。颜回最贤，贫而乐道，早死。孔子哭之恸，曰：噫！天丧予。曾参、闵损皆纯孝，孔子称之。冉耕、冉雍有德行，与颜、闵齐名。宰予、端木赐善为说辞，冉求、仲由长于政事，言偃、卜商长于文学，有若、颛孙师、公西赤之徒，亦各有所得。诸子出处不详，仲由、冉求、冉雍，皆尝为季氏宰，端木赐、言偃皆仕鲁，仲由后仕卫，孔氏死于其难。卜商，字子夏，孔子没后，居西河教授，魏文侯所师者是也。孔子生鲤，先卒，鲤生伋，字子思，学于曾子，名显于诸侯。孔子裔孙达者颇多，历代帝王奉孔子为先师，求其后，尊以爵秩，以祠圣庙，至今不绝。

第三章 老子及杨墨列庄

一八二节李耳，字聃，世谓之老聃，楚苦邑今河南归德府鹿邑县。人也，与孔子同时，仕周，为藏书室之史，见周衰，去之。西至关，关尹喜曰：子将隐矣，强为我著书。老子乃著一书而去，莫知其所终。其书五千余言，后人名曰《道德经》，其文简奥难解，大旨言：道存于自然，不假人为。仁义者，道之废也。礼乐者，德之薄也。柔弱谦下，虚静无为，是谓玄德。柔能制刚，弱能胜强，谦下不争，则天下莫能与之争。虚静之极，万物自化，是无为而无不为也。圣人使民无知无欲，故善治也。老子不尚唐虞三代之治，世谓其说本于黄帝，遂有拟作黄帝书者，故号曰黄老之道。及方士之徒作，争言长生飞仙之术，道教由之而兴，推老子为教祖，号太上老君，以为天神之化生。 一八三节自老子一唱异说，杨朱、墨翟、列御寇、庄周之徒，相继起焉。杨朱之说，主自爱，逸身乐生，不要名利，从性而游，不逆万物，损一毛而利天下，不为也，悉天下奉一身，不取也，以谓人人不损一毛，不利天下，天下治矣。杨朱不知何处人，其书不传。 一八四节墨翟，宋大夫也。其说主兼爱，嫌世之侈靡，尚俭约节用，论声乐之弊，辨厚葬久丧之害。又信鬼神之赏罚，而非天命前定之说，称禹之形劳，泛爱博施，不避穷苦，虽摩顶放踵，利天下为之也。其徒甚众，生不歌，死不服，衣褐穿跻，奔走四方。墨子书今存五十三篇，又有《晏子春秋》，盖墨子之徒撰之。晏婴以俭名于世，故墨者述其行事，以明己术也。 一八五节列御寇，郑人也。当周安王时，其说宗老子，一死生，齐是非，虚静无为，以求合于道。庄周，宋之蒙邑名，故城在河南归德府城东北。人也，为蒙漆园吏，博学善属文，著书十余万言，率寓言也，说同列子，而更高妙，离儒墨之是非，洸洋自恣，文极奇变。

第四章 孟荀及同时诸子

一八六节孟轲，驺春秋邾国，今山东兖州府邹县。人也，后于孔子百有余年，与庄子同时，而不相知。受业子思之门人，道既通，适魏，魏惠王不能用，游事齐宣王，在三卿之中，不遇而去，往来于宋、鲁、滕、薛二国故城皆在兖州府滕县。之间，求行道之地而不得，退与万章之徒作《孟子》七篇。 一八七节孟子之言，雄伟明快，冠于诸子。辨王霸曰：以力假仁者霸，以德行仁者王。常鄙桓文之霸业，骂功利之徒，以为民贼，说齐、魏之君以行仁政而王，然战国方务富强，闻所谓王道之说，莫不以为迂阔。孟子已不得志于诸侯，以明儒教为己任，痛斥杨墨之说曰：杨氏为我，是无君也，墨氏兼爱，是无父也，无父无君，是禽兽也。孟子唱性善之说，谓人皆有仁义礼智之端，后儒谈性理者，皆宗之。 一八八节孟子之时，学士论客甚众，苏秦、张仪、公孙衍等游说诸侯，亦在此时。宋钘、尹文尚名法而恶攻战，上说下教，见侮不辱，忍饥寡欲，急于救民，颇类墨者。尹文居齐稷下，稷，山名，在齐都南。称能言者，著《尹子》二卷。稷下者，齐宣王置宾客处也。宣王好文学游说之士，赐列第尊宠之，淳于髡、驺衍、慎到、田骈、驺奭之徒七十六人，皆为大夫，不治事而议论，于是稷下学士盛，且数百千人。淳于髡学无所主，博闻强记，称为多智。驺衍之言，怪迂而闳大，然要归于仁义，后为燕昭王师。慎子述名法，非世之尚贤。田骈、驺奭皆著书，今不传。又有诡辨之徒，饰辞巧譬，倒是非，淆真伪，缴纷争言以相乐，魏相惠施、赵人公孙龙，其雄也。 一八九节战国学士长于论辨，而乏雅趣。古乐已坏，无复雅颂之作，独屈原以《楚辞》著焉。屈原，楚世家也，为怀王左徒，志洁行廉，明于治体，王甚任之，后以谗见疏，作《离骚》以自怨。顷襄王又迁之于江南，竟投于汨罗水名，在湖南长沙府湘阴县。而死。屈原之辞，悽惋动人，怨而不恚，绍风雅之遗音，为后世辞赋之祖。 一九〇节荀况，赵人也，少游学于齐，齐襄王时，荀卿最为老师，后适楚，春申君以为兰陵春秋鄫国，今山东兖州府峄县。令，不大用而没。荀卿之书，论礼最详，率述周制，排击墨子之尚俭非乐，以为不知文。其斥神怪灾祥形相之说，在当时为卓见。论性正与孟子相反，曰人之性恶，其善者伪也。伪者，矫饰之谓也，人从其性，则必归于乱，圣人起礼义，以矫饰之，使皆出于治，合于道，遂诋子思、孟轲以为饰邪说，与慎、墨、宋、惠之徒并排之，后儒多疵之。

第五章 法家诸子

一九一节法家以李悝为祖，申不害、商鞅次之，韩非又次之，四子之事，略见战国篇中。管子书，虽托名管仲，盖成于后人，述管仲治国之术，杂以阴阳五行之谈，虚静因应之说，其言非尽仲父之真，然其重赏罚，任法而不任智，及富国强兵之策，法家多祖尚之。 一九二节李悝集诸国刑书，著《法经》六篇，商鞅传之，改法为律，支那历代法律，实原于此书。申、商皆有著书，《申子》今不传，《商子》之论，略同《管子》而加刻薄，正与鞅行事相类也。韩非并取申、商之意，其言曰：商鞅为法而无术，申子有术而法不一。法者，官之所师也；术者，主之所执也。此不可一无，皆帝王之具也。非之学有所得于老子，假其虚静之说，以神法术之用，蔑仁义，厉刑名，惨礉刻深，大悖人性，然其言峭直而不迂，求适时势，以尚古为陋，不恃鬼神，不信卜筮、星占，识见颇高。 一九三节抑法律者，经国之要典也。虽三代之崇礼乐，政刑之具不备，不能致治，然而齐鲁之儒说治道者，唯礼乐是讲，贱视刑法，不屑学之。周制五刑之属三千，学者无有传之者。自李子论法，商君受之，以佐秦致富强。汉高祖入秦，约法三章，悉除苛法，以收民心。然三章之法，不足以御奸，乃命萧相国掇拾秦法，作律九篇，太常叔孙通又增为十八篇，于是刑名略定，法律之学随起焉。其后历朝修饰，矫其峻刻，渐近于中正，遂至与儒学并行而不相悖矣。

歷朝興亡禪代圖

符號例　一統之朝，用重方圍□，偏安之朝及割據之大國，用方圍□，割據之小國，用圓圍○，禪讓篡奪，用點線┆，克勝兼并，用大線┃，分裂離叛，用細線│，繼統及改號，用複線‖。

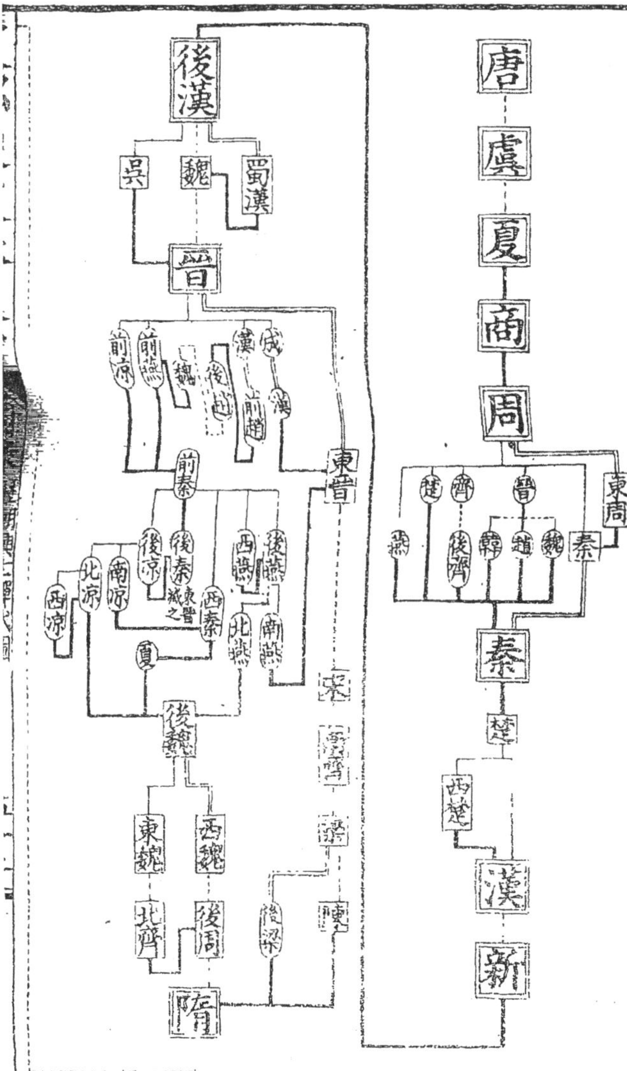

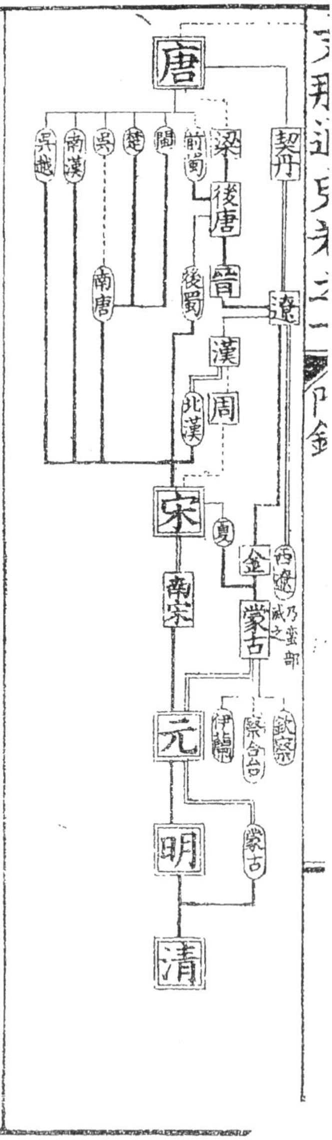
唐
契丹
梁
前蜀
閩
楚
吳
南漢
吳越
後唐
晉
遼
後蜀
南唐
漢
周
北漢
宋
夏
金
西遼
乃蠻部滅之
南宋
蒙古
伊犁
察合台
欽察
元
明
蒙古
清

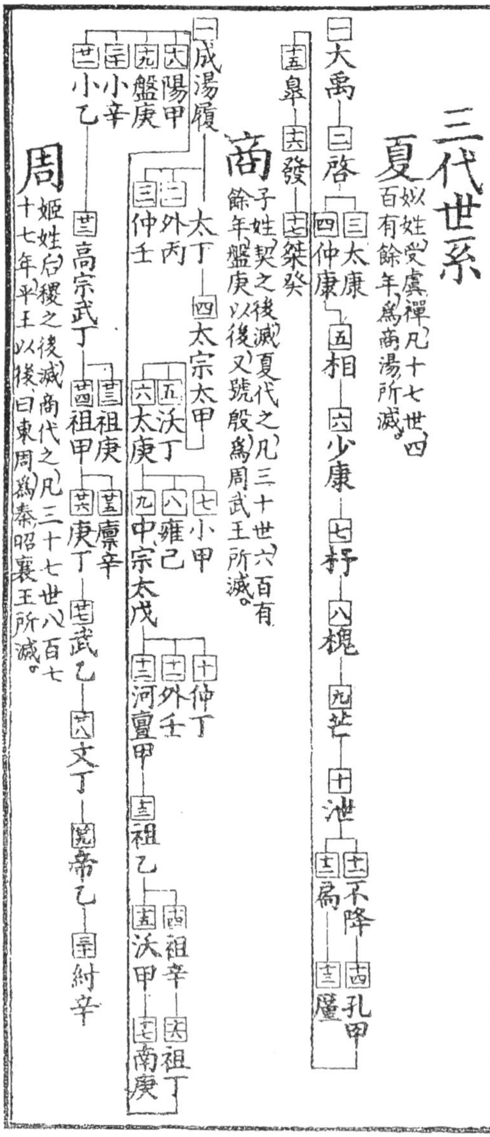
三代世系
夏
姒姓，受虞禪，凡十七世，四百有餘年，爲商湯所滅。
一 大禹
二 啓
三 太康
四 仲康
五 相
六 少康
七 杼
八 槐
九 芒
十 泄
十一 不降
十二 扃
十三 廑
十四 孔甲
十五 皋
十六 發
十七 桀癸
商
子姓，契之後，滅夏代之，凡三十世，六百有餘年，盤庚以後，又號殷，爲周武王所滅。
一 成湯履
二 外丙
三 仲壬
太丁
四 太宗太甲
五 沃丁
六 太庚
七 小甲
八 雍己
九 中宗太戊
十 仲丁
十一 外壬
十二 河亶甲
十三 祖乙
十四 祖辛
十五 沃甲
十六 祖丁
十七 南庚
十八 陽甲
十九 盤庚
二十 小辛
二十一 小乙
二十二 高宗武丁
二十三 祖庚
二十四 祖甲
二十五 廩辛
二十六 庚丁
二十七 武乙
二十八 文丁
二十九 帝乙
三十 紂辛
周
姬姓，后稷之後，滅商代之，凡三十七世，八百七十年，平王以後，曰東周，爲秦昭襄王所滅。

古公（大王）亶父—公季 王季歷—西伯 文王昌—一武王發—二成王誦—三康王釗—四昭王瑕

五穆王滿—六共王伊扈
八孝王辟方
—七懿王囏—九夷王燮—十厲王胡—十一宣王靜—十二幽王宮湦

十三平王宜臼—太子洩父—十四桓王林—十五莊王佗—十六僖王胡齊—十七惠王閬—十八襄王鄭

十九頃王壬臣—二十匡王班
廿一定王瑜—廿二簡王夷—廿三靈王泄心—廿四景王貴—廿五悼王猛
廿六敬王匄
—廿七貞王介

廿八元王赤—廿九哀王去疾
三十思王叔
卅一考王嵬—卅二威烈王午—卅三安王驕—卅四烈王喜
卅五顯王扁—卅六慎靚王定—卅七赧王延

齊晉及七國世系

齊

侯爵，姜姓，呂氏，太公望之所封，至桓公霸諸侯，有國三十二世，七百五十年，爲田氏所篡。

十五桓公小白—十六武孟無虧
二十三惠公元—二十三頃公無野—二十四靈公環—二十五莊公光
二十六景公杵臼—二十八悼公陽生—二十九簡公壬
二十七晏孺子荼
三十平公驚
三十一宣公積—三十二康公貸
十八孝公昭
十九昭公潘—二十舍
二十一懿公商人

晉

侯爵，姬姓，武王子唐叔虞之所封，至文公始霸，有國三十九世，七百三十年，爲魏趙韓氏所分。

二十三文公重耳—二十四襄公驩—二十五靈公夷皋
桓叔捷—惠伯談—二十九悼公周—三十平公彪—三十一昭公夷
二十六成公黑臀—二十七景公獳—二十八厲公州蒲

三十二頃公去疾—三十三定公午—三十四出公鑿
桓子雍—忌—三十五懿公驕—三十六幽公柳—三十七烈公止—三十八孝公傾—三十九靜公俱酒

三代及九國世系　五十三

支那通史卷之一 附錄

楚

子爵，羋姓，熊繹之所封，至武王始大，有國四十一世，八百七十（若八九十）年，爲秦王政所滅。

十七武王熊通 — 十八文王熊貲 — 十九杜敖囏

二十成王頵 — 廿一穆王商臣 — 廿二莊王旅 — 廿三共王審 —

廿四康王昭 — 廿五郟敖麇

廿六靈王圍

廿七平王居 — 廿八昭王壬 — 廿九惠王章 — 三十簡王仲 — 卅一聲王當 — 卅二悼王類 — 卅三肅王臧

卅四宣王良夫 — 卅五威王商 — 卅六懷王槐 — 卅七頃襄王横 — 卅八考烈王完 — 卅九幽王悍

四十哀王郝

卌一王負芻

其 — 義帝心

後齊

侯爵，嬀姓，田氏，虞舜之後，陳侯之支族，世爲齊卿，周威烈王時，田和爲諸侯，有國七世，百六十六年，爲秦所滅。

一太公和 — 二桓公午 — 三威王因齊 — 四宣王辟彊 — 五湣王地 — 六襄王法章 — 七王建

魏

侯爵，姬姓，魏氏，武王弟畢公高之後，世爲晉卿，周威烈王時，魏斯爲諸侯，有國九世，百七十九年，爲秦所滅。

一文侯斯 — 二武侯擊 — 三惠王罃 — 四襄王嗣 — 五哀王 — 六昭王遬 — 七安釐王圉 —

八景閔王增 — 九王假

趙

侯爵，嬴姓，趙氏，伯益之後，世爲晉卿，周威烈王時，趙籍爲諸侯，有國十一世，百八十二年，爲秦所滅。

一烈侯籍 — 二敬侯章 — 四成侯種 — 五肅侯語 — 六武靈王雍 — 七惠文王何 — 十一代王嘉

三武侯

八孝成王丹 — 九悼襄王偃 — 十幽繆王遷

韓

侯爵，姬姓，韓氏，晉侯之支族，世爲晉卿，周威烈王時，韓虔爲諸侯，有國十一世，百七十四年，爲秦所滅。

一景侯虔 — 二烈侯取 — 三文侯 — 四哀侯 — 五懿侯 — 六昭侯 — 七宣惠王 — 八襄王倉 —

九僖王咎 — 十桓惠王 — 十一王安

燕

伯爵，姬姓，召公奭之所封，至文公列於七雄，有國四十三世，九百年，爲秦所滅。

卅六文公—卅七易王—卅八王噲—卅九昭王平—四十惠王—四一武成王—四二孝王—四三王喜

秦

伯爵，嬴姓，伯益之後。東周初，襄公始封，至穆公霸西戎，至昭襄王滅周，為諸侯三十一世，五百五十年，卒為皇帝。

九穆公任好—十康公罃—十一共公和—十二桓公—十三景公—十四哀公—太子（夷公）—十五惠公—十六悼公—十七厲共公—十八躁公／十九懷公—昭子—廿靈公—廿二惠公—廿三出子；廿一簡公；廿四獻公師隰—廿五孝公渠梁—廿六惠文王駟—廿七悼武王蕩／廿八昭襄王稷—廿九孝文王柱—卅莊襄王楚—卅一王政是為始皇帝

周秦列王在位年數

周 三十七王，八百六十七年。

武王 為西伯十二年，在王位七年。　成王 三十七年　康王 二十六年　昭王 五十一年　穆王 五十五年

共王 十二年　懿王 二十五年　孝王 十五年　夷王 十六年　厲王 五十一年　宣王 四十六年

幽王 十一年　平王 五十一年　桓王 二十三年　莊王 十五年　僖王 五年　惠王 二十五年

襄王 三十三年　頃王 六年　匡王 六年　定王 二十一年　簡王 十四年　靈王 二十七年

景王 二十五年　悼王 不踰年　敬王 四十四年　元王 七年　貞王 二十八年　哀王 不踰年

思王 不踰年　考王 十五年　威烈王 二十四年　安王 二十六年　烈王 七年　顯王 四十八年

慎靚王 六年　赧王 五十九年

秦六王百有四年。

惠文王周顯王三十一年立爲秦君，顯王四十四年稱王，在王位十五年。　悼武王四年　昭襄王五十六年，其五十一年并周。

孝文王一年　莊襄王三年　王政在王位二十五年，明年稱皇帝。

支那通史卷之一終

平山政太郎書
江川八左衛門刻

支那通史卷之二

中 世 史 上

第一篇　秦

第一章　始皇之政

一九四节夏后殷周之盛，地不过百里，其外为诸侯夷狄，及秦王政兼六国，禹迹所及，始悉为王家之直隶矣。是时诸侯称王已久，王号不足以表至尊之义，于是议尊号，采三皇五帝之名，更号曰“皇帝”，命为制，令为诏，自称曰“朕”，追尊考庄襄王为太上皇。制曰：太古有号无谥，死而以行为谥，则是子议父、臣议君也，甚无谓。自今以来除谥法，朕为始皇帝，后世以计数，二世、三世，至于万世，传之无穷。又推五德之运，以为周得火德，胜火者水，定为水德。服色尚黑，数以六为纪。是岁，秦之二十六年，我纪元四百四十年也。　一九五节丞相王绾等言：燕、齐、楚地远，不置王，无以镇之，请立诸子。皇帝下其议，廷尉李斯曰：周武王所封，子弟同姓甚众，后属疏远，相攻击如仇雠。今海内赖陛下神灵，一统皆为郡县，诸子功臣，以公赋税赏赐之，甚足易制，天下无异意，则安宁之术也，置诸侯不便。皇帝曰：天下初定，又复立国，是树兵也，而求其宁息，岂不难哉！廷尉议是，以郡县敷治，北带置关内今陕西西安、同州、凤翔三府，及邠、乾、商三州。及二十七郡，陇西、北地、上郡、河东、上党、太原、雁门、代郡、云中、九原、邯郸、钜鹿、上谷、渔阳、右北平、辽西、辽东、齐郡、东郡、砀郡、薛郡、瑯邪、泗水、三川、颍川、南阳、汉中。中带置六郡，巴郡、蜀郡、南郡、长沙、九江、会稽。后逾南岭，取南带地，置三郡，南海、桂林、象郡。凡三十六郡，郡置守尉监，收民间兵器，聚之咸阳，秦京，今陕西西安府咸阳县。销以为钟鐻铜人。徙诸郡豪富于咸阳十二万户。　一九六节二十八年，皇帝东行郡县，封泰山，禅梁父。山名，在泰山南。封禅者，祭天地而告成功也。遂游海上，礼祠八神，天、地、兵、阴、阳、日、月、四时。所至立石颂秦德，以明得意。

方士徐市等上书，请得斋戒，与童男女求神仙，乃遣徐市发童男女数千人，入海求之。时人相传，周鼎没于泗水中，帝南过彭城，县名，属泗水郡，今江苏徐州府治。祷祠泗水，使千人没水求之，不得，渡淮浮江，至湘山在湖南长沙府湘阴县北洞庭湖中。祠，逢大风，问博士，湘君何神，对曰：尧女舜妻。帝大怒，使刑徒伐树，赭其山。 一九七节明年，复东巡，韩人张良以其父祖相韩五君，祖开地相昭侯、宣惠王、襄王，父平相僖王、桓惠王。及韩亡，欲为报仇。帝至博浪沙在河南怀庆府阳武县东南。中，良使力士操铁锥狙击之，误中副车，帝惊，大索不得。 一九八节帝好巡游，大治驰道，东穷燕、齐，南极吴、楚，道广十余丈。又使蒙恬发兵三十万人，北伐匈奴，收河南地，谓北河之南，今内蒙古鄂尔多斯地。增筑长城，起临洮，县名，属陇西郡，今甘肃巩昌府岷州。达于辽东，郡名，今盛京奉天府南境，及锦州府西境。逾山跨谷，延袤七百余里，号万里城。城壁高厚各二丈许，每六十间，设堡寨，置戍兵。又略取南越，以谪徙民五十万人戍五岭，大庾、骑田、部龙、萌渚、越城，皆南岭之诸峤也。秦威振胡越。 一九九节帝以为咸阳人多，先王宫庭小，乃营朝宫渭南上林苑，在西安府城西北。先作前殿阿房，东西二百间，南北四十丈，上可坐万人，下可建四丈旗，周驰为阁道，自殿下直抵南山，表山巅以为阙，为复道，自阿房渡渭，属之咸阳。刑徒七十余万人，分作诸宫，关中计宫三百，关外四百余，立石东海上，以为秦东门，令咸阳之旁二十里内，宫观复道相连，帷帐、钟鼓、美人充之。帝所居宫，不使人知，有言其处者，罪死。群臣受事者，悉于咸阳宫。 二〇〇节三十四年，丞相李斯上书曰：异时诸侯并争，厚招游学，今天下已定，法令出一，百姓当家则力农工，士则学习法令。今诸生不师今而学古，闻令下，则各以其学议之，夸主以为名，异趣以为高，率群下以造谤，如此不禁，则主势降乎上，党与成乎下，禁之便。臣请史官非秦记皆烧之，非博士官所职，天下有藏诗书百家语者，皆诣守尉杂烧之，有敢偶语诗书者，弃市，以古非今者，族。所不去者，医药、卜筮、种树之书，若有欲学法令者，以吏为师。制曰可。 二〇一节帝召文学方术士甚众，欲以兴太平，炼求仙药，有二生相与讥帝，因亡去。帝大怒，使御史案问诸生犯禁者四百六十余人，皆坑之。长子扶苏谏曰：诸生皆诵法孔子，今皆重法绳之，臣恐天下不安。帝大怒，使扶苏北监蒙恬军于上郡。郡名，今陕西鄜州以北地。帝为人刚戾自用，国事无大小皆决于己，至以衡石量书，日夜有程，不得休息。

第二章　秦民离畔

二〇二节秦自孝公以来，世以刑法御下，刻削无仁恩和气，国民虽慑其威而不心服。始皇重之以骄暴，内事土木，外威四夷，赋敛愈重，戍徭无已，祸乱之机已隐伏于中。三十六年，东郡郡名，今直隶大名府、山东东昌府及临清州。有陨石，民或刻其石曰："始皇帝死而地分。"遣御史逐问，莫服，尽诛石傍居人，燔其石。　二〇三节明年，始皇出游，少子胡亥、丞相李斯从，途得病而崩。李斯秘不发丧，宦者赵高与斯谋，诈为受诏，立胡亥为太子，遣使赐扶苏、蒙恬死。至咸阳发丧，胡亥袭位，是为二世皇帝。　二〇四节二世皇帝元年，楚隐王陈胜、赵王武臣、齐王田儋、燕王韩广、魏王咎元年，我纪元四百五十二年。帝东行郡县，还谓赵高曰：吾欲悉耳目之好，穷心志之乐，以终吾年寿，可乎？高曰：此贤主之所能行也，陛下严法刻刑，尽除故臣，更置所亲信，则高枕肆志矣。帝然之，更为法律，务益刻深，诸公子大臣多戮死。　二〇五节楚人陈胜、吴广将戍渔阳，郡名，今直隶顺天府东境。率众作乱于蕲，县名，属泗水郡，故城在安徽凤阳府宿州南。诈称公子扶苏。楚将项燕，号大楚，取陈春秋陈都，秦置县，属颍川郡，今河南陈州府治。据之，魏名士张耳、陈馀属之。诸郡县争杀长吏以应胜，胜自立为楚王，使吴广监诸将，以击荥阳。县名，属三川郡，今河南开封府荥泽县。或以反者闻于秦帝，帝怒，下之吏，召诸儒问之。叔孙通曰：群盗鼠窃狗偷，何足忧也。帝喜，以通为博士，通因亡去。陈王以所善陈人武臣为将军，张耳、陈馀为校尉，使徇赵地，又使周市徇魏地，使周文西击秦。秦帝大惊，遣章邯拒之，走周文。武臣至赵，自立为赵王，使韩广略燕地，广亦自立为燕王。　二〇六节会稽郡名，今江苏大江以南及浙江省。守殷通欲起兵应陈胜，以项燕之子梁为将，梁使兄子籍斩通，佩其印绶，举吴春秋吴都，秦置县，为会稽郡治，今江苏苏州府治。中兵，得八千人。籍字羽，少时学书不成，去学剑，又不成。梁怒，籍曰：书足以记姓名而已，剑一人敌，不足学，学万人敌。梁乃教籍兵法，略知其意，又不肯竟学。籍身长有力，才器过人，至是梁为会稽守，籍为裨将，徇下县。　二〇七节沛县名，属泗水郡，今属江苏徐州府。人刘邦，豁达有大度，不事家人产业，沛中子弟多欲附者。沛令欲以沛应陈胜，县吏萧何、曹参劝令召刘邦，邦已有众数十百人，令悔闭城，沛父老率子弟杀令，迎邦，立为沛公。萧、曹等为收众，得三千人，以应诸侯。后张良来属，数说邦以太公望兵法，邦善之，常用其策。良与他人言，辄不省，良曰：沛公殆天授。遂从不去。　二〇八节齐人田儋，故齐王族也，与从弟荣横皆豪健能得人。儋自立为齐王，略定齐地，楚将周市定魏地，迎魏公子咎于陈，立为魏王。二世二年，楚怀王心、赵王歇、齐王田市、魏王豹、韩王成元年，燕二年。章邯连败楚军，周文走死，吴广、陈王皆为其下所杀，赵将李良杀武臣以降秦。张耳、陈馀求故赵之后，得赵歇，立为赵王。　二〇九节项梁渡江而西，黥布、刘邦以其兵属之。居巢县名，属九江郡，今安徽庐州府巢县。人范增，年七十，好奇计，往说梁曰：陈胜首事，不立楚后而自立，其势不长。今君起江东，谓大江东南之地。楚蜂起之将争附君者，以君世世楚将，为能复立楚之后也。梁然之，求得楚怀王孙心于民间，立为楚王，取祖谥为号，谓之怀王，都盱眙。县名，属九江郡，今属安徽泗州。张良劝梁立韩后，梁使良立韩公子成为韩王，西略韩地。章邯伐魏，齐、楚救之，齐王田儋、魏王咎、周市皆败死，田荣立儋子市为齐王而相之。　二一〇节秦帝数让李斯，如何令盗如此。斯恐惧，乃阿帝意教以严行督责，税民深者为明吏，杀人众者为忠臣，刑者相半于道，而死人日积于市，秦民益骇惧思乱。赵高说帝曰：天子所以贵者，以群臣莫得见其面也。帝乃不坐朝廷，事皆决于高。高与李斯有隙，谮曰：丞相长男李由为三川郡名，今河南河南、开封、怀庆、卫辉四府，及陕州、汝州。守，与楚盗通，且丞相居外，权重于陛下。斯上书言高罪，帝下斯吏，具五刑，腰斩咸阳市，夷三族。高以中人为丞相，称中丞相。　二一一节项梁再破秦军，有骄色，宋义谏，不听，与章邯战，败死。怀王徙都彭城，立魏咎弟豹为魏王。秦军破赵，围赵王于钜鹿，县名，钜鹿郡治，今直隶顺德府平乡县。怀王以宋义为上将，项羽为次将，以救赵。二世三年，楚、赵、齐、魏、韩二年，燕三年。义至安阳，县名，属砀郡故城，在山东曹州府曹县东。不进，羽斩之，领其兵渡河，沈船破釜甑，烧庐舍，持三日粮，以示士卒必死，大破秦军钜鹿下，虏其将王离。王翦孙。是时诸侯军救赵者十余壁，莫敢纵兵，诸将皆自壁上观。楚战士无不一以当十，呼声动天地，诸侯军皆惴恐，羽由是为诸侯上将军，章邯等以其军降羽。

第三章　沛 公 入 关

二一二节初，楚怀王与诸将约，先入定关中者，王之。当时秦兵强，诸将莫利先入关，独项羽怨秦杀项梁，奋愿入关。诸老将皆曰：羽为人慓悍猾贼，独沛公宽大长者，可遣，王乃遣刘邦伐秦。　二一三节邦过高阳，里名，在河南开封府杞县西。高阳有老儒郦食其，知邦骑士，谓之曰：吾闻沛公慢而易人，多大略，此真吾所愿从游。骑士曰：沛公不好儒，客冠儒冠来者，辄解其冠，溲溺其中，未可以儒生说也。郦生令骑士入言之，邦召生于传舍，生入，邦方踞床，使两女子洗足，而见生，生长揖不拜，曰：足下必欲诛无道秦，不宜踞见长者。邦辍洗，起摄衣，延生上坐问计，生为邦说下陈留，县名，属三川郡，今属开封府。后常为说客。张良以韩兵从邦，邦略南阳，郡名，今河南南阳府及湖北襄阳府北境。引兵而西。　二一四节秦中丞相赵高欲专权，恐群臣不听，乃持鹿献于二世帝曰：马也。二世笑曰：丞相误邪，谓鹿为马。问左右，或默或言。高阴中诸言鹿者以法，群臣皆畏。高前数言关东盗无能为，既而秦兵数败，刘邦攻屠武关，在陕西商州东。高恐诛，使人弑二世，立二世兄子子婴为秦王，不复称皇帝。子婴既立，刺杀高，夷三族。　二一五节刘邦败秦军峣关，在陕西西安府蓝田县东南。明年，秦王子婴元年，楚、赵、齐、魏、韩三年，燕四年，西楚霸王项籍、汉王刘邦、齐王田荣元年，我纪元四百五十五年。至霸上。霸水名，在西安府城东，霸上今名白鹿原。秦王子婴素车白马，系颈以组，封皇帝玺，降轵道旁，秦亡。秦自惠文以来，称王百有三年，为皇帝止二世，十有五年，子婴为王四十六日而降。诸将或言诛子婴，邦曰：怀王遣我，固以能宽容，且人已降，杀之不祥，乃以属吏。　二一六节邦西入咸阳，见秦宫室、帷帐、重宝、妇女，欲留居之。樊哙谏曰：此皆秦所以亡也，愿急还霸上，无留宫中，邦不听。张良曰：为天下除残贼，宜缟素为资，今始入秦，即安其乐，此所谓助桀为虐，愿听哙言。邦乃还霸上，悉召诸县父老豪杰，谓曰：父老苦秦苛法久矣，吾与诸侯约，先入关中者王之，吾当王关中，与父老约法三章耳，杀人者死，伤人及盗抵罪，余悉除去秦法。诸吏民皆安堵如故，秦人大喜。

第二篇　楚汉

第一章　项羽为霸王

二一七节项羽已定河北，率诸侯兵，欲西入关，计秦降卒不服，至关必危，夜击坑二十万人新安故城在河南府渑池县东。城南，行至函谷关，在河南陕州灵宝县南。刘邦遣兵守关，羽大怒，攻破之，进军鸿门，道名，在西安府临潼县。期旦日击邦。范增曰：沛公居山东，谓大行及崤、函之东。贪财好色，今入关，财物无所取，妇女无所幸，此其志不在小，急击勿失。　二一八节羽伯父项缠素善张良，夜驰往告良，欲与俱去，良要缠入见邦，邦奉卮酒为寿，曰：吾入关，秋毫不敢有所近，籍吏民、封府库而待将军，所以守关者，备他盗也，岂敢反乎！愿伯具言臣之不敢背德。缠许诺，曰：旦日不可不早自来谢。缠去，具以告羽，且言人有大功，击之不义，不如因善遇之。羽许诺。旦日邦从百余骑至鸿门，见羽谢，羽留邦与饮。范增数目羽，举所佩玉玦者三，羽不应。增出，使项庄入，前为寿，请以剑舞，因击邦于坐。项缠亦拔剑起舞，常以身翼蔽邦，庄不得击。张良出告樊哙以事急，哙带剑拥盾直入，瞋目视羽，头发上指，目眦尽裂。羽曰：壮士赐斗卮酒、生彘肩，哙立饮，拔剑切肉，食尽之。羽曰：壮士，能复饮乎？哙曰：臣死且不避，卮酒安足辞！夫秦有虎狼之心，天下皆叛，今沛公先破秦入咸阳，劳苦功高，而将军欲诛之，此亡秦之续耳，切为将军不取也。羽无以应，命之坐。须臾，邦起如厕，因招哙出，间行趋霸上，令张良留谢，持白璧一双献羽、玉斗一双奉亚父。亚父者，范增也。增置玉斗地，拔剑撞破之，曰：唉，竖子不足与谋，夺将军天下者，必沛公也。　二一九节居数日，羽引兵西屠咸阳，杀降王子婴，掘始皇帝冢，烧秦宫室，火三月不灭，收宝货、妇女而东，秦民大失望。韩生说羽曰：关中地肥饶而四塞，可都以霸。羽见秦残破，又思东归，曰：富贵不归故乡，如衣绣夜行耳。韩生退曰：人言楚人沐猴而冠，果然。羽闻之，烹韩生。　二二〇节羽使人致命怀王，王曰：如约。羽怒曰：怀王，吾家所立耳，非有功伐，何得专主约！乃阳尊为义帝，徙江南，都彬。县名，属长沙郡，今湖南彬州。羽自立为西楚霸王，时人名郢为南楚、吴为东楚、彭城为西楚，羽都彭城，故国号西楚。王梁楚地，战国末魏楚之地，今江苏省及山东西南境、河南东境、安徽北境。都彭城。立刘邦为汉王，王巴、郡名，今四川重庆、顺庆、保宁、绥定、夔州五府。蜀、郡名，今四川成都、潼川二府。汉中，郡名，今陕西汉中、兴安二府，及湖北郧阳府。都南郑，今汉中府治。而三分关中。王秦降将三人，章邯为雍王，司马欣为塞王，董翳为翟王。以距塞汉路，徙赵、魏、燕、齐故王，赵王歇为代王，魏王咎为西魏王，燕王韩广为辽东王，齐王田市为胶东王。更立诸将九人为王。楚将黥布为九江王，番君吴芮为衡山王，义帝柱国共敖为临江王，赵将司马卬为殷王，赵相张耳为常山王，张耳嬖臣申阳为河南王，燕将臧荼为燕王，齐将田都为齐王，故齐工建孙田安为济北王。汉王怒，欲攻羽，萧何曰：大王王汉中，养民致贤人，收用巴蜀，还定三秦，秦三将所封，咸阳以西为雍，咸阳以东为塞，上郡为翟。天下可图也。王乃就国，以何为丞相，遣张良返韩。项王以韩王成无功，废而杀之，良间行归汉。良多病，未尝特将，常为画策臣。后项王使人击杀义帝于江中。

第二章　楚汉分争上

二二一节淮阴县名，属九江郡，今江苏淮安府清河县。人韩信，家贫无行，常从人寄食，人多厌之。及项梁渡淮，信从之。又屡以策干羽，不用，亡归汉，汉王亦未之奇也。信数与萧何语，何奇之。汉王至南郑，将士皆歌讴思东归，多道亡者。信度何已数言王，王不我用，即亡去，何自追之。人言丞相何亡，王怒，如失左右手。何来谒，王骂曰：若亡何也？何曰：臣不敢亡，追亡者耳。曰：谁？曰：韩信也。王复骂曰：诸将亡者以十数，公无所追，追信诈也？何曰：诸将易得耳，如信，国士无双。王欲长王汉中，无所事信，必欲争天下，非信无可与计事者。王能用信，信即留，不然终亡耳。王曰：吾为公以为将？何曰：不留。王曰：以为大将？何曰：幸甚！王欲召信，何曰：王素慢无礼，拜大将如呼小儿，此信所以去也。于是择日斋戒，设坛场具礼，诸将皆喜，以为得大将，及拜，乃韩信也，一军皆惊。汉王用信计，部署诸将，留萧何，收巴蜀租，给军粮食，引兵出略三秦。　二二二节项王已王诸将，而田荣、陈馀不得王，皆怒。荣发兵击并三齐，齐及胶东济北。自立为齐王。时彭越拥众在梁地，无所属，荣使越击楚，大破其军。张良遗项王书曰：汉王欲得关中，如约即止，不敢东。又以齐梁反书遗之，项王以故无西意，而北伐齐楚。汉之二年，我纪元四百五十六年。陈馀与齐兵袭常山故赵地，今直隶正定、顺德、广平三府。王张耳，耳败走汉。赵王歇立馀为代今直隶宣化府蔚州及山西北境。王，馀留傅赵王，而使夏说守代。项王前立郑昌为韩王，以距汉，汉王遣韩公孙信略韩地，信急击降昌，汉立信为韩王。项王破齐，齐王荣走死。项王坑其降卒，所过多残灭，齐民聚叛。　二二三节汉王渡河，西魏今山西南境。王豹降之，虏殷殷纣故国，今河南北境。王司马卬。初，阳武县名，属三川郡，今属河南怀庆府。人陈平家贫，好读书，事魏王咎，不用，去事项羽，得罪，亡归汉，因魏无知求见汉王，王与语悦之，拜为都尉、典护军。平受诸将金，周勃、灌婴等言之于王，王召让无知，无知曰：臣所言者能也，王所问者行也，今有尾生孝己之行，无益胜负之数，王何暇用之乎！王又让平，平曰：臣裸身来，不受金，无以为资，诚臣计有可采，愿王用之。使无可用者，金具在，请封输官，得请骸骨。王乃谢，厚赐之，拜护军中尉，尽护诸将。　二二四节汉王至洛阳，周王城下都，秦三川郡治，故城在河南府城东北。新城乡名，在河南府城南。三老董公遮说曰：顺德者昌，逆德者亡。兵出无名，事故不成。项羽无道，放杀其主，天下之贼也。大王宜率三军之众，为之素服，以告诸侯而伐之，则四海之内，莫不仰德，此三王之举也。于是汉王为义帝发丧，哀临三日，发使告诸侯，请与讨项羽。　二二五节田荣弟横立荣子广为齐王，以拒楚，项王留连战，汉王率五诸侯河南王申阳、韩王郑昌、魏王豹、殷王司马卬、代王陈馀。兵五十六万伐楚，拜彭越为魏相国，略定梁地，汉王入彭城，收其货宝美人，日置酒高会，项王闻之，自以精兵三万还击，大破汉军。汉军入穀泗睢水死者二十余万人，水为之不流。围汉王三匝，会大风昼晦，汉王乃与数十骑遁去。汉王家室在沛，父母妻子为楚军所获，后常置军中为质，诸侯背汉，复与楚。汉王至荥阳，诸败军皆会焉。萧何亦发关中老弱，悉诣荥阳，汉军复振。何守关中，为法令约束，立宗庙社稷，事以便宜施行，计关中户口，转漕调兵，未尝乏绝。

第三章　楚汉分争下

二二六节魏王豹叛汉，韩信击虏之，定西魏地。信请兵三万人，愿以北举燕、赵，东击齐，南绝楚粮道，汉王许之，遣张耳与俱，破代兵，擒夏说。楚汉三年，我纪元四百五十七年。信、耳击赵，赵聚兵井陉口，道名，在直隶正定府井陉县东。号二十万，李左车说陈馀曰：井陉道极险狭，愿假臣奇兵，从间路绝敌辎重，足下深沟高垒，勿与战，彼前不得斗，退不得还，野无所掠，不十日而两将之头可致麾下。陈馀不从，韩信谍知之，乃敢下，用奇计，大破赵军，斩陈馀，擒赵王歇，募生得李左车，解缚师事之，用其策，遣辩士奉书于燕，燕从风而靡。　二二七节汉随何说九江国跨安徽、江西。王黥布畔楚，楚攻之，布间行归汉，汉王方踞床洗足，召布入见，布悔怒，欲自杀，及出就舍，帐御、食饮、从官，皆如汉王居，布大喜过望。后封为淮南即九江国。王。　二二八节郦食其劝汉王立六国后，王曰：趣刻印。张良来谒，王方食，具以告良，良曰：天下游士，离亲戚、弃坟墓从大王游者，徒望咫尺之地。今复立六国后，游士各归事其主，大王谁与取天下乎？且夫楚唯无强，六国挠而从之，大王焉得臣之乎？诚用客谋，大事去矣。汉王辍食吐哺，骂曰：竖儒，几败乃公事，令趣销印。　二二九节陈平曰：项王骨鲠之臣，亚父辈数人耳。行间以疑其心，破楚必矣。汉王与平黄金四万斤，不问其出入，平多纵反间。楚围汉王于荥阳急，汉王请和，范增欲急攻下之，项王疑增不听，增怒，请骸骨归，疽发背而死。纪信诳楚，自称汉王出降，王因得遁去。项王烧杀纪信。　二三〇节汉王军成皋，县名，今河南开封府汜水县。项王拔荥阳，遂取成皋，汉王逃，北渡河，入赵壁，夺张耳、韩信军，令耳守赵，后封为赵王。使信收赵兵未发者击齐，郦食其为汉往说，齐王田广下之。蒯彻说韩信曰：将军击齐，而汉发间使下之，宁有诏止将军乎？且郦生伏轼掉三寸舌，下七十余城，将军为将数岁，反不如一竖儒之功乎？信遂渡河。

楚汉四年，袭破齐，齐王烹郦生而走。 二三一节汉王复取成皋，就敖仓食，与楚皆军广武。山名、在开封府荥泽县西。楚食少，项王患之，乃为高俎，置汉王父太公其上，告汉王曰：不急下，吾烹太公。汉王曰：吾与羽俱北面受命怀王，约为兄弟，吾翁即汝翁，必欲烹汝翁，幸分我一杯羹。楚汉久相持不决，项王欲与汉王独身决战，汉王曰：吾宁斗智，不斗力。因数羽十罪，项王大怒，伏弩射汉王伤胸。

第四章 汉 灭 楚

二三二节楚使龙且救齐，龙且曰：韩信易与耳，寄食于漂母，无资身之策，受辱于跨下，无兼人之勇。进与信挟潍水而军，信夜使人囊沙壅水上流，且渡击且，佯破还走，且追之，信使决水，且军大半不得渡，信急击杀且，虏齐王广，田横自立为齐王，战败走梁。 二三三节信遣使请为假王以镇齐，汉王怒骂之，张良、陈平蹑王足，附耳语，王悟，复骂曰：大丈夫定诸侯，即为真王耳，何以假为！立信为齐王，征其兵击楚。项王使人说信，欲与连和，三分中国。信谢曰：汉王授我上将军印，言听计用，我倍之不祥，虽死不易。蒯彻亦切劝自立，信犹豫，遂谢彻。 二三四节项王少助食乏，信又进兵击楚，楚患之，乃与汉约二分中国，鸿沟今名汴河，在开封府中牟县。以西为汉，以东为楚。归汉王父母妻子，解而东归。汉王欲西归，张良、陈平曰：汉有天下大半，楚兵饥疲，今释不击，此养虎自遗患也。王从之。 二三五节楚汉五年，我纪元四百五十九年。汉王追项王至固陵，楚地，在河南陈州府太康县西。齐王信、魏相国越期会不至，张良劝王以梁、楚地许两人，两人皆引兵来，淮南王黥布亦会焉。项王至垓下，楚地，在安徽凤阳府灵璧县南。兵少食尽，战败入壁。汉围之数重，项王夜闻汉军四面楚歌，大惊曰：汉皆已得楚乎？何楚人多也。起饮帐中，悲歌忼慨，左右皆泣，莫能仰视。夜从八百骑，溃围南走，渡淮，迷失道，汉追及之，至东城，县名，故城在凤阳府定远县东南。骑能属者二十八人，项王谓之曰：吾起兵八岁，七十余战，未尝败北，今卒困于此。此天亡我，非战之罪也。今日固决死，愿为诸君快战。乃驰溃围，杀数十百人。至乌江，大江津名，在安徽和州城东北。乌江亭长舣船待，曰：江东虽小，亦足王也，愿大王急渡。王笑曰：籍与江东子弟八千人渡江而西，今无一人还，纵江东父兄怜而王我，我何面目见之？下马步战，自刎而死。汉王以鲁公礼葬羽，哭之而去。驰入韩信壁，夺其军，分项氏地为梁、今山东西境及河南东境。楚今江苏省及山东南境。二国，更立信为楚王，彭越为梁王。诸侯王尊汉王为皇帝，是为汉高祖，更王后曰皇后，王太子曰皇太子，都洛阳，兵皆罢归家。

第三篇　前汉上

第一章　汉业初定

二三六节高祖置酒洛阳南宫，问群臣曰：吾所以得天下者何？项氏所以失天下者何？高起、王陵对曰：陛下使人攻城略地，因以予之，与天下同其利，项羽不然，有功者害之，贤者疑之，战胜而不予人功，得地而不予人利。高祖曰：公知其一，未知其二。夫运筹帷幄之中，决胜千里之外，吾不如子房；镇国家，抚百姓，给馈饷，不绝粮道，吾不如萧何；连百万之众，战必胜，攻必取，吾不如韩信。此三人者，皆人杰也，吾能用之，此吾所以取天下也。项羽有一范增而不能用，此其所以为我擒也。子房者，张良字也。　二三七节田横与其徒五百余人入海岛，帝召之曰：横来，大者王，小者侯，不来，且举兵加诛。横与二客乘传，至洛阳城东自刭，帝以王礼葬之。二客自刭从之，岛中五百人闻之，皆自杀。　二三八节初，季布为项羽将，屡窘帝，羽灭，帝购求布，敢有舍匿，罪三族。鲁侠士朱家匿之，之洛阳，见夏侯婴曰：季布何罪？臣各为其主耳。且以布之贤，汉求之急，不北走胡、南走越耳。婴言于帝，乃赦布，召拜郎中。布母弟丁公亦尝窘帝，帝急，顾曰：两贤岂相厄哉！丁公乃还，至是谒见，帝以徇军中曰：丁公为臣不忠，使项王失天下，遂斩之。　二三九节齐人娄敬说帝曰：洛阳，天下之中，有德则易以兴，无德则易以亡。秦地被山带河，四塞以为固，卒然有急，百万之众可立具，此扼天下之肮，而拊其背也。帝问群臣，群臣皆山东人，争言洛阳之利，张良独是敬说，帝即日西徙关中，赐敬姓刘氏，后定都长安。周镐京，今陕西西安府治。　二四〇节汉既灭楚，临江春秋楚国，今湖北荆州府。王共驩不降，汉遣刘贾、卢绾击虏之。燕王臧荼反，帝自将击虏之，以卢绾为燕王。汉之六年，我纪元四百六十年。人有上书告楚王信反，诸将曰：发兵坑竖子耳。帝问陈平，平危之曰：古有巡狩会诸侯，陛下第出伪游云梦，湖北大泽名。会诸侯于陈，因擒之，此一力士之事耳。帝从之。信来谒，帝令武士缚之。信曰：果如人言：狡兔死，走狗烹；高鸟尽，良弓藏；敌国破，谋臣亡。天下已定，我固当烹。遂械系以归，赦为淮阴侯。　二四一节后帝从容与信言诸将能将兵多少，帝曰：如我能将几何？信曰：陛下不过能将十万。帝曰：君何如？信曰：臣多多益善。帝笑曰：多多益善，何为为我擒？信曰：陛下不能将兵，而能将将，且陛下所谓天授，非人力也。　二四二节帝剖符封诸功臣，酂县名，属南阳郡，故城在湖北襄阳府光化县东北。侯萧何食邑独多，功臣皆曰：臣等被坚执锐，多者百余战，少者数十合，萧何未尝有汗马之劳，徒持文墨议论，反居臣等上，何也？帝曰：诸君知猎乎？追杀兽者，狗也，发纵指示者，人也，今诸君功狗也，如萧何功人也。　二四三节张良亦无战功，帝使自择齐三万户，良曰：臣始与上会于留，县名，属沛郡，故城在江苏徐州府沛县东南。愿封留足矣，封为留侯。留侯素多病，杜门导引不食谷，曰：家世相韩，及韩灭，为韩报雠，今以三寸舌为帝者师，封万户侯，此布衣之极愿弃人间事，从赤松子游耳。赤松子者，时人所传仙人号也。盖留侯自托于神仙，以避盛满之祸也。　二四四节帝已封大功臣二十余人，余争功不决，诸将畏不得封，往往相聚语，留侯劝帝先封雍齿。齿者，帝平生所憎也。诸将皆喜曰：雍齿且侯，我属无患矣。帝急趣丞相御史定功行封，诏定元功十八人位次，萧何第一，曹参次之，赐何剑履上殿，入朝不趋。是岁，尊父太公为太上皇。

第二章　高祖诸政

制朝仪；与匈奴和；异姓王废灭；南越称臣；陆贾著书；大封宗室

二四五节高祖去秦苛仪，为简易，群臣饮酒争功，或妄呼，拔剑击柱。博士叔孙通说帝曰：儒者难与进取，可与守成，愿征鲁诸生，共起朝仪，帝从之。七年，我纪元四百六十一年。长乐宫成，诸侯群臣朝贺，谒者治礼，引诸侯王以下以次奉贺，莫不振恐肃敬。礼毕，置法酒，御史执法，举不如仪者，辄引去，莫敢喧哗失礼者。帝曰：吾乃今日知为皇帝之贵也。拜通太常。初，秦纳六国礼仪，择其尊君抑臣者存之，及通制礼，大抵袭秦故，由是后世朝仪，比诸三代，皆偏于尊主。　二四六节初，匈奴畏秦北徙，及中国乱，复稍南渡河。胡言称其君曰“单于”，犹汉言“天子”也，诸王侯隶属之，疆土极广。头曼单于有太子曰冒顿，壮武有权数，射杀头曼，自立为单于，灭东胡，走月氏，复蒙恬所夺故地。高祖徙韩王信于太原，郡名，今山西太原、汾州二府，沂、代、保德三州。以备御之。匈奴围信于马邑，县名，属雁门郡，时为韩国治，今山西朔平府朔州。信降匈奴，于是帝自将击信，破其军，匈奴佯败走，汉悉兵逐之，帝先至平城，县名，属雁门郡，故城在山西大同府城东。兵未尽到，冒顿纵精兵四十万骑，围帝于白登山名，在大同府城东。七日。帝用陈平计，使厚遗阏氏，冒顿解围去。阏氏者，单于之妻，犹汉言后妃也。帝还过赵，赵王张敖（景王耳之子也，尚帝女）执子婿礼甚卑，帝慢骂之，赵相贯高等怒，阴谋杀帝。事觉，敖坐废为侯，韩王信后为汉将所斩。　二四七节匈奴数击汉，九年，帝遣刘敬往结和亲，名宫人为公主，以妻单于，约为兄弟，岁遗缯絮酒米食物各有数。敬又说帝，徙齐、楚大族豪杰十余万口，以实关中。　二四八节十年，赵高祖庶子隐王如意所封。相国陈豨反，帝自将击之。明年，淮阴侯信舍人弟上变，告信与豨通谋。皇后吕氏与相国何谋，诈言豨已败死，给信入贺，使武士缚信斩之。信曰：吾悔不用蒯彻之计，乃为儿女子所诈。遂夷三族。帝败豨还，诏捕蒯彻，彻至曰：跖之狗吠尧，尧非不仁，狗固吠非其主，当时臣唯知韩信，非知陛下也。帝释之。陈豨后为樊哙所击斩。　二四九节梁王彭越太仆得罪走汉，告越谋反，帝使人掩越捕之，废为庶人。吕后曰：此自遗患，劝帝杀之，夷三族，醢越肉以赐诸侯。淮南王黥布见汉杀韩信、醢彭越，自疑祸及身，遂反，帝自将击之。十二年，布败走，长沙今湖南之东半。王吴臣诱杀之。燕王卢绾阴与陈豨通谋，帝召之，不至，遂亡入匈奴。　二五〇节秦平南越，置南海、今广东省。桂林、今广西东境。象郡。今广东廉州、雷州二府及安南国。秦乱，南海尉赵佗击并桂林、象郡，自立为南越王。高祖遣陆贾往说佗，令称臣奉汉约，汉之威令始达南海矣。贾归报，拜大中大夫。　二五一节贾时时节说诗书，帝骂曰：乃公马上得天下，安事诗书？贾曰：陛下马上得之，宁可以马上治之乎？文武并用，长久之术也。向使秦已并天下，行仁义，法先圣，陛下安得有之？帝曰：试为我著古今成败得失。陆生著书十二篇，每奏一篇，帝称善，号曰《新语》。　二五二节秦之乱也，齐、楚、三晋旧族复起，然皆不数年而败亡。汉所立之王，唯韩王信出于王族，其外六国，赵景王张耳、楚王韩信、梁王彭越、淮南王黥布、长沙文王吴芮、燕王卢绾。与汉皆自庶姓崛起，于是周末世家之余泽，莫复存者。高祖惩秦无藩辅，孤立而亡，封子弟同姓为王，约曰：非刘氏不得王。是后诸皇子悉封王，其异姓王或诛或废，六七年间皆绝灭，唯长沙吴氏以国小而忠得久存。帝之末年，刘氏王者九国，齐悼惠王肥、楚元王交、赵隐王如意、梁王恢、淮阳王友、代王恒、淮南厉王长、吴王濞、燕灵王建，除吴、楚外，七王皆高祖庶子也。皆置百官宫观，同制京师，其最大者，为齐、代、吴、楚，齐今山东济南、泰安、青州、莱州、登朔五府。悼惠王肥，及代今山西汾州府以北。王恒，皆帝之庶子也。吴今江苏淮水以南、安徽大江以南，及浙江、江西二省。王濞，帝之兄子也。楚今江苏徐州府及海州，山东兖州、沂州二府。元王交，帝之弟也。四王皆有数郡之地，列峙东北，为汉大臣所畏惮。汉所有唯十五郡，内史、陇西、北地、上郡、云中、河东、河南、河内、东郡、颍川、南阳、南郡、汉中、巴郡、蜀郡。而公主列侯颇食邑其中，举全国租赋，入汉朝者，盖不过三之一。故汉初之政，虽多袭秦故，其立藩国，则效周制，而封疆甚大于周之公侯。

第三章　高后当国及诸吕之乱

二五三节戚姬有宠于高祖，生赵隐王如意，吕后见疏。太子盈，后所生也，为人仁弱，帝谓如意类己，欲废太子而立之，以大臣不服乃止。帝击黥布时中流矢，疾甚，吕后问：陛下百岁后，萧相国死，谁可代之？曰曹参。问其次，曰王陵。然少戆，陈平可以助之，平智有余，然难独任，周勃重厚少文，可使为太尉，安刘氏者，必勃也。帝在位十二年崩，号曰高皇帝。太子盈即位，是为孝惠皇帝，尊皇后曰皇太后。　二五四节孝惠帝元年，我纪元四百六十七年。太后鸩杀赵隐王，断戚夫人手足，去眼熏耳，饮瘖药，命曰人彘。召帝观之，帝惊大哭，因病，岁余不能起。二年，相国何卒，曹参代之。参尝师盖公，治黄老之术，为相三年，无所变更，一遵何约束。百姓歌之曰：萧何为法，较如画一，曹参代之，守而无失，载其清净，民以宁一。参卒，王陵为右丞相，陈平为左丞相，周勃为太尉。　二五五节惠帝在位七年崩，太子即位，史失其名，吕太后临朝称制。元年，我纪元四百七十四年。太后议立诸吕为王，王陵不可，曰：高帝刑白马盟曰：非刘氏而王，天下共击之。陈平、周勃以为可，陵罢相，遂王吕氏。四年，太后废帝，幽杀之，立其弟弘为帝，以太后称制不改元，诸吕擅权用事。　二五六节八年，太后崩，诸吕欲为乱，齐哀王襄（悼惠王之子也）发兵讨诸吕，相国吕王产吕后兄子，封于梁，改梁为吕国。使大将军灌婴击之，婴留屯荥阳，与齐连和。时赵王吕禄吕后兄子。将北军，吕王产将南军，太尉勃不得主兵。平、勃使郦寄郦食其从子。说禄解印，以兵授勃，勃入军门，令曰：为吕氏者右袒，为刘氏者左袒，军中皆左袒。乃令齐王弟朱虚县名，属瑯邪郡，故城在山东青州府临朐县东。侯章击产，杀之，分部捕诸吕，无少长皆斩之。诸大臣迎立代王恒，杀少帝，代王即帝位，是为太宗孝文皇帝，尊母薄氏曰皇太后。孝文元年，我纪元四百八十二年。平、勃为左右丞相，灌婴为太尉。

第四章　文帝仁俭

二五七节文帝既立，益明习国事，问右丞相勃曰：天下一岁决狱几何？勃谢不知。又问一岁钱谷出入几何？勃又谢不知，惶愧，汗沾背。帝问左丞相平，平曰：有主者，即问决狱责廷尉，问钱谷责治粟内史。帝曰：君所主者何事？平谢曰：陛下使待罪宰相，宰相者，上佐天子，理阴阳，顺四时，下遂万物之宜，外镇抚四夷诸侯，内亲附百姓，使卿大夫各得其职焉。帝称善。勃大惭，谢病免。汉人自古观天地灾祥以为国政善恶之应，故举宰相之职，首言燮理阴阳也。　二五八节南越王佗，自吕后时称武帝，役属闽越、骆越，俱南蛮种名，闽越居福建地，骆越居安南地。东西数百里，称制与汉侔。文帝使陆贾复往赐佗书，佗恐谢罪，去帝制，称臣奉贡。匈奴冒顿单于尝遗书嫚吕后，吕后谦辞以谢之。至是，冒顿死，子老上单于立，文帝以宗室女妻之，使宦者中行说傅之。说降单于，教以无变其俗，遗汉书，倨傲其辞，屡入边侵掠，汉唯防备之而已。　二五九节文帝时，诸侯太骄，齐哀王之弟济北今山东济南府长清县。王兴居发兵反，败死。帝弟淮南今安徽江淮之间。厉王长谋反，废徙蜀，道死。吴王濞招致郡国亡命者，采豫章郡名，今江西省。铜以铸钱，煮海水为盐，故不赋而国富，颇不循汉法。齐、楚二国亦皆强僭，梁文帝子怀王胜所封。太傅贾谊上疏陈治安之策数条，首痛论诸侯之害，言大国之王，负强难制，莫如定制割地，众建诸侯而少其力；其次言汉奉匈奴，首足倒悬，宜急解之；末段论大臣当以礼遇之。初，高祖与萧、曹等起于微贱，视大臣如家仆，萧相国尝触上怒，下廷尉械系。文帝亦以嫌疑下绛春秋晋新都，汉置县，属河东郡，今山西平阳府曲沃县。侯周勃于廷尉，受狱吏侵辱，故贾生以此讥帝。帝深纳其言，养臣下有节，不敢戮辱大臣。又及齐王嗣绝，分齐为六国，尽立哀王诸弟为王。自是悼惠之族，力分而弱。唯至制匈奴之策，则帝不敢从，恐其劳民也。帝素爱贾生才，尝议以位公卿，生年少气锐，大臣多短之，故不大用而死。　二六〇节古有肉刑，墨、劓、剕、宫是也，亏损人体，颇为惨刑，三代沿而不改。至秦刑法最酷，一人犯罪，举家坐之，或为收孥，有大罪者，夷三族。汉兴因之。文帝即位，除收孥诸相坐律令，然族诛之法则不除，终汉世，每轻用之。帝又除肉刑，唯宫刑沿旧，当黥者，髡钳而为徒，当劓者，笞三百，剕罪轻者笞五百，重者弃市。于是有轻刑之名，而入死者却多，其受笞者亦率多死。至景帝时，继述帝意，减其笞数，自是笞者始得全云。帝好黄老之道，躬修玄默，禁网疏阔，罪疑者予民。张释之为廷尉，执法公平不阿，刑罚大省，至于一岁断狱止四百，制度虽未善美，而用法宽厚，大愈于前后诸帝。　二六一节文帝在位二十三年，宫苑车服，无所增益，尝有献千里马者，帝以其无用却之，下诏曰：朕不受献。其令四方勿来献。尝欲作露台，召匠计之，直金百斤。帝曰：中人十家之产也，何以台为？身衣弋绨，所幸慎夫人，衣不曳地，帷帐无文绣。感贾谊重农之说，兴亲耕之古礼，以劝奖农业。又用晁错策，募富民入粟，得以拜爵，畜积岁增，遂至除田租。帝舅将军薄昭杀汉使者，帝不忍加诛，使群臣往哭之，昭自杀。近臣如袁盎等，谏说虽切，常假借纳用。张武等受赂，觉，更加赏赐以愧其心。专务以德化民，当时公卿大夫质朴淳厚，耻言人过，上下成俗，吏安其官，民乐其业，是以国内安宁，家给人足，后世鲜能及辽。　二六二节古俗甚重国丧，王侯死，百官群吏尽行三年之丧，不得饮酒食肉、祠祀嫁娶。至秦，其制更严，其营陵墓，穷极壮丽。文帝患厚葬重服之弊，临崩，遗诏短丧，令到，吏民出临三日，皆释服，自当给丧事者，已葬三十六日释服。治霸陵，皆瓦器，不得以金银铜锡为饰。因其山，不起坟，是帝仁俭之德及死后者也。然以其违古礼，后儒或却讥之。景帝元年，我纪元五百五年。丞相申屠嘉等奏，功莫大于高皇帝，德莫盛于孝文皇帝，高庙宜为太祖，孝文庙宜为太宗。制曰可。

第五章　景武抑损诸侯

二六三节孝景帝，名启，孝文长子也。为太子时，晁错为家令，得幸，太子家号为智囊。太子即位，错屡请间言事，辄听，宠倾九卿，法令多所更定。丞相嘉自绌，呕血而死，错为御史大夫。　二六四节文帝时，吴太子入见，得侍景帝饮，博争道不恭，景帝引博局提杀之。吴王称疾不朝，文帝赐以几杖，晁错屡言吴过可削，文帝不忍，至是错说景帝曰：吴王诱天下亡人谋作乱，今削之亦反，不削亦反。削之，反速祸小；不削，反迟祸大。帝令公卿列侯宗室杂议，莫敢难。时楚、赵有罪，皆削一郡，胶西国名，今山东莱州府高密县。有奸，削六县。及削吴二郡书至，吴王遂反。楚王戊者，元王之孙也。赵王遂者，高祖庶子幽王友之子也。胶西、胶东、今山东莱州府平度州。菑川、故城在山东青州府寿光县西南。济南今山东济南府。之王，皆悼惠王之子也。六国皆起兵应吴，以诛错为名。　二六五节初，文帝知条县名，属勃海郡，今直隶河间府景州。侯周亚父有将才，临崩，戒景帝曰，即有缓急，亚父真可任将。亚父者，绛侯勃之子也。至是拜为太尉，将三十六将军往伐吴、楚。错素与袁盎不善，盎密言于帝曰，独有斩错，复诸侯故地，兵可无血刃而罢。帝乃杀错，族其家，遣盎谕吴，吴王不拜诏，亚父大破吴、楚兵，诸反皆平。亚父后为丞相，以谏忤帝意，谢病免。后又为人诬告下狱，不食而死。帝忌刻少恩，举用酷吏郅都、宁成，然用心刑狱，节俭爱民，能遵孝文之业，以故国家殷富。　二六六节景帝既平七国之乱，摧抑诸侯王，不得自治民补吏，令内史治之，减黜其百官，又留列侯于京师，不使就国。帝在位十六年崩，太子彻立，是为世宗孝武帝。武帝下推恩之令，使诸王裂地，封子弟为列侯，以属汉郡。不行威让而藩国自析。又作左官附益之法，禁网渐密。汉法，王侯岁献黄金，助祭宗庙，谓之酎金。武帝时，列侯坐酎金不如法，夺爵者百余人。自是王侯尽失权势，无抚字之责，唯得衣食租税，几同廪禄。其后省内史，令相治国，国相与郡守名异而职同，侯国亦有相，改所食县乡长吏为之，而其职如旧。故景、武以后，虽有王侯之称，郡县之政行于全国，汉民悉从一君之命矣。

第四篇　前汉中

第一章　武帝好儒又信神仙

二六七节孝武帝建元元年，年号始于此，当我纪元五百二十一年、大化建元以前七百八十四年。诏举贤良方正直言极谏之士，帝亲策问治道，广川县名，属勃海郡故址，在直隶河间府故城县。董仲舒对策，其一论德教之功，言人君宜正心以正百官万民；其二愿兴大学以养士，使列侯郡守贡贤人；其三请宗儒道，以灭绝异说。帝善其对，以为江都帝兄易王非之所封，今江苏扬州府。相。丞相卫绾奏，所举贤良，或治申、韩、苏、张之言乱国政者，请皆罢，奏可。　二六八节汉兴，孔子之学未盛，武帝好儒，始置五经博士，令郡国举孝廉，亲策贤良文学。又征吏民习儒术者，置博士弟子五十人以任官，择吏通一艺以上者以补右职。自是官吏彬彬多学士矣。庄助、朱买臣、吾丘寿王、司马相如、东方朔、枚皋等，以材智俊异宠用，并在左右。每令与大臣辨论，相如特以辞赋得幸，朔、皋好诙谐，帝以俳优畜之，朔时直谏，有所补益。帝兄河间今直隶河间府献县。献王好古学，以金帛求四方善书，多得古文经籍，董仲舒、公孙弘皆以治春秋进，弘自布衣出为丞相，孔安国以孔子之裔为侍中，作《尚书传》，太史令司马迁作《史记》，经术文章，至是始盛。　二六九节帝又好神仙之说，有方士李少君，善为巧发奇中，见帝曰：祠灶则致物，而丹砂可化为黄金，蓬莱仙者可见，见之以封禅则不死。帝信之，亲祠灶，遣方士入海，求蓬莱安期生之属。少君死，帝以为化去，而燕齐怪迂之士，争来言神仙事矣。或奏天神贵者曰泰一，泰一佐为五帝。盖泰一者，上帝异名也。于是立泰一及五帝祠坛于甘泉，山名，在陕西邠州淳化县西北。三岁一郊见。又好巡游，屡行海上，求神仙，封泰山，禅肃然，山名，在泰山东北。作明堂于汶上，今山东泰安府治。以祠上帝。北巡辽西、郡名，今直隶永平府东境及盛京西境。五原，郡名，秦九原郡，今内蒙古毛明安乌喇忒地。南巡江汉，登天柱，所至崇祠祀，率无虚岁。　二七〇节帝尝惑方士少翁之术，拜为文成将军，以客礼之，已而觉其诈，诛之。后又以方士栾大为五利将军，封乐通侯，妻以公主，大亦以诈诛。方士公孙卿宠信尤久，卿言仙人好楼居，帝乃大营宫观，作通天茎台，高四十丈，会柏梁台灾，更作建昌宫，千门万户，东凤阙，西虎圈，北太液池，池中有渐台三神山，南设玉堂璧门，立井干楼神明台，共高四十丈。台上有铜仙人，舒手掌捧铜盘，盘大十围，号承露盘，以承云表之露，和玉屑饮之，云可以长生。帝屡获奇物，以为祥瑞，如白麟、朱雁、宝鼎、灵芝，皆为乐章，荐之郊庙。有司又言，元宜以天瑞命，乃追定即位以来年号。年有号自此始。

第二章　武帝穷兵拓疆

二七一节武帝虽好儒喜仙，亦甚嗜武事，自恃才略，欲耀威于四表，尝用大行王恢议，遣恢等将兵匿马邑旁谷中，使间诱匈奴单于入塞而击之，单于觉而去，自是匈奴屡攻汉塞。唐蒙上书请通南夷，帝拜蒙中郎将，将兵入夜郎，南夷国名，今贵州遵义府近傍。夜郎听约，乃置犍为郡。今四川叙州、嘉定二府，及其附近之地，至贵州仁怀厅。又拜司马相如为中郎将，通西夷，邛、筰、冉駹三国皆在四川地。邛，今宁远府。筰，今雅州府清溪县。冉駹，今茂州。皆内属。匈奴入上谷，郡名，今直隶宣化府。帝遣车骑将军卫青等击逐之。青本人奴，由姊受帝宠得起身，然有将才，善遇士众，屡伐匈奴，每出有功，遂取河南地，置朔方郡。今内蒙古鄂尔多斯地。匈奴右贤王屡侵朔方，元朔五年，武帝即位十七年，我纪元五百三十七年。青率六将军击走之。帝以青为大将军，尊宠无比，公卿皆卑奉之，独汲黯与抗礼，青愈贤黯，遇之加于平日。　二七二节初，黯为谒者，以严见惮，以屡切谏，不得留内，迁东海郡名，今山东沂州府南境，及江苏海州。太守，好清静，病卧不出，而郡大治。入为九卿，帝方招文学，尝曰吾欲云云。黯曰：陛下内多欲而外施仁义，奈何欲效唐虞之治乎？帝怒罢朝曰：甚矣，黯之戆也。他日庄助誉黯，帝曰：古有社稷臣，如黯近之矣。大将军青虽贵，有时侍中，帝踞床侧而见之，丞相公孙弘燕见，帝或时不冠，至黯，帝不冠不见也。淮南王安厉王长之子。谋反，曰：汉朝大臣，独汲黯守节死义，难惑以非，如丞相弘等，说之如发蒙振落耳。黯后坐法免。　二七三节卫青甥霍去病亦屡北伐，多军功，为骠骑将军，亲贵比大将军矣。元狩四年，武帝二十二年。两将军分道击匈奴，大破之，骠骑绝大漠，封狼居胥山在外蒙古喀尔喀地。而还，单于远遁，漠南无王庭。其后路博德、杨仆等击南越平之，获其王建德，赵佗玄孙。置九郡，南海、苍梧、郁林、合浦、珠崖、儋耳、交趾、九真、日南。其交趾、九真、日南三郡，秦象郡之地，今安南国也。交趾，今山南以北。九真，今清华、义安、顺化。日南，今广南。郭昌等又平西南夷，置五郡。武都、汶山、沈黎、越隽、牂柯。杨仆等击东越，即闽越，今福建省。越人杀其王以降，汉徙其民于江淮之间。　二七四节帝已灭南越，欲观兵塞北，然后封禅。元封元年，武帝三十一年。亲帅大军出长城，登单于台，盖在内蒙古归化城土默特界内。遣使告乌维单于老上单于之孙。曰：南越王头，已悬于汉北阙，今单于能战，天子自将待边。乌维詟不敢出。是岁遂行封禅也。　二七五节初，月氏为匈奴所破，余众西迁，击破拔克特利，分其地而居之。武帝遣张骞往使，骞径匈奴中，单于得之，留十余岁，骞得间亡，西逾葱岭，历大宛、康居，至大月氏及拔克特利而还，复为匈奴所得，留岁余，逃归。初行时百余人，唯骞与一奴得还。　二七六节是时匈奴西边今甘肃安西州西境、镇西府西境、迪化州及新疆、回疆。小国二十余，葱岭以外，大国七八，汉人总称西域。大宛、康居、大月氏，皆居阿母河北，大宛，今浩罕塔什干等地。康居，今撒麻儿干以北。大月氏，今布哈喇东南境。其地今属露国，号为中亚细亚。方匈奴之盛也，康居以东诸国，率皆服属之。匈奴日逐王置吏领西域，赋税取足焉。拔克特利在阿母河南岸，今阿富汗国北境也，希腊人来主之，秦时国势甚盛，及败于月氏，稍衰，汉史谓之大夏。大夏西邻，有怕提亚国，今波斯地也，亚施克氏世王之，为西亚细亚强国，汉史谓之安息。安息者，亚施克之转也。大夏之东南为印度，汉史谓之身毒，地广民殷，富厚亚于汉土。　二七七节张骞自月氏还，具言西域诸国风俗曰：大宛、大夏、安息之属，皆大国，多奇物。身毒在大夏东南数千里，度其去蜀不远矣。帝遣骞因蜀道求身毒国，莫得通，通滇国。今云南云南府。会匈奴浑邪王叛降汉,加以单于北遁,自河以西至盐泽,今名罗布泊。空无胡人,西域道可通,骞请结乌孙西域国名,今新疆地。以断匈奴右臂。乃遣骞等使西域诸国,西至怕提亚,南至印度,于是西域始通于汉矣。汉于浑邪王故地今甘肃西北境。置四郡,武威、张掖、酒泉、敦煌。徙民以实之,绝匈奴与羌西夷之大种,居青海地。通之道。又遣郭昌击滇降之,置益州郡。今云南之大半。遣赵破奴击楼兰,西域国名,在甘肃安西州敦煌县西。虏其王,遂击破车师。西域国名,今甘肃镇西府西境,及迪化州。 二七八节朝鲜今朝鲜北境,及盛京东南境。箕氏传世四十有一,至箕准而衰。汉初,燕人卫满聚党出塞,攻逐准,自立为朝鲜王,役属真番、今满洲兴京之地。临屯,今朝鲜江陵府。传至孙右渠,袭杀汉边吏,武帝使杨仆等击之,朝鲜杀右渠以降,汉以其地为四郡。真番、临屯、乐浪、玄菟。 二七九节元封六年,武帝三十六年。乌孙王遣使请娶汉女,结为昆弟,帝许之,以宗室女为公主,往嫁乌孙。是时汉与西域使聘往来不绝,帝每巡狩,悉从外客散财帛,以示汉富厚,然诸国犹畏匈奴,待其使过于汉使。

第三章 武帝暴政及晚年悔改

二八〇节武帝比岁征伐,国用不给,乃设买官,名曰武功爵,令民得无功而买之。以白鹿皮为皮币,杂造银锡为白金。孔仅、桑弘羊之徒,以善理财擢用,兴利以佐经费,置盐铁官,禁民私铸铁器、煮盐,算缗钱、舟车悉课税,设均输法,置平准于京师,令远方各以其所饶之物为赋,而相灌输,官自卖之于其所无之地,以夺商贾之利。禁民酤酿,官自开置,名曰"榷酤"。又令死罪得纳钱赎之。 二八一节帝所用丞相,初惟田蚡,以王太后之弟稍专权,余皆充位而已。公孙弘后,国家多事,丞相大臣连诛死。公孙贺拜相,至涕泣不肯拜,亦卒得罪而族。帝好尊用酷吏,尝使张汤、赵禹定律令,务在深文,义纵、王温舒、杜周之属,皆峻刻为能,然汤、纵、温舒,亦皆诛焉。用刑虽严,吏民益轻犯法,东方盗贼滋起,帝遣使者衣绣衣持斧,发兵击之,所至得擅斩二千石以下,诛杀甚多。二千石者,谓郡守、国相、内史等,以其秩皆二千石也。 二八二节太初二年,武帝三十八年,我纪元五百五十八年。遣赵破奴击匈奴,败没。又遣李广利击大宛，不克。明年，大发兵，使广利率之，围宛降之，得善马数十匹。帝欲乘胜遂困匈奴，会且鞮侯单于乌维单于之弟。新立，恐汉袭之，遣使朝献，然卫、霍已没，汉威不如昔日，北征常少利，李陵、李广利降于匈奴。　二八三节中郎将苏武使匈奴，单于欲降之，不屈，乃徙武北海今露国境内贝加尔湖。上无人处，使牧羊。武掘野鼠，食草实，卧起持汉节。单于使李陵劝武降，曰：人生如朝露，何自苦如此？武不肯。至昭帝时，匈奴国乱，乃与汉和亲，归武等。武留胡地十九年，始以强壮出，及还，须发尽白，汉拜为典属国。　二八四节武帝时，方士巫觋多聚长安，变幻惑众，女巫往来宫中，教群妾度厄，埋木人祭之。征和二年，武帝五十年。帝疾，江充言：祟在巫蛊。帝在甘泉宫，以充为使者，治巫蛊狱，坐而死者数万人。充与太子据有隙，入宫求蛊，云于太子宫得木人尤多，据惧，捕充斩之，白母卫皇后卫青姊。发兵，帝怒，使丞相刘屈氂讨之，皇后自杀，据败走，自经死。田千秋讼太子冤，帝悟，族江充家，作思子宫。　二八五节武帝受文景丰富之后，好大喜功，穷兵于四夷，内事土木，重敛繁刑，信惑神怪，巡游无度，使百姓疲敝，起为盗贼。晚年，幸东莱，郡名，今山东莱州府治及登州府。欲自浮海求神仙，遇大风不果。至泰山，修封禅，既而谓群臣曰：朕即位以来，所为狂悖，使天下愁苦，不可追悔，自今事有伤害百姓者，悉罢之。乃罢诸方士候神人者。是后每对群臣，自叹曩时愚惑，罢议轮台西域地名，在甘肃迪化州界内。屯田，下诏深陈既往之悔。令禁苛暴，止擅赋，力本农，修马复令，以毋乏武备，由是不复出军。

第四章　霍 光 辅 政附霍氏之败

二八六节武帝已丧戾太子，爱少子弗陵多知，欲立之，察群臣，唯霍光忠厚，可任大事，乃使人画周公负成王朝诸侯以赐光。光者，去病异母弟也。弗陵母钩弋夫人，无罪而赐死，谓侍臣曰：古国家所以乱，由主少母壮、骄淫自恣也。及病笃，立弗陵为太子，以霍光为大司马大将军，受遗诏辅政。帝在位五十四年崩，太子即位，是为孝昭帝。昭帝始元元年，我纪元五百七十五年。皇兄燕王旦以长不得立谋反，汉赦不治，诛其党与。武帝末年，国内虚耗，户口大减，霍光为政，首问民疾苦，振贷贫民，罢榷酤官，轻徭薄赋，与民休息，百姓充实，稍复文景之业。　二八七节昭帝姊鄂县名，属江夏郡，今湖北武昌府武昌县。邑长公主、左将军上官桀、桀子车骑将军安、御史大夫桑弘羊等，忌大将军光，欲除之，与燕王旦通谋，令人诈为燕王上书，言光专权自恣，疑有非常。帝时年十四，聪明不惑，上书者亡，捕之甚急。桀等惧，白帝曰：小事不足遂。帝不听，桀党有谮光者，帝辄怒曰：大将军忠臣，先帝所属以辅朕身，敢有毁者坐之。自是莫敢复言。桀等谋令长公主置酒请光，伏兵格杀之，因废帝而立旦，安又谋诱旦杀之而立桀，事觉，诏捕桀、安、弘羊等，并宗族尽诛之，长公主、燕王自杀。　二八八节大将军光以朝无旧臣，张汤之子安世，自武帝时为尚书令，志行纯笃，乃白帝，用为右将军兼光禄勋，以自副焉。又以杜周之子延年有忠节，擢为太仆。光持刑罚严，延年常辅之以宽。　二八九节昭帝在位十三年崩，无嗣。皇后上官氏，安娶霍光女所生也，安等败后，以光外孙得不废，至是光以后诏迎武帝孙昌邑故城在山东济宁州金乡县西北。王贺立之，尊后为太后。贺既立，淫戏无度，光率群臣奏太后废之，杀昌邑群臣二百余人。　二九〇节初，戾太子遭巫蛊事，男女妻妾皆遭害，独孙病已在，生数月，亦系狱，丙吉治狱，得免死，且择谨厚女乳养之，月给米肉，视遇甚有恩惠。及长，高材好学，亦喜游侠，具知闾里奸邪、吏治得失。光等奏，孝武皇帝曾孙病已，节俭慈仁，可以嗣孝昭皇帝后，迎入即位，后改名询，是为中宗孝宣帝。宣帝本始元年，我纪元五百八十八年。光请归政，帝谦让不受，诸事皆关白光，然后奏。　二九一节自昭帝时，霍氏子弟诸婿外孙皆贵，党亲满朝，及贺废，光权益重。光夫人显欲贵其少女成君，使女医阴毒杀许皇后，光大惊，欲自发举，不忍而止。显因劝光纳成君为皇后。地节二年，宣帝六年。光卒，帝及太后亲临丧，赐丧具如乘舆制度。帝以张安世为大司马车骑将军，魏相为丞相，丙吉为御史大夫。时霍氏骄奢放纵，帝收其兵权，以安世为卫将军，领诸军。霍氏惧，谋反，诛坐而夷灭者数十家，霍皇后坐废。

第五章　宣帝中兴

二九二节霍光既卒，宣帝始亲政，励精为治，信赏必罚，综核名实，吏称其职，民安其业。自政事文学法理之士，至技巧工匠之徒，咸精其能。拜刺史守相，辄亲见问。常曰：民所以安其田里而无叹声者，政平讼理也，与我共此者，其唯良二千石乎！以为太守吏民之本，屡变易则下不安，故二千石有治效，辄以玺书勉励，增秩赐金，或授爵关内侯。公卿缺，则选诸所表，以次用之。于定国为廷尉，民无冤枉，与张释之并称。赵广汉、朱邑、龚遂、尹翁归、韩延寿、黄霸、张敞之属，皆治民有美绩。汉代良吏，于是为盛。　二九三节魏相好观汉故事，屡条汉兴以来便宜行事，及贤臣贾谊、晁错、董仲舒等所言，奏施行之，与丙吉同心辅政，帝皆重之。吉为人深厚，不伐善，自曾孙遭遇，绝口不道前恩。相卒，吉为丞相，尚宽大，好礼让，不亲小事，时人以为知大体。吉卒，黄霸、于定国相继代之。霸为相时，司农中丞耿寿昌白，令边郡皆筑仓贮谷，随贵贱而粜籴，名曰常平仓，民便之。　二九四节帝效武帝故事，谨斋祀，增置神祠，颇好神仙。京兆尹张敞上疏，请斥方士，帝由是罢尚方待诏。又修饰宫室车服盛于前朝，外戚许、许皇后家。史、祖母史良娣家。王氏母王夫人家。贵宠，谏大夫王吉上疏，请述旧礼，明王制。帝以其言为迂阔，吉谢病归。帝方用刑法为治，信任中书宦官，司隶校尉盖宽饶奏封事谤之，帝下之吏，宽饶自刭，众庶怜之。赵广汉、韩延寿，亦以微罪诛，吏民号泣者数万人。识者以为善政之累，然良吏既众，宰辅皆得人，不失为中兴之令主。在位二十五年崩。

第六章　汉威震绝域

二九五节自武帝耀武以来，塞外诸国皆慑汉威，昭帝时，楼兰王死，匈奴遣其质子归为王。霍光遣傅介子赍金币，扬言赏赐外国，至楼兰，诱新王刺杀之，持其首归，汉送其弟降在汉者立之，更名其国为鄯善。　二九六节初，冒顿破东胡，东胡余众散保乌桓山名，在内蒙古东部。及鲜卑山，在内蒙古科尔沁右翼西。为二族，其后乌桓部众渐强，屡侵汉塞。霍光遣范明友出辽东击破之，又募郡国徒筑玄菟城，以备东边。玄菟，武帝灭朝鲜所设之郡，故城在今兴京界内。　二九七节宣帝初年，匈奴连击乌孙，乌孙请救于汉。宣帝遣五将军与乌孙夹击，匈奴奔遁，校尉常惠护乌孙兵击获名王以下四万级、马牛羊驴七十余万头。单于复击乌孙，会大雪，人畜冻死，丁零北狄别种，居外蒙古西北境。攻其北，乌桓入其东，乌孙击其西，诸属国皆瓦解，而汉边少事矣。　二九八节元康元年，宣帝九年，我纪元五百九十六年。冯奉世使西域，会莎车西域国名，故地在回疆叶尔羌近傍。叛汉，奉世谕诸国发兵攻拔其城，更立王而还。汉议封奉世少府，萧望之以为，擅矫制发兵，不可以为法，即封奉世，后奉使者，要功万里之外，生事于夷狄，渐不可长。帝善其议。　二九九节初，车师附匈奴，侍郎郑吉击破之，使吏卒往田其地，匈奴屡遣兵扰田者，吉上言，愿益田卒。帝欲因匈奴衰弱，击其右地，使不复扰西域，魏相谏曰：臣闻救乱诛暴者，谓之义兵，兵义者王；敌加于己，不得已而起者，谓之应兵，兵应者胜；争恨小故，不忍愤怒者，谓之忿兵，兵忿者败；利人土地货宝者，谓之贪兵，兵贪者破；恃大矜众，欲示威于敌者，谓之骄兵，兵骄者灭。间者，匈奴未有犯边疆，虽争车师，不足致意，今欲兴兵入其地，臣愚不知此兵何名也。按今年计，子弟杀父兄、妻杀夫者，凡二百二十八人，此非小变，左右不忧此，乃欲报纤芥之怨于远夷，殆孔子所谓忧不在颛臾，而在萧墙之内也。帝从之，使郑吉还屯渠犁。西域国名，所在不详。　三〇〇节神爵元年，宣帝十三年。先零西羌种名，居青海地。与诸羌畔汉，侵金城，郡名，今甘肃兰州、西宁二府。帝使问后将军赵充国，谁可将者？充国年七十余，对曰：无逾老臣。复问：度当用几人？充国曰：百闻不如一见，兵难遥度，愿至金城图上方略。帝乃遣充国击西羌，充国至金城，上奏曰：羌易以计破，难用兵碎，击之不便。愿罢骑兵，留步兵万余屯田。帝报曰：即如将军之计，虏当何时伏诛，熟计复奏。充国上状曰：帝王之兵以全取胜，故为不可胜，以待敌之可胜。因陈屯田便宜十二事。奏每上，辄下公卿议，初是其计者什三，中什五，最后什八。魏相请用其计，帝从之。明年，充国振旅而还，诸羌降，汉置金城属国以处降羌。　三〇一节匈奴日逐王先贤掸且鞮侯单于之孙。与单于屠耆堂乌维单于之曾孙。有隙，帅其众降于汉，郑吉发渠梨、龟兹西域国名，今回疆库车地。诸国五万人迎之，率诣汉京，吉威振西域。西域有南北二道，吉初护南道诸国，至是又护北道在车师以西者，号都护，立幕府乌垒城，在龟兹城之东。督察乌孙、康居等三十六国，汉之号令，班西域矣。　三〇二节屠耆堂暴虐好杀，失众而灭，五单于争立，遂分为二国。呼韩邪单于与郅支单于俱虚闾权渠单于之子、且鞮侯单于之曾孙。相攻，呼韩邪败走，降汉称臣，请朝正月。汉有司议其仪，丞相御史以为单于朝贺，宜如诸侯王，位次在下。萧望之曰：单于非正朔所加，故称敌国，宜待以不臣之礼，位在诸侯王上。帝从之。甘露三年，宣帝二十三年。呼韩邪朝汉，以客礼待之，赞谒不名，还居五原塞下，自是乌孙以西诸国近匈奴者，咸尊汉矣。　三〇三节帝以外国宾服，思股肱之美，乃画其人于麒麟阁，霍光、张安世、韩增、赵充国、魏相、丙吉、杜延年、刘德、梁丘贺、萧望之、苏武，凡十一人，皆有功德，知名当世。　三〇四节黄龙元年，宣帝二十五年。郅支单于击破乌孙，北并坚昆，北狄别种，居阿尔泰山地方，今吉利吉思族其裔也。留都之。元帝初元元年，我纪元六十三年。置戊己校尉，屯田车师故地。五年，郅支杀汉使者，西走康居。明年，呼韩邪北归庭。其后西域副校尉陈汤发兵，与都护甘延寿袭击郅支于康居，杀之，传首至京，悬槁街十日。呼韩邪入朝，请为汉婿，元帝以宫女王昭君妻之。自是匈奴后裔，世称汉甥。

第五篇　前汉下

第一章　元帝任宦者

三〇五节孝元帝名奭，孝宣长子也，初为太子，柔仁好儒，见宣帝所用，多文法吏，以刑绳下，尝侍燕，从容言：陛下持刑太深，宜用儒生。宣帝作色曰：汉家自有制度，本杂霸王道，奈何纯任德教、用周政乎？且俗儒不达时宜，好是古非今，使人眩于名实，何足委任？乃叹曰：乱我家者，太子也。然以太子许后微时所生，而帝少依许氏，及即位，许后以弑死，故弗忍废之也。临崩，以外属史高宣帝祖母史良娣之兄子。为车骑将军，太子太傅萧望之为前将军，少傅周堪为光禄大夫，并受遗诏辅政，领尚书事。　三〇六节元帝即位，望之、堪皆以师、傅旧恩见信任，宗室刘向明经有行，望之选使给事中，与侍中金敞并拾遗左右，四人同心谋议，史高充位而已，由是与望之有隙。中书令弘恭、仆射石显，自宣帝时，久典枢机，元帝多疾，以显中人无外党，遂委以政，贵幸倾朝。显巧慧习事，与史高为表里，望之等患许史放纵，又疾恭、显擅权，建白以为中书政本、国家枢机，宜以通明公正处之。武帝游宴后庭，故用宦者，非古制也，宜罢中书宦官。议久不定。恭、显奏，望之、堪向朋党，数谮毁贵戚，欲以专权，不忠不道，请召致廷尉。时帝未知召致廷尉为下狱，可其奏。后帝欲召堪向，闻其系狱，大惊曰：非但廷尉问邪！令出视事，恭、显使高说帝，竟免三人。后帝欲以望之为相，显等谗之，逮捕望之，望之自杀，恭病死，显为中书令。　三〇七节显威权日盛，与少府五鹿充宗、中书仆射牢梁结为党友，诸附倚者皆得宠位，会日食地震，刘向、京房等以为显等擅权所致。向尝上书请远佞邪，房见帝有所讽谕，帝亦知之，而不能退也。帝征用儒生，颇改前朝之政，韦玄成、匡衡皆以儒进为丞相，而帝徒牵制文义，优游不断，孝宣之业衰焉。

第二章 政归王氏

三〇八节元帝在位十六年崩，太子骜即位，是为孝成帝，尊母后王氏为皇太后，以元舅阳平县名，属东郡，今山东东昌府莘县。侯王凤为大司马、大将军，领尚书事。成帝建始元年，我纪元六百二十九年。石显免官归故郡，道死，其党悉废黜，于是宦官失势，而政归外戚焉。是戚王凤弟崇封安成县名，属汝南郡，故城在河南汝宁府城东南。侯。其后，五弟谭、商、立、根、逢时，同日皆为列侯，世谓之五侯。凤专权，谷永、杜钦等诸儒为之羽翼，王氏子弟分据势官。京兆尹王章见成帝，劝退凤，帝不忍，却杀章，自是公卿皆侧目视凤。光禄大夫刘向极谏，以为王氏与刘氏势不并立，帝不能用。凤卒，从弟音为大司马。　三〇九节王太后兄弟八人，独弟曼早死不侯，其子莽幼孤，五侯子乘时侈靡，以舆马声色佚游相高，莽折节为恭俭，勤身博学，外交英俊，内事诸父，曲有礼意，永始元年，成帝十七年。封新都县名，属广汉郡，今属四川成都府。侯，为侍中，位益尊，而躬愈谦，声誉倾诸父。大司马音卒，王商代之，商卒，王根代之。　三一〇节特进张禹以帝旧师，尝为丞相，及罢，帝犹与议政。时吏民多上书言，灾异，王氏专政所致，帝至禹第，密以示禹。禹畏王氏，谓帝曰：灾变之意，深远难见，鄙儒所言，宜无信用。帝雅信禹，由是不疑王氏。鲁国朱云好奇节，见帝曰：臣愿赐尚方斩马剑，断佞臣一人头，以励其余。帝问谁也，对曰：安昌县名，属河内郡，故城在河南怀庆府温县东北。侯张禹。帝大怒曰：小臣廷辱师傅，罪死不赦。御史将云下，云攀殿槛，槛折，云呼曰：云得下从龙逢、比干，游于地下足矣，未知圣朝何如耳？左将军辛庆忌叩头流血争之，帝意解。及后当治槛，帝曰：勿易。因而辑之，以旌直臣。　三一一节成帝荒于酒色，政在外家，汉业愈衰。王根荐侄莽代己为大司马，莽聘贤养士，愈为俭约以饰名。成帝无子，立侄定陶今山东曹州府定陶县。王欣为太子，在位二十六年崩，太子即位，是为孝哀帝。尊皇太后曰太皇太后，追尊生父定陶恭王曰恭皇。太皇太后使莽避哀帝外家，莽罢就国，于是丁、傅二氏哀帝母丁姬、祖母傅太后之族。用事，侍中董贤美而佞，帝宠幸之，贵震汉廷。帝屡诛大臣，欲以强主威，然信谗疾直，汉祚遂微。　三一二节哀帝在位六年崩，太皇太后遣使驰召莽，董贤自杀，以莽为大司马领尚书事，迎元帝庶孙中山今直隶定州。王箕子入即位，年甫九岁，后改名衎，是为孝平帝。太皇太后临朝，大司马莽秉政，拟上世谅闇之制，令百官总己以听于莽。平帝元始元年，以孔光为太师，王舜为太保。光，孔子十三世孙；舜，音之子也。莽为太傅，号安汉公。是岁，我纪元六百六十一年，西洋纪元元年也。四年，聘莽女为皇后，采伊尹周公称号，加莽为宰衡，位诸侯王上。莽奏起明堂灵台辟雍，明堂者，所以出教化，灵台者，所以望云气，辟雍者，所以行大射养老之礼，皆效周制也。益博士员，为学者筑舍万区，征异能之士，前后千数。　三一三节五年，孔光卒。成哀以来，张禹、孔光等，以名儒为三公，与时俯仰，谄谀成风，公卿咸称莽功德比之周公，吏民上书颂莽者至四十八万人，遂策命莽以九锡。九锡之名，古无闻，然亦本于周命侯伯之盛礼也。是岁，莽进毒弑帝。元帝世绝，征宣帝玄孙婴为皇太子，号曰孺子，因周成王幼时之号也。莽居摄践祚，祭赞曰：假皇帝民臣谓之摄皇帝。汉自高祖五年为帝，至是十三世，高帝、惠帝、二少帝、文帝、景帝、武帝、昭帝、宣帝、元帝、成帝、哀帝、平帝。二百有七年，乃为王氏所篡。居摄二年，我纪元六百六十七年。东郡太守翟义起兵讨莽，不克而死。明年，莽即真皇帝位，定国号曰新，更号其姑汉太皇太后曰新室文母太皇太后。后五年崩。

第三章　王莽败灭

三一四节新帝莽始建国元年，我纪元六百六十九年。封孺子婴为定安县名，属北地郡，今陕西庆阳府宁州。公，立汉宗庙于其国。莽策命群司，文仿典诰，更定官爵，效虞周之制，置四辅、三公、四将，悉封宗属为侯、伯、子、男。汉诸侯王皆降为公，后皆夺爵，四夷称王者，皆更为侯。汉时豪民兼并，贫富悬隔殊甚，置奴婢之市，与牛马同阑，于是莽用古井田法，更名民田曰王田，奴婢曰私属，皆不得卖买。男口不盈八，而田过一井者，分余田予九族乡里。后莽知民愁怨，诏许卖买王田及庶人。 三一五节莽恃府库之富，欲立威匈奴，改匈奴单于为降奴服于，命诸将北征。单于知者，呼韩邪之子也，怒曰：先单于受汉宣帝恩，不可背也。今天子非宣帝子孙，何以得立！遣兵入塞，北边始多事，西域皆叛。知卒，弟咸立，阳与新和，莽改号匈奴曰恭奴，单于曰善于，然匈奴侵盗不止。 三一六节莽锐思于地理，变更地名疆界，一郡至五易名而复其故；制礼作乐，讲合六经，论议连年，制度不定，吏缘为奸，狱讼冤结；屡改造钱货，增减其价，民私铸钱，及非沮宝货以抵罪者，不可胜数；托名古制，设五均六筦，以夺民利，榷酒酤，禁挟弩铠，法令烦苛，赋敛重数，农商失业，食货俱废，荆、扬、青、徐四州名，共见四三六节。之间，盗贼群起，州郡不能制；莽以五石铜铸作北斗状，名曰威斗。斗者，汉人所祠为军神也，欲以厌胜众兵，出入使人负之以行。遣太师王匡、更始将军廉丹东讨众贼，青州贼樊崇等皆朱其眉，号赤眉。匡、丹兵所过放纵，东方为之语曰：宁逢赤眉，不逢太师，太师尚可，更始杀我。 三一七节荆州贼据绿林，山名，在湖北安陆府当阳县东北。五年，分为下江、谓大江下流。新市地名，故城在安陆府京山县东北。兵。新市兵入南阳，平林县名，属南阳郡，故城在湖北德安府随州东北。兵起应之。景帝六世孙刘演与弟秀起兵于春陵，乡名，属南阳郡蔡阳县，故城在湖北襄阳府枣阳县东。与新市、平林兵合力，下江兵亦来附，众已十余万，无所统一，诸将议立刘氏，以从人望。下江将王常等欲立演，新市、平林将帅惮演威明，沮之。时演同族春陵刘玄在平林兵中，号更始将军，诸将贪其懦弱，立为汉皇帝，南面朝群臣，羞愧流汗，举手不能言，改元更始，置公卿，演为大司徒。汉军徇昆阳、定陵、郾三县皆属颍川郡，昆阳故城在河南南阳府叶县南，定陵故城在南阳府舞阳县北，郾故城在河南许州郾城县南。下之，又攻取宛，县名，南阳郡治，今南阳府治。汉帝入都之。是岁，新之地皇四年王莽即位十五年、汉帝玄更始元年、我纪元六百八十三年。也。 三一八节新帝遣王寻、王邑大发兵平山东，以长人巨母霸为垒尉，又驱虎、豹、犀、象之属，以助威武，兵四十二万，旌旗百余里不绝。汉诸将见新军盛，走入昆阳，兵仅八九千，寻邑纵兵围之。刘秀至郾定陵，悉发兵，自将步骑千余为前锋，与新兵战，斩首数十级。诸将曰：刘将军平生见小敌怯，今见大敌，勇甚可怪也。寻、邑兵却，诸部共乘之，连胜而前，无不一当百，秀与敢死者三千人冲其中坚，寻、邑阵乱，汉兵乘锐崩之，遂杀寻，城兵亦鼓噪而出，中外合势，震呼动天地，新兵大溃，会大风雷雨，滍川盛溢，虎豹皆股战，士卒溺死者以万数。关中闻之震恐，四方豪杰响应，杀其牧守，用汉年号，旬月之间，遍于国内，演、秀威名益盛。汉帝忌演杀之，秀不敢服丧，唯枕席有涕泣处，又未尝伐功，帝惭，拜秀为破虏将军，封武信侯。成纪县名，属天水郡，今甘肃秦州秦安县。隗嚣起兵应汉，徇下天水、郡名，今甘肃巩昌府东北境，及秦州北境。陇西郡名，今甘肃兰州府南境，及巩昌府大半。诸郡。公孙述起兵成都，县名，蜀郡治，今四川成都府治。自称辅汉将军、益州牧，后自立为蜀王。　三一九节汉兵入武关，三辅见四三六节。豪杰并起应之，进攻长安，莽旋席，随斗柄而坐曰：天生德于予，汉兵其如予何？明日，众兵入斩莽，分其身，节解脔之，传首至宛。莽称帝十五年而亡，汉别将拔洛阳，帝玄徙都之，寻迁于长安，封宗室功臣为王，凡二十人，群小膳夫皆滥授官爵，征隗嚣为右将军。

第六篇　后汉上

第一章　光 武 复 汉

三二〇节汉帝玄以刘秀行大司马事，使徇河北，所过除莽苛政，南阳邓禹说秀曰：更始常才，诸将皆庸人，帝王大业，非凡夫所任。明公莫如延揽英雄，务悦民心，立高祖之业，救万民之命，以公而虑，天下不足定也。秀悦，令禹常宿止于中，与定计议。　三二一节邯郸县名，战国赵都，汉为赵国治，今属直隶广平府。卜者王郎诈称成帝子子舆，汉宗室刘林立之为帝，徇下幽、冀，二州名见四三六节。州郡响应。更始二年，我纪元六百八十三年。刘秀北徇蓟，县名，战国燕都，汉为广阳国治，今京城地。蓟中应王郎，秀促驾出城，晨夜南驰，至芜蒌亭，在直隶深州饶阳县东北。冯异上豆粥，渡滹沱河，遇大风雨，入道旁空舍，冯异抱薪，邓禹爇火，秀对灶燎衣，异进麦饭。时郡县皆已降王郎，独信都、郡名，今直隶冀州。和戎郡名，今直隶正定府晋州。不肯从。秀驰至信都，发旁县兵，移檄击邯郸，郡县复应秀。秀披舆地图，指示邓禹曰：天下郡国如是，今始得其一子，前言天下不足定，何也？禹曰：方今海内殽乱，人思明君，犹赤子慕慈母，古之兴者，在德厚薄，不以大小也。　三二二节上谷、渔阳诸将将兵会秀于广阿，县名，属钜鹿郡，今直隶赵州隆平县。秀进拔邯郸，杀王郎，收郎文书，得吏民与郎交者数千章，秀会诸将烧之，曰：令反侧子自安。秀部分吏卒军士皆言，愿属大树将军，谓冯异也。异为人谦退不伐，诸将论功，异常独屏树下，故有此号。　三二三节汉帝遣使立秀为萧县名，属沛郡，今属江苏徐州府。王，令罢兵还，耿弇说秀以自立，秀乃不就征，辞以河北未平。秀击铜马诸贼降之，诸将未信降者，降者亦不自安，秀令各归营勒兵，自乘轻骑，按行部陈，降者相语曰：萧王推赤心置人腹中，安得不投死乎！秀以降人分配诸将，南徇河内，见四三六节三河注。赤眉入颍川，郡名，今河南开封府禹州、汝州东境及许州。遂西攻长安。秀欲乘衅并关中，遣邓禹将兵而西，禹荐寇恂守河内，恂调糇粮、治器械以供军，未尝乏绝。秀自引兵北徇燕赵。谓今直隶之地。　三二四节更始三年，汉光武帝建武元年。方望立前定安公刘婴为帝，据临泾，县名，属安定郡，今甘肃泾州镇原县。帝玄遣丞相李松击斩之。萧王秀败群贼，还至鄗，县名，属常山郡，故城在直隶赵州柏乡县北。诸将立王为皇帝，改元建武，是为汉世祖光武帝。是岁，我纪元六百八十五年也。光武归河内，遣吴汉等围洛阳，赤眉樊崇等立刘盆子为帝，入长安，帝玄败走，已而降赤眉，寻被杀。光武遥封玄为淮阳今河南陈州府。王，招降洛阳，入都之。　三二五节邓禹西渡河，师行有纪，百姓望风相携负以迎军，禹停车劳来之垂髫、戴白满车下，禹名震关西。建武二年，赤眉大掠而西，禹乃入长安。赤眉复还，禹战不利走，帝遣冯异代禹。明年，禹惭无功，要异共击赤眉，大败，禹脱归，异收散卒，坚壁，已而大破赤眉于崤山名，在河南府永宁县北。底，余众东向宜阳，县名，属宏农郡，今属河南府。帝勒军待之。樊崇以刘盆子及丞相徐宣等肉袒降，帝陈兵马，令盆子君臣观之，谓曰：得无悔降乎？宣叩头曰：去虎口，归慈母，诚欢诚喜，无所恨也。帝赐崇等田宅，关中余寇悉平。

第二章　光武平群雄附外夷叛服

三二六节光武之初立也，蜀王公孙述已称帝，号成家；隗嚣归天水，称西州上将军；窦融据河西，谓金城、武威、张掖、酒泉、敦煌五郡之地，今甘肃兰州、凉州、甘州三府及肃州、安西州。称五郡大将军；秦丰据黎丘，城名，在湖北襄阳府宜城县北。称楚黎王；李宪据庐江，郡名，今安徽安庆、庐州二府。称淮南王，后称帝；渔阳太守彭宠叛汉，自称燕王；刘玄所立梁王刘永称帝于睢阳，县名，周为宋都，今河南归德府治。立董贤为海西县名，属东海郡，在江苏海州南。王，张步为齐王。其他群盗犹众，光武遣将军吴汉等东伐，睢阳人斩刘永以降，将军耿弇等北伐，彭宠奴斩宠以降，弇东击张步。　三二七节建武四年，我纪元六百八十八年。隗嚣使马援往观公孙述，援与述旧，谓当握手欢如平生，而述陈陛卫以延援，礼飨甚盛，援语其属曰：天下雌雄未定，公孙不吐哺走迎国士，反修饰边幅，如偶人形，此何足以稽天下士乎？因辞归，谓嚣曰：子阳，井底蛙耳，而妄自尊大，不如专意东方。嚣乃使援奉书洛阳。初到，光武在殿庑下，岸帻迎，笑曰：卿遨游二帝间，今见卿，使人大惭。援顿首辞谢，因曰：当今非但君择臣，臣亦择君，臣与公孙述同县，少相善，臣前至蜀，述陛戟而后进臣，臣今远来，陛下何知非刺客奸人，而简易若是？帝笑曰：卿非刺客，顾说客耳。援曰：天下反覆盗名字者不可胜数，今见陛下，恢廓大度，同符高祖，乃知帝王自有真也。　三二八节五年，援归，嚣问东方事，援曰：上，才明勇略，非人敌也，且开心见诚，无所隐伏，阔达多大节，略与高帝同，经学博览，政事文辨，前世无比。嚣曰：卿谓何如高帝？援曰：不如也。高帝无可无不可，今上好吏事，动如法度，又不喜饮酒。嚣不怿曰：如卿言，反复胜乎？　三二九节嚣问班彪曰：战国从横之事，将复起于今乎？彪著王命论以讽之，嚣不听，彪避地河西，窦融甚礼重之，彪为融画策，使之专意事汉。马援将家属归汉，嚣遣辨士说融以自立，曰：高可为六国，下不失尉佗。融不从，帝以融为凉州见四三六节。牧，赐玺书，有曰：议者必有任嚣教尉佗之计。书至，河西皆惊，以为天子明见万里之外。　三三〇节汉将军朱祐急攻黎丘，秦丰出降，送洛阳斩之，帝自将击董贤及叛将庞萌，走之，耿弇连破齐兵，拔诸城，帝至临淄，周末齐都，汉县，为齐郡治，今属山东青州府。自劳军，谓弇曰：将军前在南阳，建此大策，常以为落落难合，有志者事竟成也。弇遂追张步降之，齐地悉定。六年，将军马成等拔舒，县名，庐江郡治，今安徽庐州府庐江县。获李宪，吴汉等击斩董贤、庞萌，江淮山东悉平，惟陇、蜀未平。帝积苦兵间，谓诸将曰：且当置此两子于度外耳。冯异自长安入朝，帝谓公卿曰：是我起兵时主簿也，为吾披荆棘，定关中，劳异曰仓卒，芜蒌亭豆粥，滹沱河麦饭，厚意久不报。　三三一节其后隗嚣称臣于公孙述，述立嚣为朔宁王。八年，帝自将击嚣，马援在帝前聚米为山谷，指画形势，开示军所从径道。帝曰：虏在吾目中矣。窦融率五郡太守会之，遂共进军，嚣奔西城，西县，属陇西郡，故城在甘肃秦州西南。会颍川盗起，帝驰还征之，寇恂前驱，贼悉降，百姓遮道曰：愿借寇君一年。乃留恂镇抚，大兵不战而还。九年，嚣病死，子纯嗣为王。十年，汉军攻降之，陇右平。　三三二节十一年，帝遣大司马吴汉将兵，会征南大将军岑彭伐蜀。彭至荆门，山名，在湖北荆州府宜都县西北。装战船，吴汉欲罢之，彭不可，上书言状。帝报曰：大司马习用步骑，不晓水战，荆门之事，一由征南公为重而已。彭战船并进，所向无前，述使贼刺杀彭，吴汉继进。明年，至成都，击杀述，蜀平。诏窦融与五郡太守入朝，拜融为冀州牧。　三三三节王莽时，安定郡名，今甘肃平凉府及泾州。卢芳诈称武帝曾孙刘文伯起兵，更始亡，匈奴迎芳，立为汉帝，屡为边郡患，后降汉为代王，已而复反，奔匈奴而死。匈奴与乌桓、鲜卑屡连兵侵汉，后匈奴连年饥疫，人畜死亡大半，乌桓乘其敝，击破之，匈奴北徙数百里，漠南地空。　三三四节先是，西域诸国苦匈奴重敛，皆愿属汉，复置都护，光武以中国新定不许。莎车王贤再遣使奉献，光武赐贤都护印绶。边郡守上言，夷狄不可假以大权，诏夺还之，更赐大将军印。贤恨，犹诈称大都护，诸国悉服属焉。贤骄横，欲兼并西域，诸国惧，鄯善、车师等十八国，遣子入侍于汉，愿得汉都护，帝厚赐之，还其侍子。贤知都护不出，击破鄯善，攻杀龟兹王，鄯善、车师复附匈奴。　三三五节匈奴南边八部立日逐王比为南单于，款汉塞内。附比者，单于知之子也。于是匈奴分为南北，自相攻击，汉徙南单于于西河、郡名，今山西汾州府西境宁武府偏关县、陕西榆林府东境及北边外。美稷，县名，西河郡北境，故城在内蒙古鄂尔多斯左翼中旗东南。置使匈奴中郎将，将兵拥护之。北匈奴亦遣使求和亲，汉却之。及再来，许之。南单于比卒，弟莫立，帝遣使授玺绶，赐以衣冠缯彩，后以为常。

第三章　光武诸政

三三六节光武年二十八始起兵，三十一为帝，四十二岁悉平群雄，六十二岁崩，在位三十三年。帝虽以征伐济大业，及国既定，乃退武臣而进文吏，明慎政体，总揽权纲，量时度力，举无过事，故能恢复前烈，身致太平。尝幸南阳，会宗室置酒作乐，诸母相与语曰：文叔少时谨信，与人不款曲，惟直柔耳，乃能如此。文叔，帝字也。帝闻之笑曰：吾治天下，亦欲以柔道行之。　三三七节帝在兵间久，厌武事，蜀平后，非警急未尝言军旅。北匈奴衰困，臧宫、马武上书请攻灭之，鸣剑抵掌，驰志于伊吾又曰伊吾庐，匈奴之地，今甘肃镇西府哈密厅。之北矣。帝报书，告以《黄石公记》，曰：柔能胜刚，弱能胜强。自是诸将莫敢言兵，闭玉门关，汉之西关，在甘肃安西州敦煌县西。谢绝西域，保全功臣，不令以吏职为过，收其兵权，皆以列侯就第，故诸将皆以功名自终。祭遵先死，帝哀念不已，来歙、岑彭死锋镝，恤之甚厚，吴汉、贾复终于帝世。汉质厚少文，而有智略，帝在河北，邓禹屡荐汉，帝渐亲重之。汉在军或战不利，意气自若，帝叹曰：吴公差强人意，隐如一敌国，每出师，朝受诏，夕则就道。及卒，帝临问所欲言，汉曰：臣愚无所知，惟愿陛下慎无赦而已。贾复从征伐，未尝丧败，帝曰：贾督有折冲千里之威。尝战被重伤，帝惊曰：我不令复别将为其轻敌也，果然失吾名将。闻其妇有孕，生子邪，我女嫁之，生女邪，我子娶之。其抚群臣如此。　三三八节惟马援死之日，恩意颇不终焉。援尝曰：大丈夫当以马革裹尸，安能死儿女子手！交趾女子征侧、征贰作乱，诸蛮应之，马援以伏波将军讨平之，植铜柱于日南，表汉界而还。武陵郡名，今湖南西境，及贵州东境。蛮叛，援又请行，帝愍其老，援被甲上马，据鞍顾盼，以示可用。帝笑曰：矍铄哉是翁，乃遣之。军至壶头山名，在湖南辰州府城东北。不利，援中暑卒，帝婿梁松有恨援，构陷之，收新息县名，属汝南郡，今河南光州息县。侯印绶。援前在交趾，常饵薏苡能胜瘴气，军还，载之一车，后有追谮之者，以为明珠文犀，帝益怒，得朱勃上书讼其冤，乃稍解。帝于赃罪无所贷，大司徒欧阳歙尝犯赃，歙所授尚书弟子千余人，守阙求哀，竟不免，死于狱中。　三三九节帝所用群臣如宋弘等，皆重厚正直，帝姊湖阳县名，属南阳郡，故城在河南河阳府唐县南。公主尝寡居，意在弘，弘入见，主在屏后，帝曰：谚言富易交，贵易妻，人情乎？弘曰：贫贱之交不可忘，糟糠之妻不下堂。帝顾主曰：事不谐矣。主有苍头杀人，匿主家，吏不能得，洛阳令董宣候主出行，奴骖乘，叱下车，格杀之，主入诉，帝怒，召宣欲捶杀之，宣曰：纵奴杀人，何以治天下？臣不须捶，请得自杀，即以头叩楹，流血被面，帝令小黄门持之，使叩头谢主，宣两手据地，终不肯俯，帝勅曰：强项令出，赐钱三十万。　三四〇节前汉末，谶纬之学起，附会天文历数，以豫言后事，王莽甚尚之。时人希旨，争作谶文上之，号为符命，以助莽之逆。光武亦惑其说，用人行政，多以符命决疑。晚年，封泰山，禅梁阴，谓梁父山之阴。亦由感谶也。因下诏宣布谶书于国中，儒臣桓谭尝极言谶之非经，帝大怒，以为非圣无法，至欲斩之。自是谶书大重于世，与儒书相为经纬，名儒如马融、郑玄，皆采其说。　三四一节王莽时，名德之士多隐遁，不食其禄。光武初立，访求耆儒卓茂，擢为太傅，封褒德侯。又征处士周党、严光，党入见，伏而不谒，博士奏诋之，帝曰：自古明王圣主，必有不宾之士，赐帛罢之。光尝与帝同学，帝物色得之，累征乃至，拜谏议大夫，不肯受，去耕钓于富春山一名严陵山，在浙江严州府桐庐县西。中。东汉多清节士，自此始。　三四二节光武素好儒学，诸功臣亦皆读书，有儒者气象。既平中原，首起太学，稽式古典，修明礼乐，遂起明堂、灵台、辟雍，每旦视朝，日昃乃罢。引公卿郎将，讲论儒书，夜分乃寐。太子庄承间谏曰：陛下有禹汤之明，而失黄老养性之道。帝曰：我自乐此，不为疲也。

第四章　孝明孝章之治

三四三节光武帝崩，太子庄嗣立，是为显宗孝明帝。明帝亦好儒，太子王侯及群臣子弟，皆授儒经，用弟东平今山东泰安府东平州。献王议，定南北郊冠冕车服制度及光武庙乐舞，亲临辟雍，行大射养老之礼，礼毕，引诸儒升堂，执经问难，冠带缙绅之人，圜桥门而观听者亿万计。又命工图中兴功臣于南宫云台，邓禹为首，吴汉、夏复、耿弇、寇恂、岑彭、冯异、朱祐、祭遵等次之，凡三十二人，唯马援以皇后之父不与焉。　三四四节帝闻西域有神，其名曰佛，遣使之印度，求其道，得佛经及二僧以来。其书大抵以虚无为宗，贵慈悲不杀，以为人死精神不灭，随复受形，生时所行善恶，皆有报应，故所务在修练精神，以至为佛。教祖释迦牟尼，没于周景王二年。我纪元百十八年，西洋纪元前五百四十三年。其教传播遍于西域诸国，至是始入支那，帝为立白马寺，庶兄楚今江苏徐州府。王英最先好之。　三四五节帝遵奉光武制度，无所变更，后妃家不得封侯预政，馆陶县名，属魏郡，今属山东东昌府。公主光武帝女。为子求郎，帝不许，赐钱十万，曰：郎官上应列宿，出宰百里，苟非其人，则民受其殃。当时吏得其人，民乐其业，远近畏服，户口滋殖焉。然性褊察，好以耳目隐发为明，公卿大臣屡被诋毁，近臣尚书以下，至见提曳，楚王英得罪自杀，穷治其党累年，坐死徙者数千人，冤滥甚众。　三四六节明帝在位十八年崩，太子炟立，是为肃宗孝章帝。章帝继前朝察察之后，知人厌苛切，事从宽厚，慎刑省徭，民赖其庆。又尊师重学，亲诣鲁，祠孔子于阙里，孔子所居之里，在山东兖州府曲阜县城中。作六代黄帝、唐虞、夏、商、周。之乐。孝宣尝会群儒于石渠阁，论定五经同异，章帝修其故事，诏诸儒集议于白虎观，亲称制临决，作白虎通。又欲定汉礼，知诸儒拘挛，众论难一，命侍中曹褒依叔孙通旧典，杂以五经谶记之文，撰次上之。

第五章　汉威复震西北附罗马通汉

三四七节匈奴既分南北，兵势寖衰，明帝患其相交通，置度辽营于五原以阻之。耿秉耿弇之侄。请击北匈奴，谓宜如武帝通西域，断匈奴右臂。帝嘉其言，以秉及窦固窦融之侄。为都尉，出屯凉州。永平十六年，我纪元七百三十三年。秉等与诸将分道北伐，固追敌至蒲类海，今名巴尔库勒海，在甘肃镇西府城西北。取伊吾庐地，留吏士屯田。　三四八节固遣假司马班超使西域，超到鄯善，其王礼之甚备，会匈奴使至，忽更疏懈，超会吏士三十六人曰：不入虎穴，不得虎子。夜奔匈奴营，斩其使，杀从者百余人。鄯善震怖，超告以汉威德，勿复与匈奴通。初，于阗西域国名，今回疆和阗地。连破莎车，杀其王，雄张南道，至是超又使于阗，于阗王畏其威，杀匈奴使以降。龟兹王倚恃匈奴，据有北道，攻杀疏勒西域国名，今回疆喀什噶尔地。王，以其臣兜题王之。十七年，超至疏勒，使吏劫缚兜题，因立故王兄子忠为王。于是诸国皆遣子质于汉，西域复通。超，彪之子也，兄固及妹昭，皆博学善属文，超独以武功著。　三四九节窦固、耿秉出击车师，定前后两部前部今甘肃镇西府吐鲁番厅地，后部今镇西府奇台县及迪化州地。而还，汉以陈睦为都护，耿恭秉之从弟。为戊校尉，关宠为己校尉，分屯车师地。十八年，明帝崩。是岁，焉耆、西域国名，今回疆喀喇沙尔地。龟兹攻没陈睦，北匈奴围耿恭、关宠，章帝遣兵救之。建初九年，我纪元七百三十六年。宠败没，汉兵迎恭归，罢都护及戊己校尉官，征还班超。时疏勒、于阗皆不欲超去，号泣请留，超乃还疏勒，击斩其叛者。超欲遂平西域，上疏请兵，章帝知其功可成，给兵千余人，建初八年，拜为将兵长史。明年，疏勒王忠反，超更立王，讨忠斩之。　三五〇节是时北匈奴衰耗，党众离畔，南部攻其前，丁零寇其后，鲜卑击其左，西域侵其右，不复自立，乃远引而去。章和元年，章帝十三年。鲜卑击斩优留单于，匈奴大乱，五十八部降汉。和帝永元元年，我纪元七百四十九年。窦宪击匈奴大破之，降二十余万人，登燕然山，今名杭爱山，在外蒙古赛因诺颜部界内。命班固刻石勒功而还。三年，宪复遣兵击破匈奴于金微山，在外蒙古界内。北单于走死，鲜卑徙据其地。匈奴余种留者十余万落，皆自号鲜卑。鲜卑由此渐盛。及宪诛，班固坐逮，死狱中。固尝著《汉书》，未就，诏妹昭踵成之。　三五一节章帝末年，班超发于阗诸国兵，击莎车降之。后月氏、龟兹诸国来降，汉因以超为都护，居龟兹。永元六年，超发龟兹、鄯善等八国兵击破焉耆，于是西域五十余国，至里海之滨，悉纳质内属。九年，超遣掾甘英西使罗马国，其所跋涉，皆前世所未至，莫不备其风土、传其珍怪焉。　三五二节超在西域三十年，以功封定远侯，以汉中郡治之，西乡为定远国，故城在陕西汉中府西乡县南。年老乞归，和帝许之，以任尚代为都护。尚请教，超曰：君性严急，水清无大鱼，宜荡佚简易。尚私谓人曰：我以班君当有奇策，今所言平平耳。超到京一月而卒。尚后果失边和，始信超言。至安帝永初元年，我纪元七百六十七年。竟弃西域，不复置都护。　三五三节西域既绝于汉，北匈奴复驱役诸国，略有北道，连寇河西。永宁元年，安帝十四年。边郡守请击之，邓太后闻班超之子勇有父风，召问计，勇曰：要功荒外，师无后继，是示弱于远夷也。敦煌郡名，今甘肃安西州。旧有营兵，今宜复之，又宜遣西域长史出屯楼兰西。太后从之，复敦煌营兵。其后安帝以勇为西域长史，将兵五百出屯柳中。车师前部之地，在今吐鲁番厅东。勇击逐匈奴田车师者，又击车师后部，获其王及匈奴使者。顺帝永建元年，我纪元七百八十六年。勇发诸国兵，击匈奴走之。于是西域服于汉，惟焉耆未降。明年，汉遣张朗与勇俱攻之，朗先期入焉耆，受降而还，勇以后期，征下狱免。勇去后，汉之威令不复行于西域矣。　三五四节当汉之世，罗马统一欧逻巴，南并亚非利加北土，东兼小亚细亚及叙利亚，与帕提亚接界，幅员、民众与汉相若。汉人传谓,其人长大平正,有类中国,故称为大秦。其国距汉甚远,未尝交通,甘英之西也,亦唯达于其东部耳,未入欧逻巴地也。史称英抵条支,临大海,不渡而还。条支者,谓叙利亚,大海者,谓地中海也。希腊、罗马旧书云:东方有大国,名设利迦,美锦产焉。此指汉土也。西亚细亚行贾,时时有逾葱岭达于汉边者,罗马富人,由此得汉之锦绮,甚珍之,至以黄金与之比重而相易,于是设利迦之名,高于西土。罗马帝常欲通使于产锦之国,而怕提亚又欲以东货与罗马交市,故遮遏使不得自达。汉桓帝时,怕提亚侵罗马东边,罗马帝抹喀墺勒流安拖尼纳命将东伐,大败之,乃遣使由海路聘于汉。延熹九年,桓帝二十年,我纪元八百二十六年,西洋纪元百六十六年。诣日南,欧逻巴人通于支那始见于此,而其后复绝,盖西使入汉,不得要领而还也。

第七篇　后汉下

第一章　外戚擅权及宦官蠹国

三五五节前汉时，外戚负势专横，吕、霍、上官几危国者数矣。孝元王后，四世为国母，群弟更持国柄，竟致新莽之篡。光武中兴，亲揽大权，明帝继之，最慎任使，贵戚皆遵法度，莫敢自恣。明德马后，援之女也，贤明好学，明帝之致治，颇赖后内助，然性谦谨，不敢以家私干政事。章帝即位，尊为太后，愈戒饰亲属，以盛满为戒，故诸马虽封侯而退居私第，迄无祸败。及章帝宠窦后，诸窦贵盛倾马氏，再开外戚预政之端。其后皇统屡绝，权归女主，外立者五帝，安帝、帝懿、质帝、桓帝、灵帝。临朝者六后，章德窦后、和熹邓后、安思阎后、顺烈梁后、桓思窦后、灵思何后。定策帷帟，委事父兄，贪立孩稚，以专其威。于是外家权势太盛，其不肖者、辄骄恣不轨，其贤者，亦为众忌所归，祸败相踵，国随沦亡。古来外戚之祸国，莫甚于汉，而外戚受祸之频，亦莫如汉者。两汉后妃之家著闻者，凡四十余氏，非身遭害，则家罹祸，大者夷灭，小者放窜，其得身家俱全者，盖不过五六也。详见卷末附录。　三五六节章帝初立，庶子庆为太子，章德窦后窦融之孙，勋尚光武女沘阳公主，生后。谮杀其母，废庆为清河今直隶广平府清河县，及山东临济州东境、东昌府北境。主，养梁贵人子肇，以为太子，又忌梁贵人，谮杀其父，贵人以忧死。章帝在位十四年崩，太子肇立，年甫十岁，是为孝和帝，窦后为太后临朝，太后兄宪以侍中用事，阴杀宗室，惧诛，自求击匈奴以赎死，太后许之。宪北伐有大功，入为大将军，专权骄纵，父子兄弟并为卿校，充满朝廷。和帝既长，知其逆谋，与中常侍郑众定议，勒兵收宪印绶，迫令自杀，黜其党与，以众为大长秋，封鄛乡侯。太后以永元九年我纪元七百五十七年。崩，帝始闻知其非太后出，追尊梁贵人曰恭怀太后。　三五七节和帝在位十八年崩，和熹邓后邓禹之孙。无子，迎庶子隆即位，生百余日，是为孝殇帝，后为太后临朝。明年，殇帝崩，太后与兄邓骘定策，迎清河王庆之子祜以为和帝嗣，年甫十三，是为孝安帝。太后犹临朝，骘为大将军。　三五八节汉承秦制，以阉人为中常侍，然亦参用士人。光武中兴，悉用阉人，不复杂调士流。明帝以后，员数稍增，及郑众立功，和帝与之议政事，宦官用权自此始。邓太后以女主称制，不接公卿，乃任用阉人，通命两宫，宦官权益重。　三五九节是时，诸羌侵扰西州，南匈奴叛于西河，与乌桓、鲜卑为边患，且遭连年水旱，内郡困弊。永初四年，我纪元七百七十年。邓骘欲弃凉州，并力北边，郎中虞诩以为不可，谚曰：关西出将，关东出相。烈士武臣，多出凉州，今羌胡所以不敢入据三辅者，以凉州在后故也。众皆从诩议，骘由是恶诩。会长歌县名，属河内郡，今河南卫辉府淇县，即殷纣故都。贼攻杀长吏，州郡不能禁，乃以诩为长歌长，故旧皆吊之，诩笑曰：不遇盘根错节，无以别利器，此吾立功之秋也。到官，募壮士使入贼中，诱令劫掠，伏兵杀数百人。又潜遣贫人能缝者，佣作贼衣，以彩线缝其裾，有出市里者，辄擒之。贼骇散，县境皆平。　三六〇节元初二年，安帝九年。邓太后闻诩有将帅之略，以为武都郡名，今甘肃阶州及秦州南境。太守。诩驰至郡，郡兵不满三千，而叛羌万余。攻围数十日，诩令军中，潜发小弩，羌侮之，并兵急攻，于是使二十强弩共射一人，发无不中。羌震退，诩因出城奋击破之，乃筑营壁，招还流亡，一郡遂安。　三六一节安帝少号聪明，故邓太后立之，及长，多不德，稍不可太后意。帝乳母王圣虑有废置，与宦者李闰、江京共毁短太后，帝忿惧。建光元年，安帝十五年。太后崩，宫人有诬告太后兄弟有异谋，帝怒，悉黜诸邓。邓骘不食而死，以舅耿宝安帝嫡母耿贵人之兄。监羽林车骑，阎皇后兄弟并为卿校，江京、李闰、王圣、圣女伯荣等用事，煽动内外，竞为侈虐，太尉杨震屡上疏谏之，不听。震，弘农见四三六节。人，贫而好学，诸儒称为关西孔子，邓骘尝辟之，置于幕府，竟为三公，耿宝、阎显皆有请托，震不从，群小谮之，策收印绶，震饮酖死，宝为大将军。　三六二节初，阎后无子，安帝立庶子保为太子，江京等与后谗之，废为济阴今山东曹州府定陶县，即前汉末定陶国。主。帝在位十九年崩，后为太后临朝，与兄显等定策，迎安帝从弟北乡侯懿入即位。显忌大将军宝，讽有司奏贬之，宝自杀，王圣母子徙雁门。郡名，今山西代州西境、宁武府东境、朔平府东南境、大同府西境。诸阎擅作威福，是岁，懿崩，中常侍孙程等夜斩江京，拥立济阴王，年十一，是为孝顺帝，收诸阎杀之，迁太后于离宫，寻崩，宦官封侯者十九人，后许以养子袭爵。　三六三节顺帝既长，立梁贵人为皇后。后，恭怀太后侄商之女也，以商为大将军，商卒，其子冀代之，纵暴自恣，姻族满朝。帝遣杜乔、周举、张纲等八人，分行州郡，察吏治得失。纲埋其车轮，曰：豺狼当路，安问狐狸？遂劾奏梁氏无君之心十五事，帝知纲言直而不能用。他使所劾，亦多冀及宦者亲党，事皆寝遏。冀恨纲，欲中伤之，时广陵郡名，今江苏扬州府，及淮安府南境。贼张婴，寇乱扬、徐间十余年，乃以纲为广陵太守。纲单车之职，径诣婴垒门，请相见，恳谕之，婴率万余人降。纲入垒宴，散遣其众，南州晏然。纲卒于郡，婴等五百余人为之行丧。　三六四节顺帝在位十九年崩，太子炳立，年二岁，是为孝冲帝，梁后为太后临朝。明年，冲帝崩，太后征清河王蒜及乐安今山东青州府北境。王鸿之子缵至京师，皆章帝玄孙也。蒜为人严重，公卿归心。梁冀与太后共立缵，年八岁，是为孝质帝。蒜罢归国。质帝少而聪慧，尝因朝会目冀曰：此跋扈将军也。冀深恶之，使左右进毒，以崩，在位一年余。冀召公卿议所立，太尉李固、大鸿胪杜乔欲立清河王，冀白太后策免固，迎章帝曾孙蠡吾县名，属中山国，今直隶保定府博野县。侯志即位，年十五，是为孝桓帝。清河王贬为侯，自杀。固、乔下狱死。　三六五节大将军冀凶恣日积，秉政十九年，威行内外。延熹二年，桓帝十三年，我纪元八百十九年。桓帝与中常侍单超等谋，勒兵收冀印绶，冀自杀，梁氏无少长皆弃市，收其财货，斥卖得三十余万万钱，以充国用。减本年税租之半，超等五人封侯，世谓之五侯。超为车骑将军以卒，其后四侯转骄横，置狱于北寺，刑杀在其手，兄弟姻戚宰州临郡，肆行贪虐，与盗无异。阿附权势者，自宫或宫子，以图荣达，帝又好淫侈，采女五六千人，侍使倍之，耗费莫有纪极。当时名臣如黄琼、杨秉，相继升三公，国民属望，然皆制于阉寺，不能一振朝纲而没。

第二章　东汉多清名之士

三六六节安帝时，汝南郡名，今河南汝宁府，及陈州府南境、光州北境。太守王龚好才爱士，以袁阆为功曹，引进黄宪、陈蕃等。黄宪年十四时，颍川荀淑遇于客舍，竦然异之曰：子吾之师表也。见袁阆曰：子国有颜子。阆曰：见吾叔度耶？叔度，宪字也。陈蕃、周举相谓曰：时月之间不见黄生，则鄙吝之萌，复存乎心矣。太原郭泰亦深服其器。宪不就官而卒，王龚后为三公，以病免。　三六七节荀淑少博学，有高行，当世名贤李固、李膺皆师宗之，为朗陵侯国，属汝南郡，今汝宁府确山县。相，涖事明治，称为神君，八子皆有名，时人谓之八龙。李膺性简亢，无所交接，唯以淑及陈寔为师友。寔尝为大丘县名，故城在河南归德府永城县西北。长，修德清静，吏民追思之，至灵帝末年卒，海内赴吊者三万余人。　三六八节郭泰博学善谈论，初游洛阳，李膺见之曰：吾见士多矣，其聪识通朗、高雅密博，未有如郭林宗者也，遂与为友。泰性明知人，好奖训士类，周游郡国。陈留郡名，今河南开封府东境，及卫辉府南境。茅容年四十余，耕于野，申屠蟠家贫，佣为漆工，泰皆见而奇之，劝令从学，后皆为名士，自余因泰奖进成名者甚多。泰尝举有道不就，曰：吾夜观乾象，昼察人事，天之所废，不可支也。然犹周旋京师，诲诱不息，豫章高士徐稺以书戒之曰：大木将颠，非一绳所维，何为栖栖，不遑宁处。泰感其言，以为师表。　三六九节顺帝时，尚书令左雄管掌贡举，公直精明，能审核真伪，郡守坐谬举免黜者十余人，唯陈蕃、李膺等三十余人得拜郎中。桓帝时，朱穆为冀州刺史，令长望风解印绶去者四十余人。及到，奏劾贪污，宦者赵忠归葬父，僭用玉匣，穆案验剖其棺出之。桓帝闻大怒，征穆诣廷尉。太学生刘陶等数千人上书讼穆，谓中官窃持国柄，手握王爵，口衔天宪，而穆独亢然不顾身，志清奸恶，臣愿代穆罪。帝赦之。陶又上疏，请以穆及李膺夹辅王室，书奏不省。穆后上疏请罢中官，触帝怒，愤懑发疽死。　三七〇节梁冀既诛，黄琼为太尉，辟汝南范滂。滂少厉清节，州里服之，为清诏使，案察冀州，守令赃污者皆解印去。其所举奏，莫不厌塞众议。琼罢，杨秉为太尉。秉，震之子，立朝正直，中常侍侯览兄参为益州见四三六节。刺史，残暴贪婪，秉奏征之，参于道自杀，阅其车重、三百余两，皆金银锦帛，秉奏请斥览，帝不得已，免览官。　三七一节秉卒，陈蕃代之，时李膺得罪，输作左校，蕃屡言其冤，以为司隶校尉，宦官畏之，鞠躬屏气，不敢出宫省。是时朝廷日乱，纲纪颓弛，而膺独持风裁，以声名自高，士有被其容接者，名为登龙门云。

第三章　党锢之祸

三七二节桓帝为侯时，受学于甘陵县名，清河国治，故城在山东东昌府清平县南。周福，及即位，擢为尚书。时同郡房植有名，乡人谣曰：天下规矩房伯武，因师获印周仲进。二家宾客，互相讥揣成隙，由是甘陵有南北部，党人之议始于此。　三七三节汝南太守宗资以范滂为功曹，南阳太守成瑨以岑晊为功曹，皆褒善纠违。滂尤刚劲，疾恶如仇，二郡谣曰：汝南太守范孟博，南阳宗资主画诺。南阳太守岑公孝，弘农成瑨但坐啸。太学诸生三万余人，郭泰及颍川贾彪为其冠，与李膺、陈蕃、王畅更相褒重，学中语曰：天下模楷李元礼，不畏强御陈仲举，天下俊秀王叔茂。于是中外承风，竞以臧否相尚，朝臣皆畏其贬议。　三七四节延熹九年，桓帝二十年，我纪元八百二十六年。成瑨及太原太守刘谘，收捕宦官之党，于赦后杀之，皆征下狱，当弃市。山阳郡名，今山东济宁州南境及兖州府。太守翟超，以张俭为督邮，破宦官逾制冢宅。东海相黄浮，案杀宦官族人犯法者。宦官诉冤，超、浮皆得罪。陈蕃争之，帝不听，瑨、谘竟死狱中。　三七五节李膺亦于赦后案杀宦官之党，宦官教人上书，告膺等养太学游士，共为部党，诽讪朝廷，疑乱风俗。帝震怒，下郡国，逮捕党人，案经三府，陈蕃却不肯署，帝愈怒，下膺等北寺狱，辞连太仆杜密及陈寔、范滂之徒二百余人，使者四出追捕，蕃复极谏，帝策免之，朝臣震栗，莫敢复为党人言者。贾彪曰：吾不西行，大祸不解。乃入洛阳，说皇后父窦武窦融玄孙。令上疏解之。膺等狱辞，又多引宦官子弟，宦官惧，白帝赦党人，书名三府，禁锢终身。　三七六节膺等已废锢，而名声愈高。范滂南归，汝南、南阳士大夫迎之者，车数千辆，海内之士，更相标榜，为之称号，以窦武、陈蕃、刘淑为三君。君者，一世所宗也。李膺、荀昱、杜密、王畅、刘祐、魏朗、赵典、朱寓为八俊。俊者，人之英也。郭泰、范滂、尹勋、巴肃等八人为八顾。顾者，能以德行引人也。张俭、翟超、岑晊、刘表等为八及。及者，能导人追宗也。度尚、张邈等为八厨。厨者，能以财救人也。　三七七节桓帝在位二十一年崩，无子，窦皇后为太后临朝，与父武议迎章帝玄孙解渎亭侯宏即位，年十三，是为孝灵帝。灵帝建宁元年，我纪元八百二十八年。武为大将军，陈蕃为太傅，博征名贤，李膺、杜密、尹勋等，皆列于朝。国民想望太平，蕃与武谋，将诛中常侍曹节、王甫等。宦官知之，夜歃血共盟，拥灵帝出御前殿，王甫执蕃杀之，将禁兵围武，武自杀，亲姻悉诛，迁太后于南宫，徙武家属于日南，尹勋、刘淑、魏朗、巴肃等前后皆死，曹节等七人为列侯。　三七八节二年，节又讽有司，奏捕诸钩党李膺、杜密、范滂等百余人，下狱考死，妻子徙边。凡与宦官有隙者，一切指为党人，其死徙废禁者六七百人。遂考党人门生故吏亲族在位者，悉免官，锢及五属。郭泰私恸曰：《诗》云“人之云亡，邦国殄瘁”。汉室灭矣，但未知“瞻乌爰止，于谁之屋”耳。泰虽好臧否，而不为危言核论，故处浊世而祸不及焉。初，范滂等非讦朝政，自公卿以下，皆屈节下之。太学生争慕其风，以为文学将兴，处士复用。申屠蟠独叹曰：昔战国之世，处士横议，列国之王，至为拥篲先驱，卒有坑儒烧书之祸。乃绝迹自晦。及难作，唯蟠超然免于评论。

第四章　汉末大乱

三七九节钜鹿郡名，今直隶顺德府东南境，及广平府东北境。张角奉事黄老，咒符水以疗病，号太平道。遣弟子游四方，转相诳诱，十余年间，徒众数十万，置三十六方，大方万余，小方六七千，各立渠帅。灵帝中平元年，即位十七年，我纪元八百四十四年。角等一时俱起，皆着黄巾，所在燔劫，旬月之间，诸州响应。帝惧党人助贼，急解党禁，遣皇甫嵩等讨黄巾。嵩与曹操合兵，大破贼。操，沛人也，少机警，有权数，任侠放荡，不治行业。汝南许劭有高名，好核论乡党人物，操往问曰：我何知人？劭不答，操劫之。劭曰：子治世之能臣，乱世之奸雄。操喜而去，至是以讨贼起。张角病死，嵩与角弟梁及宝战，皆破斩之。自黄巾之乱，所在盗贼纵横,太常刘焉建议,以为四方兵寇,由刺史威轻,宜改置牧伯,选重臣任之。朝廷从之焉,自求为益州牧。州牧之任自此重。 三八〇节灵帝在位二十二年崩,皇子辨即位,年十四,母何太后临朝,后兄大将军何进录尚书事。袁绍劝进诛宦官,太后未肯,绍等画策,召四方猛将,使引兵向京,以胁太后。时将军董卓拥兵在河东,见四三六节三河注。进召之,未至,进为宦官所杀,绍勒兵捕诸宦者,无少长皆杀之,凡二千余人。卓至与帝辨语,语不可了,乃与皇弟陈留王协语,问乱由,协年九岁,答无遗失。卓欲废立,绍不可,卓怒,绍逃奔冀州。卓遂废帝为弘农王,酖杀何太后,立陈留王为帝,是为孝献帝。 三八一节献帝初平元年,我纪元八百五十年。关东州郡起兵讨董卓,推袁绍为盟主。绍,司徒袁安之玄孙也。袁氏四世五公,家门富盛,绍壮健有威容,爱士养名,宾客辐凑,从弟术亦以侠气闻,至是皆起。卓迁都长安,杀诸富民,没入其财物,驱余民数百万而西,烧洛阳宫庙民家,发诸陵墓,收其珍宝。 三八二节长沙太守孙坚起兵北上,与袁术合兵,术据南阳,以坚领豫州刺史。是时关东州郡,务相兼并,以自强大,绍、术亦自相离贰。二年,术遣坚击破董卓兵,坚至洛阳,修塞诸陵而还。绍逐冀州牧韩馥,自领州事,以曹操为东郡今直隶大名府开州、山东曹州府北境,及东昌府南境。太守。术又使坚击荆州刺史刘表,表兵射杀之。 三八三节董卓凶暴滋甚,自为太师,车服僭拟天子,宗族並列于朝,筑坞于郿,县名,属右扶风,今属陕西凤翔府。积谷为三十年储,金银锦绮奇玩,积如丘山,自云:事成,雄据天下;不成,守此以老。三年,司徒王允等密谋诛卓。中郎将吕布膂力过人,卓爱信之,常以布自卫,尝小失卓意,卓手戟掷布,布避得免。允因结布,使为内应。卓入朝,允等伏勇士于宫门刺之。卓堕车,大呼吕布,布曰:有诏讨贼臣。应声持矛刺卓,出怀中诏板,以令吏士,吏士皆称万岁,百姓歌舞于道,卓宗族皆为其下所杀。卓党在东者,率军入长安,杀王允。吕布走依袁术,又归袁绍。曹操据兖州,见四三六节。自领刺史。四年,击袁术破之,术走据寿春,县名,九江郡治,今安徽凤阳府寿州。领扬州事。 三八四节涿郡今直隶顺天府西南境、保定府东境及易州。刘备,字玄德,其先出于景帝,少孤贫,以贩履为业,有大志,少语言,喜怒不形于色。河东关羽,涿郡张飞,与备友善,恩若兄弟,而稠人广坐,侍立终日,随备周旋,不避艰险。备尝与公孙瓒同学，因往依瓒于北平，郡名，今直隶永平府西境、顺天府蓟州，及遵化州。瓒使备徇青州，有功，以为平原王国名，今山东济南府西北境，及武定府西境。相，备使羽、飞分统部曲。曹操击破徐州牧陶谦，兴平元年，献帝五年。备往救谦，谦使备屯小沛。即沛县，属沛国，今属江苏徐州府。谦卒，众迎备领徐州。时吕布取濮阳，县名，东郡治，今直隶大名府开州。兖州郡县皆应布。二年，曹操击破之，布走归备。　三八五节初，孙坚从军于外，其子策、权等留家寿春，策年十余，已交结知名。舒人周瑜，与策同年，亦英达夙成，迎策居舒，有无通共。及坚死，策往见袁术，得父余兵，东渡江转斗，所向皆破，百姓闻孙郎至，皆失魂魄。及策至，军士奉令，一无所犯，民大悦。

第五章　曹操定中原

三八六节董卓余党构兵相攻，关中大乱，献帝逃至安邑，战国纪郎，汉置县，为河东郡治，今山西解州夏县。建安元年，献帝七年，我纪元八百五十六年。遂至洛阳。颍川荀彧，淑之孙也，为曹操谋士，说操曰：昔晋文公纳襄王，而诸侯景从；高祖为义帝缟素，而天下归心。今銮驾旋轸，东京榛芜，诚由此时奉主上以输大顺，秉公义以致英俊，四方虽有逆节，何足恤哉！操从之，将兵入朝，迁帝于许，县名，属颍川郡，今河南许州。遥授袁绍以太尉，操自为司空，以彧为侍中尚书令。吕布据下邳，县名，属下邳国，今江苏徐州府邳州。攻破刘备，备走归操，操以为豫州牧，遣东屯沛。二年，以袁绍为大将军，督冀、青、幽、并四州。共见四三六节。　三八七节袁术以谶言“代汉者当涂高”，自云名字应之。盖术字公路，而术亦道也，故以为当涂之义，议称尊号。孙策以书谏之，术不听，遂称帝，遣将攻吕布，布击破之。三年，布复攻刘备，备败走，复归操。操击布，围下邳，引沂泗灌之，布困迫而降，操杀之。备从操还许，操重礼之。袁术淫侈滋甚，资实空尽，不能自立。四年，自烧宫室，欲奔青州，操遣备邀之，术走还，呕血死。　三八八节袁绍连攻公孙瓒，进围易，县名，属河间国，今直隶保定府雄县。获瓒斩之。绍战胜，心益骄，简精兵十万、骑万匹，欲以攻许，沮授谏曰：曹操奉天子以令天下，今举师南向，于义则违，窃为公惧之。绍不听，操分兵守官渡，城名，在开封府中牟县东北。与绍相拒。　三八九节车骑将军董承称受密诏，与刘备谋诛曹操。操一日从容谓备曰：今天下英雄，唯使君与操耳，袁绍之徒，不足数也。备方食，惊失匕箸，值大雷，诡曰：圣人云，迅雷风烈必变，良有以也。会操遣备邀袁术，备因取徐州。五年，董承等谋泄被杀，操击备破之，擒关羽，备奔袁绍，绍遣颜良攻白马，县名，属东郡，今卫辉府滑县。操使张辽、关羽击之。羽望见良麾盖，策马刺良于万众之中，斩其首而还，遂解白马之围。初，操察羽无留意，使辽以其情问之，羽叹曰：吾极知曹公待我厚，然吾受刘将军恩，誓以共死，不可背之，要当立效以报曹公乃去耳。操义之，及羽杀良，重加赏赐，羽尽封其所赐，拜书告辞，而奔备于袁军，左右欲追之，操曰：彼各为其主，勿追也。　三九〇节孙策既定江东，欲袭许迎汉帝，密治兵未发。策出猎，为怨家所射，创甚，呼弟权，佩以印绶，谓曰：决机于两陈之间，与天下争衡，卿不如我；举贤任能，各尽其心，以保江东，我不如卿。遂卒。权代领其众。　三九一节袁绍攻曹操于官渡，操袭破其辎重，袁军大溃。刘备以绍兵在汝南，六年，操击之，备奔荆州，归刘表。绍惭败军，发病呕血死，二子谭、尚争国相攻。九年，操乘衅攻取邺，县名，为魏郡治，今河南彰德府临漳县。自领冀州牧治邺。谭败死，尚奔乌桓。十二年，操击乌桓破之，胡汉降者二十余万，乌桓遂衰。尚奔辽东，辽东太守公孙康斩尚首送之，于是北带诸州，皆从操之威令。

第六章　汉 土 三 分

三九二节瑯琊郡名，今山东青州府诸城县，及沂州府东境。诸葛亮，寓居襄阳县名，属南郡，今湖北襄阳府治。隆中，山名，在襄阳府城西北。每自比管仲、乐毅。襄阳庞德公素有重名，亮每至其家，独拜床下。德公从子统，少朴钝，德公重之，尝谓亮为卧龙，统为凤雏。刘备访士于司马徽，徽曰：儒生俗士，岂识时务？识时务者在俊杰，此间自有伏龙凤雏，诸葛孔明、庞士元也。徐庶亦言：孔明卧龙也，将军愿见之，则宜枉驾顾之。备三诣其庐，乃得见亮。问策，亮曰：曹操拥百万之众，挟天子令诸侯，此诚不可与争锋。孙权据有江东，国险而民附，此可与为援而不可图也。荆州用武之国，益州险塞，沃野千里，若跨有荆益，保其岩阻，抚和戎越，结好孙权，内修政治，外观时变，则霸业可成、汉室可兴矣。备曰：善。于是与亮情好日密，关羽、张飞不悦，备解之曰：孤之有孔明，犹鱼之有水也。　三九三节建安十三年，献帝十九年，我纪元八百六十八年。曹操为汉丞相，仍居邺，南击刘表，表卒，其子琮举荆州降操。刘备奔江陵，县名，南郡治，今湖北荆州府治，即春秋楚郡。操将精骑急追之，及于当阳县名，属南郡，今属湖北安陆府。之长坂，在当阳县东北。备与数十骑走，张飞拒后，据水断桥，瞋目横矛，呼曰：身是张翼德也，可来共决死。操兵无敢近者。备走夏口。浦名，在湖北武昌府城西。　三九四节操进军江陵，将顺江东下，诸葛亮往见孙权，说以协力破操，权大悦。时操遗权书曰：今治水军八十万众，与将军会猎于吴。权以示群下，群下失色，皆欲迎操，鲁肃独以为不可，劝权召周瑜。瑜至，曰：请得精兵数万，进住夏口，保为将军破之。权拔刀斫前奏案曰：诸将吏敢言当迎操者，与此案同。乃使瑜督三万人，与备并力逆操，进遇于赤壁山名，在武昌府嘉鱼县东北。下，操军次江北。瑜部将黄盖曰：操军方连船舰，首尾相接，可烧而走也。乃取蒙冲斗舰十艘，载燥荻枯柴，灌油其中，裹以帷幕，上建旌旗，豫备走舸系于其尾，先以书遗操，诈云欲降。时东南风急，盖以十艘最著前，中江举帆，余船以次俱进，操军士皆指言盖降。去北军十余町，同时发火，火烈风猛，船往如箭，烧尽北船，烟焰涨天，人马烧溺死者甚众。瑜等率轻锐靁鼓大进，北军大坏，操狼狈走还。后屡加兵于吴，不得志。叹曰：生子当如孙仲谋，如刘景升儿子，豚犬耳。仲谋，权字；景升，表字也。三九五节刘备徇下荆州江南四郡，武陵、长沙、桂阳、零陵，今湖南省，及贵州东境。建安十五年，周瑜上疏于权曰：刘备以枭雄之姿，而有关羽、张飞熊虎之将，聚此三人，俱在疆场，恐蛟龙得云雨，终非池中物也，宜徙备置吴。权不从。瑜方议图北方，会病卒，鲁肃代领其兵。肃劝权以荆州江北今湖北荆州、宜昌二府北境，及安陆府地。借备，与共拒曹操。　三九六节备以庞统守耒阳，县名，属桂阳郡，今属湖南衡州府。令不治，鲁肃遗备书曰：士元非百里才也，使处治中别驾之任，始当展其骥足耳。备用统，亲待亚于诸葛亮。是时，刘焉之子璋据益州，民殷国富，统劝备取之。十六年，备留关羽守荆州，自引兵泝流，自巴入蜀，据涪城。涪县，属广汉郡，今四川绵州。

十八年，袭刘璋，庞统中矢卒，备遂入成都，自领益州牧。孙权使人从备求荆州诸郡，备不与，遂争之。二十年，备求和，分荆州以湘水为界，权使鲁肃屯陆口。陆水之口，在武昌府嘉鱼县西南。权将吕蒙初不学，权劝蒙读书，鲁肃后与蒙论议，大惊曰：卿非复吴下阿蒙！蒙曰：士别三日，即更刮目相待。及肃卒，蒙代之。　三九七节初，荀彧佐曹操，推贤进士，决机发策，以能削平群雄。及操党议九锡，彧独非之，操不悦，彧饮药而死。操遂为魏公，加九锡，正为篡位之地也。二十一年，进爵为王，用天子车服，出入警跸。二十四年，刘备击破魏军，取汉中，自立为汉中王。关羽自江陵出，攻樊城，在襄阳府城北，汉江之右。取襄阳，自许以南，往往遥应羽，威震中原。魏王操议徙许都以避其锐，司马懿曰：刘备、孙权，外亲内疏，关羽得志，权必不愿也，可遣人劝权蹑其后，许割江南以封之。操从之。吕蒙亦劝权图羽，袭取江陵，魏军救樊，羽撤围走还，吴兵获羽斩之，操表权领荆州牧，权上书称臣于魏。　三九八节关东诸将，本以讨董卓起，已而各图自立，互相攻阋，终皆为曹操所并，唯孙、刘二氏犹存，汉土分为三国。是时，承东汉尚气节之余风，人才甚盛，三国之主，各能用人。操则以权术相驭，策、权则以意气相感，备则以诚待人，众士仰慕。惟备有地最晚，人才已为魏、吴收尽，故得人较少。然诸葛亮才器绝世，备独得之，由是能与二国并立，成鼎足之势。　三九九节建安二十五年，魏文帝黄初元年。魏武王操卒，太子丕嗣立，为丞相、冀州牧、魏王。魏群臣言，魏当代汉，见于图纬。魏王乃使献帝禅位于己，奉为山阳县名，属河内郡，今河南怀庆府修武县。公。是岁，我纪元八百八十年也。献帝在位三十一年，禅位后十四年卒。汉自世祖兴复，至是十三世，光武帝、明帝、章帝、和帝、殇帝、安帝、少帝懿、顺帝、冲帝、质帝、桓帝、灵帝、献帝。百九十六年。通前后汉，凡二十六帝，合王莽、刘玄之世，历年四百二十有二。

第八篇　三国

第一章　诸葛相蜀汉附孙权称帝

四〇〇节魏王曹丕受禅于汉，升帝位，是为高祖文帝，改元黄初，追尊父武王曰太祖武帝，都洛阳。黄初二年，汉昭烈帝章武元年，我纪元八百八十一年。蜀中讹传汉帝已遇害，于是汉中王刘备发丧制服，谥曰孝愍帝，群臣竞言符瑞，劝王称帝号，是为汉昭烈帝，改元章武，都成都，以诸葛亮为丞相，史谓之蜀汉，以别于全汉。　四〇一节汉帝耻关羽之没，自将击孙权，群臣谏，不听，权求和不许，权使陆逊督诸军拒守，遣使降魏，魏封为吴王。三年，汉二年，吴王孙权黄武元年。汉帝自巫峡道名，在四川夔州府巫山县东。连营至夷陵县名，属南郡，今湖北宜昌府治。界，与吴相拒累月，陆逊攻破其四十余营，汉军崩溃，帝夜遁入白帝城。在夔州府城东。魏帝遣使责吴任子，不至，怒击之。吴王改元黄武，临江拒守，遣使聘于汉，汉吴复通。　四〇二节四年，汉三年。汉帝病笃，谓丞相亮曰：君才十倍曹丕，必能安国，终定大事，嗣子可辅，辅之，如其不才，君可自取。亮涕泣曰：臣敢不竭股肱之力，效忠贞之节，继之以死。帝又敕太子禅曰：勿以恶小而为之，勿以善小而不为，惟贤惟德，可以服人，汝父德薄，不足效也，汝与丞相从事，事之如父。帝崩，禅即位，改元建兴，政事咸决于亮，乃约官职，修法制，教群下参署违覆，勿远小嫌。亮遣使修好于吴，吴遂绝魏，专与汉和。　四〇三节五年，汉帝禅建兴二年。魏帝自率舟师击吴，吴列舰于江，江水盛长，帝临望叹曰：我虽有武骑千群，无所施也，乃旋师。明年，又以大军临江，见波涛汹涌，叹曰：嗟乎！固天所以限南北也。不战而还。　四〇四节南夷诸蛮居云南者。叛汉，丞相亮讨平之。有孟获者，素为夷汉所服，亮生得之，使观营阵，纵使更战，七纵七擒，犹遣获，获不去，曰：公天威也。自是终亮之世，夷不复反。　四〇五节魏文帝在位七年崩，太子叡立，是为烈祖明帝，将军曹真、太祖族子。陈群、陈寔之子。司马懿受遗诏辅政。明帝大和元年，汉五年，我纪元八百八十七年。汉丞相亮率诸军出屯汉中，以图魏，临发上表，陈出师之由，告汉帝以政治之要旨，意恳切，世谓之《出师表》。二年，汉六年。汉军攻祁山，在甘肃巩昌府西和县西北。戎阵整齐，号令明肃。初，魏以昭烈既死，数岁寂然无闻，略无所备，猝闻亮出，朝野恐惧，天水、郡名，今甘肃巩昌府东境，及秦州北境。南安、郡名，今巩昌府中部。安定郡名，今甘肃泾州，及平凉府。皆叛应亮，关中响震。魏帝遣张郃拒之，亮以马谡为先锋战于街亭。谡违亮节度，郃大破之，亮乃还汉中。已而复上表，有曰：汉贼不两立，王业不偏安。坐而待亡，孰与伐之。臣鞠躬尽力，死而后已，至于成败利钝，非臣之明所能逆睹也。引兵出散关，在陕西凤翔府宝鸡县西南。围陈仓，县名，属扶风郡，今宝鸡县。粮尽而还。　四〇六节三年，汉七年，吴大帝黄龙元年。吴王孙权称帝于武昌，县名，武昌郡治，今属湖北武昌府。是为太祖大帝，追尊父坚曰武烈帝，兄策曰长沙郡名，今湖南长沙、岳州二府。桓王。初，大帝城秣陵，县名，丹阳郡治。以为治所，改号建业，后徙武昌。至是迁都建业，自是建业为东南大都，东晋南朝及明初，皆都焉。今为江宁府治，江南总督所驻也。　四〇七节五年，汉九年，吴三年。汉丞相亮击魏，围祁山，魏帝命大将军司马懿督诸军御之，懿不肯战，贾诩曰：公畏蜀如虎，奈天下笑何？懿病之，进战大败，亮以粮尽退军，懿使张郃追之，郃中伏弩而死。亮还汉中，劝农讲武，作木牛流马，运米集斜谷口，在陕西汉中府褒城县北。治邸阁，息民休士，三年而后用之。　四〇八节魏青龙二年，明帝八年，汉十二年，吴嘉禾三年。亮悉众十万，由斜谷出，遣使约吴同时大举。亮至郿，军五丈原，在凤翔府郿县西南。司马懿引军拒守，亮以前者屡出，皆运粮不继，使己志不伸，乃分兵屯田，耕者杂于渭滨居民之间，而百姓安堵，军无私焉。吴帝发大军，由三道入魏，魏帝敕懿，坚壁莫战，自将击却吴军。　四〇九节懿与亮相守百余日，亮屡挑战，懿不出，亮乃遗巾帼妇人之服。亮使者至懿军，懿问其寝食及事烦简，使者曰：诸葛公夙兴夜寐，罚二十以上，皆亲览，所啖食不至数升。懿告人曰，食少事烦，其能久乎？未几，亮病卒。长史杨仪整军还，百姓奔告懿，懿追之，姜维令仪反旗鸣鼓，若将向懿，懿敛军退。百姓为之谚曰：死诸葛，走生仲达。仲达者，懿字也。懿闻之笑曰：吾能料生，不能料死故也。亮尝推演兵法，作八阵图，至是懿案行其营垒，叹曰：天下奇才也。　四一〇节亮为政，开诚心，布公道，循名责实，信赏必罚，邦内咸畏而爱之，刑政虽峻而无怨者。马谡素为亮所任，及败军，流涕斩之，而恤其后。廖立、李平皆为亮所废，及闻亮丧，立垂泣曰：吾终为左衽矣。平卒发病死。汉帝谥亮曰"忠武侯"。亮有二兄瑾、诞，瑾为吴名臣，官至大将军；诞仕魏，为镇南将军。

第二章　司马氏世秉魏政

附吴之继统及废立；魏人放达成俗

四一一节汉末，董卓以公孙度为辽东太守，度到官，东伐高句丽，朝鲜古时三国之一，据今朝鲜北境及兴京东边。西击乌桓，自称平州牧，传子康，以至孙渊，屡与吴通。魏明帝遣将击之，无功，吴大帝遣使拜渊为燕王，渊知吴远难恃，斩其使者，献首于魏。魏封渊为乐浪公，已而叛魏，自立为燕王。景初二年，明帝十二年，汉延熙元年，吴赤乌元年，我纪元八百九十八年。明帝遣太尉司马懿击渊，围襄平县名，辽东郡治，今盛京奉天府辽阳州。克之，渊突围走，懿击斩之。辽东、带方、今朝鲜黄海、京畿二道地。乐浪、今朝鲜平安道西南境。玄菟见二九三节。四郡皆平。　四一二节明帝沈毅明敏，将相咸服其大略，然性好奢靡，耽于内宠，宫女数千人，妇官秩石，拟百官之数，屡起土功，既作许昌宫，在河南许州东北，魏改许曰许昌。又治洛阳宫，徙长安钟虡、橐驼、铜人、承露盘于洛阳，盘折，声闻数里，铜人重不可致，乃大发铜，铸铜人二，龙凤各一。工役无辍，晨桑失业。又起土山于芳林园，使公卿群僚皆负土。谏者皆不纳。　四一三节帝寝疾，召太尉懿入朝，以曹爽为大将军，与懿受遗诏辅政。爽，真之子也。帝在位十三年崩，子芳立，年八岁。爽白芳，以懿为太傅，自以其诸弟为将军侍从，出入禁闼。芳之正始五年，汉七年，吴七年，我纪元九百四年。爽大举入汉中，汉大将军费祎督诸军邀之，魏军退走，失亡甚众，关中为之虚耗。　四一四节爽擅朝政，多树亲党，骄奢无度。太傅懿称疾，不与政事。嘉平元年，帝芳十年，汉吴十二年。爽与诸弟从帝芳出外，懿与其子师、昭谋，以皇太后令闭诸门，勒兵据武库，奏免爽等官，以侯就第。寻诬其谋逆，并其党与，皆夷三族。懿为丞相，后二年卒，师为大将军。　四一五节吴大帝以子和为太子，又爱和弟鲁王霸，礼秩与和无殊，霸党共谮太子，帝惑焉。丞相陆逊屡谏之，帝不听，逊愤恚而卒。帝既恶太子，又害鲁王结朋党，遂废太子，赐鲁王死，立少子亮为太子。帝有疾，令大将军诸葛恪总统国事。恪，瑾之子也。嘉平四年，汉十五年，吴帝亮建兴元年。大帝崩，太子亮立，恪为太傅。恪筑两城于东兴，堤名，在安徽庐州府巢县东南。魏人来争，恪击走之，遂有轻敌之心。明年，发大军击魏，败还。复严兵欲向青徐，侍中孙峻因众怨，构恪于吴帝，伏兵杀之。群臣表峻为丞相大将军，峻骄暴，国人侧目。　四一六节魏太常夏侯玄有重名，以曹爽亲故，不得在势任，居常怏怏。中书令李丰与之亲善，魏帝芳屡召丰语，司马师知其议己，杀之，收玄等皆族之。帝意不平，左右劝勒兵黜师，帝惧不敢发。师废帝，迎明帝侄高贵乡公髦立之。帝芳在位十五年，废为齐王，及晋篡魏，降为邵陵公以卒。　四一七节魏帝髦正元二年，汉十八年，吴五凤二年，我纪元九百十五年。扬州见四三九节。都督毌丘俭、刺史文钦起兵讨司马师，师击败之，以诸葛诞都督扬州。是岁，师卒，弟昭为大将军，已而加号大都督，假黄钺。甘露二年，帝髦四年，汉二十年，吴太平二年。诸葛诞亦据州举兵，昭奉魏帝击之。时吴孙峻已卒，从弟綝辅政，发兵救诞，败还。三年，汉景耀元年，吴景帝永安元年。昭拔寿春，斩诞。　四一八节吴孙綝恃势倨傲，帝亮亲政，多所难问，綝惧，称疾不朝，亮阴谋诛之。綝以兵围宫，废亮为会稽王，迎亮兄瑯邪王休立之，是为景帝，綝为丞相，又无礼于新君，遂被诛。　四一九节魏帝髦在位六年，自见威权日去，不胜其忿，谓侍臣曰：司马昭之心，路人所知也，吾不能坐受废辱。率殿中宿卫、苍头、官僮，鼓噪而出讨昭，昭之党贾充入与帝战，成济抽戈刺帝，殒于车下。昭以太后令罪状帝，追废为庶人，迎立文帝侄常道乡公璜，更名奂，是为元帝。　四二〇节初，何晏何进之孙。有才名，好老庄之书，谓六经为圣人糟粕，与夏侯玄、王弼之徒，竞为清谈，士大夫争慕效之，遂成风流。明帝恶其浮华，抑而不用。曹爽辅政，引晏为腹心，遂与爽被杀。其后有嵇康者，文辞壮丽，好言老庄，与阮籍、籍兄子咸、山涛、向秀、王戎、刘伶相友，号竹林七贤，皆崇虚无，蔑礼法，纵酒昏酣，遗落世事。时人以为贤，谓之放达。钟会方有宠于司马昭，闻康名而造之，康箕踞而锻，不为之礼，会深衔之，谮康尝欲助毌丘俭，且言康等有盛名，而放荡乱教，宜因此除之。昭遂杀康。

第三章　司马氏灭蜀吴

四二一节汉姜维负其才武，每欲大举击魏，费祎不从，曰：丞相犹不能定中夏，况吾等乎！不如保国治民，谨守社稷。及祎死，维当国，出兵北伐，司马昭患之。元帝景元四年，汉炎兴元年，吴永安六年，我纪元九百二十三年。遣邓艾、钟会击蜀，会入汉中，维退守剑阁，道名，在四川保宁府剑州东北。会攻之，不能克。艾自狄道县名，属陇西郡，今甘肃兰州府狄道州。进至阴平，郡名，今甘肃阶州文县，及四川龙安府北境。行无人之地数十里，凿山通道，造作桥阁，山高谷深，艾以毡自裹，推转而下，将士皆攀木缘崖，鱼贯而进，达于江油，汉置戍处，属阴平郡，今龙安府江油县。以书诱汉将诸葛瞻。瞻，亮之子也，斩其使，列阵绵竹县名，属广汉郡，今四川绵州德阳县。以待，艾大破之。瞻与其子尚皆死之。　四二二节汉人不意魏兵猝至，不为城守，乃遣使奉玺绶请降，敕维降会，皇子北地王谌怒曰：若理穷力屈，便当父子君臣，背城一战，同死社稷，以见先帝可也，奈何降乎？哭于昭烈之庙，杀妻子而自杀。艾至成都，帝禅面缚舆榇降。蜀汉二帝，昭烈及禅。四十三年而亡。艾矜功专制，会嫉之，内有异志，维劝之反。会密奏艾有反状，魏诏以槛车征艾，会遂反。将士袭杀会及维，艾亦为监军卫瓘所杀。魏封刘禅为安乐公。　四二三节初，魏帝芳加司马懿九锡，辞不受。帝髦又以昭为相国，封晋公，加九锡，昭九辞之。元帝又累其命，昭三辞，然后受之，已而进爵为王。咸熙元年，元帝六年，晋武帝泰始元年，吴帝皓甘露元年，我纪元九百二十五年。王卒，太子炎嗣，使元帝禅位于已。帝在位五年，降为陈留王。魏凡五帝，文帝、明帝、废帝芳、废帝髦、元帝。四十六年而亡。炎称皇帝，是为晋世祖武帝，追尊懿曰宣帝，师曰景帝，昭曰文帝。后定庙号，宣为高祖，景为世宗，文为太祖。　四二四节吴景帝以魏咸熙元年崩，故太子和之子乌程侯皓立。皓骄暴，好酒色，刑罚放滥，奢侈无度。晋使羊祜镇襄阳，吴陆抗都督诸军，与祜对境，使命常通。抗遗祜酒，祜饮之不疑，抗疾，祜与之成药，抗即服之，曰：岂有酖人羊叔子哉！祜务布德信，以怀吴人，每交兵，刻日方战，不掩袭。抗亦告其边戍曰：彼专为德，我专为暴，是不战而自服也。各保分界而已，无求细利。抗，逊之子也。吴帝不修德政，而欲兼并，屡侵盗晋边，抗谏不听。抗卒，祜上疏请伐吴，议者多不同，唯杜预、张华赞之。祜病，求入朝，面陈其计，晋帝欲使祜卧护诸军，祜曰：取吴不必臣行，但既平之后，当劳圣虑耳。祜疾笃，举杜预自代而卒。　四二五节吴帝淫虐日甚，上下离心，晋益州刺史王濬请速征之，杜预亦促之，晋帝乃决意大举，六道击吴，预出江陵，濬下巴蜀，太康元年，武帝十六年，吴天纪四年，我纪元九百四十年。诸军并进，所向皆克。濬等平上流诸郡，预指授群帅方略，径造建业。濬戎卒八万，方舟百里，鼓噪入石头城，在江宁府城西。吴帝皓面缚舆榇降晋，赐爵归命侯。是岁，我纪元九百四十年也。吴称帝四世，大帝、废帝亮、景帝、及皓。凡五十二年而亡。晋代魏十有六年而并江南，自汉末中国分裂，至是八十余年，始复一统。

第九篇　制度略

第一章　官制沿革

四二六节虞舜九官之设，既见前卷，是支那上古之官制，可得征者也。左氏之传，有唐虞以前官制之谈，以为大皞命官以龙，共工相传以为太古霸主之号，在大皞炎帝之间。以水，炎帝以火，黄帝以云。少皞之时，有凤凰之瑞，故以鸟纪，以凤、燕、鸠、雉等名官，此不过为后人附会之俗说。又曰，古有五官，修五行之政，亦不可详其所掌何事。至舜命九官，载在《尚书》，职务颇分明，虽其制甚简，亦足以应当时之需也。　四二七节夏商官制又不甚明，至周时，制度大备，有太师、太傅、太保，号三公，以论道经邦、燮理阴阳为其职，而不与吏事。官不必备，以待有德。又有少师、少傅、少保，以贰于公，冢宰、宗伯、司徒、司马、司寇、司空，谓之六卿，又并三少称九卿。冢宰又名太宰，总庶政，实首相之任也。宗伯掌祭祀、礼乐及宗属之事，犹虞之秩宗兼典乐也。司徒掌教民，如虞之旧。司马掌兵马之政，虞无此官，盖古者有事，公卿群后皆为将帅，故不别设武官也。司寇掌刑狱，职与虞之士同。司空掌土，且治百工，犹虞之司空兼共工也。中叶以降，公卿秉政者，概称卿士，亦首相之任，而员不必限一人也。　四二八节春秋列国之官，大抵拟周之制，而省其员。晋以三军将佐称六卿，而元帅当首相之任，太师、太傅之属，皆从其令。楚设令尹、司马，分掌文武之政，百官皆与周及列国异名。至战国时，文武重臣，概称将相，将相位望高者，有相国大将军之号。　四二九节秦设丞相官、以总庶政，或进位为相国，御史大夫贰之。其掌兵者曰太尉，职如周司马，而任较重。诸卿则有奉常掌祭祀礼乐，郎中令掌宫殿掖门，卫尉掌门卫屯兵，太仆掌舆马，廷尉掌刑狱，典客掌宾客，宗正掌宗属，治粟内史掌钱谷以供国用，少府掌山泽之税以供帝室费。　四三〇节汉承秦制，设丞相、御史大夫，谓之二府，或称为三公。太尉尊与丞相等，或置或省。武帝罢太尉，置大司马，以冠将军之号，大司马大将军，位在丞相上。成帝改御史大夫为大司空，与丞相、大司马备三公官，俱称宰相。哀帝改丞相为大司徒，于是周六卿之三，为汉三公，而无掌教、掌兵、掌土之别。平帝于三公之上，置太师、太傅、太保，此出于王莽之意也。莽篡位，以太师、太傅、国师、国将为四辅，位上公，而三公如旧。光武帝置太傅，亦位上公，以授耆德，无常职。改大司马为太尉，与司徒、司空为三公，又称三司。　四三一节汉初，更名奉常为太常，武帝改郎中令为光禄勋，典客为大鸿胪，治粟内史为大司农，与卫尉、太仆、廷尉、宗正、少府称九寺大卿。东汉以三司分部九卿，太常、光禄勋、卫尉属太尉，太仆、廷尉、大鸿胪属司徒，宗正、大司农、少府属司空。九卿之称，魏晋皆因之，而无分属之事。　四三二节秦时，少府遣吏四人在殿中，主法书，谓之尚书，令、仆射为之长。汉因之，武帝用宦者充其职，改曰中书谒者。霍光以大司马大将军领尚书事，自是尚书事为枢机之任。元帝时，宦者弘恭、石显相继为中书令，权宠陵压公卿。成帝罢中书宦官，复用士人为尚书，掌图书秘记章奏之事。及光武躬亲吏事，众务转归尚书，出纳王命，敷陈万机，三公唯受成事而已，然品秩甚卑，犹为少府之属吏。　四三三节东汉诸帝，多幼年嗣位，于是老臣以太傅录尚书事，与三公称四府，其人死则省之。霍光以后外戚辅政者，往往为大将军，与太尉别为一官，位在三公下，而权出其上。和帝初，窦宪以大将军辅政，公卿希旨奏，宪位在太傅下、三公上，嗣后梁商、梁冀皆因之。终汉之世，大将军常为贵戚之官，而太傅亦权不甚重。迨曹操柄国，复汉初制，罢三公官，专设丞相、御史大夫，自为丞相，而大权悉归于己矣。　四三四节魏文帝代汉，复设太傅及三司，然不常置，且皆不与朝政。又有大司马及大将军，各为一官，位在三司上，别置中书监令，并掌机密，号为专任，而尚书之权稍减。其后帝芳置丞相，元帝置相国，特以处司马氏也。晋初，置太宰、太傅、太保，称上公，此依周三公，而避景帝讳师，以太宰之名代太师，非周冢宰之任也。上公位尊，居者甚寡，又有大司马、大将军、太尉、司徒、司空，并上公为八公，而以中书执政，如魏之初。四三五节汉皇后宫，置大长秋，谓之皇后卿，多用阉人为之。又为太后置卫尉、少府、太仆，皆随太后宫为官号，谓之皇太后卿，位在大长秋上，及其职吏皆阉人也。汉初中常侍不过一二人，东都增其员，重用宦官，竟以蠹政败国。及袁绍歼宦官之后，掖庭永巷，皆用士人，阃闱出入，莫有禁切，中外杂错，丑声彰闻，不久而复用阉人。魏文帝立法，宦者官不得过诸署令。魏晋太后三卿及大长秋，皆以九卿兼之。

第二章 州郡牧守

四三六节支那域内，自古分为九州，见前卷二三节。及周末诸侯分争，州界失迹于地图。秦削平六国，更划地界，设三十六郡，见一六五节。以守治民，以尉典兵，以御史监之。关内百里不属郡，内史管之。汉亦置内史守尉，而省监郡御史。景帝以守为太守，尉为都尉，都尉不遍置，边剧之郡则设之，事权比太守。四三七节武帝攘胡越，疆土益广，于是立州部以统诸郡，以古冀州地为冀、今直隶保定府以南。幽、今直隶北境及盛京省、朝鲜国北境。并今山西省，除西南隅。三州，以雍州西境为凉州，今甘肃省。其东北境今陕西鄜州以北。属并州，改梁州曰益州，今陕西汉中、兴安二府，湖北郧阳府，及四川云贵三省。岭南新设交趾之州，今两广及安南国。与兖、今山东西境，及河南开封、卫辉二府东境。青、今山东东北境。徐、今江苏大江以北，及山东沂州府、安徽泗州。豫、今河南东南境，及安徽淮水以北。荆、今河南南阳府，及湖广。扬今江苏江南、安徽、淮南，及江西、闽浙为十二州，州置刺史，以巡察郡国。文帝尝遣丞相史出刺诸郡，刺史之名本之。又三分内史地，设京兆尹、管今陕西西安府东南境。左冯翊、管今西安府北境，及同州府。右扶风，管今西安府西南境，及凤翔府。谓之三辅。三辅与弘农、郡名，今陕西商州、河南陕州，及河南府西境。三河谓河南、河东、河内三郡。河南，今河南府东境，及开封府西境；河东，今山西平阳、蒲州二府，及解、绛、吉、隰、霍五州；河内，今河南怀庆府，及卫辉府西北境。不属州部，置司隶校尉督察之，此汉之畿甸也。刺史任重，而位卑于守相，成帝以其轻重不相准，更为州牧，位次九卿。汉兴以来，以秦郡太大，渐割而加置，且四边多开新郡，诸王国又析为众小国，于是郡国益多。哀平之际，凡一百有三。凡言郡国，谓郡与王国也。列侯国小，皆属郡治，故不与郡对称也。　四三八节光武都洛阳，改河南太守为尹，复改州牧为刺史。前汉时，刺史乘传周行，无适所治，中兴始定治所。旧制，州牧奏守相不任位者，事皆先下三公，三公遣掾史按验。光武用法明察，不复委三府，故权归刺史。灵帝时，重臣出宰州者，特称州牧。至献帝时，群雄多自领州牧，俨然如古诸侯。魏晋复为刺史，任重者为使持节都督，轻者为假节，或加以将军之号。郡不置都尉，太守亦加将军。　四三九节三国鼎立，魏有司隶凉、并、幽、冀、青、兖、徐、豫，及荆、扬北境，荆，今湖北北境、河南南阳府，及陕西兴安府。扬，今安徽凤阳、庐州二府，及滁州、六安州。以汉三辅及凉州东境今甘肃东境。置雍州，以凉州南境今甘肃南境。置秦州，凡十三州。吴有荆、扬、交三州。交州即交趾之州也，后分其北境，置广州。今两广，但广东廉州、雷州、琼州三府仍属交州。蜀汉所有，唯益州，户口最少，分其东北置梁州。今陕西汉中府、四川东北境，及甘肃阶州。司马氏灭蜀倾魏，分幽之东为平州，今盛京省，及朝鲜西北境。分益之南为宁州，今云南省。及平吴，合两荆、两扬，各为一州，以司隶所部为司州，凡十九州。司雍、青、凉、并、冀、幽、平、青、兖、徐、豫、荆、扬、广、交、凉、益、宁。其郡国增至百七十有三，此非地大于两汉，徒以州郡分析益细也。

第三章　爵封品秩附印绶之制

四四〇节周设五爵，以建诸侯，皆有封土，公卿大夫，皆受地视诸侯。秦制爵二十等，自彻侯至公士，彻侯、关内侯、大庶长、驷车庶长、大上造、少上造、右更、中更、左更、右庶长、左庶长、五大夫、公乘、公大夫、官大夫、大夫、不更、簪袅、上造、公士。以赏战功，唯彻侯有地，其次关内侯，虽有侯号，而无封国，唯受廪禄而已。其十八等，自大庶长以下，皆将帅军吏也。受彻侯之封者，前后仅数人，亦不闻有传世者。　四四一节汉沿用秦爵，然大庶长以下不常授之。彻侯改称列侯，或食县，或食乡、亭，大者万余户，小者五六百户，皆世袭其国，得臣其吏民。一岁之租，户率铜钱二百，万户之君，岁入二百万钱。列侯之上有诸王，虽以王为号，其实古诸侯也，故谓之诸侯王。其地大者，或五六郡，连城数十，小者亦兼数县，倍蓰大侯，号为藩国。其傅曰太傅，相曰丞相，又有御史大夫群卿，皆秩二千石，百官皆如汉朝。汉朝惟为置傅、相，其御史大夫以下，皆自置之。至七国反后，汉抑损诸侯，改丞相为相，省御史大夫，减群卿，诸官皆自汉置之，不得自置。其后太傅亦除太字，且诸大国或诛灭，或分析，列侯亦废置频仍，王侯皆失主宰之权，不为吏民所尊，势与富室无异，而四方悉辐辏于京师矣。　四四二节魏晋封爵，有王及公、侯、伯、子男，皆开国，其下有乡侯、亭侯、关内、关外等侯，关内侯以下，皆为虚封。魏诸帝疏忌骨肉，诸王国皆寄地空名，其所食不过一县，刻削迁徙，殊无宁日，且禁防甚严，不许出国，悉锢宗室，绝仕进之路，故权归大臣，以至移国祚。晋武帝欲矫其弊，大封宗室，授以职任，且许其自选国中长吏，藩国之强，稍似汉初。　四四三节周以命数辨官爵之高卑，一命作士，九命位极人臣。汉以禄秩定官等，自中二千石至百石，十有四等。中二千石、二千石、比二千石、千石、比千石、六百石、比六百石、四百石、比四百石、三百石比三百石、二百石、比二百石、百石。石者，斛也，因一岁所赐俸米名之也。丞相、太傅、三公、大将军、骠骑、车骑、卫将军在此外，大抵秩倍中二千石、中二千石。中者，犹满也。月俸汉量百八十斛，约当我二十斛；其次二千石，月俸百二十斛，当我十三斛；余降至百石，月俸十六斛，当我一斛八斗。俸额不必与名相符，且时有增减，或杂给钱帛。前汉以御史大夫、九卿、执金吾为中二千石，以太子太少傅詹事、将作大匠、大长秋、典属国、三辅、司隶校尉、诸校尉、州牧、郡守、王国傅相等为二千石。后汉沿之，更置度辽将军，为二千石。升太子太傅、河南尹、三辅为中二千石，降诸校尉为比二千石。　四四四节魏晋禄秩之制不详，魏分官位之高下为九品，晋沿之，以八公为一品，四征、四镇、车骑、骠骑、卫将军为二品，九卿、光禄大夫、太子保傅詹事、大长秋、侍中、常侍、尚书令、仆射、诸尚书、中书监令、秘书监司隶校尉、河南尹等为三品。侍中、尚书等，在汉时属少府，秩仅千石，若六百石，至此与九卿比肩，在汉二千石上，而刺史降为四品，守相降为五品，杂号将军甚众，三品、四品、五品皆有之。　四四五节上世无印章，诸侯朝王，执圭璧以为信，其制随爵有等差。战国始有佩印之事，诸侯各以赐其臣。秦始皇以蓝田山名，在陕西西安府蓝田县东。白玉作玺，螭虎纽，文曰“受命于天，既寿永昌”，是皇帝之印也。秦灭入汉，号曰传国玺，历代传受以为重宝者，千有余年，至后唐而亡。汉以印绶分贵贱之等，皇后之印，金玺螭虎纽，后改为玉玺赤绶，诸侯王金玺緺绶，列侯将相金印紫绶，御史大夫以下，至比二千石，银印青绶，比六百石以上，铜印黑绶，比二百石以上，铜印黄绶。魏晋印绶之制，大抵沿汉。汉官佩金银印者，及魏晋四品以上官，略与我敕任官相当，其铜印及五品以下，则当我奏任以下官也。

附錄

秦漢三國世系

秦 嬴姓，伯益之後，本周之諸侯，後稱王六世，并周室，滅六王，始立皇帝之號，凡三世，十五年，降于漢。

莊襄王（太上皇）楚 —（一）始皇帝政 —（二）二世皇帝胡亥

— 其 —（三）王子嬰

漢 劉氏，唐堯之後，滅秦平楚爲皇帝，凡十三世，二百七年，爲王莽所篡，漢兵滅莽，光武中興，是爲後漢，凡十三世，百九十六年，禪位於魏。

（一）太祖高皇帝邦

（二）孝惠帝盈 —（三）少帝其

（四）少帝弘

（五）太宗孝文帝恒 —（六）孝景帝啓

（七）世宗孝武帝徹 — 戾太子據

昌邑哀王髆 — 廢帝海昏侯賀

（八）孝昭帝弗陵

長沙定王發

史皇孫（悼考）進 —（九）中宗孝宣帝詢 —（十）孝元帝奭

（十一）孝成帝驁

定陶恭王（恭皇）康 —（十二）孝哀帝欣

中山孝王興 —（十三）孝平帝衎

春陵節侯買 — 春陵戴侯熊渠 — 利 — 子張 — 更始帝玄

鬱林太守外 — 鉅鹿都尉回 — 南頓令欽 —（一）世祖光武帝秀 —（二）顯宗孝明帝莊

（三）肅宗孝章帝炟 — 四 孝和帝肇　五 孝殤帝隆

清河孝王（孝德皇）慶 —（六）孝安帝祜 — 八 孝順帝保 — 九 孝沖帝炳

千乘貞王伉 — 樂安夷王寵 — 渤海孝王鴻 — 十 孝質帝纘

濟北惠王壽 —（七）少帝懿 — 蠡吾侯（孝崇皇）翼 —（十一）孝桓帝志

河間孝王（孝穆皇）開 — 解瀆亭侯（孝元皇）淑 — 解瀆亭侯（孝仁皇）萇 —

（十二）孝靈帝宏 — 廢帝弘農王辨

（十三）孝獻帝魏山陽公協

魏

曹氏受漢祖凡五世、四十六年、禪于晉、

魏武王（太祖武帝）操 ─ 一 高祖文帝丕 ─ 二 烈祖明帝叡 ─ 三 廢帝齊王（晉邵陵厲公）芳
- 東海定王霖 ─ 四（廢帝）髦
- 燕王宇 ─ 五 元帝（晉陳留王）奐

蜀漢

劉氏漢景帝子中山靖王勝之後、凡二世、四十三年、降于魏

一 昭烈帝備 ─ 二 後主（晉安樂思公）禪

吳

孫氏凡四世、五十二年、降于晉、

烏程侯（武烈帝）堅 ─ 一 太祖大帝權
- 南陽王（昭獻帝）和 ─ 四 晉歸命侯晧
- 二 廢帝（會稽王）亮
- 三 景帝休

諸帝在位年數及年號

秦

二帝一王十五年、

始皇 在王位二十五年、在帝位十二年、　二世 三年　王子嬰 不滿年、

漢

前漢十三帝、二百七年、後漢十三帝、百九十六年、通前後、併王莽劉玄之世、二百二十二年、

高帝 在王位四年、在帝位八年　惠帝 七年　少帝某 四年　少帝弘 四年　文帝 二十三年

景帝 十六年　武帝 五十四年、建元元光元朔元狩元鼎元封各六、太初天漢太始征和各四、後元二、　昭帝 十三年、始元六、元鳳六、元平一、

宣帝 二十五年、本始地節元康神爵五鳳甘露各四、黃龍一、 元帝 十六年、初元永光建昭各五、竟寧一、 成帝 二十六年、建始河平陽朔鴻嘉永始元延各四、綏和二、 哀帝 六年、建平四、元壽二、 平帝 五年、元始五、 新王莽 攝位三年、居攝二、初始一、簒位十五年、始建國五、天鳳六、地皇四、 帝玄 王莽地皇四年立、滅莽、在位三年、更始三、 光武帝 劉玄更始三年立、在位三十三年、建武三十一、中元二、

明帝 十八年、永平十八、 章帝 十三年、建初八、元和三、章和二、 和帝 十七年、永元十六、元興一、 殤帝 一年、延平一、

安帝 十九年、永初七、元初六、永寧一、建光一、延光四、 少帝懿 不踰年、 順帝 十九年、永建六、陽嘉四、永和六、漢安二、建康一、

冲帝 一年、永嘉一、 質帝 一年、本初一、 桓帝 二十一年、建和三、和平一、元嘉二、永興二、永壽三、延熹九、永康一、 靈帝 二十二年、建寧四、嘉平光和中平各六、 獻帝 三十一年、初平四、興平二、建安二十五、

魏 五帝、四十六年、

＊帝髦立不踰年而改元、故正元元年、即帝芳之嘉平六年、而其二年實髦之元年也、後凡言實止幾者皆改前帝末年為元年也、

文帝 漢獻帝建安二十五年受禪在位七年、黃初七、 明帝 十三年、太和六、青龍四、景初三、 廢帝芳 十五年、正始九、嘉平六、

廢帝髦 六年、正元二、實止一、＊甘露五、 元帝 五年、景元四、實止三、咸熙二、

蜀漢 二帝、四十三年、

昭烈帝 魏文帝黃初二年稱帝、在位三年、章武三、 後主 四十年、建興十五、實止十四、延熙二十、景耀五、炎興一、

吳 四帝、五十二年、

大帝　魏文帝黃初二年爲王明年改元在王位八年、黃武七　魏明帝太和三年稱帝在帝位二十四年　黃龍三　嘉禾六　赤烏十三　大元二　廢帝亮　六年建興二　實止一五鳳二　太平三　景帝　六年　永安七　實止六　皓　十六年　元興一　實景帝永安七年甘露一寶鼎建衡鳳凰各三天冊天璽各一天紀四

兩漢后家多破滅

高祖　呂后　生惠帝及魯元公主惠帝尊爲皇太后惠帝崩立二少帝稱制八年姪台及產封呂王姪祿封趙王台子通封燕王后崩產爲相國祿女爲少帝后大臣誅諸呂無少長悉斬之

薄姬　生文帝文帝尊爲皇太后景帝尊爲太皇太后　身家俱全　但弟昭文帝時爲車騎將軍有罪自殺

惠帝　張后　惠帝姊魯元公主之女庶弟偃封魯王諸呂滅后及魯王皆廢

文帝　竇后　生景帝及長公主嫖景帝尊爲皇太后武帝尊爲太皇太后　身家俱全　但族子嬰景帝時爲大將軍武帝時爲丞相後忤田蚡棄市

景帝　薄后　薄太后之族寵衰而廢

王后　生武帝武帝尊爲皇太后　身家俱全　異父弟田蚡武帝時爲太尉又爲丞相

武帝　陳后　景帝姊長公主嫖之女坐巫蠱廢

衞思后　生戾太子及二公主異父弟衞青爲大司馬大將軍姊子去病爲大司馬驃騎將軍姊夫公孫賀爲丞相青去病已卒、巫蠱事起賀父子死獄中夷其族二公主及青子長平侯伉坐誅后及太子自殺、後去病異母弟光爲大司馬大將軍輔昭宣二帝、宣帝以戾太子之孫入立追謚后曰思后光少女爲皇后光卒光子禹爲大司馬與母顯謀反坐而誅滅者數十家

趙倢伃　生昭帝、賜死昭帝追尊爲皇太后、

昭帝　上官后　祖父桀爲左將軍父安爲車騎將軍、父子謀反、宗族悉誅后以霍光外孫得不廢、昭帝崩、光等尊后爲皇太后元帝尊爲太皇太后

宣帝　祖母史良娣　戾太子之妾生史皇孫、死巫蠱獄、宣帝追尊爲戾夫人　家全　弟高爲大司馬車騎將軍輔元帝

母王夫人

史皇孫之妻死巫蠱獄宣帝追尊爲悼后姪商成帝時爲丞相王鳳構陷之嘔血死 恭哀許后生元帝霍光夫人顯弒之 家全叔父

延壽宣帝時延壽子嘉元帝時並爲大司馬車騎將軍嘉女爲成帝后 霍后霍光之女霍氏謀反坐廢後自殺 邛成王后

元帝尊爲皇太后成帝尊爲太皇太后 身家俱全

元帝 王后生成帝成帝尊爲皇太后兄鳳從弟音弟商及根姪莽相繼爲大司馬哀帝尊后爲太皇太后哀帝崩迎立平帝后臨朝莽號安漢公以女爲皇后竟簒漢而

敗滅 傅昭儀生定陶恭王哀帝以恭王之子入立尊爲皇太太后從弟喜及晏相繼爲大司馬晏女爲哀帝后哀帝崩傅氏悉免官爵歸故郡平

帝立王莽奏貶后號

成帝 許后恭哀后之族趙倢伃譖廢之後賜死 趙后哀帝尊爲皇太后平帝時王莽奏廢之自殺

哀帝 母丁姬定陶恭王之妾哀帝尊爲帝太后兄明爲大司馬驃騎將軍哀帝崩丁氏悉免官爵歸故郡平帝時王莽奏貶后號 傅后傅太后之

族平帝時王莽奏廢之自殺

平帝 母衛姬中山孝王之妾平帝拜爲中山王后王莽悉滅衛氏族 王后王莽之女帝崩莽尊爲皇太后莽簒位降爲定安太后莽滅時自焚死

光武 郭后生沛獻王等寵衰而廢爲沛太后 家全 光烈陰后生明帝明帝尊爲皇太后 身家俱全

明帝 明德馬后子養章帝章帝尊爲皇太后 身家俱全

章帝 章德竇后子養和帝和帝立后爲太后稱制四年兄憲爲大將軍父子兄弟並爲卿校和帝與宦官謀而誅之宗族免官歸故郡

和帝

陰后　光烈后之從曾孫坐巫蠱廢以憂死父特進綱自殺家屬徙日南

和熹鄧后　和帝崩與兄騭立殤帝以太后臨朝殤帝崩迎立安帝稱制十七年騭爲大將軍后崩騭遭讒自殺一門七人死遺族徙故郡

安帝

嫡母耿姬　清河孝王之妻安帝尊爲太貴人兄寶爲大將軍閻顯忌而貶之自殺

安思閻后　安帝崩后爲太后臨朝以兄顯爲車騎將軍迎立北鄉侯懿懿崩宦官立順帝殺顯等兄弟家屬徙日南后遷離宮

順帝

順烈梁后　父商兄冀相繼爲大將軍順帝崩冲帝立后爲太后臨朝冲帝崩迎立質帝冀弒之迎立桓帝以妹爲皇后稱制六年崩桓帝與宦官定議發兵圍冀第冀及妻孫壽自殺梁氏孫氏無少長皆棄市

桓帝

懿獻梁后　順烈后之妹寵衰憂恚而崩翌月梁氏誅滅追廢爲庶人

鄧后　和熹后之族孫以驕忌廢幽死從父萬世從兄會下獄死

桓思竇后　章德后從祖弟之孫桓帝崩后爲太后臨朝與父武迎立靈帝武爲大將軍謀誅宦官不克而死后遷于南宮家屬徙日南

靈帝

母董氏　解瀆亭侯萇之妻靈帝尊爲孝仁皇后姪重爲驃騎將軍帝崩何進收重免官重自殺后憂怖暴崩

宋后　以讒廢幽死父及兄弟並被殺

靈思何后　生子辯兄進爲大將軍進弟苗爲車騎將軍靈帝崩辯立后爲太后臨朝進謀誅宦官不克死進黨殺苗董卓廢辯因酖殺后

獻帝

伏后　曹操幽殺之兄弟宗族死者百餘人

獻穆曹后　曹操之女獻帝禪位降爲山陽夫人

支那通史卷之二終

支那通史卷之三

中世史中

第一篇　西晋

第一章　晋 室 失 政

四四六节晋武帝，魏名儒王肃之外孙也，家本传礼，故郊庙之礼，多从肃说，其丧文帝及王太后，素冠疏食，以终三年，优遇宗室，务存礼意，然性极奢纵，尝诏国内，权禁嫁娶，取良家女五千余人，入宫选之，号哭之声闻于外。及并吴，又选吴伎妾五千人入宫。常乘羊车，恣其所之，宫人竞取竹叶插户，盐汁洒地，以引帝车，至便宴寝。皇后父杨骏用事，交通请谒，勋旧多被疏退。与群臣语，未尝有经国远谋，自吴既平，谓天下无事，尽去州郡武备。汉魏以来，羌胡鲜卑降者多处塞内诸郡，屡因忿恨杀害吏民，侍御史郭钦上疏，谓宜及平吴之威，渐徙内郡杂胡于边地，峻四夷出入之防，明先王荒服之制，帝不听，卒为中国患。　四四七节皇太子衷性不慧，武帝为纳贾充女为妃。妃多权诈，太子嬖而畏之。卫瓘尝侍帝宴，阳醉跪于前，以手抚床曰“此座可惜”。帝意悟，悉召东宫官属设宴，而密封尚书疑事，令太子决之。贾妃大惧，倩外人代对，令太子自写以上，帝悦，因得不废。　四四八节武帝在位二十五年崩，太子立，是为孝惠帝，贾妃为皇后预政。武悼杨后，惠帝母武元后之从妹。武元早崩，入继室，惠帝尊为太后，父骏为太傅、大都督。贾后杀骏而废太后，杀太宰汝南国名，属豫州，今河南汝宁府。王亮，文帝庶弟。杀太保卫瓘，杀卫将军楚国名，属徐州，今江苏徐州府。王玮，武帝庶子。用张华、裴𬱟、王戎并管机要。华以文学才识名重一时，后难凶险，犹知敬重，与𬱟同心辅政，数年之间，虽暗主在上，而朝野安静。　四四九节王戎，竹林七贤之一也，立朝无所匡救，与时浮沉，性复贪吝，田园遍诸州，执牙筹昼夜会计，家有好李，恐人得其种，常钻其核，凡所赏拔，专事虚名。阮咸之子瞻见戎，戎问曰：圣人贵名教，老庄明自然，其旨同异？瞻曰：将无同。戎咨嗟良久，遂辟之，时人谓之三语掾。　四五〇节是时，王衍、戎之从弟。乐广皆善清谈，朝野争慕效之。衍神情明秀，少时山涛见之曰：何物老妪，生宁馨儿，然误天下苍生者，未必非此人也。衍弟澄及阮咸、毕卓等，皆以任放为达，醉狂裸体，不以为非。卓尝为吏部郎，比舍郎酿熟，卓夜至瓮间盗饮，为守者所缚，旦视之，乃毕吏部也。乐广闻而笑之曰：名教中自有乐地，何必乃尔。初魏时，何晏等立论，以为天地万物，皆以无为本，衍等爱重之。裴𬱟著《崇有论》，以释其弊，亦不能救也。四五一节贾后淫虐日甚，太子遹非其所生，后废杀之。永康元年，惠帝十一年，我纪元九百六十年。征西大将军赵国名，属冀州，今直隶赵州。王伦文帝庶弟。矫诏勒兵入宫，废后杀之，杀司空张华、尚书仆射裴𬱟，自为相国。淮南国名，属扬州，今安徽凤阳府，及滁、和二州，庐州府治。王安武帝庶子。率兵讨伦，不克而死，伦加九锡。明年，逼帝禅位，党与皆为将相，奴卒亦加爵位，每朝会，貂蝉盈坐。时人语曰：貂不足，狗尾续。齐国名，属青州，今山东青州府。王冏武帝之侄。镇许昌，县名，颍川郡治，今河南许州。成都国名，属益州，今四川成都府。王颖武帝庶子。镇邺，县名，魏郡治，今河南彰德府临彰县。河间国名，属冀州，今直隶河间府献县。王颙宣帝侄孙。镇关中，共举兵讨伦，伦伏诛。冏入辅政，骄奢擅权，太安元年，惠帝十三年。颙檄长沙国名，属荆州，今湖南长沙府。王乂，武帝庶子。使击杀之。　四五二节二年，颙与颖举兵反，乂奉帝，数与颖兵战。永兴元年，惠帝十五年。东海国名，属徐州，今山东沂州府南境，及江苏海州。王越宣帝之侄。在京，虑事不济，收乂纳外兵，使颙将张方杀乂。颖入京，为丞相，寻还邺。颙表颖为皇太弟、丞相如故，乘舆服御，皆迁于邺，颙为太宰、大都督。越奉帝讨颖，颖击败之，迎帝入邺，越走归国。幽州今直隶北境，及盛京省。都督王俊起兵击颖，颖战败，奉帝还洛阳。时颙遣张方救颖，方拥帝及颖趋长安，颙废颖，更立豫章国名，属扬州，今江西南昌、瑞州、临江三府。王炽为太弟。二年，越起兵于徐州，今江苏大江以北，及山东沂州府、安徽泗州。范阳国名，属幽州，今直隶顺天府涿州、及易州。王虓宣帝之侄。自许昌应之。光熙元年，惠帝十七年。越遣将西入长安，奉帝还洛阳，越为太傅辅政，虓为司空，镇邺。颖自武关在陕西商州东。东奔，途被执，送于邺幽之。会虓卒，虓长史杀颖，颙亦为南阳国名，属荆州，今河南南阳府。王模东海王越之弟、宣帝之侄。所杀。　四五三节惠帝极昏愚，值凶岁，百姓饿死，帝曰：何不食肉糜？方贾后专政，时人知乱将作，索靖指洛阳宫门铜驼，叹曰：会见汝在荆棘中耳。赵王伦乱后，宗室迭相残灭，晋国分崩，诸王与事者，前后八人，汝南王亮、楚王玮、赵王伦、齐五冏、成都王颖、河间王颙、长沙王乂、东海王越。世谓之八王之乱。惠帝在位十七年，食面中毒而崩，或曰太傅越鸩之也。太弟炽立，是为孝怀帝。

第二章　夷狄乱晋

四五四节匈奴自汉以来，臣事中国，入居塞内，以先世为汉婿，冒姓刘氏。魏武分其众为五部，左贤王刘豹，单于于扶罗之子也，为左部帅，居太原郡名，属并州，今山西太原、汾州二府。兹氏。县名，今汾州府治。豹子渊，幼而隽异，博习经史，尝曰：吾耻随陆无武，遇高帝而不能建封侯之业，绛灌无文，遇文帝不能兴庠序之教，岂不惜哉！于是兼学武事。及长，膂力过人，姿貌魁伟。初为任子在洛阳，豹死，武帝以渊代为左部帅，既而为北部都尉，五部豪杰、幽冀幽州见前，冀州今直隶中部，及山东北境。名儒多往归之。　四五五节成都王颖镇邺，表渊监五部军事，使将兵在邺，渊从祖右贤王宣谓族人曰：汉亡以来，我单于徒有虚号，无复尺土，自余王侯，降同编户。今我众虽衰，犹不减二万，奈何敛手受役？奄过百年，司马氏骨肉相残，四海鼎沸，左贤王英武超世，复呼韩邪之业，此其时矣。乃相与谋，推戴之。渊说颖，请归发五部来助，既至左国城，故城在山西汾州府永宁州东北。宣等上大单于之号，胡、晋归之者愈众。渊谓群臣曰：吾汉氏之甥，约为兄弟，兄亡弟绍，不亦可乎！乃称汉王，追谥刘禅曰孝怀皇帝，祭汉三祖高祖、世祖、昭烈。五宗。太宗、世宗、中宗、显宗、肃宗。时惠帝永兴元年也。渊子聪骁勇绝人，博涉经史，善属文。族子曜早孤，养于渊，亦有文武才，至是皆为渊将。又有石勒者，上党郡名，属并州，今山西潞安、泽州二府，及沁州。武乡县名，今属沁州。羯人也。羯，匈奴别部，勒父祖为其小帅。并州今山西省，除霍州以西、南。饥乱，勒被掠卖为人奴，主人奇其状貌而免之，乃结壮士为群盗。已从汉，勒有勇力，善骑射，渊以为辅汉将军。 四五六节惠帝时，氐、羌屡侵扰关陇，且岁荐饥，略阳、郡名，属秦州，今甘肃秦州东北境。天水郡名，属秦州，今秦州治，及巩昌府东境。诸郡民流移，就食于汉川。有李特者，其先巴西郡名，属梁州，今四川保宁府。蛮种也。特祖始迁略阳，号曰巴氐。特兄弟有材武，以流民入蜀，据广汉，郡名，属梁州，今四川成都府汉州，及潼川府。特自称大将军，益州今四川西南境，及贵州大半。牧刺史罗尚击斩之。弟流代领其众，势复盛。流死，特子雄代之，攻走罗尚，取成都。县名，蜀郡益州俱治之。刘渊称王之岁，雄亦称成都王，后称帝，国号曰成。 四五七节汉魏间，匈奴已衰，鲜卑转繁盛，部族甚多。至晋世，有段、宇文、慕容、拓跋、秃发、乞伏诸族，遍布于北边，自辽东郡名，属平州，今盛京省东境。至河西，谓凉州诸郡。无所不居，而慕容、拓跋二氏最著。武帝时，慕容廆屡侵晋边，既而请降，晋以为鲜卑都督，自辽东徙居徒河，县名，属辽西郡，故城在盛京锦州府城西北。又徙大棘城，故城在锦州府义州西北。修政抚民，流亡多归之。及惠、怀之世，慕容部日以强盛，廆自称鲜卑大单于。 四五八节拓跋氏世居北荒，不交南夏，其俗以索辫发，因号索头部。其酋曰可汗，犹言单于也。魏时，诘汾可汗南迁，居匈奴故地，其子力微复徙盛乐故城。县名，前汉定襄郡治，后汉属云中郡，故城在山西归化城南。晋惠帝时，力微少子禄官为可汗，分国为三部，一居上谷郡名，属幽州，今直隶宣化府。之北，自统之；一居代郡属幽州，今宣化府蔚州，及山西大同府东境。之北，使兄子猗㐌统之；一居盛乐，使猗㐌弟猗卢统之，晋人附者稍众。猗㐌渡漠北巡，西略诸国，降附者三十余国。及猗㐌、禄官死，猗卢总摄三部，拓跋氏之盛始于此。夷狄乱华之祸，萌蘖于汉魏，至是乘晋之乱始四起。 四五九节怀帝永嘉二年，我纪元九百六十八年。汉王刘渊称帝，徙都平阳，县名，平阳郡治，今山西平阳府治。遣楚王聪、石勒等，连攻晋内郡取之。四年，渊殂，谥曰光文帝，太子和立，忌聪，欲杀之，聪弑而代之。 四六〇节晋太傅越以羽檄征四方兵入援，卒无至者，越自帅兵拒石勒。五年，越卒，勒追败晋兵，纵骑围而射之，将士十余万人无一免者。执太尉王衍等，问以晋故，衍具陈祸败之由，云计不由己，且言少无宦情，不豫世事。勒曰：君少壮登朝，名盖四海，身居重任，何得言无宦情邪？破坏天下，非君而谁？夜使人杀之。 四六一节汉兵进陷洛阳，执怀帝，送平阳，封为会稽郡公。帝侄秦王业趋许昌，六年，雍州今陕西西安、同州、凤翔三府，及甘肃泾州。刺史贾疋迎入长安，奉为皇太子，建行台。石勒引兵据襄国，县名，属广平郡，今直隶顺德府治。汉以为冀州牧。明年，孝愍帝建兴元年。汉主聪宴群臣，使怀帝著青衣行酒，寻杀之。凶问至长安，太子业举哀即位，是为孝愍帝。愍帝建兴四年，汉中山王曜攻陷长安，帝出降，送诸平阳，封为怀安侯。汉主复命帝行酒洗爵，又使执盖，遂杀之。

第二篇　东晋

第一章　元帝保江东附汉改号赵

四六二节晋瑯邪国名，属徐州，今山东沂州府。王睿者，武帝叔父瑯邪武王伷之孙也，于惠怀为再从兄弟，怀帝时，为安东将军，都督扬州，今江苏大江以南，及安徽淮水以南。镇建业，县名，丹阳郡治、吴旧都，今江苏江宁府治。以王导为谋主，每事咨焉。睿名论素轻，吴人不附，导劝用贤俊，得卞壶、庾亮、刁协等百余人为掾属，谓之百六掾，抚绥新旧，江东归心。　四六三节周顗、桓彝等避乱过江，彝见睿微弱，忧之，既而见导，退谓顗曰：江左有管夷吾，吾无忧矣。诸名士游宴新亭，顗中坐叹曰：风景不殊，举目有江河之异。因相视流涕。导曰：当戮力王室，克复神州，何至作楚囚对泣邪！　四六四节愍帝以睿为左丞相，诏以时进军，睿辞以江东未平。洛阳祖逖少有大志，南渡请兵于睿，睿素无北伐之志，以逖为豫州今河南东南境、安徽淮北、湖北黄州府。刺史，与兵千人，不给铠仗。逖渡江，中流击楫而誓曰：祖逖不能清中原而复济者，有如此江。愍帝又以睿为丞相，都督中外诸军事。长安陷，睿出师露次，移檄北征，实不行，官属劝即晋王位。明年，遂即帝位，是为中宗元帝，以其据江东，史谓之东晋。　四六五节元帝大兴元年，即位二年，我纪元九百七十八年。汉主聪殂，太子粲立，太后父靳准弑之，自称汉天王，刘氏男女无少长，皆斩之。石勒讨准破之，中山王曜自立于赤壁，地名，在山西绛州河津县北。封勒为赵公。未几，准被杀。明年，曜徙都长安，改国号为赵，祀上祖冒顿配天。勒与曜有隙，自称赵王，史称勒国为后赵。　四六六节晋祖逖取谯城，在河南归德府夏邑县北。进屯雍丘，县名，属陈留郡，今河南开封府杞县。劝课农桑，抚纳新附，后赵镇戍归逖者甚众。元帝以戴渊为征西将军，都督司、豫，司州，即魏之司隶校尉所部；豫州见上。逖以己剪荆棘收河南地，而渊雍容，一旦来统之，意甚怏怏。又闻王敦与廷臣构隙，将有内难，知大功不遂，感激发病卒，豫州士女若丧父母。

第二章　晋王敦苏峻之叛附陶侃镇荆

四六七节王敦，太尉衍之弟也，初与从弟导同心翼戴，元帝亦推心任之。敦总征讨，导专机政，群从子弟布列显要，时人语曰“王与马，共天下”。敦为镇东大将军，都督江、今湖北武昌府，及九江福建。扬、见前。荆、今湖北，及河南南阳府、陕西兴安府、湖南西北境。湘、今湖南大半，及两广北境。交、今广东西南境，及安南国。广今两广之大半。六州诸军事，恃功骄恣，帝畏恶之，乃引刘隗、刁协为腹心，稍抑损王氏权，导亦渐见疏外。　四六八节敦参军钱凤等凶狡，知敦有异志，阴为画策，敦遂举兵武昌，县名，武昌郡及江州治之，今属武昌府。以诛刘隗、刁协为名。隗、协劝帝尽诛王氏，帝不许。导率宗族每旦诣台城名，在江宁府城西北。待罪，周顗将入，导呼之曰伯仁，以百口累卿。顗不顾。入见帝，言导忠诚，申救甚至，帝纳其言。顗醉而出，导又呼，顗不与言，顾左右曰：今年杀诸贼奴，取金印如斗大，系肘后。既出，又上表明导无罪，导不知，恨之。帝召见导，导稽首曰：乱臣贼子，何代无之，不意今者近出臣族。帝跣而执其手曰：茂弘，方寄卿以百里之命。以为前锋大都督。敦至石头城，在江宁府城西。据之，协、隗等分道出战，大败而还。帝令百官诣石头见敦，敦欲杀周顗、戴渊，以问导，导不敢救，遂见害。后捡中书故事，见顗表，流涕曰：吾虽不杀伯仁，伯仁由我而死，幽冥之中，负此良友。　四六九节太子绍幼而聪慧，及长仁孝，好贤礼士，与庾亮、温峤等为布衣之交。王敦在石头，忌太子有勇略，欲诬以不孝而废之，赖峤等众论，得沮其谋，敦不朝而去，还武昌。元帝忧愤成疾而崩，在位六年，太子立，是为肃宗明帝。　四七〇节敦谋篡位，移镇姑孰，城名，今安徽太平府治。以导为司徒，自领扬州牧，明帝加导大都督，督诸军讨敦。敦将举兵，病笃，使郭璞筮之。璞曰：明公起事，祸必不久。敦大怒曰：卿寿几何？璞曰：命尽今日日中。敦斩之，使兄含等帅众向京，帝自出屯南皇堂，夜募壮士，掩含军破之，敦闻含败，曰：我兄老婢耳，门户衰，世事去矣，我当力行。因作势而起，困乏复卧，寻卒。敦党悉平，发敦尸斩之，有司奏王氏当除名，诏曰：司徒导以大义灭亲，将百世宥之，悉无所问。　四七一节惠帝末年，刘弘都督荆州，威行江汉，举陶侃为将，讨平义阳郡名，属荆州，今河南汝宁府信阳州、湖北德安府随州等。叛蛮张昌，又讨破江东叛将陈敏。弘卒，南州复乱，元帝镇江东，以侃守武昌，击走湘州剧贼杜弢，王敦表刺荆州，既而忌之，左转广州。时王机盗据广州，侃直至，讨平之，明帝以侃为征西大将军，都督荆湘等州军事，荆州士女相庆。侃性聪敏恭勤，捡摄众事，未尝少闲，尝曰：大禹圣人，乃惜寸阴，众人当惜分阴。诸参佐以谈戏废事者，命取其酒器蒲博具，悉投于江，曰：摴蒲者，牧猪奴戏耳，老庄浮华，不益实用，君子当正其威仪，何有蓬头跣足，自谓宏达邪！在军四十一年，明毅善断，人不能欺，威名赫然，自南陵戍名，在安徽大平府繁昌县西南。至白帝，城名，在四川夔州府城东。二百余里，路不拾遗。　四七二节明帝在位三年崩，太子衍立，年五岁，是为显宗成帝。王导与中书令庾亮、尚书令卞壶辅政。苏峻前守临淮，郡名，属徐州，今安徽泗州。于王敦再反时，入卫有功，威望渐著，迁历阳郡名，属扬州，今安徽和州。内史，卒锐器精，志轻朝廷，招纳亡命。庾亮建请，征峻为大司农，峻拒命，江州都督温峤闻之，欲入卫，亮不听。峻举兵犯阙，卞壶力战死，亮奔依峤，峤邀陶侃，入讨峻，斩之。

第三章　赵成燕代事迹

四七三节赵主刘曜与后赵石勒连攻战，互有胜负，曜攻后赵金镛城，洛阳城西北隅也，在今河南河南府城东北。勒自将救之，战于洛阳，赵兵大溃，曜醉坠马，为勒获，归杀之，卒平关西，前赵亡。勒称天王，寻称帝。勒从子虎性残忍，每屠城邑，鲜有遗类，然御众严而不烦，军功最多，勒封为中山王。　四七四节勒飨群臣，问曰：朕可方古何主？或曰：过于汉高。勒笑曰：人岂不自知！卿言太过。若遇高帝，当北面事之，与韩彭比肩耳。若遇光武，当并驱中原，未知鹿死谁手。大丈夫行事，当礌礌落落，如日月皎然，终不效曹孟德、司马仲达，欺人孤儿寡妇，狐媚以取天下也。勒虽不学，好使诸生读书而听之，时以其意论得失，闻者悦服。尝使人读《汉书》，至郦食其劝立六国后，惊曰：此法当失，何以遂得天下？及闻留侯谏，乃曰：赖有此耳。晋成帝咸和八年，我纪元九百九十三年。勒殂，太子弘立，中山王虎为丞相、魏王，寻弑弘，自称赵天王，徙都邺。　四七五节成主李雄以兄子班为太子，雄殂，班立，雄子越弑班而立弟期，期忌族父汉王寿威名，使出屯于外。咸康四年，成帝十三年。寿袭成都，弑期而自立，改国号曰汉。　四七六节怀帝时，拓跋猗卢已强，并州刺史刘琨，结为兄弟，表为大单于，封代公。猗卢帅部落，自云中汉故郡，今归化城土默特界内。入雁门，郡名，属并州，今山西代州治、宁武府治、大同府西境、朔平府南境。琨与以陉山名，又名勾注，在代州西北。北之地，尝为琨援，大败汉兵于晋阳。县名，太原郡及并州治，今山西太原府太原县。猗卢城盛乐以为北都，平城县名，旧属雁门郡，今大同府治。为南都。愍帝进其爵为王，食代、见四五八节。常山属冀州，今直隶正定府。二郡。猗卢为其子所弑，国大乱。自是内难相踵，部落离散。成帝时，猗卢从孙翳槐立，翳槐弟什翼健质于赵王石虎，翳槐临卒，命诸大人迎立之。什翼健雄勇有智略，能修祖业，始制百官，号令明白，政事清简，于是东自涉貊，东夷种名，居今朝鲜北境。西及破落那，汉大宛国，今中亚细亚浩罕地。率皆归服，有众数十万，都盛乐，拓跋氏愈大。　四七七节元帝时，慕容廆大败宇文氏，取辽东，遣使献捷于晋，元帝以廆为平州今盛京省，及朝鲜西境。牧、辽东公。石勒殂之岁，廆卒，世子皝立。皝雄毅多权略，喜经术，其下劝称燕王，筑龙城故城在内蒙古土默特右翼西。都之，西摧段氏，南却赵王，虎兵东伐高句丽，朝鲜三国之一，今朝鲜北境及兴京之地。毁其都城，北灭宇文氏，袭扶余，东夷国名，今盛京东北境。虏其王以归。

第四章　王导辅政及桓温灭蜀

四七八节晋成帝即位，冲幼，每见王导必拜，既冠犹然，以导为丞相，委以国政。导性宽纵，所任诸将，多不奉法，大臣患之。初苏峻之乱，庾亮激之也，峻平，亮泥首谢罪，出为豫州刺史。陶侃卒，亮代镇武昌，见导之专，欲起兵废之。或劝导密为之备，导曰：吾与元规休戚是同，元规若来，吾便角巾还第，复何惧哉！亮，成帝之舅也，虽居外镇，而遥执朝权，趋势者多归之。导内不能平，尝遇西风尘起，举扇自蔽，徐曰：元规尘污人。导简素寡欲，辅相三世，仓无储谷，衣不重帛，及卒，诏丧葬参用天子礼。　四七九节庾亮欲开复中原，上疏请率大众移镇石城，山名，在河南汝宁府信阳州东南。遣诸军罗布江滻，滻，汉水异名。为伐赵之规。王导欲许之，太常蔡谟曰：不能以大江御苏峻，安能以滻水御石虎？乃诏亮不许移镇。亮卒，以其弟翼代之。　四八〇节翼为人慷慨，喜功名，不尚浮华。瑯邪内史桓温桓彝之子。豪爽有风概，翼荐之曰：英雄之才，宜委以方召之任。殷浩才名冠世，翼弗之重，曰：此辈宜束之高阁，俟天下太平，徐议其任耳。浩累辞征辟，时人拟之管葛，翼请浩为司马，不应，翼以王夷甫嘲之。夷甫者，王衍字也。　四八一节成帝在位十七年崩，二子丕、奕并在襁褓，帝临崩，以弟瑯邪王岳为嗣。岳即位，是为康帝。庾翼以灭胡取蜀为己任，康帝建元元年，我纪元千三年。欲悉众北伐，以桓温为前锋督，诏加翼都督征讨诸军事。康帝在位二年崩，太子聃立，年三岁，是为孝宗穆帝，叔祖会稽郡名，属扬州，今浙江绍兴府。王昱辅政。穆帝永和元年，我纪元千五年。庾翼卒，遗表以其子领荆州，侍中何充曰：荆楚国之西门，岂可以白面少年当之？桓温英略过人，西任无出温者。丹阳郡名，属扬州，今江苏江宁府。尹刘惔知温有不臣之志，谓会稽王曰：温不可使居形胜之地。王不听，以温都督荆、梁等州军事。梁州，今陕西南境，及四川东北境。时汉主李寿已殂，太子势立，骄淫不恤国事，温帅师伐之，拜表即行，三年进至成都，势出降，送诸建康，即建业，晋都。晋封为归义侯，李汉亡。

第五章　赵燕秦之兴亡附桓温北伐

四八二节赵王石虎作台观于邺，又营长安、洛阳二宫，作者数十万人，发美女三万人充内宫，郡县多强夺人妻，其夫死者三千余人。命太子宣出猎，建天子旌旗，戎卒十八万，虎望见，笑曰：我家父子如此，自非天崩地陷，当复何愁。宣所过十五郡，资储皆空。虎复命宣弟秦公韬继出，亦如之。宣忌韬，杀之，虎又杀宣，极惨酷，立少子世为太子。晋永和五年，虎称帝，寻殂，太子世立，其兄彭城王遵弑之而自立。赵乱，晋征讨都督褚裒率师伐之，晋人皆以中原指期可复，蔡谟独谓，莫若度德量力，必经营分表，恐忧及朝廷。裒部将败没，裒退还。　四八三节赵主遵谋杀大将军石闵，闵弑遵而立遵弟义阳王鉴，鉴又欲杀闵，闵幽鉴，杀胡羯二十万人。六年，闵弑鉴，自称魏帝，杀虎三十八孙，尽灭石氏。闵本姓冉，为虎所养，至是复其姓。时燕王慕容皝已卒，世子儁立，儁与弟垂伐赵，拔蓟城，蓟县名，今京城地。徙都之。虎子新兴王祗自立于襄国，七年，祗为其下所弑，后赵亡。八年，燕兵破魏，执冉闵归杀之。儁称帝，后徙都邺。儁殂，太子暐立。　四八四节初，略阳临渭，县名，略阳郡治，故城在甘肃秦州秦安县东南。氐酋蒲洪，骁勇多权略，群氐畏服之，汉主刘聪拜为将军，不受，自称略阳公。南安郡名，属秦州，今甘肃巩昌府北境。赤亭在巩昌府城东。羌姚弋仲亦有威望，东徙榆眉，汉故县，今陕西凤翔府汧阳县。戎夏襁负随之者数万，自称扶风郡名，属雍州，今陕西西安府西北境，及凤翔府。公。二人后皆附赵主刘曜，又事后赵石勒、石虎，虎以洪为流民都督，居枋头，城名，在河南卫辉府濬县西南。后都督雍、秦州，秦州，今甘肃南境。以弋仲为西羌大都督，居滠头，戍名，在直隶冀州枣强县东北。后为六夷匈奴、羯、鲜卑、氐、羌、巴蛮。大都督。　四八五节石闵言于赵主石遵曰：蒲洪，人杰也，今镇关中，恐秦、雍非复国家之有。遵罢洪都督，洪怒归枋头，遣使降于晋，及闵篡赵，洪、弋仲各欲据关西，弋仲遣其子襄击洪，洪迎击破之，自称三秦王，改姓苻。洪先擒赵将麻秋，不杀而用其言，因宴为秋所鸩，世子健斩秋，率众入长安，自称秦天王，除赵苛政，寻称帝。弋仲遣使降于晋，寻卒，襄率其众归晋，诏屯谯城。襄博学善谈论，江东人士皆重之。　四八六节桓温既灭蜀，威名大振，晋廷惮之。会稽王昱以殷浩有盛名，引为心膂，欲以抗温，及闻中原大乱，复谋进取，以浩都督扬、豫等州。浩恶姚襄强盛，遣兵袭之，不克，浩率诸军欲进据洛阳，襄伏甲邀击走之，遣使降于燕主慕容儁。浩连年北伐无功，桓温上疏请废之，乃免为庶人。自是内外大权归温矣。　四八七节永和十年，温帅师北伐，大败秦兵于蓝田，县名，属京兆郡，今属陕西西安府。转战至灞上，灞水名，在西安府城东。秦主苻健闭长安小城自守，三辅京兆、冯翊、扶风三郡，今西安、同州、凤翔三府。皆降，温抚谕居民，民争持牛酒迎劳，男女夹路观之，耆老有垂泣者，曰：不图今日复睹官军。北海郡名，属青州，今山东青州府东境。王猛，少好学，倜傥有大志，隐居华阴，县名，属宏农郡，今属陕西同州府。闻温入关，被褐谒之，扪虱而谈当世之务，旁若无人。温异之，问曰：吾奉天子命，除残贼，而三秦豪杰未有至者，何也？猛曰：公不远数千里，深入敌境，今长安咫尺而不渡灞水，百姓未知公心，所以不至。温默然无以应，徐曰：江东无卿比也。温与秦兵战于白鹿原，在灞水上。不利，秦人清野，温军乏食，败退，欲与猛俱还，猛辞不就。明年，秦主健殂，太子生立。 四八八节姚襄据许、洛，桓温督诸军伐之，进至河上，登船楼，北望中原，叹曰：使神州陆沉，百年丘墟，王夷甫诸人，不得不任其责。败襄于伊水，入洛阳，谒诸陵，置戍而还。襄北奔平阳，将图关中，秦主苻生遣将拒击斩之，襄弟苌以众降于秦。 四八八节秦主生狂悖残虐，中外离心，从弟东海王坚弑之，自立为秦天王。或荐王猛，坚一见如旧友，自谓如玄德之遇孔明也，一岁五迁官，举异材，修废职，课农桑，恤困穷，秦民大悦。 四九〇节晋穆帝在位十七年崩，无嗣，成帝子瑯邪王丕立，是为哀帝。哀帝在位四年崩，弟瑯邪王奕立，会稽王昱为丞相。哀帝末年，燕太原王慕容恪略取河南诸城，与弟吴王垂共攻洛阳克之。恪、垂皆燕主暐之叔父也。恪以太宰辅暐，国威益振，临卒，暐问以后事，恪曰：吴王文武兼资，管萧之亚，若任以大政，国家可安，不然，秦晋必有窥窬之计。暐不能从，委政叔祖太傅评。晋帝奕太和四年，我纪元千二十九年。桓温伐燕至枋头，暐惧，谋奔和龙，即龙城。垂请拒之，大败晋兵，温走还，垂威名日盛，太傅评忌欲杀之，垂出奔秦。五年，秦王猛督诸军伐燕，与评战于潞川，又名漳水，在山西潞安府潞城县北。败之，长驱围邺，号令严明，军无私犯，燕民各安其业，秦王苻坚继进入邺，执燕主暐以归，封为新兴侯，关东悉平。后又击晋西鄙，取梁、益二州。 四九一节坚以猛为丞相，加都督中外诸军事，文武两寄，巨细并关。秦王端拱无为，委猛不疑，猛刚明清肃，赏刑必当，由是秦国大治，富强无敌。猛寝疾，坚亲为祈郊庙社稷，至猛第视疾，访以后事，猛曰：晋虽僻处江南，然正朔相承，上下安和，臣没之后，愿勿以晋为图，鲜卑西羌，我之仇敌，终为人患，宜渐除之，以安社稷，言终而卒。鲜卑谓慕容氏，西羌谓姚氏也。坚哭之曰：天不欲使吾平一六合邪！何夺吾景略之速也。

第六章 桓温逆谋

四九二节晋桓温自哀帝时为大司马，都督中外诸军事，移镇姑熟，阴蓄不臣之志，尝抚枕叹曰：男子不能流芳百世，亦当遗臭万年。欲先立功河朔，还受九锡，及枋头之败，威名顿挫，参军郗超劝温行伊霍之事，以立大威权。太和六年，简文帝咸安元年，我纪元千三十一年。温入朝，白褚太后，康帝后。废帝奕为海西公，迎立会稽王昱，是为太宗简文帝。简文即位八阅月而不豫，急召温入辅，不至，遗诏温：依诸葛武侯王丞相故事。帝崩，太子昌明立，是为烈宗孝武帝。 四九三节初，谢安少有重名，前后征辟皆不就，士大夫相谓曰：安石不出，如苍生何！年四十余，桓温请为征西司马，后与王坦之俱仕朝。温望简文临终禅位，否便居摄，既不副所望，甚愤，疑安、坦之所为，心衔之。孝武帝宁康元年，我纪元千三十三年。温入朝，诏安、坦之迎于新亭，都下汹汹，或云欲诛王谢，因移晋祚。温至，百官拜于道侧，温大陈兵卫，延见朝士，坦之甚惧，流汗沾衣，倒执手板，安从容就席，谓温曰：安闻诸侯有道，守在四邻，明公何须壁后置人邪？温命彻之，与安笑语移日，郗超卧帐中听其言，风动帐开，安笑曰：郗生可谓入幕之宾矣。温有疾，还姑熟，讽求九锡，安、坦之故缓其事，寻卒。

第七章 符坚之败

四九四节晋惠帝时，张轨为凉州今甘肃兰州府以西至安西州。刺史，治姑臧，县名，武威郡治，今甘肃凉州府治。威著西土。怀帝陷没，轨遣兵助愍帝于长安，封西平郡名，属凉州，今甘肃西宁府。公。轨子茂降赵主刘曜，曜封为凉王。茂卒，兄子骏嗣，臣于后赵主石勒而耻之，假道于李蜀，以通于晋。穆帝时，骏孙玄靓立，称藩秦主符生。叔父天锡弑玄靓而代之，荒于酒色，政乱，秦王坚伐之，兵至姑臧，天锡面缚出降，封为归义侯。 四九五节匈奴刘卫辰居朔方，汉故郡，今内蒙古鄂尔多斯界内。为代所逼，求救于秦。秦遣兵击代，代王拓跋什翼健使南部大人刘库仁拒战，大败。卫辰、库仁皆故汉主渊之族也。初，代世子寔早卒，继嗣未定，于是庶长子寔君杀诸弟，并弑什翼健。秦兵趋云中，部众逃溃，秦王坚诛寔君，分代为二部，自河以东属库仁，自河以西属卫辰，使统其众。寔子珪尚幼，母贺氏以珪依库仁，库仁奉珪，恩勤周备，不以废兴易意。 四九六节秦王坚灭燕取蜀，平定凉、代，版图之广，数倍晋国，东夷西域六十二国皆朝贡，坚意骄益穷兵势，遣吕光远征，欲平西域之未服者。是时法制日颓，不同王猛在时，慕容姚氏窃欲乘其衅，而坚不知也。 四九七节晋以秦寇为忧，诏求良将可镇御北方者，谢安以兄子玄应诏，郗超叹曰：安之明乃能违众举亲，玄之才足以不负所举。玄镇广陵，县名，广陵郡治，今江苏扬州府治。得刘牢之为参军，常领精锐为前锋，战无不捷，号北府兵，秦人畏之。 四九八节秦遣兵分道击晋，克襄阳，县名，属襄阳郡，晋梁州寄治之，今湖北襄阳府治。执梁州刺史朱序以归。已而议大举，或谓晋有长江之险，坚曰：以吾之众，投鞭于江足断其流。时中外皆谏，惟慕容垂、姚苌劝之亲征。晋太元八年，孝武帝十一年，我纪元千四十三年。坚发长安戎卒六十余万，骑二十七万，水陆齐进，运漕万艘，晋以谢安弟石为征讨大都督，谢玄为前锋都督，督众八万拒之。刘牢之帅精兵五千趣洛涧水名，在安徽凤阳府怀远县西南。击破秦前锋，斩其将。石等继进，坚登寿阳城县名，旧名寿春，晋淮南郡治，今凤阳府寿州。望之，见晋兵部阵严整，又望八公山在寿州东北。草木，皆以为晋兵，怃然始有惧色。秦兵逼肥水在寿州东。而阵，玄使人谓曰：移阵小却，使我兵得渡，以决胜负。坚欲使之半渡而蹙之，麾兵使却，秦兵退不可复止，朱序在阵后呼曰：秦兵败矣！辄奔晋军。玄等渡水追击，大败之，秦兵崩溃，走者闻风声鹤唳，皆以为晋兵至，坚中流矢，狼狈走还。 四九九节谢安文雅有德量，国家有难，每镇之以和静。方秦寇至，朝野震动，安夷然出游山墅。捷书至，安方与客棋摄，书置床上，无喜色，围棋如故。客问之，徐答曰：小儿辈遂已破贼。既罢，入户，喜甚，不觉屐齿折，其矫情镇物如此。以太保卒。

第八章　中原大乱及后魏兴

五〇〇节秦军既大败，鲜卑、西羌乘衅而兴，氐运忽衰，慕容垂起兵河内，郡名，今河南怀庆府。自称燕王，是为后燕。姚苌起兵北地，郡名，今陕西西安府耀州。自称秦王，是为后秦。慕容冲起兵平阳，进逼长安。冲，故燕主暐之弟也。暐为秦王坚所杀，冲乃称燕帝，是为西燕。冲攻长安，坚出奔后秦，王苌执而杀之。坚子长乐公丕称帝于晋阳，燕王垂定都中山郡名，今直隶定州。称帝，西燕弑其主冲，推段随为燕王，又杀随而东，立冲兄子忠为帝。后秦王苌入长安，亦称帝。西燕又弑其主忠，立慕容永儁之从祖兄弟。为河东郡名，今山西解州，及蒲州府。王。永击秦主丕，丕败南走，晋边将邀击杀之。永进据长子县名，属上党郡，今属山西潞安府。称帝，丕族子南安王登自立于南安，引兵屡与后秦战，互有胜负。后秦主苌殂，太子兴立，击秦主登杀之。秦太子崇奔湟中谓湟水之滨，今甘肃西宁府。称帝，为西秦王乞伏乾归所杀，符氏遂亡，时晋太元十九年孝武帝二十二年，我纪元千五十四年。也。是岁，燕主垂围长子拔之，杀西燕主永，西燕亡。于是后燕、后秦中分符秦故地，与晋国成鼎足之势。　五〇一节自符秦失驭，中原大乱，慕容、姚氏虽迭举大号，而威令不能及远，河南梁、益皆复附晋，西陲有氐、鲜卑、匈奴诸部，乘时割据，数十年间，群胡纷争，无所统一。当是时，索头遗孽再兴于塞北，征略夷夏，国势日盛，举支那北带之地，竟为胡人所戡定矣。　五〇二节秦将吕光，氐种也，抚宁西域，威恩甚著，还据凉州，称凉天王，都姑臧，是为后凉。光殂，太子绍立，庶兄篡弑而代之，光从子超又弑纂而立其兄隆。鲜卑乞伏国仁据陇右，今甘肃兰州、巩昌二府也。秦主符登封为苑川故城在兰州府靖远县西南。王。国仁卒，弟乾归立，称秦王，是为西秦。鲜卑秃发乌孤起西平，称武威郡名，今甘肃凉州府。王。乌孤卒，弟利鹿孤立，称河西王。卒，弟傉檀立，更称凉王，是为南凉。匈奴沮渠蒙逊推段业为主，据张掖，郡名，今甘肃甘州府。业称凉王，是为北凉。蒙逊弑业，自称张掖公。又有陇西郡名，今巩昌府。人李暠，据敦煌，郡名，今甘肃安西州敦煌县。称凉公，是为西凉。　五〇三节晋安帝隆安五年，魏道武帝天兴四年，我纪元千六十一年。后秦王姚兴伐后凉，大破之，凉王吕隆降。义熙中，兴使南凉秃发傉檀守姑臧，北凉沮渠蒙逊击破傉檀，取姑臧都之，称河西王。西秦乞伏乾归为其侄所弑，世子炽盘立，炽盘袭南凉灭之。凉公李暠卒，世子歆立。宋武帝时，蒙逊击杀之，灭西凉。其后炽盘卒，太子暮末立，为夏主赫连定所灭。蒙逊后附于魏，魏太武帝封为凉王，及蒙逊卒，世子牧健立，太武灭之。　五〇三节初，代刘库仁为降人所杀，其子显立，将杀拓跋珪，珪奔贺兰部，依其舅，诸部大人推珪为代王，徙居盛乐，改国号曰魏，乞师于燕主慕容垂，击显走之。刘卫辰攻魏，珪大破之，卫辰走死，其子勃勃逃奔后秦。垂恶魏之逼，遣太子宝击之，大败，垂殂，宝立，珪大举击燕，进围中山，宝出，奔龙城，宝族子详称帝于中山，宝弟赵王麟袭杀详自立，魏拔中山，麟走依叔父范阳王德，德据滑台，城名，在直隶卫辉府滑县。称燕王，是为南燕。麟谋反被杀，燕主宝遇害于龙城，宝子长乐王盛诛贼而立，后为其下所弑，叔父熙立。南燕王德东略晋地，取广固城名，在山东青州府城西北。都之，称帝，德殂，兄子超立。　五〇五节魏王珪已胜燕，徙都平城，建宗庙社稷，即帝位，是为魏太祖道武帝，追尊远祖可汗毛以下二十八人皆为帝，时晋隆安二年魏天兴元年，我纪元千五十八年。也，史谓之后魏，以别于曹魏。道武帝惑方士之说，服寒食散，药发，躁怒无常，屡手刃人。晋义熙五年，安帝十三年，魏天赐六年。道武谴责贺夫人，将杀之，夫人告其子清河郡名，今山东东昌府北境。王绍，绍素凶狠，夜入弑帝，长子齐王嗣诛绍而立，是为太宗明元帝。　五〇六节燕王熙故将冯跋作乱，推高云为主，云称天王，执熙弑之。云，高句丽之支属也，为故燕主宝养子，至是复其姓。云又为其下所弑，冯跋代之，是为北燕。秦王姚兴使刘勃勃镇朔方，勃勃叛秦，自谓夏后氏之苗裔，称大夏天王，后筑统万城都之，故城在陕西榆林府怀远县西。改姓赫连。

第九章　刘裕篡晋

五〇七节晋自败符坚以后，江东无事，孝武帝使弟会稽王道子录尚书，道子专权，帝嗜酒流连而已。有长星见，帝举酒祝之曰：长星，劝汝一杯酒，世岂有万年天子邪！张贵人宠冠后宫，年近三十，帝戏之曰：汝以年，亦当废矣，贵人使婢以被蒙其面而弑之，在位二十四年。太子德宗立，是为安帝，会稽王以太傅辅政。　五〇八节安帝性不慧，寒暑饥饱不辨，会稽王闇懦，专委世子元显，生杀任意，民心骚动。妖贼孙恩自海岛出作乱，敕刘牢之等讨之，彭城县名，沛郡治，今江苏徐州府治。刘裕勇健有大志，牢之引参军事，尝遣觇贼，遇贼数千人，从者皆死，裕奋长刀独驱之，众兵因进击贼，大破之。恩屡为裕所败，赴海死，其党卢循复起。　五〇九节桓温之子玄嗣父为南郡属荆州，今湖北荆州府。公，负其才地，以雄豪自处，尝守义兴，郡名，属扬州，今江苏常州府宜兴县。郁郁不得志，叹曰：父为九州伯，子为五湖长。弃官归国，后为江州刺史，寻都督荆江八州，荆、江、司、雍、秦、梁、益、宁也，时司、雍寄治荆州，秦寄治梁州。遂举兵反，入建康，杀元显，又杀道子。玄为相国、楚王，加九锡，迫安帝禅位。刘裕起兵京口，城名，今江苏镇江府治。讨玄，大破其兵，玄出走，死于江陵，县名，南郡及荆州治，今荆州府治。帝复位。　五一〇节南燕主慕容超侵掠晋边，义熙五年，安帝十三年，魏道武帝天赐六年，我纪元千六十九年。刘裕抗表伐之。明年，拔广固，执超送建康杀之，南燕亡。卢循乘裕北伐，出自番禺，县名，南海郡及广州治，今广东广州府治。顺江而下，逼京邑，裕急还拒之，循乃退，裕追讨破之，循奔交州，为刺史所击斩。　五一一节桓玄之乱，益州参军谯纵杀其刺史，称藩于后秦，秦王姚兴封为蜀王，裕遣将讨平之。十二年，魏明元帝泰常元年。兴殂，太子泓立，裕督诸军伐秦，拔洛阳。明年，破潼关，在陕西同州府华阴县东，今置厅。遂入长安，泓出降，送建康杀之，后秦亡。夏王赫连勃勃闻裕伐秦，曰：裕取关中必矣，然不能久留，若以子弟诸将守之，吾取之如拾芥耳。裕将还，三秦父老诣门流涕曰：残民不沾王化，于今百年，始睹衣冠，人人相贺，公舍此欲何之乎？裕还彭城，勃勃进陷长安，称帝，归统万。　五一二节裕为相国、宋公，加九锡，欲移晋祚，以谶云昌明之后，尚有二帝，乃使人缢安帝。帝在位二十二年，弟琅邪王德文立，是为恭帝。恭帝元熙元年，魏泰常四年，我纪元千七十九年。裕进爵为王，加殊礼。明年，至建康受禅，是为宋高祖武帝，晋帝降为零陵郡名，属湘州，今湖南永州府。王，已而被杀。晋凡十五帝、武帝、惠帝、怀帝、愍帝、元帝、明帝、成帝、康帝、穆帝、哀帝、废帝奕、简文帝、孝武帝、安帝、恭帝。百五十六年而亡。

第三篇　南北朝

第一章　魏太武经营四方附南北分朝

五一二节宋武帝在位三年崩，太子义符立。义符亲狎群小，游戏无度，魏明元帝击宋，取青、今山东东北境。兖今山东西南境。河南诸郡。明元崩，太子焘立，是为世祖太武帝。义符在位二年，司空徐羡之等废而弑之，以义符弟宜都郡名，属荆州，今湖北宜昌府。王义隆素有令望，迎入即位，是为太宗文帝。文帝既立，杀羡之等。　五一三节魏太武帝鸷勇善用兵，将士咸尽死力，每战辄胜。夏主赫连勃勃殂，太子昌立，太武自将伐夏，克统万，昌走上邽，县名，天水郡及秦州治，故城在甘肃秦州城西。魏将追擒之，昌弟平原王定自立于平凉。县名，平凉郡治，今甘肃平凉府治。宋文帝元嘉八年，魏太武帝神䴥四年，我纪元千九十一年。定击破西秦，以其王乞伏慕末归杀之。又欲夺北凉地，吐谷浑王邀击之，执定献于魏，夏亡。吐谷浑者，慕容氏之支属也，世保白兰山，在甘肃西宁府徼外，青海西南。至是并西秦故地。燕王冯跋殂，弟弘立。十三年，魏太延二年。魏伐燕，弘奔高丽即高句丽。而被杀，北燕亡。十六年，魏五年。魏伐凉，姑臧溃，其王沮渠牧健降，北凉亡。后又击逐吐谷浑，定河湟。今甘肃兰州、西宁二府。　五一四节北狄一种有柔然者，道武时起于漠北，夺高车匈奴别部，居甘肃迪化州镇西府境内。之地而居之，吞并诸部，士马繁盛，雄于北方。其酋社仑自称可汗，与魏为敌国。社仑死，从弟大檀立，太武亲征，大败之，追至菟园水，在外蒙古赛因诺颜部内杭爱山南。分军搜讨，诸部降者数十万落，获马牛羊二百余万，大檀愤悒而死。后其子吴提及孙吐贺真，连为太武所败，自是柔然屏迹，不敢犯魏塞。高丽及西域诸国、皆朝贡于魏。

五一五节魏司空崔浩，博学有智略，自明元时已为谋臣，太武甚宠任之，尝指浩以示属国渠师曰：此人纤弱，不能弯弓，然胸中所怀，乃过于兵甲，朕之武功，皆此人所教也。后命修国史，书先世事皆详实，僚吏劝浩刊其文于石，立之衢路，以彰直笔，北人忿恚，谮浩暴扬国恶，太武大怒，案诛之。　五一六节宋文帝欲大举击魏，王玄谟等劝之，沉庆之谏曰：耕当问奴，织当问婢，今欲伐国，而与白面书生谋之，事何由济？文帝不听。元嘉二十七年，魏太平真君十一年。遣玄谟等出师，取碻磝，城名，在山东东昌府茌平县西南。进围滑台，魏帝自将救之，众号百万，鞞鼓之声震天地，玄谟惧退，魏人追击破之。宋人欲斩玄谟，庆之止之曰：佛狸威震天下，控弦百万，岂玄谟所能当？且杀战将以自弱，非计也。佛狸，太武小字也。太武引兵南下，临江而还，杀掠不可胜计，所过郡县，赤地无余，春燕归巢于林木。　五一七节魏中常侍宗爱险暴多不法，太子晃恶之，爱谮杀东宫官属，晃以忧卒，太武追悼不已，爱惧诛，弑帝，立南安王余，太武庶子。既而又弑余，魏人立晃之子濬，是为高宗文成帝，执爱族诛之。太武经营四方，国颇虚耗，重以内难，朝野楚楚，文成嗣以镇静，怀集中外，人心复安。　五一八节晋八王乱后，戎狄窃据北带之地，互相攘夺者百有余年。汉及前赵刘氏、夏赫连氏、北凉沮渠氏，匈奴也；后赵石氏，羯也；燕慕容氏、西秦乞伏氏、南凉秃发氏，鲜卑也；前秦符氏、后凉吕氏，氐也；后秦姚氏，羌也。谓之五胡。成李氏据中带西境，虽称巴氐，其实蛮也，并五胡为六夷。慕容氏前后四国，曰前燕、后燕、西燕、南燕，又有前凉张氏、魏冉氏，西凉李氏，北燕冯氏，皆汉人也。凡十五姓而为国十九，然汉与前赵，一姓相承，实一国也。冉魏、西燕建国甚短，不足齿于列国，故旧史以二赵、前赵、后赵。四燕、前燕、后燕、南燕、北燕。三秦、前秦、后秦、西秦。五凉、前凉、后凉、南凉、北凉、西凉。成、夏称为十六国。刘、石、慕容、符、姚五氏者，五胡之雄也，皆尝主中原，符秦又于五氏中为最盛焉。成、二赵、冉魏、前燕、前凉六国，先于符秦而亡。二秦、后秦、西秦。四燕、后燕、西燕、南燕、北燕。四凉，后凉、南凉、北凉、西凉。及夏十一国，皆后于符秦而起。及拓跋氏灭夏、燕、凉，僭伪小国始尽绝踪，汉土分属二大国。宋因晋遗业，有中南二带，即古吴、越、楚、蜀之地也。魏据有北带，即古秦、晋、燕、齐之地也。北谓南为岛夷，以其僻在海隅也；南谓北为索虏，以其俗以索辫发也。两主各称至尊，而不相下，号曰南北朝。

第二章 宋齐篡弑相仍

五一九节宋帝义符既以童昏被废，文帝嗣位，二十余年间，号为小康。及击魏大败，所在罹兵燹，邑里萧条，元嘉之政衰矣。文帝在位三十年。太子劭多过失，数为帝所诘责，使巫咒诅帝，事觉，帝拟废之，劭弑帝而自立。劭弟武陵郡名，属郢州，今湖南常德府。王骏举兵讨劭，宋人立骏，是为世祖孝武帝，劭战败被诛。 五二〇节孝武在位十一年崩，太子子业立。孝武疏忌骨肉，多诛杀，至子业尤甚，畏忌诸父湘东郡名，属湘州，今湖南衡州府。王彧等，拘于殿内，殴捶陵曳，无复人理，恣为不道，中外骚然。宋人弑之而立彧，是为太宗明帝。子业弟晋安郡名，属江州，今福建沿海地。王子勋自立于寻阳，郡名，属江州，今江西九江府。明帝击灭之，遂杀孝武子十余人。帝寝疾，以太子幼弱，深忌诸弟，尽杀之，惟桂阳郡名，属湘州，今湖南郴州、桂阳州。王休范以庸劣得全。及病笃，以休范为司空，与褚渊、袁粲、沈攸之等并受顾命。渊荐萧道成为右卫将军，共掌机事。明帝在位七年崩，太子昱立，年十岁。休范举兵反，攻建康，萧道成击斩之。 五二一节宋帝昱在位五年，骄恣嗜杀，针椎凿锯，不离左右，一日不杀则惨然不乐，中外惶惧。萧道成与袁粲、褚渊谋废立，粲沮之，渊默然，道成遂弑昱而立昱弟安成郡名，属江州，今江西吉安府安福县，及袁州府。王准，是为顺帝。袁粲谋诛道成，褚渊以其谋告道成，粲父子被杀于石头，百姓哀之曰：可怜石头城，宁为袁粲死，不作褚渊生。沈攸之亦举兵江陵，讨道成，军溃走死。道成为相国、齐公，加九锡，寻进爵为王。顺帝在位二年，禅位于齐，泣而弹指曰：愿后身世世，勿复生天王家。齐人杀之而灭其族。宋凡八帝、武帝、废帝义符、文帝、孝武帝、废帝子业、明帝、废帝昱、顺帝。六十年而亡。 五二二节齐王道成称帝，是为齐太祖高帝，在位四年崩，太子赜立，是为世祖武帝。武帝在位十一年崩，太子长懋已卒，太孙昭业立。昭业狂昏，好与群小作诸鄙戏，在位一年，尚书令萧鸾弑之而立昭业弟新安郡名，属扬州，今浙江严州府西境、安徽徽州府。王昭文，鸾自为宣城郡名，属扬州，今安徽宁国、池州二府，广德州。王。昭文即位未四月，鸾又废之，而夺其位，是为高祖明帝。明帝，高帝之兄子也，高帝养之，恩过己子，而武帝太子长懋恶之。及明帝得志，杀高武子孙，殆无遗类。　五二三节明帝在位四年崩，太子宝卷立。宝卷昏淫凶恣，亲信嬖幸，屡诛大臣，贼虐日甚。太尉陈显达举兵袭建康，败死，将军崔慧景受命出讨叛州，还军逼建康。时豫州寄治历阳，今安徽和州。刺史萧懿将兵在近，宝卷急召入援，慧景败死，懿为尚书令。　五二四节懿弟衍英达有器略，为雍州今湖北襄阳府。刺史，镇襄阳，知齐将乱，密修武备，招聚骁勇。衍使人劝懿行伊霍故事，不尔亟还历阳，懿不能用，竟赐死。衍起兵东下，宝卷弟南康郡名，属江州，今江西赣州府。王宝融称帝于江陵，是为和帝，以衍都督诸军。衍进围建康，齐人弑宝卷而迎之。宝卷在位三年，追废为东昏侯，衍自为相国、梁公，加九锡，寻进爵为王。和帝至姑熟，禅位于梁，在位仅一年，梁人杀之。齐凡七帝、高帝、武帝、废帝昭业、废帝昭文、明帝、废帝宝卷、和帝。二十四年而亡，梁王衍称帝，是为高祖武帝。

第三章　魏孝文尚文治

五二五节魏文成帝以宋帝子业景和元年魏和平六年，我纪元千百二十五年。崩，太子弘立，是为显祖献文帝。献文即位初，宋边帅多叛附于魏，宋明帝遣将击之，大败，魏因取淮北地。献文聪睿夙成，刚毅有断，而好黄老佛陀之学，常有遗世之心。嫡母冯太后，猜忍多智，献文畏之。皇子宏生，太后自抚养之，立为太子。献文年甫十八，传位于宏，自称太上皇帝，时宏生五年矣，是为高祖孝文帝。太上徙居北苑，采椽土阶，与禅僧共居焉，然以孝文幼，仍听大政。太后有所幸李奕，太上由事诛之，后怒，鸩杀太上，临朝称制。　五二六节后魏起夷狄，专以刑杀为政，猗卢为代王，用法甚严，国人犯罪者，或举部就诛，老幼相携而行，人问何之，曰：往就死。无一人敢逃匿者。道武诛人，或夷五族，其克刘卫辰也，收宗党五千余人，无少长尽杀之。末年被疾，刑罚滥酷，明元承之，吏文亦深。太武命崔浩更定律令，诏中书以经义决疑狱。然如崔浩之诛，同宗连姻尽赤其族，僚属僮吏百余人皆戮死，则亦仍父祖旧习也。献文上皇，慎刑狱，始减门房之诛，非谋反、大逆及外叛，罪止其身。冯太后称制，又诏五族者，降止同祖，三族者止一门，门诛者止身。及孝文亲政，专尚文治，不任威刑，于是刑戮稍减。 五二七节孝文性至孝，事冯太后，能承颜顺志，后崩，帝哀毁过礼，丧服一遵古制。初，后忌帝英敏，欲废之，盛寒闭空室，绝其食三日，因大臣固谏乃止。帝初无憾意，又有宦者谮帝于后，后杖帝数十，帝默然受之，及后崩，亦不复追问。 五二八节帝恭俭好学，精勤政事，日夕不倦，均民田，制户籍，作明堂、辟雍、灵台，修郊庙之礼，定乐章，正祀典，养老于明堂，亲耕藉田，凡先王礼制，儒书所述者，无不举行，世称其有太平之风。 五二九节帝恶国俗之陋，欲迁都以变旧风，恐群臣不从，乃诏大举伐齐，步骑三十余万，自将至洛阳，群臣稽颡于马前，请停南征，帝曰：今者兴发不小，动而无成，何以示后？苟不南伐，当迁都于此。乃营洛都，遂迁焉。禁胡服，禁胡语，改国姓为元氏。诸功臣旧族自代来者姓多重复，皆改之，为诸弟娶中州名族，而使以前妻为妾媵。其所亲任，多中州儒生，宗室勋旧不悦，太子恂私着胡服，欲奔还平城，帝废为庶人，寻赐死。代人恋旧土，有谋反者，讨平之。盖帝优于文学，深慕华风，欲兴文治以比隆于三代，故不欲僻处恒北也。然南迁之后，武事渐弛，俗趋纷华，国势之衰，实始于此矣。

第四章　魏衰乱

五三〇节魏孝文帝以齐帝宝卷永元元年魏太和二十三年，我纪元千百五十九年，武烈帝元年。崩，太子恪立，是为世宗宣武帝。宣武疏忌宗室，嬖幸擅权，魏政寖乱，以梁武帝天监十四年魏延昌四年，我纪元千百七十五年，继体帝九年。崩，太子诩立，是为肃宗孝明帝，时年六岁，母胡氏为太后称制，将军张彝之子仲瑀上封事，排抑武人，于是喧谤盈路，羽林虎贲近千人，相率至尚书省诟骂，以瓦石击省门，上下慑惧，莫敢禁讨，遂焚彝第，曳彝父子，殴捶投火中，远近震骇。太后收其凶强者八人斩之，余不复治，大赦以安之。怀朔镇在内蒙古乌剌忒旗东北。函使高欢至洛阳，见张彝之死，还家倾赀以结客，或问其故，欢曰：宿卫相率焚大臣之第，朝廷惧而不问，为政如此，事可知矣，财物岂可常守邪？欢自先世徙北边，遂习鲜卑之俗，沉深有大志，与侯景等相友善，以任侠雄乡里。 五三一节胡太后妹婿元乂恃宠骄恣，遂幽太后而专政，贪吝虐民，北边六镇武川、抚冥、怀朔、怀荒、柔玄、御夷，皆在长城北。离叛，太后诛乂而再临朝，内嬖用事，政刑纵弛，盗贼蜂起，封疆日蹙，孝明寖长，太后自以所为不谨，务为壅蔽，母子嫌隙日深。秀容故城，在山西朔平府湖州北境。酋长尔朱荣讨贼有功，为六州并、肆、汾、唐、恒、云，即今山西省。大都督，高欢见荣，劝举兵清君侧，会太后鸩杀帝，立宣武侄孙钊荣，乃举兵至河阳，县名，属河内郡，今河南怀庆府孟县。立孝文之侄长乐王子攸，是为敬宗孝庄帝，执胡后及幼主钊沈之河，杀王公以下二千余人，而还晋阳讨剧贼，葛荣平之，自为大丞相，得宇文泰，爱其才，以为统军。泰，鲜卑宇文部之胤也。　五三三节孝文之侄北海王颢奔梁，梁武帝立颢为魏王，遣将送入洛阳，庄帝奔河内。荣渡河击颢，颢走死，庄帝归洛，加荣天柱大将军。荣蓄不臣之志，帝阴谋诛之，荣入谒帝，手刺之，荣从弟世隆与荣弟兆共立宗室长广郡名，属青州，今山东莱州府平度州。王晔。孝文之从祖弟。兆入洛，执庄帝，还晋阳弑之，使高欢统六镇。世隆又废晔，立孝文之侄广陵王恭，是为节闵帝。欢起兵据邺，立宗室元朗，击尔朱氏破之，入洛废节闵及朗，而立宣武之侄平阳王修，是为孝武帝。节闵及朗、晔皆为孝武所杀，欢为大丞相，建府于晋阳居之。　五三四节时贺拔岳都督关西二十州，雍、二华、二夏、二岐、三梁、东益十一州，今陕西省；二秦、豳、泾、原、河、渭七州，今甘肃大半；巴、益二州，今四川保宁府北境。以夏州今陕西榆林府，及内蒙古鄂尔多斯地。被边要重，表宇文泰镇之。岳为秦州刺史侯莫陈悦所杀，泰讨悦诛之，悉定秦陇。孝武帝以泰为关西大都督，帝畏欢，谋伐晋阳，欢拥兵来，帝奔长安依泰，拜为大丞相，欢追帝不及，乃立宣武侄孙清河世子善见于洛阳，迁于邺，是为孝静帝。魏自此分为东西二国。先是，荧惑入南斗，梁武帝以谚云："荧惑入南斗，天子下殿走"，乃跣而下殿，以禳之。及闻魏帝西奔，惭曰：虏亦应天象邪！孝武居长安半年，又与泰有隙，遇酖而崩。泰立宣武之侄南阳王宝炬，是为文帝。高氏与宇文氏连年相攻战，互有胜负。

第五章　侯景乱梁附北齐代东魏

五三五节东魏高欢病笃，谓世子澄曰：侯景有飞扬跋扈之志，非汝所能驾御，堪敌景者，唯慕容绍宗，我故不贵之，留以遗汝。景专制河南十余年，素轻澄，及欢卒，景举河南十三州二豫、二荆、洛、广、二阳、襄、颍、南兖十一州，今河南省大河以南；兖、济二州，今山东西南境。附于梁。时梁与东魏和，边疆无事，群臣不欲纳其叛臣，嬖人朱异劝武帝纳之，封河南王，遣兄子贞阳侯渊明萧懿之子。督诸将击东魏，高澄遣慕容绍宗拒战败之，擒渊明，遂讨景，景南走，夺梁寿阳据之，梁就以为南豫州牧。澄求成于梁，以间景，景遂叛梁，引兵渡江，袭建康。　五三六节梁武帝孝慈恭俭，博学能文，勤于政务，早起视事，身衣布衣，一冠三年，深崇佛法，长斋断鱼肉，日止一食，惟菜羹粝饭而已，屡舍身佛寺，自称三宝奴，又疏简刑法，优假太过，奸吏招权弄法，牧守多侵渔百姓。在位四十八年，江南久无事，武备废弛，及侯景逼台城，公私骇震，援军至者，为景所败。太清三年，武帝四十八年，魏文帝大统十五年，东魏孝静帝武定七年，我纪元千二百九年，钦明帝十年。景佯求和，武帝遣人与景盟，以为大丞相。景攻陷台城，纵兵掠乘舆服御宫人，帝为景所制，饮膳亦被裁损，忧愤成疾，口苦，索蜜不得，再曰荷荷而崩。太子统仁孝好学，早卒，谥昭明。帝舍嫡孙，而立统弟纲为太子，至是即位，是为太宗简文帝。简文既立，受制于景而已。五三七节东魏高澄以大将军秉政，阴谋受禅，为其下所杀，弟洋自为丞相、齐王，逼静帝禅位，寻杀之，东魏亡。洋称齐帝，是为显祖文宣帝，追尊欢及澄皆为帝，史谓之北齐，以别于萧齐。　五三八节是时梁国大乱，诸王据州郡，互相攻击，湘东王绎镇江陵，邵陵郡名，属湘州，今湖南宝庆府。王纶在江夏，郡名，属郢州，治汝南县，今湖北武昌府治。各自称假黄钺都督承制，皆简文之弟也。昭明太子之子岳阳王詧镇襄阳，为绎所攻，遣使求援于西魏，请为附庸，西魏立詧为梁王，绎袭取郢州，今湖北武昌、汉阳二府，及湖南北境。纶奔齐，齐亦以纶为梁王，魏兵攻杀之。　五三九节简文在位二年，侯景废而杀之，立昭明太子之孙豫章王栋，已而废栋，自称汉帝。始兴郡名，属湘州，今广东韶州府。太守陈霸先起兵讨景，进取江州，绎以为刺史。绎又遣王僧辨伐景，景篡立数月，为僧辨、霸先所败，东走欲入海，为其下所杀，送尸建康。僧辨传首江陵，截其手送于齐，暴尸于市，士民争取食之，并骨皆尽。绎自立于江陵，是为世祖孝元帝。自景之乱，江北州郡入于东魏，寻属齐，汉中蜀川亦为西魏所并，梁之疆土，略与孙吴相似。

第六章　周代魏、陈代梁附北齐暴乱

五四〇节魏宇文泰崇儒好古，尝举苏绰为尚书。绰性忠俭，以济民为已任，泰推心任之，始制计帐户籍之法，后人多遵用之。又为六条诏书，一曰清心，二曰敦教化，三曰尽地利，四曰擢贤良，五曰恤狱讼，六曰均赋役。令百司习诵之，颁新制三十六条，使刺史守令皆依之，百姓便之。晋氏以来，文章竞为浮华，泰欲革其弊，命绰仿周书体，作大诰，宣示群臣，自是终宇文氏之世，诏诰多依此体。绰卒，泰与群公步送葬，酹酒言曰：尔知吾心，吾知尔心，方与共定天下，遽舍吾去，奈何？举声恸哭，不觉卮落于手。泰以太师秉魏政，文帝充位而已。帝崩，太子钦立，密谋诛泰，泰废而弑之，立其弟齐王廓，是为恭帝。　五四一节泰遣柱国于谨击梁，入江陵，元帝焚古今图书十四万卷，以宝剑击柱折之，叹曰：文武之道，今夜尽矣。乃出降。或问：何意焚书？曰：读书万卷，犹有今日。寻被杀，在位三年。魏取襄阳，徙梁王詧于江陵，立为梁帝，屯兵守之，是为中宗宣帝，称臣于魏，史谓之后梁。　五四二节王僧辨、陈霸先奉元帝子晋安王方智为太宰，承制，齐文宣帝立萧渊明为梁王，以兵纳之，僧辨奉归建康，以方智为太子，霸先杀僧辨，废渊明，立方智，是为敬帝。敬帝在位三年，霸先为丞相，寻为相国、陈公，遂篡位，帝寻遇害。梁凡四世、武帝、简文帝、元帝、敬帝。五十六年而亡。霸先称陈帝，是为高祖武帝，在位二年崩，兄子临川郡名，今江西抚州、建昌二府。王倩立，是为世祖文帝。文帝在位七年崩，太子伯宗立。伯宗在位二年，叔父安成王顼废之而自立，是为高宗宣帝。　五四三节初宇文泰以汉魏官繁，命苏绰等仿周礼更定六官，至魏恭帝三年梁敬帝太平元年，齐文宣帝天保七年，我纪元千二百十六年，钦明帝十七年。始行之。泰为太师大冢宰，是岁卒，世子觉袭职，封周公，时年十五，从兄宇文护受泰顾命辅之，恭帝禅位于周。明年，梁太平二年，十月以后陈武帝永定元年，周孝闵帝元年，九月以后明帝元年，齐天保八年。周公觉称天王，追尊泰曰太祖文王，封魏帝为宋公，寻杀之。魏自道武称帝，至是十四世，道武帝、明元帝、太武帝、文成帝、献文帝、孝文帝、宣武帝、孝明帝、孝庄帝、节闵帝、孝武帝、文帝、废帝钦、恭帝。凡百五十九年而亡。护封晋公，为大冢宰，周王恶护之专权，密谋除之，护废而弑之，立王庶兄宁都公毓为天王，寻称帝，是为世宗明帝，尊文王曰文帝。明帝明敏有识量，护惮之，进毒弑之，弟鲁公邕立，是为高祖武帝。　五四四节齐文宣帝嗜酒淫泆，肆行狂暴，每醉辄手杀人，以为戏乐，诸王大臣冤死者众。又夷魏宗室二十五家，收诸元七百余人，尽杀之，弃尸漳水。文宣崩，太子殷立，叔父常山王演废殷而自立，是为肃宗孝昭帝。孝昭崩，弟长广王湛立，是为世祖武成帝。武成淫虐不减于文宣，传位太子纬，自称太上皇帝，仍总大政。太上崩，纬亦昏乱，嬖幸用事，诛杀贤能，齐政愈紊。陈宣帝遣将击齐，取沿淮诸郡。

第七章　周平齐、隋代周、并梁陈

五四五节周武帝深沉有远识，以晋公护秉政，深自晦匿，无所关预。护自受太祖顾托，擅威福者十有六年，诸子僚属，皆贪残恣横。武帝与弟卫公直等谋，召护入，手击之，护踣于地，直出斩之，帝始亲政，追尊废王觉为孝闵帝。叱奴太后崩，帝行三年之丧。素重儒学，禁佛道二教，毁诸淫祠，政事严明，称为贤主。　五四六节武帝闻齐国乱，自将东伐，取平阳，取晋阳，遂围邺，齐帝高纬传位于太子恒而出走，周兵追获之。周兴师未半年，而悉平齐五十州，齐凡六世、文宣帝、废帝殷、孝昭帝、武成帝、后主纬、幼主恒。二十八年而亡。帝还长安，献俘于太庙，封纬为温公，已而杀之，夷其族。　五四七节周宣政元年，武帝十八年，陈宣帝太建十年，我纪元千二百三十八年，敏达帝七年。武帝崩，太子赟立，是为宣帝，立杨坚女为后。坚父忠仕魏及周，以功封隋公，坚袭爵，为亳州今属安徽颍州府。总管。坚相表奇异，或尝告武帝，坚有反相，坚闻之，深自晦匿，及宣帝立，以为大司马。　五四八节宣帝淫戏无度，立未一年，传位于太子阐，是为静帝。上皇骄侈弥甚，自称天元皇帝，所居名天台，自比上帝，令群臣朝者致斋。天元崩，静帝幼冲，近臣以杨坚有重名，矫遗诏以坚辅政，坚自为大丞相，假黄钺，进相国、隋王，加九锡，寻受禅，封静帝为介公。周凡五世、孝闵帝、明帝、武帝、宣帝、静帝。二十五年而亡，隋王称帝，是为高祖文帝。文帝秉周政仅九月，安坐而取二百余州，自古篡国之易，未有如隋者也。虽有周臣起兵匡复，帝犹假周之国力，不半岁殄灭之，诸王数谋杀帝，帝以次诛锄。及即位，遂夷灭宇文氏之族，殆无遗种，静帝亦遇害。　五四九节初苏绰在西魏，以国用不足，为征税法颇重，既而叹曰：今所为者，正如张弓，非平世法也。后之君子，谁能弛之？绰子威闻其言，每以为己任，文帝征威为度支尚书，威奏减赋役，务从轻简。帝又命有司修正周法，采魏晋以下律折衷之，制五刑，曰笞、杖、徒、流、死，死刑二：绞、斩，去前世枭镮及鞭法，族罪止谋叛以上，后世多遵用之。又改官制，除周六官，复依汉魏之旧而加增损，置吏、民、礼、兵、刑、工六部尚书。六部之称自此始。　五五〇节初梁宣帝为魏所立，其所统数郡而已，魏亡，臣于周。宣帝殂，太子岿立，是为世宗孝明帝。孝明时周亡，复臣于隋，孝明殂，太子琮立，隋帝废梁国，赐琮爵莒公。后梁称帝三十三年而亡。　五五一节陈宣帝在位十四年崩，太子叔宝立，叔宝耽泆游，起三高阁，饰以珠玉，与妃嫔狎客日夕酣歌，政刑堕紊，文武解体。隋开皇八年，陈帝叔宝祯明二年，我崇峻帝元年。下诏伐陈，命皇子晋王广督兵五十万，自八道进。叔宝闻之，谓侍臣曰：王气在此，彼何为者？尚书孔范曰：长江天堑，虏军岂能飞渡邪！臣每患官卑，虏若渡江，臣定为太尉公矣。范常自谓，文武才能，举朝莫及，故敢大言也，叔宝然之，奏伎纵酒赋诗不辍。明年，隋将贺若弼自广陵见四九七节。济江，陈人不觉。韩擒虎自横江浦名，在安徽和州城东南。宵济采石，山名，在安徽太平府城西北。守者皆醉，不能拒，沿江诸戍望风尽走。擒虎入建康，叔宝自投于井，隋军俘之以归，献于太庙。是岁我纪元千二百四十九年，崇峻帝二年也。陈称帝五世，武帝、文帝、废帝伯宗、宣帝、后主叔宝。凡三十二年而亡。自晋元帝南渡，江东相承者五代，东晋、宋、齐、梁、陈。凡二百七十三年，始为北朝所并，汉土复归于一矣。

第四篇　隋

第一章　炀帝奢淫

五五二节隋文帝使太子勇参决政事，时有损益，帝皆纳之。勇率意任情，行无矫饰，独孤后深恶之，弟晋王广弥自修饰，媚事左右，密为夺宗之计，使仆射杨素谮勇，后遂劝帝废勇为庶人，而以广为太子。　五五三节帝性严峻，令行禁止，虽啬于财，赏功不吝，自奉俭薄，爱养百姓，在位二十一年。受禅之初，民户不满四百万，末年已及九百万，然以诈术得国，猜忌苛察，信受谗言，功臣故旧，无终始保全者，乃至子弟，皆如仇敌。　五五四节帝寝疾，召太子广入居殿中。广预拟帝崩后事，为书问杨素，素答报，宫人误送帝所，帝览之大恚。帝所宠陈夫人陈宣帝女。且出更衣，为广所逼，拒之得免，帝怪其神色有异，问故，夫人泫然曰：太子无礼。帝恚抵床曰：畜生，何足付大事？独孤误我。将召故太子勇，素闻之，白广，令右庶子张衡入弑帝，其夜广逼淫陈夫人。广即位，是为炀帝，遣人缢杀勇，后杀其八子。弟汉王谅为并州今山西太原府。总管，发兵反，帝遣杨素讨破之，虏谅以归杀之，谅所部吏民，坐死徙者二十余万家。　五五五节炀帝营建洛阳为东京，今河南河南府治。役丁二百万人，作显仁宫，在河南府宜阳县东南。发江南奇材异石，又求海内嘉木异草珍禽奇兽以实苑囿，又发民百余万开通济渠，自西苑在河南府城西。引谷洛水达于河，引河入汴，引汴入泗，以达于淮，又开邗沟在江苏扬州、淮安二府境内，今为运河之一部。入江，渠旁筑御道，自长安至江都，县名，江都郡治晋广陵县，今江苏扬州府治。置离宫四十余所，充以美女，遣人往江南，造龙舟及杂船数万艘，以备游幸之用。筑西苑，广数里，其内为海，起三神山，台观殿阁罗络山上，北有渠萦纡注海，缘渠作十六院，皆以夫人主之。穷极华丽，宫树凋落，则剪彩为花叶缀之，沼内亦剪彩，为荷芰菱芡，色渝则易之，好以月夜从宫女数千骑游西苑，作清夜游曲，马上奏之。　五五六节后又发民百余万，开永济渠，今名卫河。引沁水南达于河，北通涿郡，今直隶顺天府。丁男不给，兼役妇人。又凿太行山，通驰道，筑长城于西北二边，营晋阳、汾阳二宫。晋阳宫在山西太原府太原县北，汾阳宫在山西沂州静乐县北。又穿江南河，今为浙西运河。自京口至余杭，郡名，今浙江杭州府。帝或幸东京，或游江都，或北巡长城，或西抵河右，营造巡游无虚岁。尝帅大军泝金河，在山西归化城南，西南入黄河。幸突厥北狄国名，详见第七篇。启民可汗帐，赋诗曰：呼韩顿颡至，屠耆接踵来。何如汉天子，空登单于台。征四方散乐，悉集东京，诸蕃来朝，陈百戏于端门外以示之，执丝竹者万八千人，自昏达旦，终月而罢，费钜万，岁以为常。

第二章　隋国分崩

五五七节炀帝南平林邑，南亚细亚国名，今安南国南境。西克吐谷浑，皆郡县其地。遣兵攻琉球，虏其民而还。又征高丽王元入朝，不至。大业七年，我纪元千二百七十一年，推古帝十九年。下诏亲征高丽，征国内兵，会涿郡，敕河南、淮南、江南，造戎车五万乘，供载衣甲幔幕，发河南北民夫，以供军须，发江淮以南民夫及船，运黎阳、县名，属汲郡，今河南卫辉府濬县，仓城在县西南。洛口仓城在河南府巩县东。诸仓米，舳舻相次二百里，往还常数十万人，昼夜不绝，死者相枕，举国骚动，重以官吏侵渔，百姓穷困，始相聚为群盗。八年，师发涿郡，凡一百十三万，馈运者倍之，首尾亘百余里。帝渡辽河，攻辽东城汉故郡治，自晋末属高丽，故城在盛京奉天府辽阳州北。不克，诸军进渡鸭绿江，大败而还。九年，再征兵亲征，攻辽东，亦不克。　五五八节蒲山公李密少有才略，轻财好士，尝乘黄牛读《汉书》，楚公杨素遇而奇之，素子玄感与密为深交。素卒，玄感潜谋作乱，至是督运黎阳，遂率运夫反，引密为谋主，围东都，帝引军还，遣将讨之，玄感兵败走死，密被逮，伺守者懈，逸去。　五五九节十年，帝复征高丽，次怀远镇，在直隶永德府朝阳县西。高丽王元遣使乞降，帝还西京，征元入朝，元竟不至。已而帝如东都，如汾阳，巡北边，又如江都，巡游仍不止，使代王侑留守西京，越王侗留守东都。二王皆元德太子昭之子也。　五六〇节十二年，群盗翟让等起于河南，李密往从之，攻掠郡县。十三年，恭帝侑义宁元年。击败东都兵，让推密为主，号魏公，修洛口城据之，略取河南诸郡。是时豪杰窃据四方，隋国分崩，鄱阳郡名，今江西饶州府。贼帅林士弘称楚帝据江南，东海郡名，今江苏海州。李子通据海陵、县名，属江都郡，今江苏扬州府泰州。章邱，县名，属齐郡，今属山东济南府。杜伏威据历阳。县名，历阳郡治，今安徽和州。河北多盗，漳南县名，属清河郡，故城在山东东昌府恩县西北。窦建德最大，称长乐王，据乐寿、县名，属河间郡，今直隶河间府献县。马邑。郡名，今山西朔平、大同二府。校尉刘武周、朔方郡名，后魏夏州，今陕西榆林府。郎将梁师都，各据郡反，附于突厥。突厥立武周为定杨可汗，武周自称帝，取楼烦、今山西沂州静乐县，及太原府西北境。定襄、今内蒙古归化城土默特地。雁门今山西代州。诸郡。师都取雕阴、今陕西绥德州。弘化、今甘肃庆阳府。延安今陕西延安府。等郡，称梁帝，突厥与以可汗号。金城郡名，今甘肃兰州府。校尉薛举据陇西，称西秦霸王，寻称秦帝。武威司马李轨据河西，称凉王，后称帝。后梁宣帝曾孙萧铣据巴陵，县名，巴陵郡治，今湖南岳州府治。称梁王，后称帝，徙都江陵。

第三章　唐定祸乱

五六一节唐公李渊者，晋西凉公暠七世孙也，祖虎仕魏有功，封陇西公，父昞于周世封唐公，渊袭爵。炀帝尝以渊为弘化留守，御众宽简，人多附之。四方盗起，帝以渊为山西河东抚慰大使，讨捕群盗，多捷，寻为太原郡名，今山西太原府。留守。突厥数侵边，诏渊击之。　五六二节渊次子世民，聪明勇决，识量过人，见隋室方乱，阴有济世安民之志，与晋阳令刘文静及宫监裴寂相结，文静谓世民曰：今主上南巡，群盗万数，当此际，有真主驱驾而用之，取天下如反掌耳。太原百姓，收拾可得十万人，尊公所将之兵复数万，以此乘虚入关，号令天下，不过半年，帝业成矣。世民笑曰：君言正合我意。乃阴部署宾客，而渊不知也。会渊兵拒突厥不利，渊恐获罪，世民乘间说曰：顺民心，兴义兵，转祸为福。渊大惊曰：汝安得为此言？吾今执汝告县官。世民徐曰：世民睹天时人事如此，故敢发言，必欲执告，不敢辞死。渊曰：吾岂忍告，汝慎勿出口。明日复说曰，人皆传李氏当应图谶，故李金才无故族灭，大人若能尽贼，则功高不赏，身益危矣。惟昨日之言，可以救祸，愿勿疑。渊叹曰：吾一夕思汝言，亦大有理，今日破家亡身，亦由汝，化家为国，亦由汝矣。　五六三节先是，裴寂私以晋阳宫人侍渊，渊从寂饮，酒酣，寂曰：二郎阴养士马，欲举大事，正为寂以宫人侍公，恐事觉并诛耳。炀帝以渊不能御寇，遣使者执诣江都，世民与寂等复说曰：事已迫矣，宜早定计，且晋阳士马精强，宫监蓄积巨万，代王幼冲，关中豪杰并起，公若鼓行而西，抚而有之，如探囊中物耳。渊乃募兵，远近赴集，遣使于突厥借其援。　五六四节渊使世子建成及世民击西河，郡名，今山西汾州府。拔之，执郡丞高德儒，世民数其佞谀，斩之，自余不戮一人，秋毫无犯。渊进兵取临汾、今山西平阳府。绛郡，今山西绛州。济河而西，遣建成守潼关，世民徇渭北，关中吏民及群盗争归之。渊合诸军围长安，旬日拔之，立代王侑为帝，遥尊炀帝为太上皇，渊自为大丞相、唐王。大业十四年，恭帝侑义宁二年，恭帝侗皇泰元年，唐高祖武德元年。加九锡，受禅于侑称帝，是为唐高祖神尧皇帝。立建成为皇太子，世民为秦王，奉侑为酅国公。是岁我推古帝二十六年也。时秦主薛举殂，子仁杲立，世民破秦降仁杲，归杀之。　五六五节炀帝至江都，荒淫益甚，酒卮不离口，见中原已乱，无心北归，欲保江东。从驾多关中人，思归，遂谋叛，以许公宇文化及为主，夜引兵入宫，缢杀之，宗室外戚无少长皆死，惟存帝侄秦王浩，立为帝，化及自称大丞相，拥众而西。魏公李密据巩洛巩县名，属河南郡，今属河南府，洛即洛口城。以拒之，化及北走，鸩杀浩，自称许帝。　五六六节炀帝凶问至东都，隋留守官奉越王侗即位，是为皇泰帝，谥先帝曰世祖明帝。谓之炀者，依唐之追谥也。王世充在东都，屡与李密战，遂大败之，密走降于唐，唐高祖遣密收抚山东，密叛去，唐人获而斩之。　五六七节长乐王窦建德取河北诸州，改国号曰夏，明年，隋皇泰二年，唐武德二年。击破许主宇文化及于聊城，县名，属武阳郡，今山东东昌府治。执而杀之，与王世充结好，奉表于隋，隋仍封为夏王。隋帝侗立一年，世充废之，而自称郑帝，寻杀侗，谥曰恭帝。及酅公杨侑卒，唐亦谥恭帝，故隋末有二恭帝。

隋凡四帝、文帝、炀帝、恭帝侑、恭帝侗。三十九年而亡。夏王建德闻世充自立，乃绝之，始用帝制。　五六八节唐帝遣人诈仕凉主李轨，袭执以归杀之，河西平。定杨可汗刘武周遣其将宋金刚取唐河东诸州，唐武德三年，秦王世民击金刚，大破之，金刚及武周皆走死。世民击郑，郑主世充求救于夏，四年，世民围洛阳，夏王建德救郑，世民大破擒之，世充出降。世民还长安，献俘太庙，斩建德于市，赦世充，寻为人所杀。帝又遣族子赵郡王孝恭及李靖击江陵，梁主萧铣出降，送长安杀之。李靖度南岭，悉平岭南。建德故将刘黑闼起兵漳南，复夏旧境，称汉东王，为世民所破，后其将执降于唐，杀之。　五六九节先是，武康县名，属吴郡，今属浙江湖州府。沈法兴据毗陵，县名，毗陵郡治，今江苏常州府治。称梁王，李子通取江都，称吴帝，杜伏威以历阳附于唐，唐封为吴王，子通败梁兵，取其地，伏威使辅公祏攻之，子通败走，袭法兴，法兴走死，伏威后又击子通，执送长安，五年入朝，留辅公祏守丹阳。是时楚主林士弘已衰，及死，其众自散。六年，公祏反，称宋帝，七年，赵郡王孝恭讨斩之，江南平。于是僭伪皆亡，惟梁师都犹存，至太宗皇帝贞观二年，我推古帝三十六年。乃为唐所灭。

第五篇　唐上

第一章　李世民擅杀兄弟

五七〇节唐高祖之起晋阳也，皆秦王世民之谋，高祖谓世民曰：事成，当以汝为太子。将佐亦以为请，世民固辞而止。李密降唐，初见高祖，犹有傲色，及见世民，不觉惊服，退而叹曰：真英主也。世民提兵，战无不胜，破薛仁杲，走刘武周，擒窦建德，降王世充。高祖以世民功大，特置天策上将，位在王公上，以世民为之，开府置官属。　五七一节世民以国内寖平，开馆以延文学之士，杜如晦、房玄龄、虞世南、褚亮、姚思廉、陆德明、孔颖达等十八人，并以本官兼文学馆学士，分为三番，更日直宿，世民暇日辄至馆中，讨论文籍，或至夜分，使阎立本图像，褚亮为赞，号十八学士。士大夫得预其选者，时人谓之登瀛洲。　五七二节皇太子建成好酒色游畋，弟齐王元吉骄侈多过失，而世民功名日盛，建成内不自安，乃与元吉协谋，共倾世民。高祖多内宠，二人曲意谄事诸妃嫔，世民独不事之，由是妃嫔皆誉二人而短世民，高祖惑之，猜嫌益甚。　五七二节武德九年，我推古帝三十四年。建成、元吉欲害世民，房玄龄、杜如晦、长孙无忌、尉迟敬德等，劝世民杀建成、元吉，力请乃决，于是密奏，兄弟专欲杀臣，似为世充、建德报仇。明日，帅兵伏玄武门，建成、元吉入，觉有变欲还，世民追射建成杀之，尉迟敬德射杀元吉，建成、元吉诸子皆被杀。高祖立世民为太子，国事悉委太子，处决然后闻奏。初，东宫官属魏征，常劝建成早除世民，及是世民召征，责以离间兄弟，征举止自若，对不屈，世民礼之。王珪亦尝为建成谋，皆以为谏议大夫。高祖寻自称太上皇，诏传位于太子，太子即位，是为太宗文武皇帝。

第二章 太宗之治

五七四节太宗初立，与群臣语及教化，曰：大乱之后，民未易化也。魏征曰：不然，久安之民，骄佚难教，经乱之民，愁苦易化。封德彝曰：三代以还，人渐浇讹，故秦任法律，汉杂霸道，盖欲化而不能，岂能之而不欲邪？征曰：五帝三王不易民而化，汤武皆能身致太平，岂非承大乱之后邪？帝卒从征言。或请重法禁盗，帝曰：当去奢省费，轻徭薄赋，选用廉吏，使民衣食有余，自不为盗，安用重法邪？贞观元年我推古帝三十五年。关内唐十道之一，见五九〇节。饥，二年诸道蝗，三年我舒明帝元年。大水，帝勤而抚之，民未尝嗟怨。四年，全国大稔，米价甚贱，终岁断死刑才十九人，史称海内升平，路不拾遗，外户不闭，商旅野宿焉。时封德彝既死，帝曰：魏征劝我行仁义，今既效矣，惜不使德彝见之。 五七五节唐雅乐有七德、九功舞，七德舞者，本名秦王破陈乐，太宗破刘武周时所作也，百余人被银甲，执戟而舞，以象武功；九功舞者，童子八佾，冠进德冠，舞踏安徐，以象文德。魏征欲帝偃武修文，每侍宴见七德舞，辄俛首不视，见九功舞则谛观之。 五七六节帝常自以骄侈为惧，首放宫女三千余人，尝曰：人主惟一心，攻之者众，或以勇力，或以辨口，或以谄谀，或以奸诈，或以嗜欲，辐凑各求，自售人主，少懈而受其一，则危亡随之，此其所以难也。尝问侍臣创业、守成孰难，房玄龄曰：草昧之初，群雄并起，角力而后臣之，创业难矣。魏征曰：自古帝王莫不得之于艰难、失之于安逸，守成难矣。帝曰：玄龄与吾共取天下，出百死得一生，故知创业之难；征与吾共安天下，常恐骄奢生于富贵，祸乱生于所忽，故知守成之难。然创业之难往矣，守成之难，方与诸公慎之。 五七七节帝虽以武功定祸乱，终以文德致治平，崇儒好学，置弘文馆，聚四部书二十余万卷，精选文学之士虞世南、褚亮等，以本官兼学士，听朝之隙，引入内殿讲论前言往行，商榷政事，取三品以上子孙充弘文馆学生，数幸国子监，大征名儒为学官，学生能明一经以上者，皆得补官，增筑学舍千二百间，增学生满三千余员，自屯营飞骑，亦给博士授经，有能通经者，听得贡举，于是四方学者云集京师，乃至高丽、百济、新罗、三国皆见第七篇。高昌、西域国名，汉车师前部，今甘肃镇西府西境。吐番今西藏。诸君长，亦遣子弟请入国学，升讲筵者至八千余人。帝以师说多门，章句繁杂，命孔颖达与诸儒定五经疏，谓之正义。　五七八节初，房玄龄、杜如晦仕秦府时，府僚多补外官，如晦亦出，玄龄谓太宗曰：余人不足惜，杜如晦王佐之才，大王欲经营四方，非如晦不可。太宗即奏留之，使参谋帷幄，剖决如流。太宗每令玄龄入奏事，高祖曰：玄龄为吾儿陈事，虽隔千里，皆如面谈。太宗既立，以玄龄、如晦为左、右仆射，总领六部，王珪为侍中，统门下，魏征以秘书监参预朝政。玄龄谋事，必曰"非如晦不能决"，及如晦至，卒用玄龄策。盖玄龄善谋，如晦善断，二人同心徇国，故唐世称贤相，推房杜焉。史家赞曰：玄龄佐太宗凡三十二年，然无迹可寻，太宗定祸乱，而房杜不言功，王魏善谏诤，而房杜让其贤，英卫善将兵，而房杜行其道，理致太平，善归人主，为唐宗臣，固宜哉！王魏者，王珪、魏征；英卫者，英公李世勣、卫公李靖也。　五七九节帝自知神采为臣下所畏，常温颜接群臣，导人使谏，赏谏者以来之。魏征最善谏，前后数十疏。贞观十三年，征上疏陈帝之志业比贞观初渐不克终者十条，帝深奖叹。十七年，我皇极帝二年。征卒，帝曰：以铜为镜，可正衣冠，以古为镜，可见兴替，以人为镜，可知得失，征没，朕亡一镜矣，自制碑文书石。是岁，又命画功臣于凌烟阁，长孙无忌、赵郡王孝恭、杜如晦、魏征、房玄龄、高士廉、尉迟敬德、李靖、萧瑀、柴绍、侯君集、虞世南、李世勣等二十余人。　五八〇节太子承乾不才，弟魏王泰多能有宠，潜有夺嫡之志，侯君集负功怨望，以承乾暗劣，欲乘衅图之，因劝之反，事觉，废为庶人，君集坐诛，泰亦以险诈不立，皇后兄长孙无忌力劝帝立泰弟晋王治为太子。　五八一节魏征尝荐君集，君集诛，帝始疑征阿党，又有言征自录前后谏辞，以示起居郎褚遂良者，帝愈不悦。征临终，帝面指公主，欲以妻其子，至是罢其婚，踣所撰碑，后及征高丽无功，叹曰：魏征若在，不使我有此行也，命驰驿祠征，复立所踣碑。

第三章　太宗威加四夷

五八二节武德末，突厥颉利可汗与其侄突利可汗，大举侵唐，至豳州，属关内道，今属陕西。高祖命太宗拒之。突厥尝与唐和亲，太宗帅百骑驰诣敌阵，责其负约，且曰：我秦王也，可汗能斗，独出与我斗。颉利笑而不应。又遣人说突利以利害，突利听命，颉利使突利与盟而还。　五八三节太宗初立，颉利与突利合十余万骑入泾州，属关内道，今属甘肃。颉利进至渭水便桥在陕西西安府咸阳县东南。之北，太宗自与高士廉、房玄龄等六骑，径诣渭水上，与颉利隔水而语，责以负约，突厥大惊，皆下马罗拜。俄而诸军继至，旌甲蔽野，颉利惧，请盟而退。　五八四节贞观二年，我推古帝三十六年。遣柴绍等击朔方梁师都，突厥救之，绍等大破突厥兵，进围师都，其下杀之，以城降。四年，我舒明帝二年。遣李世勣、李靖、柴绍等击突厥，靖袭破颉利于阴山，颉利遁走，别将擒之以献，诸部皆降。时突利先已入朝，帝处突厥降众东自幽州，属河北道，今直隶顺天府。西至灵州，属关内道，今属甘肃宁夏府。分突利地为四州，顺、祐、化、长。分颉利地为六州，以突利为顺州故城在直隶承德府东境土默特右翼界内。都督，颉利为右卫大将军，诸酋长至者皆拜官，布列朝廷，五品以上百余人。　五八五节当是时，大唐威振四夷，东北诸夷契丹、奚、霫、以上三种皆东胡别种，居幽州、营州之北，今直隶承德府及内蒙古东部。室韦、契丹别种，居契丹东北，今黑龙江省。靺鞨东夷种名，盖亦东胡别种，居契丹东今吉林省。数十部，西夷伊吾、今甘肃镇西府哈密厅，时西突厥种落居之。党项西羌别种居吐谷浑南今青海东南部。诸部皆内附，远方诸国朝贡相踵。唐以伊吾置伊州，开党项为十六州，苗傜诸蛮之地亦多设州，四夷君长诣阙请帝为天可汗，帝曰：我为大唐天子，又下行可汗事乎？群臣四夷皆称万岁。是后玺书赐西北君长，皆称天可汗。帝尝奉太上皇置酒未央宫，上皇命颉利可汗起舞，又命岭南蛮酋冯智戴咏诗，笑曰：胡越一家，古未有也。　五八六节吐谷浑数侵西边，九年，遣李靖、侯君集等击破之，可汗伏允走死，诏复其国，以伏允子慕容顺为可汗。顺死，子诺曷钵立，十年，遣子弟入侍。吐番在吐谷浑西南，自古未通支那，唐初国势寖强，其王称赞普，赞普弃宗弄赞有勇略，四邻畏之，太宗遣使慰抚之。弄赞奉表求婚，帝未之许，弄赞发兵击破吐谷浑、党项，进攻松州。属陇右道，今四川松潘厅。十二年，遣侯君集等击破之，弄赞惧，谢罪，因复请婚。高昌王麹文泰多遏绝西域朝贡，又与西突厥共击伊吾及焉耆，西域国名，今回疆喀喇沙尔。焉耆诉之。十四年，遣侯君集等击灭高昌，西突厥叶护以可汗浮图城在高昌西北，汉车师后部，今甘肃迪化州。降，以高昌地为西州，浮图城为庭州，置安西都护府于交河城，高昌属城，汉车师前王旧治，今甘肃镇西府吐鲁番厅。留兵镇之。十五年，以宗女嫁吐番，弄赞大喜，遣子弟入国学。　五八七节十八年，我皇极帝三年。帝亲征高丽，褚遂良谏，不听。明年，我孝德帝大化元年。渡辽水，克辽东城，降白岩城，故城在盛京奉天府辽阳州东北。进攻安市城，故城在奉天府盖平县东北。大破其救兵于城下。安市城险兵精，坚守不下，议者欲拔乌骨城，在安市东南，近大海。渡鸭绿水，直取平壤，高丽国都，今置府，属平安道。长孙无忌谓，亲征，异于诸将，不可乘危。帝以辽左早寒，士马难久留，且粮将尽，敕班师。是行欲一举灭高丽，不能成功，帝深悔之。　五八八节二十年，遣李世勣等击薛延佗匈奴别种，敕勒诸部之一，居突厥故地。降之，帝自诣灵州，招谕敕勒诸部，回纥等十一姓回纥、拔野古、同罗、仆骨、多滥葛、思结、阿跌、契苾、跌结、浑、斛薛。各遣使归命，乞置官司。诏曰：朕聊命偏师逐擒颉利，始弘庙略已灭延陀、铁勒，即敕勒。百余万户请为州郡，混元以降，殊未前闻，宜备礼告庙，仍颁示普天。帝为诗曰：雪耻酬百王，除凶报千古。勒石于灵州。明年，以敕勒诸部为六都督府七州，以其酋长为都督刺史，置燕然都护府在北河之北，今内蒙古乌喇忒部西境。以统之。　五八九节二十二年，遣王玄策使印度，有一国王发兵攻玄策，玄策遁抵吐番西境，征吐番及泥婆罗吐番属国，在吐番之西，今后藏界内。之兵进击破之，擒其王以归。又遣阿史那社尔颉利可汗兄子。等击破龟兹，西域国名，今回疆库车。西域震骇。二十三年，遣高侃击突厥余众，是岁太宗崩。高宗永徽元年，我孝德帝白雉元年。侃追车鼻可汗，擒之于金山，在外蒙古赛因诺颜部内。于是突厥诸部尽为内臣，置府州二十有余，以单于都护府治云中，即后魏盛乐之地。统之。其后遣苏定方等击破西突厥，获沙钵罗可汗。龟兹国乱，遣杨胄讨平之，徙安西都护治焉。遂以吐火罗、汉大月氏苗裔居拔克特利故地，今阿富汗国北境。嚈哒、大月氏别种，居吐火罗东，今巴达克善地。罽宾、在嚈哒南，今印度迦什米尔北境。波斯汉时怕提亚地，在吐火罗西，今波斯国东北境。等十六国置府州八十有余，并隶安西府。又徙燕然都护府于回纥，后改名安北，统碛北诸府州，与单于都护以碛为界。又灭百济，以其地置五都督府，遂平高丽，以其地为九府四十二州，置安东都护府于平壤以统之，寻以高丽余众复起徙治辽东。又改交州都督府曰安南都护府。至则天武氏时，置北庭都护府于庭州。　五九〇节汉人蔑视夷狄，斥为异类，故绥御多乖，方不能得其欢心，独太宗视华夷如一，故四夷皆畏而爱之。贞观初，中国三百余州，分为十道，曰关内、今陕西终南山以北，及甘肃东境。河南、今河南山东二省，及江南淮水以北。河东、今山西省。河北、今直隶省，及河南北境三府、山东西北隅。山南、今陕西终南山以南，及河南南阳府、湖北大半、四川东北境。陇右、今甘肃省，及四川西北隅。淮南、今江南江淮之间，及河南光州、湖北东境。江南、今江南，湖北之大江以南，及浙江、福建、江西、湖南、贵州五省、四川酉阳州。剑南、今四川之大半。岭南，今两广，及安南国。犹古九州也。其后蛮夷内属者，即其部落为羁縻府州，多至八百，统于都护及边州都督。安东都护府属河北道，镇东夷；安北、单于二府属关内道，镇北狄；安西、北庭二府属陇右道，镇西域及北狄；安南府属岭南道，镇南海。威令所及，纵横千余里，东逾鸭绿江，西跨温都固斯山，在阿富汗国北境。南尽林邑，北至骨利斡，敕勒一部，于诸部为最远，今露国也，尼塞斯科之地。汉人声势之盛，自古未有如唐代者也。

第四章　武韦之祸附玄宗再定内难

五九二节太宗有疾，谓太子治曰：李世勣才知有余，然汝与之无恩，我今黜之，我死，用为仆射，亲任之，若徘徊顾望，则当杀之耳。乃左迁叠州属陇右道，故城在甘肃洮州厅南。都督，世勣受诏，不至家而去。帝尝作《帝范》十二篇以赐太子，曰修身治国，尽在其中，一旦不讳，更无所言矣。帝在位二十三年崩，太子即位，是为高宗天皇大帝，舅长孙无忌与褚遂良受遗诏辅政，召李勣为左仆射，寻为司空。勣即世勣，避太宗讳，去世字。　五九三节太宗才人武氏，故荆州都督士彟之女也，年十四，太宗闻其美，召入后宫。太宗崩，才人年二十六，与群妾为尼，会高宗皇后王氏与萧淑妃争宠，密令武氏蓄发，劝高宗纳之。既入，后与淑妃皆失宠。永徽六年，我齐明帝元年。高宗欲废后而以武氏代之，佞臣许敬宗、李义符赞之，褚遂良不可，帝以问李勣，勣曰：此陛下家事，何必更问外人。遂立武氏为皇后，王、萧皆遇害，遂良贬而死。武后以长孙无忌不助己，深怨之，令敬宗诬以谋反，削官窜黔州，属江南道，今四川酉阳州彭水县。寻杀之，籍没其家。　五九四节高宗苦风眩，不能视百司奏事，或使武后决之。后性明敏，涉猎文史，处事皆称旨，由是委以政事，权与人主侔。上元元年，高宗二十五年，我天武帝白凤三年。帝称天皇，后称天后，时人谓之二圣。帝在位三十四年，政在中宫者二十五年矣。自褚遂良等死后，群臣无敢谏者。李善感因事一谏，人以为凤鸣朝阳。　五九五节初，高宗以贱妾子忠为太子，武后废之，立所生子弘。弘仁孝，中外属心，忤后意，后酖之，立其次曰贤，又以事废之，而立其次哲。高宗崩，哲即位，是为中宗皇帝，尊天后为皇太后，立妃韦氏为皇后。中宗即位二月，太后废为卢陵王，而立其弟豫王旦，是为睿宗皇帝，太后临朝称制，杀故太子贤，迁中宗于房州，属山南道，今湖北郧阳府南境。追王武氏祖考。英公李敬业故勣之孙。起兵扬州，令文士骆宾王作檄，排击武氏，极其丑诋，太后遣将击平之。高宗弟越王贞又举兵匡复，不克而死。太后遂杀唐宗室贵戚数百人，自名曌，号圣神皇帝，改国号曰周，以睿宗为皇嗣，赐姓武氏，立武氏七庙，追尊周文王为始祖，时曌年六十七矣。　五九六节曌素知人心不服，欲立威以拑制国人，盛开告密之门，纵酷吏周兴、来俊臣、邱神勣等起大狱，锻炼罗织，率以反逆诬人，大臣诛灭者数百家。其残忍好杀，古今希见其比，然有权略，善用人，贤才亦竞为之用，徐有功仁恕执法，曌敬惮之，将相多得人，魏元忠、娄师德、狄仁杰、姚崇皆名相，宋璟亦显于朝。师德沉厚宽恕，仁杰之入相，师德实荐之，而仁杰不知，每毁师德。曌语仁杰曰：朕之用卿，师德所荐也。仁杰退而叹曰：娄公盛德，我为所容久矣。　五九七节曌侄武承嗣、武三思，营求为皇太子，仁杰从容言于曌曰：文皇帝栉风沐雨，亲冒锋镝，以定天下，传之子孙，大帝以二子托陛下，今乃欲移之他族，无乃非天意乎？且姑侄与母子孰亲？陛下立子，则千秋万岁后，配食太庙，立侄，则未闻侄为天子，而祔姑于庙者也。曌稍悟，仁杰又劝召还卢陵王，曌遂召中宗于房州，立为太子，以睿宗为相王。　五九八节曌信重仁杰，称为国老而不名，仁杰好面折廷争，曌每屈意从之。仁杰卒，曌泣叹。姚崇、桓玄、范敬晖等数十人，皆仁杰所荐，或曰，天下桃李，悉在公门矣。仁杰曰：荐贤为国，非为私也。曌尝问仁杰曰：欲得一佳士用之，谁可者？仁杰曰：有张柬之者，虽老，宰相才也。后竟用为相。　五九九节曌初嬖僧怀义，已而恶其骄恣杀之，后嬖张易之、昌宗兄弟，曌年老，政事多委之，二张势倾朝野。神龙元年，武曌篡位十六年，中宗复位元年，我文武帝庆云二年。曌疾甚，张柬之与崔玄暐、敬晖、桓玄范、袁恕己率羽林将军李多祚等，举兵讨内乱，迎中宗于东宫，斩关入，斩易之、昌宗于庑下，中宗即位，上曌尊号，曰则天大圣皇帝，是岁崩，年八十二。则天立睿宗而称制者七年，易唐为周者十五年。　六〇〇节中宗在房州，欲自杀，韦妃每止之。中宗与私誓曰：异时幸复见天日，当惟卿所欲，不相禁御。及复位，妃复为皇后，帝每临朝，后必施帷幔坐殿上，预闻政事，如武后在高宗之世。帝爱女安乐公主适武三思之子，三思以是得入宫禁，帝遂与之图议政事，张柬之等五人皆受制。三思与韦后通，共谮五人，皆赐王爵而罢政，已而远窜杀之。安乐公主负势骄横，卖官鬻狱，宰相以下，多出其门。太子重俊非后所生，后及三思等恶之，重俊与李多祚等，发羽林兵，杀三思父子，入犯宫，败死。　六〇一节景龙四年，中宗复位六年，七月以后睿宗景云元年，我元明帝和铜三年。人有上言皇后淫乱，帝面诘之，其人不屈，中书令宗楚客矫制扑杀之，帝意怏怏，后及其党始惧。马秦客、杨均皆幸于后，恐事泄，安乐亦欲后临朝，以己为皇太女，乃相与谋，于饼饺中进毒，帝在位六年而遇弑，帝妹太平公主草遗制，立皇子重茂，是为殇帝，韦后为太后摄政。睿宗之子隆基密谋匡复，厚结羽林豪杰，起兵讨乱，斩韦后及安乐，并其党皆杀之，废殇帝，奉睿宗立之。睿宗重祚，立隆基为太子。　六〇二节睿宗以姚崇、宋璟为相，二人协心，革弊政，进忠良，退不肖，赏罚尽公，纪纲修举。太平公主于诛二张、诛韦氏时，皆有力焉，势甚尊重，帝常与议政，权倾人主，其门如市，惮太子英武，欲易之，赖姚、宋等感悟帝意，太子得无变，然姚、宋由是被贬。帝在位二年，传位太子，仍总大政。太子立，是为玄宗皇帝，世谓之明皇。太平依上皇之势，擅权用事，文武大半附之。开元元年，玄宗即位二年，我元明帝和铜六年。阴谋废立，玄宗与近臣定计，收太平之党尽斩之，太平母子皆赐死。上皇自是不预政，后三年崩。

第五章　开元之政

六〇三节玄宗亲政，励精图治，召姚崇为紫微令。崇吏事明敏，裁决如流，帝专任之。崇由事辞相，荐宋璟自代。璟为黄门监，务在择人，随材授任，刑赏无私，敢犯颜直谏，帝甚敬惮之。崇、璟相继为政，崇善应变成务，璟善守法持正，二人志操不同，然协心辅佐，使赋役宽平，刑罚清省，百姓富庶。开元之政，比隆于贞观，故唐世贤相，前称房杜，后称姚宋，他人莫得比焉。二人每进见，帝辄为之起，去则临轩送之。　六〇四节开元八年，玄宗九年，我元正帝养老四年。宋璟由微过而罢，盖帝外虽重璟，心实厌之也。是后在相位者，率皆常才。宇文融善言财利，然徒劳扰百姓，事多不就，惟韩休、张九龄，俱以直著焉。休同平章事，帝或宴游，小过辄谓左右曰：韩休知否？言终，谏疏已至。左右曰：休为相，陛下殊瘦于旧。帝叹曰：吾虽瘦，天下肥矣。为相数月而罢，九龄为中书令。　六〇五节帝即位初，患风俗奢靡，焚珠玉锦绣于殿前，禁后妃以下皆不得服之。在位已久，渐肆奢欲，九龄每事争之。二十四年，我圣武帝天平八年。帝听武惠妃则天后之从孙。之谗，欲废太子瑛及二皇子，鄂王瑶、光王琚。九龄力谏，帝不悦，九龄坐事罢，李林甫代之。明年，帝遂杀三子。　六〇六节林甫柔佞多狡数，深结宦官及妃嫔家，迎合上意以固宠，杜绝言路，掩蔽聪明，尝语诸谏官曰：不见立仗马乎？一鸣辄斥去。性阴险，妒贤嫉能，人以为口有蜜、腹有剑，屡起大狱，诬陷异己，在相位十九年，养成国乱而帝不悟也。

第六章　安史之乱附吐蕃、回纥之寇

六〇七节玄宗天宝元年，即位三十一年，我圣武帝天平十四年。以安禄山为平卢节度使，治营州。禄山本营州属河北道，今内蒙古土默特地。杂胡也，与同里史思明相爱，俱以骁勇闻。禄山倾巧善事人，帝左右至营州，禄山皆厚赂，左右誉之，帝以为贤，故授以节镇，三年，兼范阳节度使。治幽州。　六〇八节初，武惠妃卒，帝悼念不已，后宫数千，无当意者，或言寿王妃杨氏之美。寿王者，帝子瑁也。帝为瑁别娶，而纳杨氏嬖之，号太真。四年，册为贵妃，宠遇无比，举族皆贵盛，从祖兄钊以善樗蒲得幸，判度支事，务聚敛，屡奏帑藏充牣，古今罕俦。帝帅群臣观之，由是视金帛如粪土，赏赐无限，赐钊名国忠。　六〇九节九年，我孝谦帝天平胜宝二年。赐禄山爵东平郡王，兼河北道采访处置使。禄山入朝，帝为之起第，穷壮丽，日遣诸杨与之游宴。禄山体肥大，帝尝指其腹曰：此胡腹中何所有？对曰：有赤心耳。禄山请为贵妃儿，帝与妃坐，禄山先拜妃，帝问其故，对曰：胡人先母而后父。帝悦。禄山生日，赐与甚厚。后三日召入，妃以锦绣为大襁褓，裹禄山，使宫人以彩舆舁之。帝闻欢笑声，问故，左右以贵妃洗禄儿对。帝赐妃洗儿金银钱，尽欢而罢。自是出入宫掖，颇有丑声，帝不疑。　六一〇节禄山求兼河东节度使，治太原府。帝从之。是时，李林甫专政，武备堕弛，禄山既兼领三镇，有轻唐之志，归范阳郡名，即幽州。养壮士，聚兵仗，为自强之计。十一年，林甫卒，杨国忠为相，禄山素蔑视国忠，由是有隙。国忠言：禄山必反，且曰：试召之，必不来。十三年，禄山闻召即至，帝加左仆射使归。十四年，禄山请以蕃将代汉将，帝犹不疑。又表请献马三千匹，每匹二人执鞚，二十二将部送，帝始疑之，遣使止其献，禄山踞床不拜，曰：马不献亦可，十月当诣京师。使还，亦无表。是冬遂反，发所部兵及奚、契丹等，凡十五万，自范阳引而南，步骑精锐，烟尘百里。时承平久，民不识兵革，郡县望风瓦解，禄山渡河，进陷东京。　六一一节帝闻河北皆从贼，叹曰：二十四郡，曾无一人义士邪！已而闻平原郡名，即德州，属河北道，今山东济南府陵县。太守颜真卿起兵讨贼，大喜曰：朕不识真卿作何状，乃能如此！常山郡名，即恒州，属河北道，今直隶正定府。太守颜杲卿，亦起兵讨贼，河北诸郡应之。杲卿，真卿之从兄也。十五年，七月以后肃宗至德元年。禄山自称燕帝，其将史思明攻陷常山，执杲卿送洛阳，禄山数其反己，杲卿曰：我为国讨贼，恨不斩汝，何谓反也？臊羯狗何不速杀我。禄山大怒，缚而冎之，比死骂不绝口。　六一二节朔方节度使治灵州。郭子仪、河北节度使治所不详。李光弼，与史思明战，大破之，复河北十余郡。帝促兵马副元帅哥舒翰击贼，战于灵宝，县名，属陕州，今同。大败，麾下执翰降贼，贼入潼关，在陕西同州府华阴县东，今置厅。帝仓皇出奔，次于马嵬，驿名，在陕西西安府兴平县西。将士饥疲，皆愤怒，杀杨国忠等，逼帝缢杀杨贵妃，然后发。父老遮道请留，帝命太子亨慰抚之，父老拥太子马不得行，太子乃使子广平王俶驰白帝，帝使喻太子曰：汝勉之，西北诸胡，吾抚之素厚，汝必得其力。且宣旨欲传位，太子不受。　六一三节太子至平凉，郡名，即原州，属关内道，今甘肃平凉府。朔方留后杜鸿渐等迎入灵武，郡名，即灵州。请遵马嵬之命，笺五上，太子乃即位，是为肃宗皇帝，遥尊玄宗为上皇天帝。郭子仪将兵自河北至，军威稍振。玄宗至成都，命宰相奉传国宝玉册诣灵武，在位四十四年。 六一四节京兆李泌幼以才敏闻，肃宗在东宫，尝与泌为布衣交，至是遣使召之，事无大小，皆与之议，以广平王为天下兵马元帅，请泌为侍谋长史，遣使借兵于回纥。禄山自起兵以来目昏，又病疽躁暴，爱嬖妾子，欲代长子庆绪为嗣，至德二年，我孝谦帝天平宝字元年。庆绪杀禄山而自立，使史思明镇范阳。肃宗至凤翔，郡名，即岐州，属京畿道，今陕西凤翔府。回纥葛勒可汗遣其子叶护将精兵来援，广平王与副元帅郭子仪帅朔方等军及回纥西域之众，进击破贼，收复西京。广平王留镇抚三日，引军东出，与回纥夹击，贼大败，遂复东京，庆绪走保邺郡。即相州，属河北道，今河南彰德府。帝入西京，上皇亦自蜀还。广平王后为太子，更名豫。 六一五节禄山之入河南也，真源县名，属亳州，今河南归德府鹿邑县。令张巡帅吏民哭于玄元皇帝庙，起兵雍丘，县名，属汴州，今河南开封府杞县。屡破贼，既而入睢阳，郡名，即宋州，属河南道，今归德府。与太守许远共守，贼将尹子奇攻之，巡屡却之，城中食尽，或欲弃城，巡、远谋曰：睢阳，江淮之保障，若弃之，贼必长驱，是无江淮也，不如坚守以待救。食马，马尽，罗雀掘鼠，雀、鼠又尽，至括城中妇人老弱食之，城兵一万，仅余四百，终无叛者。贼登城，将士病不能战，城遂陷，巡、远等被杀。及庆绪北走，陈留郡名，即汴州，今开封府。人杀尹子奇以降。江淮之免寇，巡、远之力也。 六一六节乾元元年，肃宗三年。命郭子仪、李光弼等九节度使讨安庆绪，以宦者鱼朝恩为观军。容使二年，我淳仁帝天平宝字三年。史思明引精兵救庆绪，官军无统帅，进退不一，步骑六十万溃于相州，即邺郡。思明杀庆绪还范阳，称燕帝。帝使子仪总诸道兵，朝恩恶而短之，帝召还，子仪以光弼代之。光弼治军严整，始至，令一施，士卒壁垒，旗帜精明皆变，思明进军，复取东京，光弼与战于河阳，县名，属洛州，今河南怀庆府孟县。大败之。思明爱少子，而欲杀长子朝义，上元二年，肃宗六年。朝义使人杀思明而自立。 六一七节初，肃宗在灵武，张良娣有宠，与宦者李辅国谮杀皇子倓，李泌知肃宗不足与有为，及复两京，固请归衡山。其后良娣为皇后，辅国掌禁兵，与相表里，专权用事，晚更有隙。宝应元年，肃宗七年。玄宗崩，时肃宗寝疾，闻之转剧，后召太子豫，令诛辅国，太子恐震惊上体，不可，辅国闻其谋，夜勒兵幽后，捕其党。明日，肃宗崩，辅国弑后，然后引太子立之，是为代宗皇帝。代宗畏辅国，尊为尚父，宦者程元振劝代宗裁抑之，乃授王爵而罢其政，寻为盗所杀，或曰代宗使之也。　六一八节代宗求援于回纥，回纥牟羽可汗葛勒可汗之子，叶护之弟。自将兵来，帝以皇子雍王适为元帅，仆固怀恩副之，总诸道兵，与回纥共讨史朝义，大破之，取东京，朝义北走。广德元年，我天平宝字七年。贼将李怀仙杀朝义以降，伪燕平。雍王后为储君，德宗皇帝是也。　六一九节吐蕃在高宗世，既灭吐谷浑，尽臣羊同、党项诸羌，国势益盛，屡与唐相攻。及安史之乱起，西边精兵皆入援，留者单弱，吐蕃乘间蚕食，尽取河西陇右，遂自泾州属关内道，今属甘肃省。进入长安，代宗仓猝出奔陕州，属都畿道，今属河南省。急命郭子仪御之。子仪、张疑兵逼长安，吐蕃引去。　六二〇节是时，程元振专恣，忌嫉功臣，皆欲害之。吐蕃入，元振掩蔽，不以时奏，致帝狼狈。帝发诏征诸道兵，李光弼等皆恶元振，莫有至者，中外切齿，帝不得已削其官爵放之。光弼素与郭子仪齐名，以太尉河南副元帅镇临淮，郡名，即泗州，属河南道，今属安徽省。赐爵临淮王，寻迁徐州，属河南道，今江苏徐州府。拥兵不朝，麾下诸将不复禀畏，光弼愧恨成疾而卒。　六二一节仆固怀恩负功偃蹇，又为中官所忌，惧而反。永泰元年，代宗三年，我称德帝天平神护元年。诱回纥、吐蕃侵唐，代宗使郭子仪屯泾阳，县名，属京兆府，今属陕西西安府。怀恩道死，二国争长不睦，子仪遣人说回纥，欲共击吐蕃。先是，怀恩绐言，"子仪已死"，子仪使至，回纥不信，曰：郭公果在，可得见乎？使还报，子仪与数骑出，使人传呼曰：令公来。大帅药葛罗执弓矢立阵前，子仪免胄投枪而进，诸酋长相顾曰：是也，皆下马罗拜，子仪亦下马，执药葛罗手与语，取酒誓约而还。吐蕃闻之夜遁，回纥与唐兵共追，大破之。子仪勋德并高，为司徒、中书令、汾阳王，以关内河东副元帅镇河中今山东蒲州府。或邠州，代宗礼重之，谗间不行，虽不豫朝政，夷夏皆服其威名，唐室以其身为安危，殆三十年，德宗尊为尚父，建中二年我光仁帝天应元年。卒，八子七婿皆显，将佐为名臣者甚众。

第六篇　唐下

第一章　藩镇跋扈附德宗失政

六二二节初，西魏宇文泰为府兵法，置百府，府有郎将，分属二十四军籍，民为府兵，以农隙教战，马畜粮备，六家供之。太宗本其制，置折冲府六百有余，皆隶诸卫及东宫，大率十人为火，火有长，五火为队，队有正，六队为团，团有校尉，每府三、四团，折冲都尉领之。民年二十为兵，六十而免，当宿卫者，番上兵部，以远近给番，远疏近数，皆一月而更，有征行，则命将将之，事解辄罢，兵散于府，将归于朝。其后法制渐坏，卫士逃匿日众。开元中，张说建议，募壮士充宿卫，寻定长从宿卫之士，名曰彍骑，总十二万人，分隶十二卫，州县毋得杂役使，自此府兵死亡者，有司不复点补，宿卫边戍皆召募向足，兵农始分。　六二三节唐承周隋之制，于诸州要重地，设总管府以总镇兵，后改曰都督府，而州县之政，则朝廷时时遣使巡察。睿宗置二十四都督，以纠刺史以下善恶，已而以其权太重罢之，更置十道按察使。玄宗改十道为十五道，分关内置京畿，今陕西西安、凤翔、同州、兴安四府，及邠、乾、商三州。分河南置都畿，今河南河南、怀庆二府，开封府西境，及陕、汝二州。分山南为东西二道，山南东道，今湖北大半，及河南南阳府、四川夔州府；山南西道，今陕西汉中府，及四川东北境。分江南为江南东、西、黔中三道，江南东道，今江苏大江以南，及闽浙，江南西道，今江西省，及安徽大江以南、湖北武昌府、湖南东境；黔中道，今四川酉阳州、湖北施南府、湖南西境，及贵州大半。道置采访处置使，以捡察非法，如汉刺史之职。　六二四节高宗以来，边州都督带使持节者，有节度使之号，玄宗于四边皆置节度使，每以数州为一镇，迨天宝初有十大镇，安西节度治安西都护府，统龟兹、焉耆、于阗、疏勒四镇。抚宁西域，北庭节度治北庭都护府。防制突骑施、西突厥别种，在北庭府西北，今新疆塔尔巴哈台地。坚昆，敕勒别种，在北庭府北，今露国多木斯科地。河西节度治凉州，今甘肃凉州府。断割吐蕃、突厥，朔方节度治灵州，安北、单于二都护府属之。捍御突厥，河东节度治太原府。与朔方掎角以御突厥，范阳节度治幽州。临制奚、契丹，平卢节度治营州，安东都护府属之。镇抚室韦、靺鞨，陇右节度治鄯州，今甘肃西宁府。备御吐蕃，剑南节度治益州，今四川成都府。西抗吐蕃、南抚蛮獠，岭南节度治广州，今广东广州府、安南都护府属之。绥靖南海诸国，镇兵凡五十万人。　六二五节节度使各统数州，州吏尽为其属，故多兼按察、采访、安抚、支度等使，既握甲兵，又掌土地、人民、财赋，于是方镇日强，国势偏重，竟致天宝之乱，及安、史据洛阳，河南、山南、江淮诸道，亦皆列置镇府，州县之政，多归于武臣之手矣。　六二六节禄山之反也，平卢诸将刘客奴、董秦、王玄志等，举镇归朝，玄宗以客奴为节度使，赐名正臣，已而玄志酖正臣代之。玄志卒，肃宗遣中使往抚将士，察军中所欲立者，以旌节授侯希逸。自是诸军骄横，动辄杀逐主帅，朝廷亦不治其罪也。董秦入朝，赐姓名李忠臣，后为淮西节度使。领蔡、申、光、安等州治蔡州，今河南汝宁府。希逸移镇淄青，领淄、沂、青、徐、密、海六州，治青州，今山东青州府。仍兼平卢之称。　六二七节仆固怀恩败史朝义，贼将薛嵩、张忠志、田承嗣、李怀仙皆降，怀恩恐贼平宠衰，奏留嵩等分帅河北，自为党援，朝廷亦厌苦兵革，苟冀无事，即以忠志镇成德军，领恒、赵、深、定、易五州，治恒州，今直隶正定府。赐姓名李宝臣。嵩镇相卫，领相、卫、邢、洺、贝、滋六州，治相州，今河南彰德府。承嗣镇魏博，领魏、博、德、沧、瀛五州，治魏州，今直隶大名府。怀仙镇卢龙。领幽、蓟、妫、檀、平、营六州，治幽州，故范阳郡。永泰元年，代宗三年，我称德帝天平神护元年。平卢将李怀玉逐侯希逸，代宗因以怀玉知留后，赐名正己。正己与河北诸镇，皆结为婚姻，互相表里，收安史余党，治兵完城，不供贡赋，代宗不能制。　六二八节大历三年，代宗六年，我称德帝神护景云二年。幽州将朱希彩杀李怀仙，自称留后。七年，我光仁帝宝龟三年。将吏又杀希彩，推朱泚为帅。八年，相卫薛嵩卒，叔父崿代之，朝廷皆因授旌节。九年，朱泚入朝，使弟滔领镇。十年，魏博田承嗣袭取相卫。十四年，承嗣卒，侄悦代之，淮西将李希烈逐李忠臣，诏以希烈为留后。是岁，代宗崩，在位十七年，太子适立，是为德宗。　六二九节德宗初立，励精求治，革弊政，去奢靡，李正己畏帝威名，表献钱三十万，同平章事崔祐甫请遣使慰劳淄青将士，因以其钱赐之，正己惭服，时人以为太平庶几可望。帝卜相于祐甫，祐甫荐杨炎，擢同平章事，既而祐甫病不视事。建中元年，我宝龟十一年。炎建议作两税法。事详第九篇。　六三〇节当玄宗时，中国富庶，民口至五千余万。安史之乱，什亡七八，州县多为藩镇所据，贡赋不入，国库耗竭，中原多故，戎狄连岁犯边，所在宿重兵，给费不赀，皆倚辨于刘晏。晏善治财计，自肃宗以来，领度支、铸钱、盐铁、转运等使，干盐利，通漕运，制百货之低昂，军国之用，赖以充足，而民不困弊。至是杨炎忌晏，谮贬之，人希炎旨，告晏怨望，德宗遣中使缢之。二年，我光仁帝天应元年。擢卢杞与炎并相，杞貌丑，色如蓝，性阴狡有口辨，逐炎杀之而专权，朝政自此乱矣。　六三一节成德李宝臣卒，子惟岳代之。平卢李正己亦卒，子纳代之。魏博田悦与纳、惟岳连兵拒朝命，德宗遣马燧等讨之。三年，我桓武帝延历元年。燧大破悦等，成德将王武臣杀惟岳代之，与幽州朱滔共发兵救悦，悦等推滔为盟主，滔乃自称冀王，悦称魏王，武俊称赵王，纳称齐王，各置百官，仍用唐年号，如古诸侯奉周正朔。淮西李希烈亦举兵应四镇，卢杞恶颜真卿，欲陷之。四年，遣宣慰希烈，人言：失一元老，为国家羞。真卿至，希烈胁之，不屈，留二岁，竟被杀。　六三二节德宗用兵两河，谓河南、河北。府库不支，先括富商钱，又增诸道税，竟行税间架、除陌钱法。税间架者，计民屋广狭课税；除陌钱者，公私给与及卖买，每百官留五钱，敢隐匿有罚，告者赏钱，使坐者出之。于是愁怨之声，盈于远近。　六三三节帝发泾原镇名，领二州，治泾州。等道兵讨李希烈，泾原兵过京师，诏犒师，惟粝食菜啖，众怒作乱入城，帝出奔奉天，县名，属京兆府，今陕西乾州。乱兵奉太尉朱泚为主，司农卿段秀实谋诛泚，不克而死，泚称秦帝，急攻奉天，浑瑊力拒，李怀光、李晟帅众赴援，泚败归长安。怀光至奉天，欲入白卢杞之奸，杞隔之，不得入见而行，意殊怏怏，上表暴杞罪恶，众论亦喧腾咎杞，帝不得已贬之。　六三四节帝使人说田悦、王武俊、李纳，赦其罪，赂以官爵，悦等皆密归款。陆贽劝帝罪己以谢国人，故奉天所下书诏，虽骄将悍卒，闻之感泣。兴元元年，德宗五年。大赦，罢间架、除陌等税，武俊、悦、纳皆去王号，上表谢罪，惟李希烈恃富强，遂僭号楚帝。　六三五节李怀光反于咸阳，与朱泚连兵，帝奔梁州，今陕西汉中府。怀光东据河中，李晟督诸军克复长安，泚西走，其将斩之以降，帝还长安。贞元元年，德宗六年。马燧等平河中，怀光缢死。二年，淮西将陈仙奇杀希烈以降，吴少诚又杀仙奇，帝因以少诚领镇。　六三六节代宗尝征李泌于衡山，与议国事，欲授以相位，泌固辞而止，德宗又征之，遂以同平章事。泌有谋略，尽心辅导，帝颇任之，为相二岁而卒。八年，陆贽同平章事，十年，以论裴延龄奸邪罢相。贽自奉天以来，宣力最多，随事论谏，剀切百奏，帝追仇尽言，延龄又谮之，十一年，贬忠州今属四川省。别驾。初，泌荐处士阳城为谏议大夫，人皆想望风采，在职七年而不谏，韩愈作《争臣论》讥之。至是，城率诸谏官守阙，论延龄奸佞，贽无罪。时且相延龄，城曰：脱以延龄为相，当取白麻坏之，恸哭于庭。遂沮不相。城坐贬。白麻者，任将相制书也。　六三七节是时藩镇布列四方，凡四十余道，兵强则逐帅，帅强则叛君，两河诸镇幽州、成德、魏博、平卢、淮西等。骄傲最甚，殆同化外。吴少诚侵掠邻州，十六年，命韩全义统十七道兵讨之，官军不战而溃。明年，诏赦少诚。德宗性多猜忌，用贤不终，宠任阉宦及贪吏，末年，秕政益多，其处藩镇也，姑息而已。在位二十六年崩，太子诵立，是为顺宗。

第二章　宪宗英武

六三八节顺宗有风疾失音，即位仅八月，传位太子纯，是为宪宗。宪宗初立，与同平章事杜黄裳论及藩镇，黄裳陈姑息之弊，欲以法度裁制诸镇，帝深然之。元和元年，我平城帝大同元年。西川节度使领益、彭、蜀、汉、眉、嘉、邛、简、资、茂、黎、雅等州，治成都。刘辟侵东川，镇名，领梓、遂、绵、剑、普、荣、陵、合、渝、泸十州，治梓州，今四川潼川府。黄裳荐高崇文讨之，崇文克成都擒辟，送京师斩之。夏绥镇名，领夏、绥、银、宥四州，治夏州。留后杨惠琳拒命，诏讨之，惠琳为兵马使所斩。二年，镇海节度使领润、苏、常、湖、杭、睦六州，治润州，今江苏江宁府。李锜反，亦讨之，兵马使执锜送京师斩之。　六三九节自杜黄裳以后相继为相者，武元衡、裴垍、李藩、李绛，皆贤相，惟李吉甫颇佞媚。垍器局峻整，人不敢干以私，藩、绛皆好直谏，知无不言，帝重之。绛数与吉甫争论于帝前，帝多从绛言，时在朝名士，如崔群、白居易等，皆谠谠直。元和之世，朝廷清明以此。　六四〇节七年，我嵯峨帝弘仁三年。魏博节度使田季安田承嗣之孙。卒，将士推兵马使田兴为留后。兴请吏于朝，输贡赋，诏以为节度使，遣裴度宣慰，赐钱百五十万缗犒其军，六州魏、博、相、卫、贝、瀛。百姓皆给复一年，军士受赐，欢声如雷，诸镇使者见之，相顾失色，平卢、淮西、成德，皆遣游客间说多方，兴终不听，赐兴名弘正。　六四一节初，淮西节度使吴少诚卒，其将吴少阳自领军府，阴聚亡命。少阳卒，子元济代之，纵兵侵掠及东畿。十年，诏发十六道兵讨之，平卢节度使李师道、李纳之子。成德节度使王承宗，王武俊之孙。皆请赦元济，不许。裴度宣慰淮西行营，还言淮西可决取，帝悉以兵事委武元衡。师道素养刺客奸人，客请曰：密往刺元衡，则他相必争劝天子罢兵矣。师道遣之。元衡入朝，贼暗射杀之，又击裴度伤首，帝怒，讨贼愈急，曰：吾倚度一人，足破二贼。以度同平章事，委以兵事，诸军久不克。十二年，度兼淮西宣慰招讨使，督诸将进讨，唐邓节度使领唐、随、邓三州，治邓州，今河南南阳府属州。李愬李晟之子。先擒贼将李祐，释而用其计，雪夜引兵袭蔡州城，擒元济，槛送京师斩之。　六四一节淮西已平，诸镇皆惧。十三年，王承宗纳质请吏，且献二州，幽州节度使刘总亦专意归朝，惟李师道依违不服，诏诸道讨之。十四年，田弘正、李愬败平卢兵，平卢将执师道斩之。代宗以来，两河跋扈，垂六十年，至是尽遵朝命矣。　六四二节自淮西平，帝浸骄侈，度支使皇甫镈、盐铁使程异，以聚敛有宠，并同平章事，朝野骇笑，元和之政非矣。镈党挤裴度，罢其政，出为节度使，度自此无意世事，治园池，与诗人觞咏自娱，穆宗敬宗时，皆一入辅政，至文宗世，亦平章军国重事，与时浮沉而已。然四朝将相，威望远达四夷，四夷见唐使，辄问度安否，以身系国家轻重，如郭汾阳者，二十余年。

第三章　宦官之祸

六四三节太宗定制，内侍省不置三品官，黄衣廪食，守门传命而已。中宗时，嬖幸猥多，宦官渐盛。玄宗诛太平公主，以内给事高力士有功，擢为右监门将军，知内侍省事，是后宦官除三品将军者寖多。玄宗豪奢，宫嫔至四万，阉宦随增员，衣朱紫千余人，黄衣以上三千余人，力士与杨思勖最贵幸。思勖数将兵，出平叛蛮，以功为辅国大将军。力士常居中侍卫，表奏皆先呈力士，然后奏御，小事即决之，势倾内外，加骠骑大将军，肃宗在东宫，以兄事之，诸王公主呼为翁，自李林甫、安禄山辈，皆由之以取将相，然性和谨不敢骄横，故玄宗终亲任之，士大夫亦不甚疾也。　六四四节肃宗代宗皆庸弱，倚宦官为扞卫，于是有李辅国、程元振之专横。李、程既黜，鱼朝恩为天下观军容宣慰处置使，专典禁兵，权宠无比，大历初，判国子监事。宦者管国学，儒门之大辱也。时元载、王缙为相，纪纲不修，朝恩执《易》升高座，讲"鼎覆悚"以讥之，缙怒，载怡然。朝恩曰：怒者常情，笑者不可测也。朝政有不预者，辄怒曰：天下事有不由我者邪？代宗闻之不怿，载乘间奏其专恣不轨，遂诛之。　六四五节德宗惩泾卒之变，且猜忌宿将，以左右神策、神威等军委内官主之，置护军中尉，自是禁军常属阉寺。又有枢密之职，机务之重，亦为所参预，揽权树威，挟制中外，主势下移，积重难返。宪宗自恃英武，祸生于所忽，尝宠吐突承璀，以为神策中尉。承璀欲立丰王恽为太子，太子恒忧之。元和十五年，我嵯峨帝弘仁十一年。内常侍陈弘志弑帝，其党共杀承璀及恽，引太子立之，是为穆宗。　六四六节穆宗在位四年崩，太子湛立，是为敬宗。穆、敬荒淫无度，枢密使王守澄专制国事，是时河朔三镇魏博、成德、幽州。皆叛，迄于唐亡，不能复取。敬宗性褊急，动捶左右，皆怨惧，在位二年，为宦官所弑。守澄等发禁兵，讨贼斩之，迎皇弟江王涵立之，更名昂，是为文宗。　六四七节文宗太和二年，我淳和帝天长五年。亲策制举人。时宦官益横，权出人主之右，人无敢言，贤良方正刘蕡对策，极言其祸，考官皆叹服，而不敢取，裴休、李郃、杜牧等二十二人中第，皆除官。物论嚣然称屈，谏官御史欲论奏执政抑之，李郃曰：刘蕡下第，我辈登科，能无厚颜？上疏乞回所授官，以旌蕡直，不报。　六四八节文宗素患宦官强盛，擢宋申锡同平章事，怀谋诛之。五年，中尉王守澄等使人诬告申锡谋废立，帝信之，贬申锡坐死，徙者数十百人。帝恶郑注媚附守澄，欲诛之，然畏守澄，释之，后卒宠之。注引李训见守澄，守澄以荐于帝，训倜傥尚气，多权数，帝悦之。训、注揣知帝意，数以微言动之，帝告以诚，二人遂以诛宦官为己任。九年，我仁明帝承和二年。

进擢宦者仇士良，以分守澄之权。训颇忌注，托以中外协势，出注镇凤翔，镇名，治凤翔府，兼领陇州。训同平章事，先遣中使酖杀守澄，寻令人奏金吾听事后石榴有甘露，时人皆以甘露为祥瑞，宰相帅百官称贺，训劝帝往观，帝先命宰相视之，训还奏非真，帝顾仇士良，令帅诸宦者往视，士良等至，俄风吹幕起，见执兵者无数，惊走告变，训呼金吾卫士等上殿纵击，仅杀伤十余人，训知事不济而走，士良等命神策兵出战，杀吏卒二千余人，执宰相王涯、贾悚、舒元舆等，诬以谋叛，腰斩之。训被捕死，注亦为凤翔监军所斩，皆灭其族，孩稚无遗，世谓之甘露之变。自是宦官气焰益炽，迫胁君主，陵暴朝士，国事皆决于北司，宰相行文书而已。　六四九节文宗即位，初励精求治，去奢从俭，中外翕然，谓太平可冀，然制于宦寺，竟不能有为。末年问学士周墀曰：朕何如周赧汉献？墀惊曰：彼亡国之主，岂可比圣德？帝曰：赧、献受制强诸侯，今朕受制家奴，殆不如也，泣下沾襟。在位十四年，立敬宗子陈王成美为太子，临崩，欲以成美监国，仇士良等以成美立不由己，矫诏废之，立皇弟颍王瀍为太弟。帝崩，太弟杀成美而即位，后改名炎，是为武宗。　六五〇节武宗时，士良以老病致仕，其党送归，士良教之曰：天子不可令闲，常宜以奢靡娱之，使无暇及他事，慎勿使之读书，亲近儒生，彼见前代兴亡，心知忧惧，则吾辈疏斥矣。其党拜谢而去。　六五一节是后宣宗、懿宗、僖宗、昭宗，亦皆宦官所立，宰相不得预知。居肘腋之地，为腹心之患，其势既成，虽有英君，亦无如之何。公卿大臣，俯伏受制，雄藩巨镇，多出其门，至自称定策国老，目其主为门生，祸始于玄宗，盛于肃、代，成于德宗，至昭宗而极，其间伤贤害能，召乱致祸，卖官鬻狱，沮败师徒，蠹害烝民者，不暇遍举也。

第四章　牛李之党

六五二节李吉甫相宪宗时，牛僧孺、李宗闵对制策，讥切时政，吉甫恶之。穆宗初，吉甫子德裕为翰林学士，构贬宗闵，自是各分朋党，更相倾轧。穆宗以僧孺为相，德裕出外。敬宗初，僧孺亦出，文宗征德裕为兵部侍郎，裴度荐其可为相。宗闵有宦官之助，遂相，因出德裕，且引僧孺并相，相共摈逐德裕之党。　六五三节德裕镇西川，日召老于边事者，访以地势，皆若身历，练士卒、葺堡障以备边，蜀人安之。太和五年，我淳和帝天长八年。吐蕃将悉怛谋以维州今四川茂州保县。叛，请降于唐，德裕受之。时吐蕃方与唐和，僧孺恐失信于邻国，诏归城及叛将，吐蕃诛之境上，德裕由是怒僧孺益深。　六五四节僧孺罢，德裕入相，宗闵亦罢，宗闵再相，德裕又罢，二党互相挤援，文宗每叹曰：去河北贼易，去朝中朋党难。宗闵寻罢。及武宗立，召德裕相之。会昌三年，我仁明帝承和十年。德裕追论维州事，加悉怛谋褒赠。　六五五节昭义节度使领泽、潞、磁、邢、洺五州，治潞州，今山西潞安府。刘从谏卒，侄稹自领军府，德裕曰：泽、潞二州名，谓昭义军。事体与河朔三镇不同，河朔习乱已久，累朝置之度外，泽、潞近处心腹，若又因而授之，则威令不复行于诸镇矣。武宗问何以制之，对曰：稹所恃者三镇，但得镇、州名，即故恒州，谓成德军。魏即魏博。不与之同，稹无能为也。遣重臣谕镇、魏讨之，乃赐诏曰：泽潞一镇，与卿事体不同，勿为子孙之计，使存辅车之势，镇、魏悚息听命，官军与二镇兵各进讨。　六五六节四年，河东都将杨弁作乱，逐节度使，武宗遣中使晓谕且觇之，中使受赂还，言其强盛难取，德裕奏微贼决不可恕，如国力不支，宁舍刘稹。河东兵出戍者，闻朝廷令客军取太原，恐妻孥被屠，乃归擒弁，送京师斩之。未几，刘稹势穷，蹙潞人杀稹以降，泽潞平。德裕秉政日久，好徇爱憎，诬僧孺、宗闵与刘从谏交通，远窜之。六年，武宗崩，宣宗立，宣宗恶德裕之专、罢其政，三贬至崖州今广东琼州府。司户以死。

第五章　宣宗明察

六五七节宣宗名忱，宪宗庶孽子也，于敬、文、武为叔父，初封光王，幼号不慧，太和以后，益自韬匿，文宗好诱其言，以为戏笑，武宗豪迈，尤不礼之。武宗疾笃，中尉马元贽等定策禁中，立为皇太叔，权勾当军国事，裁决咸当理，人始知有隐德，遂承武宗后。　六五八节肃宗时，吐蕃强大，党项诸部畏偪，请内徙，散处灵、今甘肃宁夏府属州。庆今甘肃庆阳府。等州，后寖繁盛，数寇掠，其留者皆役属于吐蕃。会昌以来，吐蕃衰乱，宣宗大中三年，我仁明帝嘉祥二年。陇右诸州归唐。五年，我文德帝仁寿元年。沙州今甘肃安西州敦煌县。人张义潮亦以河西降，于是河湟故地尽复。宣宗欲遂平党项，从容与学士毕諴论边事，諴具陈方略，帝悦曰：不意颇牧近在禁廷，即用为邠宁帅。领邠、宁、庆、衍四州，治邠州。諴招降党项，北边始安。　六五九节宣宗聪察强记，有司奏全国狱吏卒姓名，一览皆记之。尝密令学士韦澳纂次州县境土风物及诸利害为一书，号曰《处分语》。刺史有入谢而出者，曰：上处分本州事惊人。澳问之，皆《处分语》中事也。好抉摘隐微，以惊服群下，小过必罚，而大纲不举，外则藩方数逐其帅，内则宦者握兵柄自如也。然听纳规谏，重惜爵赏，恭谨节俭，惠爱民物，故大中之政，讫于唐亡，人思咏之，谓之小太宗。　六六〇节宣宗尝召韦澳，屏左右问之曰：近日内侍权势何如？对曰：陛下威断，非前朝比。帝闭目摇首曰：全未，全未，尚畏之在。又尝与宰相令孤绹谋尽诛宦官，绹恐滥及无辜，密奏曰：但有罪勿舍，有阙勿补，自然渐耗至尽。宦者窃见其奏，由是益与朝士相恶，南北司如水火矣。帝长子郓王灌无宠，十三年，我清和帝贞观元年。帝疾笃，密以第三子夔王滋属枢密使王归长等，使立之。帝崩，中尉王宗实杀归长等，迎郓王立之，是为懿宗。

第六章　唐末大乱

六六一节姚州今云南楚雄府属州。之西有六诏，诏者，蛮语谓王也。蒙舍诏最在南，今云南蒙化厅。谓之南诏。开元末，南诏皮逻阁兼五诏，胁服群蛮，其后悉取云南地。至酋龙皮逻阁六世孙。称帝，国号大理，出兵陷播、州名，今贵州遵义府。邕、州名，今广西南宁府。安南，懿宗遣将击之，发徐泗兵戍桂州，今广西桂林府。过期不得代。咸通九年，我清和帝贞观十年。戍卒怒作乱，北还所过剽掠，至徐州，囚观察使，陷诸州县，招讨使康承训以沙陀朱邪赤心为前锋击平之。沙陀出自西突厥，劲勇冠诸胡，初属唐，后附回纥及吐蕃，元和中举部归唐，唐置之北边，用以征讨，所向皆捷，至是赐赤心姓名。李国昌为大同军节度使，领云、朔、蔚三州，治云州，今山西大同府。寻迁振武军。领绥、银、麟、胜等州，治单于都护府。　六六二节懿宗好奢侈，每游幸，扈从十余万人，用兵不息，赋敛愈急，在位十四年崩，宦官立帝少子普王俨，时年十二，是为僖宗。僖宗专事游戏，政事一委中尉田令孜，呼为阿父，籍两市商货悉输内库，有陈诉者杖杀之。关东水旱，州县不以实闻，百姓流殍无所告，所在相聚为盗。 六六三节乾符二年，我贞观十七年。王仙芝倡乱于曹、州名，今山东曹州府曹县。濮，州名，今属曹州府。冤句县名，属曹州，故城在曹州府城西南。人黄巢聚众应之，仙芝横行河南、山南、江淮诸州，侵掠累年，败于申州，今河南汝宁府信阳州。殪于黄梅。县名，属蕲州，今属湖北黄州府。黄巢陷郓、州名，今山东泰安府东平州。沂、州名，今山东沂州府。濮，南渡陷江西即江南西道。诸州，攻剽福州名，今福建福州府。建，州名，今福建建宁府。西寇岭南，北屠潭州，今湖南长沙府。败于荆门，县名，属荆州，今湖北安陆府荆门州。东走转掠江南，广明元年，僖宗七年，我阳成帝元庆四年。渡江渡淮进陷东都，鼓行而西，破潼关，入长安，僖宗奔蜀，巢杀唐宗室，自称齐帝。 六六四节李国昌之子克用为兵马使，戍蔚州。隶大同军，今属直隶宣化府。大同军诸将谋曰：今天下大乱，朝命不行，此乃英雄功名富贵之秋也。李振武名闻天下，其子勇冠诸军，若辅以举事，代北不足平也。遣人潜往说克用，克用乃趣云州大同军治所。取之，已而为卢龙兵所破，国昌亦战败，部众溃，父子亡入鞑靼。本靺鞨之别部，居阴山之北，后为漠北诸部之总称。朝廷赦其罪，召使讨贼。中和二年，僖宗九年。克用将沙陀来，兵皆衣黑，贼惮之曰：鸦军至矣，当避其锋。三年，与诸道兵大破贼，复长安，黄巢焚宫室遁去。官军入城，焚掠坊市，无异于贼，诏以克用为河东节度使。四年，巢趣汴州，宣武军治所，今河南开封府。克用等追击破之，贼党斩巢以降。 六六五节砀山县名，属宋州，今属江苏徐州府。人朱温为巢将，从入关，见巢势蹙，降于唐，赐名全忠，为宣武节度使。领汴、宋、亳、颍等州，治汴州。克用之至汴也，全忠馆之甚恭，克用乘醉颇侵之，全忠不平，发兵围攻，克用遁归晋阳，治甲兵，表请讨全忠，诏和解之，不听。 六六六节光启元年，僖宗十二年，我光孝帝仁和元年。帝还长安，田令孜忌河中帅王重荣，欲徙之，重荣不肯，令孜遣邠宁帅朱玫等攻河中，克用救之，进逼京城，令孜劫帝奔兴元，府名，故梁州，今陕西汉中府。长安复为乱兵焚掠。二年，玫立襄王煴肃宗玄孙。称帝，玫将王行瑜斩玫，煴奔河中，重荣杀之，传首行在。三年，帝始逐令孜，寻还长安。六六七年僖宗在位十五年，日与宦官相处而已，国内大乱，盗贼蠭起，豪杰因起其间，互相吞噬，朝廷不能制。帝疾大渐，观军容，使杨复恭立皇弟寿王杰为太弟。帝崩，太弟即位，是为昭宗。昭宗有英气，抱恢复之志，尊礼大臣，梦想贤豪，践祚之初，中外忻忻焉，然而内制于阉寺，外有强镇，初志遂空。　六六八节乾宁二年，昭宗七年，我宇多帝宽平七年。静难军号，即邠宁节度。王行瑜、凤翔李茂贞、镇国军号，治华州，今陕西同州府属州。韩建，三帅举兵犯阙，杀宰相，谋废立，闻李克用来讨，乃去。克用克邠州，行瑜走死，将移兵凤翔，贵近恐沙陀太盛沮之，克用进爵晋王，还晋阳。三年，茂贞复犯阙，昭宗奔华州，长安宫室市肆燔烧俱尽，茂贞、韩建闻朱全忠营洛阳宫将迎驾，皆惧。光化元年，昭宗十年、我醍醐帝昌泰元年。奉帝归长安。　六六九节三年，帝与宰相崔胤谋，杀两枢密使，宦官皆惧，中尉刘季述勒兵幽帝，迎太子裕立之，胤说神策将讨季述。天复元年，昭宗十三年，我醍醐帝延喜元年。季述等伏诛，帝复位，黜裕为德王。六七〇节崔胤欲尽诛宦官，知谋泄事急，遗朱全忠书，令以兵迎驾。是时全忠既并两河诸镇，取河中晋、州名，今山西平阳府。绛，州名，今属山东。有挟天子令诸侯之意，得胤书，速举兵来，中尉韩全诲等劫帝如凤翔。二年，全忠围之。三年，李茂贞杀全诲等，与全忠和解，奉帝还长安。全忠以兵驱宦官，杀数百人，其出使外方者，诏所在诛之，存黄衣幼弱者数十人，以备洒扫。全忠进爵梁王，还汴。自开元以来，宦官擅威福者，垂二百年，至是始歼灭，而国亦随亡矣。史家譬诸木之有蠹，曰：灼木攻蠹，蠹尽木焚。信哉！　六七一节全忠威振四方，遂谋篡夺，崔胤惧修兵备。元祐元年，昭宗十六年。全忠密令其党杀胤，请帝迁都洛阳，促百官东行，驱徙士民。秦中自古为帝王州，周、秦、西汉递都于此，刘赵、苻秦、姚秦、西魏、后周相间据之。隋文帝营大兴城，在旧长安城东南二里，今西安府城是也。唐初因之，后又增筑，当玄宗世，长安之雄丽繁华，前古无比。黄巢乱后，景象衰耗，至是夷为郡县矣。　六七二节帝至洛阳，岐王李茂贞、蜀王王建移檄讨全忠，皆以兴复为辞，全忠恐变生于中，遣人弑帝，在位十六年。时德王裕已壮，全忠恶之，以辉王祚幼立之，更名祝，是为哀帝。杀裕等九王，皆昭宗子。全忠急于传禅，朝议先加九锡，全忠怒不受。天祐四年，哀帝三年。哀帝禅位于梁，寻被杀。是岁，我醍醐帝延喜七年也。唐自高祖及是二十世，凡二百九十年。

第七篇　外国事略

第一章　突　　厥

六七三节后魏太武帝连败柔然，几覆其巢窟，自是柔然稍衰。宣武帝时，梁武帝天监中。伏跋可汗丑奴可汗吐贺真之曾孙。立，壮健善用兵，击平诸叛部，柔然复强。伏跋为其母所杀，国乱，弟阿那坏奔魏，已而得归，尽复故土，称头兵可汗，乘魏衰乱，数为边患。两魏相争，各欲结柔然，东魏以宗女妻头兵，西魏以宗女妻头兵弟，宇文泰又白文帝，废乙弗后，迎头兵长女为后，高欢亦娶头兵女，娄妃避正室以处之。　六七四节突厥者，匈奴别种也，姓阿史那氏，世居金山在甘肃镇西府北境。之阳，为柔然铁工，至其酋土门始强大，求婚于柔然，头兵骂辱之，土门怒，袭破柔然，杀头兵，自号伊利可汗，号其妻为可敦。其子木杆可汗，刚勇多智略，击柔然灭之，余众奔西魏，木杆建牙都斤山，在外蒙古赛因诺颜部南境。西破哌哒，见五八九节。东走契丹，见五八五节。北并结骨，敕勒诸部之一，汉之坚昆，今吉利吉思族之先也。威行诸国，逼西魏，取柔然三千余人尽杀之。周代魏，与突厥连兵击齐，武帝因娶木杆女为后，行亲迎之礼。　六七五节木杆卒，弟佗钵可汗立，周人与之和亲，岁给缯絮锦彩十万段。突厥在长安者，锦衣玉食，常数千人。齐人亦畏其强，厚赂之，佗钵骄，谓其下曰：但使我在南两儿常孝，何忧于贫？两儿者，指周、齐二国也。突厥之俗，遇丧，剺面而哭，周、齐使者吊突厥丧，亦剺面如其国臣。周灭齐，佗钵助齐宗室高绍义文宣帝子。击周，周宣帝以太祖之孙千金公主妻之，以求绍义，佗钵乃执送之。　六七六节隋初，佗钵卒，兄子摄图立，号沙钵略可汗，分立族人为小可汗，各统部众，以弟处罗侯为叶护。叶护者，突厥达官也。千金公主从胡俗，复配沙钵略，伤其宗祀覆灭，日夜请为周复雠，沙钵略从之，数击隋，不克。隋人行反间，诸可汗相猜贰，木杆子阿波可汗与沙钵略相攻，据乌孙故地，西域诸胡附之，于是突厥分为东西二国。沙钵略求和于隋，千金改姓杨氏，为隋帝女，隋更封为大义公主，自是称藩贡献。沙钵略卒，处罗侯立，号莫何可汗，西击阿波生擒之。莫何卒，沙钵略子都蓝可汗立，大义公主谋畔隋，隋废之，寻为都蓝所杀。　六七七节莫何之子染干求婚于隋，文帝欲离间突厥，以宗女安义公主妻之，礼赐特厚，都蓝怒，举兵袭染干，染干败走归隋，帝拜为启民可汗，置夏、见五三四节。胜故城在内蒙古鄂尔多斯左翼后旗界内。二州之间，以安义已卒，妻以义成公主。未几，都蓝为部下所杀，国大乱，启民北归尽并其众，炀帝耀兵塞北，厚赐突厥，以夸富盛，于是启民事隋益恭。　六七八节启民卒，子始毕可汗立，复以义成公主为可敦，隋人诱杀其谋臣，始毕怨之。及炀帝再北巡，始毕率数十万骑围帝于雁门，急攻之，矢及御前，帝遣间使求救于义成，始毕解围去。隋乱，汉人归之者无数，遂大强盛，控弦百万，势陵华夏。隋末割据之群雄，如薛举、李轨、窦建德、王世充、刘武周、梁师都之徒，虽称尊号，俱北面称臣，或受其可汗号，东自契丹室韦，西尽吐谷浑高昌，皆臣属焉。　六七九节是时西突厥亦强大，射匮可汗木杆弟步迦可汗之孙。拓地东至金山，西临里海。射匮卒，子统叶护立，北并敕勒，西破波斯，移庭于千泉，今露国七川州特穆尔图泊傍地。统中亚细亚诸国，悉授其王以颉利发官，每国遣吐屯监之，督其征赋，疆域之广，逾于东突厥。　六八〇节唐高祖叛隋，称臣于东突厥以借援，约曰：若入长安，民众土地入唐公，金玉缯帛归突厥。及为帝，赠遗甚厚。始毕卒，高祖为之举哀，辍朝三日。弟处罗可汗立，养成复配之。时隋炀帝后萧氏及皇孙政道，在夏王窦建德所，处罗迎之，立政道为隋王，置百官，居于定襄。见五五九节。处罗卒，义成立其弟颉利可汗，又为其可敦。颉利承父兄之资，士马雄盛，有陵唐之志。高祖每优容之，颉利益骄，侵伐频急，高祖欲迁都以避之，因太宗固谏乃止。太宗初立，颉利大举深入，逼京郊，与太宗盟于渭桥而还。　六八一节初，突厥性淳厚，政令质略，颉利委用汉人，多变旧俗，国人始不悦。会大雪，羊马多死，兵革岁动，赋敛愈重，由是内外离怨，兵寖弱，敕勒诸部相帅叛之。敕勒又作铁勒，匈奴之苗裔也，族类甚多，有薛延陀、回纥、拔野古、仆骨、同罗等数十部，散处碛北，几达于冰海，其酋长皆号俟斤，分属两突厥。至是薛延陀、回纥大破颉利兵，突厥北边诸姓多归薛延陀，共推其俟斤夷男为主。太宗遣间使册为真珠毗伽可汗，寻遣诸将击破突厥，降隋萧后及杨政道，杀义成公主，追擒颉利，其部落或降唐，或附薛延陀，或奔西域。真珠可汗建牙于郁督军山，在外蒙古赛因诺颜部界内。统敕勒诸部。及卒，国乱，回纥部长吐迷度与仆骨、同罗共击败之，唐军乘之，诸部溃散，回纥遂据其地，与诸部皆附唐。　六八二节颉利之败，其族斛勃归薛延陀，薛延陀欲杀之，斛勃逃去，建牙于金山之北，自称乙注车鼻可汗。及薛延陀败，车鼻势益张，太宗遣使征之，不至，乃命将击之，车鼻就擒，其众皆降。　六八三节是时西突厥亦乱，竟中分为二，始毕可汗之子欲谷设亡在其地，西部立为乙毗咄陆可汗，以其族贺鲁为叶护，东部乙毗射匮可汗攻咄陆逐之，贺鲁降唐，居庭州，招集散亡。及太宗崩，拥众西走，击灭射匮，自号沙钵罗可汗，十姓部落左厢五咄陆部，右厢五弩失毕部。皆归之。高宗遣将击擒之，更立部长，自是部众离贰，后竟为别部突骑施所并。

第二章　回　　纥

六八四节高宗末年，突厥余类骨咄禄起于黑沙城，在山西大同府城西北。自立为可汗，武后时，屡侵边郡。骨咄禄卒，弟默啜代立，雄据漠北，有胜兵四十万。开元初，击并突骑施，虏其可汗莎葛。默啜昏虐，不能抚有十姓，诸部多诣北庭降。突骑施部将苏禄集余众，复据其地，玄宗拜为忠顺可汗。　六九五节默啜击拔野古被杀，骨咄禄子孙继之。开元末，国乱，骨咄叶护自称可汗。天宝初，拔悉密、回纥、葛逻禄三部共攻杀之，推拔悉密部长为可汗，回纥、葛逻禄自为左右叶护。突厥余众立乌苏米施可汗，拔悉密复攻杀之，国人立其弟为白眉可汗。突厥益乱，回纥叶护骨力裴逻攻杀拔悉密可汗，自称可汗，建牙于乌德犍山（乌德犍即郁督军也），玄宗册为怀仁可汗，旧统九姓，后又并拔悉密、葛逻禄，凡十一部，各置都督，每战则以二客部为先。四年，我圣武帝天平十七年。

击杀白眉，突厥遂灭，于是回纥斥地愈广，东际室韦，西抵金山，南跨大漠，尽有突厥故地。怀仁卒，子葛勒可汗立。　六九六节是时突骑施又乱，碛西节度使盖嘉运袭擒吐火仙可汗，忠顺可汗之子。别部莫贺达干据其地，河西军复击斩之，更立可汗。肃宗时，其国衰乱，葛逻禄在北庭者寖盛，与回纥争强。代宗时，徙居碎叶川，在露国中亚细亚，今名吹河。有突骑施故地。　六九七节安禄山之乱，肃宗求援于回纥，约曰：克长安之日，土地士庶归唐，金帛子女归回纥。葛勒遣其子叶护将精兵赴援。时代宗为广平王、总师，与叶护约为兄弟。既入长安，叶护欲俘掠，广平王拜于马前，愿至东京乃如约，叶护许之。诸军进攻陕，初不利，回纥袭其背，贼惊顾曰回纥至矣，遂溃。回纥入东京大掠，广平王不能止，肃宗赏叶护功，赐爵忠义王，岁遗回纥绢二万匹，册葛勒为英武威远可汗，以皇女宁国公主妻之。葛勒卒，子牟羽可汗立，代宗又请援，牟羽自将赴之。贼既平，代宗册牟羽为英义建功可汗，封其大臣十余人为王公。　六九八节初，回纥风俗朴厚，君臣之等不甚异，故众志专一，劲健无敌。及有功于唐，赂遗极厚，牟羽自尊大，始筑宫殿，妇人有粉黛文绣之饰，唐为之虚耗，而北俗亦坏。及代宗崩，牟羽欲乘丧伐之，国人不欲，宰相顿莫贺弑之而自立，是为天亲可汗。天亲求婚于唐，德宗方病吐蕃之寇，以皇女咸安公主妻之，册为孝顺可敦。天亲大喜曰：若吐蕃为患，子当为父除之。仍改纥字为鹘，义取捷鸷如鹘也。咸安历配四可汗而卒。保义可汗复求婚，宪宗不许，穆宗立，以皇妹太和公主妻崇德可汗。　六九九节汉人摈外夷，比诸禽兽，不相嫁娶，自刘石至后周，中原帝王本皆戎狄，故不耻与外蕃君长相婚。若汉唐诸帝，以公主妻胡君，则素非其所欲，洵由惮边患，势不得已也。故不肯降帝女，名宗女为公主，谓之和蕃公主。及唐借回纥援，宠待大异诸蕃，帝女始降于沙漠，自是回纥与唐为甥舅之国，虽唐亡之后，犹呼支那为舅，支那答书，亦呼为甥云。七〇〇节自怀仁以来十二君，皆受唐册封，其世次名号如下。

怀仁可汗骨力裴逻，玄宗天宝二年立，四年卒。

英武威远可汗怀仁之子磨延啜，天宝四年立，肃宗乾元二年卒。

英义建功可汗英武之子移地健，乾元二年立，德宗建中元年被弑。

长寿天亲可汗英义从兄顿莫贺，建中元年立，贞元五年卒。

忠贞可汗天亲之子多逻斯，贞元五年立，六年为其弟所弑。

奉诚可汗忠贞之子阿啜，贞元六年立，十一年卒。

怀信可汗骨咄禄，贞元十一年立，顺宗永贞元年卒。

腾里可汗怀信之子，永贞元年立，宪宗元和三年卒。

保义可汗元和三年立，穆宗长庆元年卒。

崇德可汗长庆元年立，四年卒。

昭礼可汗崇德之弟曷萨特勒，长庆四年立，文宗太和六年为其下所弑。

彰信可汗昭礼之侄胡特勒，太和六年立，开成四年被杀。

七〇一节文宗时，回鹘衰，黠戛斯部长自称可汗，数击回鹘破之。黠戛斯，即结骨，又名坚昆，今吉利吉思族之先也。开成四年，文宗十三年，我仁明帝承和六年。回鹘相掘罗勿借沙陀兵，攻杀彰信可汗，国人立廅馺特勒。明年，黠戛斯大破回鹘，杀廅馺及掘罗勿，诸部逃散。武宗时，回鹘遗众立乌介可汗，昭礼可汗之弟。南逼唐边疆，唐将击走之，迎太和公主以归。乌介往依黑车子，室韦之一种。被杀，宣宗遣使册黠戛斯为英武诚明可汗，回鹘余种散亡殆尽，别部庞特勒居甘州，有碛西诸城，宣宗册为怀建可汗，其国卒不振，然黠戛斯亦不能取。唐末，契丹寖强，至五代时，黠戛斯为其所并。

第三章 三 韩 上

七〇二节朝鲜凡八道，曰京畿、忠清、全罗、庆尚、江原、黄海、平安、咸镜，王京位京畿之中，南带汉江，名曰汉阳。古朝鲜所国，在汉江以北，箕氏、卫氏，皆都王俭城，今平安之平壤府也。汉武帝灭卫氏，以其地为四郡，曰乐浪、今平安道南境，及黄海道。临屯、今江原道。玄菟、今咸镜道及平安道北境。真番，今盛京奉天府东境。昭帝罢临屯、真番，并之乐浪、玄菟。乐浪郡治王俭，名朝鲜县。玄菟郡初治东沃沮，今咸镜之咸兴府也，后为夷貊所侵，徙治西北，在今兴京界内。后汉末，公孙度据辽东，分乐浪南界置带方郡，盖今黄海之地也。魏明帝平公孙氏，乐浪、带方皆入于魏，而其北境为高丽所据。　七〇三节汉江之南，有马韩、辰韩、弁韩，谓之三韩。马韩在西，凡五十余国，今忠清、全罗二道也；辰韩十二国，在庆尚道东境；弁韩亦十二国，在其西南。辰韩人相传，秦民避役，亡入韩，韩割其东界处之，故或称秦韩。朝鲜王箕准为卫满所逐，浮海南奔，攻破马韩，自立为韩王，居金马渚，今全罗道益山郡。辰韩、弁韩皆属之，韩史称箕氏，有韩二百余年，然其王统事迹皆不传。　七〇四节箕氏已衰，新罗、百济并兴焉。新罗始祖曰赫居世，姓朴氏，辰韩推立为君，国号徐罗伐，筑金城今庆尚道庆州府。都之，弁韩降附。赫居世卒，子南解立，南解遗命子儒理及女婿昔脱解曰：我死后，朴、昔二姓，以年长嗣位。由是二姓代主新罗。又有金味邹者，以朴氏之婿得嗣立，其后王统竟归金氏。　七〇五节百济与高丽同出于扶余，国名，在盛京省东北境。高丽始祖曰高朱蒙，避难自扶余南走，至沸流水上建国，今平安道成川府，或曰在鸭绿江之上流。号高句丽，后省曰高丽。或曰：古有高句骊国，汉开其地置县，为玄菟郡治，或曰在咸兴府东北，或曰在兴京之北。扶余别种居其境内，其后部落渐盛，遂建国，仍号高句骊。据此说，则朱蒙者，似为高句骊再兴之君也。朱蒙少子温祚，南渡汉江，居慰礼城，今忠清道稷山县。韩王箕氏割地与之。温祚建国以扶余为氏，筑汉山今京畿道广州府。都之，潜师袭马韩，悉取其地，是为百济始祖。　七〇六节东汉之世，高丽屡侵玄菟，魏帝曹芳时，幽州刺史毌丘俭击破之，屠丸都，高丽国都故趾，在平安道宁远郡南剑山。寻复据其地。晋成帝时，燕王慕容皝复大破之，其王高钊请降，后与百济构衅，百济王近肖古帅精兵攻之，钊中矢死。近肖古既捷，迁都北汉山，今名三角山，在京城北。号汉城。是时三韩故地，概属新罗、百济，朝鲜故地，概属高丽，长白山以南分为三国，高丽稍大，百济次之，新罗最小，世又谓之三韩。　七〇七节新罗距我大倭最近，自开国以来，屡遭边民侵伐，甚畏之，或悉兵拒战，或讲和交聘，及神功皇后亲征之，新罗不能复抗，遂降为属国。是役韩史无所见，我旧史所记亦多荒诞之言，然观其后新罗奉贡纳质，则其慑服我威者，不可复疑矣。神功摄政之朝，盖当百济近肖古之世，即东晋之中叶，苻秦兴隆时也。若其征韩之年月，则今不可考。百济闻之，遣使朝贡，失途至新罗，新罗劫夺其贡物，以己贱物换之，亦发使来朝。神功命勘校二国贡物，新罗多珍奇，百济甚劣，诘问使者，得其实，即拘新罗使，遣将讨之。百济发兵来会，击破新罗，取加罗、安罗等七国。初，弁韩虽属新罗，其地分为数小国，韩史所记有驾洛、今庆尚道金海府。阿罗、今咸安郡。古宁、今咸昌县。星山、今星州。大加卿、今高灵县。

小加倻今固城县。等。驾洛又称加倻，阿罗以下谓之五加倻，我军所取七国，盖皆弁韩故地，而加罗即驾洛、安罗即阿罗也。后益并附近小国，总言任那，置镇府，统制诸韩。国别有旱岐，各治本国，以百济王有功，分任那地赐之，自是百济朝贡不怠。　七〇八节是时，秦王苻坚方盛，高丽、新罗皆臣之，坚遗胡僧及佛像、佛经于高丽，高丽王丘夫以其书教子弟，创建佛寺，又兴大学，始颁律令，高丽儒佛之教始此。百济前未有文字，至近肖古置博士官，始有书记，既通于我，遣博士王仁来朝献儒书。晋孝武帝时，有胡僧自晋至百济，其王枕流迎而礼之，创寺度僧，百济佛法始此。后百六十余年，始传于我邦。枕流卒，太子阿花幼，叔父辰斯篡立，失礼于我，应神帝怒，遣使责之，百济杀辰斯以谢使者，立阿花而还。阿花亦阙职贡，朝廷削其东韩地，阿花惧，遣太子直支入谢，因留侍于朝。阿花卒，次子训解摄政，以待太子之还，季弟碟礼杀训解自立，直支闻王讣痛哭请归，应神以兵卫送，赐以东韩，国人杀碟礼，迎立为王。　七〇九节新罗王金实圣尝恨前王金奈勿质己于高丽，思有以释憾，及嗣位，遣奈勿子未斯欣来质，卜好质于高丽，后又欲害奈勿长子讷祇，讷祇怨，弑实圣自立。讷祇欲见二弟，闻朴堤上有智勇，召而谋之，堤上乃往见高丽王高琏，说以情义，琏辄还卜好。堤上将来朝，谓讷祇曰：倭人不可以口舌谕，当用诡谋，臣适彼，则请以背国论，使彼闻之。乃以死自誓，不见妻子，径渡海，若叛来者。讷祇阳囚未斯欣、堤上之家属，时皇军将袭新罗，因使堤上与未斯欣为乡导，共到对马，堤上潜令未斯欣逃归，我将知见诳，囚堤上烧杀之。是岁晋安帝末年，盖我仁德帝时也。堤上事迹，详于韩史，极赞其忠烈，我《神功纪》亦载新罗使者令质子微叱许智逃去之事，年代虽差，叙事相类。盖微叱许智者，未斯欣之讹也。　七一〇节讷祇卒，子慈悲立。慈悲畏我，借援于高丽，既而疑之，杀其兵，高丽王琏兴师入新罗，慈悲乞救于任那，我镇将往救之，击破高丽兵。宋帝昱时，我雄略帝时。琏大举攻百济，克汉城，杀其王余庆，虏男女八千而还。余庆弟文周立，徙都熊津。今忠清道公州。文周被弑，子三斤立，二年卒。初，余庆遣弟昆支来质，生子牟大，雄略帝闻百济无主，召牟大禁中，抚其头慰谕，使归王其国，命筑紫军士护送，别遣舟师击高丽，不克。　七一一节高琏国富兵强，其地西至辽河，南逾汉江，定都平壤，结好南北支那，宋孝武帝策为车骑大将军，齐高帝策为骠骑大将军。魏孝文帝置诸国使邸，齐为第一，高丽次之。琏在位七十九年卒，寿九十八，号长寿王。孝文闻讣，素服举哀，遣使策赠太傅。长寿一世，在高氏为最盛之时，我朝不得志于高丽，亦以此也。　七一二节梁武帝时，新罗攻任那，取数城，继体帝遣近江毛野于任那，谕新罗反其侵地，新罗不奉命。毛野无绥御之才，扰乱任那，任那人厌苦，密请兵新罗、百济，使攻毛野。二国兵拔任那五城而还，帝闻之，召还毛野。未几，驾洛降于新罗，任那地益蹙，我府帅在阿罗，威令不行，钦明帝诏百济王明兴复任那，明会诸旱岐议之，府帅河内直等交通新罗，不与明协谋，明上表请罢河内直等，朝廷不报，议竟辍。　七一三节梁简文帝时，百济与新罗任那击高丽，百济拔汉城，复其故地，进破平壤，新罗乘胜取高岘山名，在黄海道东北境。以内十郡，既而新罗与高丽连和，欲攻百济，百济弃汉城，新罗因取之。梁元帝时，百济王明请援于我，攻新罗拔管山城，今庆尚道闻庆县。新罗击破之，杀明。　七一四节陈文帝天嘉三年，我钦明帝二十三年。新罗攻灭大加倻，于是任那悉没于新罗。钦明帝遣纪男麻吕、河边琼谥击新罗，问灭任那之罪，又遣大伴狭手彦击高丽，并令百济策应，琼谥失律无功，狭手彦破高丽而归。其后新罗复建任那，已而又攻之，推古帝遣将救任那，拔新罗五城，新罗割六城请服，乃诏旋师。任那后降于新罗。

第四章　三韩下附渤海国

七一五节隋文帝立，三韩皆遣使朝贡，隋册其王，皆为上开府仪同三司。开皇十八年，我推古帝六年。高丽王高元率靺鞨侵辽西，郡名，今盛京锦州府，及直隶承德府东境。文帝怒，使汉王谅等将水陆三十万伐高丽，不克，师还，死者什八九，元亦惧，遣使谢罪，帝乃罢兵。炀帝恃其富强，欲耀武海东，悉发国内兵丁二百万进攻辽东城，城将坚守不下，元遣大臣乙支文德御之，文德佯败走以诱敌，乘其疲弊，四面钞击，隋军大败而还。明年，帝复征高丽，又明年，复征之，皆不能克。　七一六节唐太宗既灭突厥、高昌，又欲取高丽，会高丽东部大人泉盖苏文弑其王建武，立王侄藏，自为莫离支，专擅国事，与百济和亲，共攻新罗，欲塞其入唐之路。新罗请救于唐，太宗自将伐高丽，拔辽东数城，及攻安市城，见五八七节。城主材勇善拒，太宗亲临督战，竟不能拔而还。自是屡遣兵侵轶高丽，高丽始病焉。　七一六节新罗、百济世为仇雠，互相侵伐，百济素亲附我国，而新罗新睦于唐。新罗女王胜曼遣王族金春秋如唐，请伐百济，春秋姿表英伟，善谈论，太宗厚赐之，优礼甚备。高宗时，胜曼卒，国人奉春秋嗣位。百济与高丽、靺鞨连兵，侵新罗北境，取三十三城，春秋诉之唐。是时百济王义慈奢淫不恤国事，新罗并吞之谋愈急。　七一七节显庆五年，高宗十一年，我齐明帝六年。唐遣苏定方帅水陆十万以击百济，命新罗与之合势，唐军自成山山东最东角，在登州府文登县东北。济海，与新罗兵围百济都城拔之，义慈父子降，定方执之以归，留刘仁愿镇泗沘，即百济都城，今忠清道扶余县。擢土豪为都督刺史。　七一八节百济宗室鬼室福信义慈之从弟。收聚遗众图兴复，国人推为佐平，据周留城，在全罗道全州之西。西北部皆应，引兵围刘仁愿，遣使来献唐俘，请迎王子丰立之。丰者，义慈之弟质于我者也。龙朔元年，高宗十二年。唐遣刘仁轨发新罗兵、以救仁愿，福信释围而退。时天智帝为皇太子，奉齐明帝帅舟师而西，将救百济，会帝崩于筑紫，皇太子奉丧听军政，遣阿昙比逻夫、阿部比罗夫等赴救，以织冠授王子丰，令别将送还之，并送丰叔父忠胜。　七一九节是岁新罗王春秋卒，谥曰武烈，庙号太宗。春秋事唐，衣冠文物，皆仿其制，得良佐金庾信，共谋国事，遂灭世雠，以弘王业，为新罗贤主。太子法敏立，是为文武王。　七二〇节二年，我天智帝即位前六年。阿昙等至百济，立丰为王，授金策于福信，褒奖之。仁愿、仁轨在熊津，出击百济兵破之，拔真岘城。今忠清道铁岑县。时福信专权，丰疑其有异图，杀之。三年，天智帝更遣兵三万人救百济，新罗王助唐军进攻周留城，我援兵遇唐军于白江口，盖今锦江入海之口也。四战皆败，丰脱身奔高丽，忠胜等以周留降于唐。百济亡，国民多走归我军，我军以佐平余自信及民众还。仁轨留镇百济，以扶余隆为熊津都尉。隆者，故王义慈太子也。高宗命隆与新罗王释去旧怨，仁轨西还，隆畏众携散，亦归唐。　七二一节高丽泉盖苏文死，子男生代为莫离支，出巡国，弟男建、男产拒而不纳，男生乞救于唐，唐遣李勣督诸军伐高丽，取辽东诸城。总章元年，高宗十九年，我天智帝即位元年。进围平壤，高藏令男产请降，高丽亡。高宗以藏政非己出赦之，流男建于黔州、今四川酉阳州彭水县。扶余丰于岭南。　七二二节其后高丽遗众复起，新罗助之，又略取百济故地，高宗怒，遣兵讨新罗破之。法敏遣使谢罪，高宗赦之，然法敏犹不敛兵，击走唐军，取高丽南境，唐不复问，自是新罗又媚事唐如旧，世受其官爵，遣子弟宿卫。　七二三节自法敏历五世至乾运，淫昏失政，大臣金良相乘乱弑乾运而自立。良相卒，大臣金敬信立。唐文宗开成中，我仁明帝承和中。敬信之孙均贞与侄悌隆争立，国乱，王族金明等杀均贞，立悌隆，已而明又弑悌隆自立，均贞之子祐征起兵，击杀明而立，新罗复定。　七二四节唐昭宗时，我宇多帝宽平中。有女王曼，委政佞幸，政刑紊弛，由是盗贼蜂起，疆宇日蹙，弓裔叛于北原，今江原道原州。取西北诸州，甄萱据完山今全罗道全州。称王，国号后百济，韩地复三分。弓裔残虐，其下不服，五代时，众推王建为王，国号高丽，弓裔走而死，建定都松岳，今京畿道开城府。以平壤为西京，国势愈盛，新罗、后百济遂皆降，三韩复归于一。　七二五节靺鞨之粟末部，初属高丽，高丽亡，部人大祚荣帅众保东牟山，在盛京城东。高丽、靺鞨稍归之，自称震国王，略有高丽故地，唐玄宗封为渤海郡王，自是以渤海为国号。祚荣卒，子武艺立，益斥土疆，东北诸夷畏服，其子钦茂迁居肃慎故地，号上京（盖今宁古塔地方也），数传至仁秀，文化颇进，置五京十五府六十三州，为海东盛国，迨五代时为契丹所灭。　七二六节三韩之时，新罗畏我军威，时时朝贡，及并百济，自恃其强，藩礼有阙，仁明帝禁其国人入境，新罗由此而绝。渤海自武艺时，使聘常通，礼又颇恭，终始不渝，朝廷屡赐敕奖谕，以藩臣遇之云。

第五章　倭汉之通交

七二七节我邦之通于支那，不详其始，彼史曰：倭凡百余国，自汉武帝灭朝鲜，使译通者三十许国。又曰：汉光武末年，倭奴国奉贡朝贺，光武赐以印绶。又曰：安帝初年，倭国王帅升等献生口。此皆我土豪之私交也。三国时，有女王卑弥呼者，遣使经魏带方郡，诣洛阳朝献。卑弥呼者，盖我西边女酋也，魏明帝遣使封为亲魏倭王，假金印紫绶，赐赉甚厚，自是屡朝贡。卑弥呼死，宗女壹与立，又遣使贡献。壹与之事，后不复闻。　七二八节神功皇后克新罗，汉人居韩地者，多迁于我国，阿知使主称汉灵帝之裔，率带方民归化，朝廷遣阿知于吴求缝工，吴王与工女四人，是朝使至支那始见国史者也。吴王即晋帝也，东晋及南朝，皆据孙吴故地，故亦称为吴。《南史》曰，晋安帝时，倭王赞遣使朝贡。赞者，谓仁德帝也。而《仁德纪》亦载吴国朝贡，盖仁德之世，非唯我通于晋，晋使亦至也。　七二九节宋、齐诸史，叙倭王贡献之事，赞之后有珍、济、兴、武四王，皆受南朝官爵，称使持节，都督倭、新罗、任那、加罗、秦韩、慕韩六国秦韩即辰韩，慕韩即马韩，或除加罗而加百济，或加百济为七国。诸军事，安东大将军，倭国王。此四王者，反正、允恭、安康、雄略四帝也，然反正以下三朝使聘往来，国史无所见，唯《雄略纪》则曰，遣使求吴工女，使者与吴使及诸工女共还，而《宋书》不记此事，因按《宋书》所记贡献除授等事，恐非朝廷所预知，盖任那镇将欲假大国宠命以镇抚诸韩，故托名国使朝贡于宋也。　七三〇节推古帝时，圣德太子摄政，欲兴隆佛法，乃修好于隋十五年，隋炀帝大业三年。遣小野妹子遗炀帝书曰：日出处天子，致书日没处天子无恙。炀帝览不悦，以为书辞无礼。明年，遣其臣裴世清等从妹子来观国风，遗书曰：皇帝问倭王云云。太子恶其黜天子之号，然既有求于彼，不得不答，亲草答书曰：东天皇敬白西皇帝云云，复遣妹子送隋使，学生学僧多从之。　七三一节唐兴，学生还者奏曰：大唐，礼仪之国也，宜常通聘。舒明帝遣犬上御田锹往聘，及还，太宗遣高表仁俱来，有所谕告，表仁争礼，不宣主命而去。盖唐帝欲使我执臣礼，而我不肯从也。是时学生学僧自唐还者渐众，儒佛之学盛行于世，竟至举朝典国法摸仿彼邦。　七三二节孝德帝遣吉士长丹等于唐，学生学僧从行者二百余人。长丹谒高宗，多得文书宝物而还。时新罗与高丽、百济相攻，高宗遗书请我国出兵援新罗，不从。齐明帝又遣津守吉祥等往，高宗将攻百济，拘留吉祥，及百济灭，始放还之。天智帝时，唐将刘仁愿镇百济，屡遣使来聘，帝以其非公使，不许入京，每飨之于筑紫，令人送还之。　七三三节文武帝遣粟田真人往聘，真人好学，善属文，为唐人所称，则天厚飨之，授司膳卿。元正帝遣多治比县守等往，阿部仲麻吕、吉备真备以选为留学生，从之。县守请从诸儒受经，玄宗命四门助教赵玄默即鸿胪寺为师。县守等还，朝见皆着唐所赐朝服。是时支那隆盛，古今无比，吐蕃、新罗、渤海诸国皆被其风化，我邦亦学艺益进，旧俗日变，而钦仰支那，殆如上国矣。　七三四节圣武帝时，多治比广成往，真备悉唐赏物贸书与广成共还，仲麻吕慕唐风，留仕不还，易姓名曰朝衡。玄宗爱其才，授左补阙。孝谦帝时，藤原清河、吉备真备等往，玄宗命朝衡接伴，清河等将还，玄宗赋诗送之。衡请与归，因命为使，真备等归朝，清河、衡遭风漂泊安南，复至长安，留仕，清河为特进秘书监，更名河清，衡为左散骑常侍镇南都护。淳仁帝遣高元度迎河清，经渤海至唐，以乱故不得朝见而还。衡在唐五十余年而卒，代宗赠潞州大都督。河清亦竟卒于唐。　七三五节光仁帝时，小野石根等往，代宗优待之。桓武帝时，藤原葛野麻吕往谒德宗。平城、嵯峨、淳和三朝，无遣唐使。仁明帝时，葛野麻吕子常嗣往谒文宗，还上其书。　七三六节凡外国与唐相交者，唐皆以藩属待之，其书不用表奏之式，则不肯受。我朝不欲以书辞相争，故使臣每不赍国书。唐帝时赠书，则斥天皇曰倭王，国史皆省而不录，以其辞甚慢也。初，朝廷爱唐之文物，故频通使聘，至光仁、桓武之世，文化既开，制度大备，无复所需于彼，殆不见遣使之要。行舟术粗，屡遭风溺没，或漂着海岛，为夷贼所杀掠；唐国既乱，陆路亦多艰阻，以故仁明以来，使聘绝者五十余年。至宇多帝宽平六年，唐昭宗乾宁元年。复命遣唐使，以参议管原道真为大使。时僧中瓘在唐，附商客上书太政官，具叙唐国凋弊，乞停邦人入唐。道真奏请以中瓘状遍下公卿、博士，详议通聘之可否。明年，敕罢遣唐使，然是后僧徒往学法者犹不绝，及宋兴，两国商民屡相往来。

第八篇　学艺宗教

第一章　学　　制

七三七节周道既衰，学校废绝，儒墨百家横议放论，而刑名之说尤盛。秦始皇焚诗书，坑术士，视法令为经典，使欲学之者以吏为师，于是百家箝口，皆遏讲究，六经群籍，多藏于山岩屋壁。初，七国时往往有博士官，秦亦置之，管守典籍，掌通古今以备顾问，非教育之职也。汉高祖以叔孙通为博士，制定汉礼，然帝素轻儒学，未议及庠序之事也。　七三八节惠帝除挟书之禁，文帝颇征用游学之士，文事寖兴，然文帝窦后皆好黄老之术，景帝喜刑名不任儒者，故诸博士虽具官待问，其任犹轻。及武帝好儒，公孙弘以治春秋，白衣为三公，国内学士靡然向风矣。置五经博士，择少年五十人，补弟子员，设科考察，劝以官禄，郡国皆立学校官以广教导。昭帝增博士弟子满百人，宣帝又增倍之。宣帝为治，虽不专据儒道，亦不敢忽经艺，尝诏诸儒会石渠阁讲五经同异，萧望之等平奏其议，帝亲临决焉。是后儒业益盛，枝叶繁滋，一经说至百余万言，大师众至千余人。　七三九节光武中兴，先访儒雅，四方学士云会京师，营起太学，置博士十四人，各以家法教授，而聪明有威重者一人为之长，号博士祭酒。明章之世，儒学极盛，明帝临辟雍，飨射礼毕，执经自讲，为功臣子孙、外戚四姓樊、郭、阴、马。末属别立校舍，搜选高能，以授其业，自期门羽林之士，悉令通孝经，匈奴亦遣子入学。章帝大会群儒于白虎观，考定五经同异，如石渠故事，命史臣著为《通议》。和帝亦数幸东观，览阅书林，犹有明章之遗风。　七四〇节邓太后称制，以儒职多非其人，诏公卿察举明经，务取高行，后旋复故。安帝薄于文学，博士倚席不讲，朋徒相视怠散。学舍颓弊，顺帝缮修之，造房室二千。梁太后称制，令郡国举明经，诣太学，大将军以下，皆遣子受业，自是游学增盛，至三万余生，然讲义渐疏，多以浮华相尚，儒者之风盖衰矣。至桓帝时，太学诸生，好危言核论，竞为臧否，竟罹党锢之祸。灵帝昏弱，耽于词艺，设鸿都门学，引诸生能为辞赋或工书者以充文学，无行趋势之徒多进，士君子耻与为列焉。　七四一节魏文帝依汉制立太学，设五经课试之法，然博士选轻，生徒少成业者。晋武帝兴学，名曰国子学，以教国之贵游子弟，犹我学习院也，置国子祭酒、博士助教。是时，士大夫多习尚老庄，及五胡之乱，佛教又盛，儒术终不振。江左多难，日不暇给，以迄宋齐，祭酒博士空存其官而无其职，国学时或开置，而劝课未博，建之不能十年，取文具而已。宋文帝立四学，曰玄、儒、文、史。玄者，老庄之道也。明帝置总明观祭酒，以总玄、儒、文、史四科，科置学士各十人，于是儒道仅得与老庄骈立。至齐武帝时，省总明观。梁武帝置五经博士，广开馆宇，养士逾千人，南朝文学之最盛也，然崇佛甚深，士民风靡，儒生学士，不过玩辞章之末。　七四二节后魏道武帝始定中原，立太学于平城，置五经博士，生员三千人，命郡县大索群籍。献文立乡学，每郡置博士助教。孝文好儒，开皇子之学，及迁洛阳，立国子太学、四门小学，自是学业大盛。燕、齐、赵、魏之间，横经著录，不可胜数。北齐置国子寺，以祭酒总之，其博士助教，有国子及太学四门之别。后周无国子四门，唯置太学。汉魏以来，国学皆属太常，后周属大宗伯，隋文帝始革之，令国子寺自为一官，寻改寺为学，炀帝又改学为监，唐因之。晋置律学博士，属廷尉，历代因之，唐移属国子监。　七四三节唐制，国子祭酒总判监事，司业副之，领学馆六：国子学生三百人，以三品以上子孙为之；太学生五百人，以四品五品子孙为之；四门学生千三百人，以六品七品子及庶人之俊异者为之；律学生五十人，书学生、算学生各三十人，以八品以下子及庶人之通其事者为之。六馆合二千二百十人，每学置博士助教，唯书算二馆不置助教。别于门下省置弘文馆，生三十人，于东宫置崇文馆，生二十人，以皇亲外戚及贵近之子为之。京都都督府州县亦皆立学，学生随其大小有差，自八十人至二十人，是皆高祖太宗之遗制，而玄宗所重定也。　七四四节太宗雄武，兼喜文学，召惇师耆德，尽授学职，雠正五经，创立正义，都鄙皆向学，文治郁兴，求梁、陈、周、隋通儒之子孙，并加引擢，以先儒左邱明等二十二人左邱明、卜商、公羊高、穀梁赤、伏胜、高堂生、毛苌、孔安国、戴圣、刘向、杜子春、郑众、贾逵、马融、卢植、郑玄、服虔、何休、王肃、王弼、杜预、范宁。配享孔子庙庭。高宗时，东都亦置国子监，数年而废。玄宗重艺文，诏府郡举通经士，而褚无量、马怀素等，侍讲禁中，恩礼优渥。又命二人修整群籍，业未毕，相次物故，诏元行冲续成之。置集贤书院于两京，各列经、史、子、集四库。及禄山之乱，两院图书丧脱几尽。其后学校衰废，生徒流散，嗣帝区区急于救乱，不暇语教育事。代宗尝兴国子监，以阉竖判监事，贻讥后世。是时生徒无常员，至宪宗，定为五百五十人，东都亦新置监生百人。文宗校定五经，镵之石，命张参等是正讹文。懿宗诏群臣，输光学钱以治庠序，然儒学不复振兴，以至唐亡。

第二章 儒 学

七四五节战国时，儒学既分数家，专攻一经，皆自称得孔子遗意，师徒相授受而其道未大明。汉兴，诸儒传其所得，拘牵滞固，异说纷纭，言易自菑川国名，今山东济南府东北境，及青州府西北境。田何，言尚书自济南郡名，今济南府。伏胜，言礼自鲁国名，今山东兖州府。高堂生，言诗于鲁则申培公、于齐国名，今青州府。则辕固生、于燕国名，今顺天府。则韩婴、于赵国名，今直隶广平府，及顺德府西境。则毛亨，故诗有鲁、齐、韩、毛四家。田氏之易，分为施、孟、梁丘氏，又有京房及费直、高相之易。伏生尚书，分为欧阳、大小夏侯氏，孔安国初受书于伏生，后得古文蝌蚪尚书，训传其义，世因称伏书为今文。高堂生之后有后氏，后氏分为庆氏、大小戴氏。春秋有公羊、穀梁、左氏之传，言公羊则齐胡母生、赵董仲舒，言左氏则河南郡名，今河南河南府，及开封府西境。贾生，胡母之后，又分为严、颜二家。 七四六节武帝置五经博士，齐、鲁、韩诗，欧阳尚书，田氏易，后氏礼，公羊春秋，并立于学官。宣帝复立大小夏侯尚书，施、孟、梁丘易，大小戴礼，穀梁春秋。元帝复立京氏易。光武立博士十四家，诗书各三家，易四家，及二戴礼，皆因宣元之旧，罢穀梁春秋，立公羊、严颜二氏。明帝诏诸儒，选高才生，受古文尚书、毛诗、穀梁左氏春秋，虽不立学官，然皆擢高第。　七四七节西汉名儒，贾谊、董仲舒为称首，论著虽不多传，后人服其深识。其后有刘向，经明行修，仕宣、元、成三朝，以忠直显。成帝命向校典籍，条其篇目，撮录指意。向卒，哀帝使向子歆卒父业，歆乃集经子群书，别为《七略》。《辑略》《六艺略》《诸子略》《诗赋略》《数术略》《方伎略》。王莽篡立，以歆为国师。歆校书时，得周官于秘府，著于录略，采摘其说，以佐莽政，其学遂行。杨雄与歆同仕莽，好古乐道，不慕荣利，欲以文章垂名，作《太玄》以拟《易》，作《法言》以拟《论语》，然法言卒章盛称莽功德，君子病焉。　七四八节东汉名儒甚众，河南郑众，扶风三辅之一，属司隶，今陕西西安府西境及凤翔府。贾逵，皆受其父业，治古学，尤明《毛诗》《周官》《左氏春秋》等，逵论著百余万言。伏湛、伏黯兄弟，伏胜之裔也，明齐诗，子孙数世皆传家学。桓荣以宿学授明帝经，其子郁教章帝、和帝，郁子焉亦教安帝、顺帝，一家三世，为五帝师。顺、桓之世，扶风马融以博洽称，《诗》《书》《易》《三礼》《论语》《孝经》等，皆有注解，徒众甚盛。涿郡属幽州，今顺天府西南境。卢植事融，通古今学，性刚毅，有大节，灵帝末为尚书，以忤董卓免。北海国名，属青州，今山东青州府东境。郑玄笃学究诸经，以山东无足问者，西入关从融，质疑义。及辞归，融曰：郑生今去，吾道东矣。玄兼众家之学，注释繁详，两汉儒学，至玄而大成。然融、玄皆信谶纬，间采其说以附会经义，后儒疵之。任城国名，属兖州，今山东济宁州。何休好《公羊》学，作《公羊墨守》《左氏膏肓》《穀梁》废疾，以难二传，玄乃《发墨守》《针膏肓》《起废疾》，休见而叹曰：玄入吾室，操吾矛以伐我乎？同时有河南服虔，亦驳休说，作左氏传解。　七四九节魏时，王肃、王弼、何晏有名，肃善为贾、马之学，而不好郑说，采会异同，尽注诸经，著《圣证论》，以讥短郑玄，玄门人孙叔然又驳之，世以郑、王并称。弼作易注，晏作论语集解，二人皆好老庄，解经颇杂其意。两汉言易者，多主象占之说，弼悉扫去，畅以玄理，易学于是一变。晋时，杜预明史学，身膺将帅之任，武功盖世，既平吴，耽思经籍，作《左传集解》，至南渡后，范宁作《穀梁集解》。　七五〇节汉初，《易》凡六家，费、高但行民间，东汉陈元、郑众主费氏，马、郑、二王皆作之注；《诗》凡四家，毛氏初微，亦贾、马、郑、王注之，于是《毛诗》、费氏《易》大兴。高氏《易》亡于汉末，齐《诗》亡于魏，鲁《诗》、施、梁丘《易》亡于西晋，《韩诗》、孟京

《易》虽存，无传之者。伏书三家，相传至西晋而亡。贾、马、郑、王皆注古文，然已非孔安国全本。晋豫章郡名，属江州，今江西南昌府。内史梅颐称得古文孔传，奏上之，盖晋人所拟作也。礼凡三家，东汉虽存并微，马融传小戴之学，且采周官，通《仪礼》《礼记》为三礼，卢、郑受之并作注解，郑更名《周官》曰《周礼》。及王肃驳郑，《礼》分为二家。肃为晋武帝外祖，故晋人议《礼》，舍郑从王。《春秋》三传，《公羊》二家独盛，《穀梁》常微，左氏初不著，郑、贾、服、杜作训解，遂大行于世。　七五一节东晋南朝尚词藻，耽玄言，经学不盛，而北朝出名儒稍多。元魏世，徐遵明为儒宗，博通诸经，教授山东，孝庄帝时，死于乱。高弟李铉为北齐博士，经生多出其门，熊安生最明《礼》，周武帝闻其名重之。及灭齐，安生遽令扫门，家人怪之，安生曰：周帝崇儒，必来见我。已而果至，遂携归，命议“五礼”。隋时有刘焯、刘炫，称二刘，焯啬于财，不行束修者，未尝教诲，炫亦贪鄙，文帝购求遗书，炫伪造书百余卷，取赏而去，然二人聪明博览，著述富赡，为一代大儒。　七五二节文帝末年，龙门县名，属蒲州，今山西绛州河津县。王通诣阙，献《太平十二策》，帝不能用，罢归，通遂教授于河汾之间，弟子自远至者甚众，累征不起，大业末，卒于家，门人谥曰文中子。通诲人，不仿世儒，事训诂，谈道讲术，成一家言，其说虽迂，亦儒中之伟人也。　七五三节东晋以来，儒者好尚，有南北之异，江左《书》则孔传，《易》则王弼注，《三礼》则郑注，若王肃注，《春秋》则左传杜注，《论语》则何晏注，河洛《书》《易》《三礼》《论语》，皆主于郑氏，《春秋》三传，则用服虔、何休、范宁，唯《诗》则南北俱遵郑笺。南学简而华，北学深而芜，隋人并采南北之学，《书》《易》《春秋》则用孔、王、杜氏，《诗》《三礼》《论语》则皆用郑氏。自是《书》《易》郑注及王肃、二何、服、范氏皆微。　七五四节唐以九经课学生，《礼记》《左传》为大经，《诗》《周礼》《仪礼》为中经，《书》《易》《公羊》《穀梁》为小经。通二经以上者，得应举《孝经》《论语》皆兼通之。太宗命孔颖达、颜师古等选《五经正义》，以郑、孔、王、杜为本，采众家义疏，增损而广之。《诗》《书》《左传》，多据二刘疏，《礼记》据梁皇侃及熊安生疏。贾公彦又作《周礼》《仪礼》疏，发挥郑学。《孝经》旧有孔、郑二注，玄宗更自作注，命元行冲疏之。大唐一代，文儒如林，其于经义，无大异说，唯李鼎祚作《易集解》，宗郑排王，啖助说《春秋》，不宗三传，考其得失，断以己意，然大旨阴主公、穀，赵匡、陆质传其学，质遂纂啖、赵之说，作《春秋集传》。唐学出正义之范围者，唯有此二书，亦不甚行。　七五五节自唐以前，孟轲列于诸子，儒林不甚重之，东汉唯赵岐注之，唐朝亦不立学官。至韩愈，深赞其辟杨墨、明孔道，以为功不在禹下，学者自是知尊孟子矣。愈慕孟子之风，好排击老释，唱群圣传统之说，以扞卫儒道事德宗，为监察御史，以谏宫市贬阳山属连州，今广东连州属县。令，宪宗朝，迁刑部侍郎。帝迎凤翔法门寺塔佛骨入禁中，留三日，历送诸寺，王公士民瞻奉舍施，惟恐不及，愈上表极谏，乞投之水火，帝大怒，贬潮州属岭南，今广东潮州府。刺史，后复还朝。会成德王庭凑杀其帅田弘正自立，穆宗诏愈宣抚，众皆危之。愈至，庭凑严兵迓之，愈以大义责之，庭凑不敢犯，礼而归之。愈通经传百家，最长文章，世推其排佛之功，至配之孟子。

第三章　文　　艺

七五六节三代之时，去太古不远，言语文章未能畅达，唯诗直抒情感，发于永言，故多可诵者。至周末，文辞始盛，《论语》之简约，《孟子》之明畅，《老子》之深奥，《庄子》之变幻，《左氏》之典丽，《国策》之雄劲，《孙子》之精奇，《韩非》之峭深，《屈原》之凄惋，皆莫不尽其妙。　七五七节秦时，李斯文甚伟丽，其他则无闻焉。至西汉，作者甚众，贾谊之于论策，司马迁之于《史记》，司马相如之于辞赋，真超世之才，可称汉文之三绝。当二马时，武帝方劝奖文学，宠用材俊，又立乐府，采歌谣，于是辞人奋兴，扬葩振藻，闳衍雄浑，成一代之风。其后文气寖弱，竞以侈丽相尚，如王褒、刘向、杨雄诸名家，亦皆不免焉。雄盖悔之，有意矫其弊，《太玄》《法言》，摸拟古经，然措辞务为艰奥，竟非文之至者。　七五八节自东汉历魏晋南朝，以至于隋，文章益流于浮华，绮靡纤弱，巧作骈俪，谓之八代之衰，又称晋以下曰六朝，衰之又衰也。当时散文可观者甚寡，唯东汉班固作《汉书》，虽文不及司马迁，然依迁史法，颇更正之，以定纪传之体，后史奉为典型。晋陈寿作《三国志》，叙事简核，亦好史也。诸葛亮非用力文艺者，然其《出师表》，简严精切，六朝无再见此文。　七五九节诗赋时出名家，虽衰，未至如散文之甚也。魏武帝、文帝，才兼文武，善为诗赋。文帝弟陈思王植，才藻英发，落笔成章，有六友与之齐名，世号建安七子。晋末，陶潜少有高趣，著《五柳先生传》以自况，尝为彭泽县名，属江州，今江西九江府湖江县。令，郡遣督邮至，吏白应束带见之，潜叹曰：我岂能为五斗米折腰向乡里小人！即日解印绶去，赋《归去来辞》，以遂其志，自以曾祖陶侃为晋宰辅，耻屈身后代，自刘裕擅国，不复肯仕，与其妻共耕，觞咏自娱，至宋文帝时没，世号靖节先生。潜妙于诗，冲澹深邃，出于自然，同时谢灵运，亦有词才，世以陶、谢并称，然其诗极工丽，而气格不及陶矣。　七六〇节梁武帝博学能文，著述数百卷，昭明太子及简文帝、元帝皆好学，富于词藻。古来帝王父子以才学称者，曹魏、萧梁为最。梁朝多文士，沈约、庾信最著。约历事宋齐，劝梁武移齐祚，位至宰辅。约尝悟语音有平、上、去、入之别，撰《四声谱》，以发其旨。音韵之学，自此而兴。信有盛才，与徐陵同官，文并绮艳，务以音韵相婉附，句用四六，隔句作对，后进竞相模仿，号徐庾体。西魏宇文泰好古，欲革文弊，命苏绰仿《尚书》作大诰宣示群臣，自后诏诰皆依此体。然泰不用秦汉畅达之文，而强拟三代诘屈之辞，故势不能久行。梁元帝遣庾信聘西魏，信遂留长安，仕魏及后周。周明帝、武帝皆嗜文艺，遇信特优，由是信之文体，又行于北方。　七六一节唐承六朝之后，诗赋散文，皆不脱纤弱之习。高宗时，王勃、杨炯、卢照邻、骆宾王擅文名，世称四杰，俱工于骈俪。则天时，沈佺期、宋之问以附二张进，之问尤无行。二人善诗，带沈、庾余风，益加雕镂音律谐协，属对精炼，号为律诗，又谓之近体，学者宗之，称沈宋。陈子昂亦媚事则天，然其诗不染时俗，高雅冲澹，超于建安矣，散文亦疏朴近古。　七六二节玄宗之世，张说、苏颋以文章显，皆升相位，说封燕公，颋许公，时号燕许，其文稍近雅正，而骈俪之习未去。元结性耿介，为文奇古，不谐俗，故名亦不高，然唐人力变骈俪者，实自结始。是时国内升平，文艺炽昌，诗人名家者不可胜数，而杜甫为其冠，李白、王维、孟浩然等次之。杜甫少贫，举进士不第，困长安，玄宗见其赋奇之，待制集贤院。会禄山乱，为贼所得，逃谒肃宗，拜右拾遗，寻弃官，寓秦州，属陇右道，今甘肃直隶州。樵采自给，流落剑南，为其帅严武参谋，武卒，客游江湖，死于衡山之阳。甫旷放不自检，好谈大事，高而不切，数当寇乱，挺节无污，为歌诗，伤时桡弱，情不忘君，人怜其忠。李白有逸才，豪放嗜饮，飘然有超世之心，尝至长安，学士贺知章见其文，叹曰：子谪仙人也。荐之玄宗，供奉翰林。白犹与饮徒日醉于市，顷之辞去，浮游四方。肃宗时，得罪流于夜郎，郡名，属黔中道，今贵州遵义府桐梓县。会赦得释，客死江南。李杜之诗，俊伟佚宕，不假雕琢之工，古风近体，皆造其妙，于是唐诗蔚然大兴，遂为后世之模范。　七六三节陆贽勋业显于朝，固非翰墨之徒，其文多用骈句，不异俗体，然真意笃挚，反覆曲畅，不见排偶之迹，为德宗作诏诰，至武夫悍卒皆感泣，其论谏切中时病，皆本仁义，洵经世之文，不可以四六卑视。　七六四节韩愈以宏才卓识，用力古文，综核百家，镕而化之，刊陈铲（刬）伪，粹然一出于正，而滉洋自肆，无所拘束，遂一洗八代之陋习，使唐之文章，追踪于周、汉。当时名亚于愈者，唯柳宗元。宗元与顺宗幸臣王叔文友善，及叔文用事，引陆质、刘禹锡等参计议，宗元亦预焉，宦官嫉之，谗毁沸腾。宪宗立，悉贬窜其党，赐叔文死，宗元由是废黜，自放于山水间，湮厄感郁，一寓诸文，愈尝评之曰：雄深雅健，似司马迁。李翱、皇甫湜从愈学，翱得其谨严，湜得其奇崛。孙樵又传湜法，刻意求奇，皆不逮韩、柳。韩、柳又善诗，俱如其文。同时工诗者，韦应物、刘禹锡、张籍、白居易。居易长乐府，用语平易，以曲折尽情，自成一家。稍后而有杜牧、李商隐。牧诗豪而艳，有气概，人号小杜，以别杜甫。商隐学甫，寄托深远，但语伤缛丽。　七六五节大抵先秦诸子著书，各欲立言传道耳，无意于为文，而文自美矣。西汉尚文辞，极其雄丽，文遂为学者之一艺。自是以来，名贤不必皆能文，文士不必皆达于道，道与文，岐而为二。八代之衰，曹、陶最为词宗，至徐、庾，而绮靡极矣。唐兴，王、杨、沈、宋鸣于时，虽盛且美，而不雅正。陈子昂唱古诗而李杜成之，元结唱古文而韩柳成之，韩柳没后，少能继其高风者，诗则作者接踵，至唐亡不绝，故后世论诗，以唐为最盛，而杜诗、韩文，巍然冠绝一代矣。

第四章　佛　　教

七六六节佛教入支那，始于汉明帝时，前卷三四四节记之矣，然西汉既有其征，霍去病击匈奴，降浑邪王，获金人还，武帝列之甘泉宫。金人本休屠匈奴西边属部，盖唐时羯盘陀国，在葱岭中。王所祭，盖佛像也。哀帝时，月氏使者口授佛经于博士弟子秦景，汉人未之信，明帝遣景等之印度，访求佛道，携沙门迦叶摩腾、竺法兰东还。摩腾译四十二章经，法兰译佛本行等经。自是西域沙门往往入汉翻经传道，汉人寖奉之。 七六七节三国时，曹植好读佛经，吴大帝亦甚敬沙门，于是佛教行于吴魏。印度僧法时至洛译戒律，魏人始受戒剃发。晋初，敦煌郡名，属凉州，今甘肃安西州。僧法护周游西域，大得梵经，至长安传译，佛教东流，自是而盛。怀帝时，印度佛图澄入洛，值晋乱，去投石勒。澄善诵神咒，听铃声言吉凶，勒敬事之，号为大和尚，询军国事。石虎立，奉之尤谨。赵人承风，争造寺庙，出家学佛。 七六八节常山郡名，属冀州，今直隶正定府。道安性聪敏，日诵经万余言，尝至邺县名，晋司州，魏郡治，石虎都之，今河南彰德府临漳县。事佛图澄，甚见重。石虎死，中原纷扰，安避乱南驻襄阳，郡名，属荆州，今湖北襄阳府。布教晋境，以旧译诸经文义难通，精思十余年，悉究深旨，析疑甄解，正其讹舛。秦王苻坚克襄阳，获安大喜，崇以师礼，敕学士有疑皆谘焉。坚方崇佛教，西僧众天、法喜、众现等，相继入长安，与秦僧佛念译“出众经”。时龟兹西域国名，今回疆库车地。僧鸠摩罗什聪明渊博，化流西域，道安钦其名，每劝坚致之，鸠亦闻安风，遥拜致敬，谓之东方圣人。安弟子慧远自襄阳东至庐山，在江西南康府城西北。与僧俗百余人结莲社念佛，儒生厌世者，颇入其社，陶潜、谢灵运亦与之游。 七六九节苻坚遣吕光西征，破龟兹城，获鸠摩罗什俱还。会秦乱，鸠留凉州，今甘肃凉州府。后秦主姚兴灭秦降凉，迎鸠入长安，尊宠极优。鸠通秦言，览旧经多谬，不与梵本相应，与群僧共译经论数百卷。兴大营塔寺，公卿以下皆奉佛，僧徒集秦京者五千余人，自西域至者，又数十辈，州郡化之，事佛者十室而九。兴以僧尼多衍滥，令僧䂮为国僧正统之。僧有官，自䂮始。 七七〇节后秦僧法显、智猛，凉州智严、宝云，北燕昙摩竭等，前后西游，渡流沙，逾葱岭，适印度访道。显历三十余国，大得经律，航到师子国，今锡兰岛。附商舶东还，漂着青州，今山东东境。著《佛国记》以纪其行。严于罽宾印度国名，今迦什弥儿。学禅法，要请禅师觉贤共到秦京。云还，亦师觉贤，后共入晋。宋时，严泛海再游印度而死，竭自南印度航达广州。今两广之大半。显等所经，路极险恶，伴侣多途毙。显、猛往时，各十余人，及还，显惟一人，猛与其徒惟二人。竭往时二十五人，惟五人得还。是时，佛徒惇信笃志，勇于求法，不惮艰险，西僧来宣教者亦愈多，沙碛洋海，来往如织。晋宋之间，显、严、云、竭等，及诸西僧，多居江左，宣译之盛，亚于两秦。当世名士，如谢灵运、颜衍之、何尚之，皆为文赞扬佛理。宋文帝崇佛，名播海外，印度以东奉佛之国，频遣使朝贡，颂帝功德。是后诸帝，皆敬三宝，至梁武帝益甚。　七七一节后魏袭两秦之迹，历世奉佛，惟太武帝深信道教，崇之过佛。司徒崔浩常言：佛法为世费害，宜悉除之。会幸长安，见寺僧犯法，命案诛一寺。浩因说帝，下诏焚毁寺塔、形像、胡经，沙门无少长，悉坑之，自今以后，敢有事胡神，及造泥像铜像者门诛。时太子晃监国，缓宣诏书，使远近豫闻，得各为计，僧徒多亡匿，或秘藏经像，惟塔庙无复孑遗。及浩诛死，佛禁稍弛。文成嗣位，诏郡县各建寺一区，良民欲为沙门者听。西僧师贤等五人假为医，而守道不改，复教之日，文成亲为五人下发。　七七二节献文好览释典，少逊位，建寺于北苑，与数百僧习禅定。孝文虽好儒，亦不敢排佛，至宣武崇信最深，胡僧至者三千人，道希最以译经著。孝明时，胡太后建永宁寺，多作金像，僧房千间，塔高六十余丈。又遣宋云、慧生如印度求经，得百七十部。其后国乱，民避赋役，多为僧尼，至二百万人，寺有三万余区。　七七三节宣武、孝明，方与梁武同世，南北皆极佛法之盛。武帝以慧约为师，受具足戒，太子王公以下受戒者五万人。大通元年，武帝即位二十六年，魏孝明帝孝昌三年，我继体帝二十一年。南印度菩提达磨航到广州，武帝召见，问曰：朕多造寺写经度僧，有何功德？达磨曰：并无功德，净智妙明，体自空寂，如是功德，非可于世求。帝不悟。达磨渡江适魏，止于嵩山，壁观九年而没。达磨之教，不依经论，直指人心，云见性可以成佛。弟子慧可能传其道，达磨授袈裟以为法信。　七七四节周武帝好儒，诏禁道释二教，悉毁经像，令沙门道士并还俗。隋文帝秉周政，复行二教，及受禅，诏听民出家，仍令计口出钱，营造经像，于是时俗风靡，民间佛书，多于儒经数十倍。初，东魏慧文唱一心三观之说，以授慧思，思授之智颤，颤广其义，立五时四教，往居天台山。在浙江台州府天台县北。陈宣帝割始丰县属扬州临海郡，今天台县是也。以供其费，仆射徐陵等师事之。陈亡后，炀帝重顗，赐号智者大师，为建国清寺，自是国清为江南巨刹。　七七五节唐初，太史令傅奕深恶佛，上疏请除之，高祖诏百官杂议，仆射萧瑀以为奕非圣人，当治其罪。高祖以僧道多不守戒，诏有司沙汰之。太宗停其命，但禁私度，定应度之数。僧玄奘聪睿笃学，历游五印度，得经论六百余部而还，太宗重之，尝留居禁中，昼则陪御谈论，夜分就院翻译，太宗亲作《三藏圣教序》，高宗为撰《述圣记》。高宗创大慈恩寺，奉安新获梵经及瑞像、舍利等，令奘等居之。奘没，敕敛以金棺银椁。奘译经论凡千三百余卷，又撰《西域记》以述地理风俗，支那纪行之书，莫详于此。　七七六节则天好营大像，中宗多造寺度僧，耗蠹无限，玄宗敕僧尼三岁一造籍，寻令祠部给度牒，至文宗时，寺凡四万余所，僧尼数十万人。武宗好道而恶释，勅两都各留二寺，节镇一寺，余皆毁撤，勒僧尼归俗，凡二十七万。宣宗敕复废寺，僧尼之弊，皆复其旧。古来帝王排佛者三次，魏太武帝、周武帝及武宗也，释家谓之三武之祸。　七七七节魏晋间，佛徒讲学未精其道，浑朴无宗派之称，鸠摩罗什入关，三论之学初盛，其后诸宗踵兴，至唐有十余家，今举其大者八，述和汉传通之略。一曰三论宗，以中论、百论、十二门论为据，初行于姚秦，秦亡其徒多迁江南，六传至隋吉藏，疏解详备。高丽慧灌学于吉藏，唐初高祖武德八年，我推古帝三十三年。来朝，弘三论。二曰法相宗，又名唯识宗，以唯识论为据，玄奘受之印度，戒贤论师，以授窥基，高宗时，我孝德、齐明二帝时。我道昭智通智达往师玄奘，还传其学。三曰律宗，戒律之译，创于法时，备于觉名、觉贤，后魏法聪深究其义，数传至唐法砺、道宣等，始以律为一宗。天宝中，我孝谦帝时。鉴真来朝传砺、宣疏，弘敷律仪。四曰华严宗，以华严经为据，觉贤译出之。隋时法顺发挥其学，二传至法藏，宗义愈明。则天赐号贤首戒师，新罗审详传其道来朝，良辨受而弘之。五曰天台宗，慧文唱之，智顗广之，自顗六传至湛然，详制疏释，以授道邃。六曰真言宗，又名密教。开元中，印度善无畏、金刚智至唐传之，不空继智，授之慧果。德宗末年，贞元二十年，我桓武帝延历二十一年。我桓武帝遣最澄、空海随国使往求法，最澄谒道邃，受天台奥旨，空海从慧果，悉传密藏。七曰禅宗，达磨所唱，五传至慧能，徒众滋繁，分为青原、南岳二派。唐末，南岳复分为沩仰、临济二派，青原分为曹洞、法眼、云门三派。至宋末，临济、曹洞二宗，始传于本邦。八曰净土宗，庐山莲社开其绪，道希译净土论，昙鸾作之注。唐道绰善导等，劝谕净业广被缁素，诸宗高僧参而修之，无师传之系，号为寓宗，本邦净土祖师，亦无入唐受教者。

第五章　道　　教

七七八节神仙之谈，创于战国，秦皇汉武深信之，事详前卷。自此以来，方士群出，争言导引服饵飞升变化之术。其说本与道家不相关，老子主虚静，惟以治其心而已，庄、列颇说神人，亦属寓言，方士之徒乃强解以为仙道之书，稍稍自附之，更称道士，遂推老君为天仙之长，位次元始天尊。　七七九节汉顺帝时，沛国名，今安徽凤阳府宿州。人张陵客蜀，登鹤鸣山在四川成都府崇庆州西北。修炼，自言受秘录于老君，以惑愚民，行符水禁咒之法，从学者出五斗米，时人谓之米道。其徒号陵为天师，张脩、张角效之，世称三张。角遂为大贼，黄巾贼是也。陵玄孙居龙虎山，在江西广信府贵溪县西南。世传其道，历代重之。魏晋南朝崇尚老庄，其君子事清谈，其小人喜符祝祷祠，于是道教寖盛，与佛教并驱。东晋初，葛洪止罗浮山，在广东惠州府博罗县西北。称得仙术，著书推明其理，号《抱朴子》。齐时，陶弘景隐于勾容，县名，属扬州丹阳郡，今属江苏江宁府。修道业，作真诰，梁武帝厚遇之，士民受道者众。　七八〇节后魏太祖好佛老，置仙人博士，立仙房，煮炼仙药，遂服其药得疾。明元时，嵩山道士寇谦之自言，尝遇老君降，命已继张陵为天师，授以服气轻身之术及科诫书，使之清整道教。又遇神人李谱文，老君玄孙也，授以《录图真经》，使劾召百神，辅北方太平真君太武即位。谦之诣阙，献其书，人多未信，崔浩独师受其术，上书赞之。太武乃起天师道场，显扬新法，后改元曰太平真君，亲备法驾而受符箓。谦之奏造静轮宫，令其高不闻鸡犬，欲以上接天神，功役万计，经年不成，谦之死，人以为尸解而去。自是道教大行，斋醮、符咒、金丹、玉浆之法，纷纷竞起，每帝即位，必受符箓，以为故事，刻天尊及诸天仙之像而供养焉。周武帝信道士卫元嵩，欲废释教，僧徒争之，帝遂并罢二教。　七八一节唐高祖时，晋州今山西平阳府。妖人自言，于羊角山在平阳府浮山县南。见老君曰：为吾语唐天子，吾而祖也。诏就其地立庙。盖李唐与老子同氏，故谀者附会之也。高宗幸亳州，属河南道，今属安徽颍州府。谒老子庙，上尊号曰太上玄元皇帝，以皇绪出玄元，诏王公以下，皆习《道德经》，令明经举人策试，以道士隶宗正寺，班在诸王之次。　七八二节东晋道士王符作《老子化胡经》，谓西土亦被老子教化，佛徒怒之，历世论争。高宗集僧道论其真伪，僧法明折之，道流无能应者，敕搜聚《化胡经》焚之。则天时，僧慧澄又请毁《化胡经》，八学士议状以为非伪。中宗复位，以僧道互谤，徒辱教祖，诏除此伪经。　七八三节中宗诏诸州，各治观一所。观者，道教之寺也。睿宗以二公主为女冠，自是皇女有入道者。玄宗最重道教，制令士庶家藏《道德经》一本，帝亲作注疏。两京诸州，各置玄元庙，依道法斋醮，兼置崇玄学生，令习《道德经》及庄、文、列子，以应贡举。两京崇玄馆，置学士、大学士，追号庄、文、列、庚桑子，皆为真人，尊其书为真经，以《道德经》列群经首。诸郡开元观，以金铜铸等身天尊像，五岳及灵山仙迹，并禁樵采，立祠宇，多度道士，以修祭祀，尊玄元为大圣祖，圣祖前立文宣王像，与四真人列侍左右。是时，公卿吏民争奏符瑞神异之事，宰相李林甫等，皆舍宅为观，以祝圣寿，帝悦。肃、代、德、宪之际，道教之盛，稍逊于佛，然以其为皇家正教，名位常在佛上。武宗宠道士赵归真，亲受法箓，归真与其徒同毁释氏，于是斥佛之议行焉。　七八四节长生之说，本由人情恶死而起，帝王身极富贵，无所欲而不获，不如意者则寿而已，故苟有可以补寿者，虽耗财妨民不顾也。宪宗广求方士，或荐山人柳泌，泌以天台多灵草，求为州长吏，帝从之，驱吏民采药。谏官争之，帝曰：烦一州之力，能为人主致长生，臣子亦何爱焉！人主贪生，不惮民害，有如是者。　七八五节秦汉以来，帝王求仙药史不绝书，而服饵买祸，莫甚于唐。太宗时，王玄策使印度，得一方士还，帝命造延年药，历年而成，帝服之，致暴疾以崩，高医束手。议者欲诛方士，恐取笑外国不果。高宗时，有婆罗门自言，能合不死药，帝将服之，赖郝处俊谏乃止。又使嵩山刘道合作金丹，丹成而死。帝闻恨曰：为我合丹，而自服仙去。宪宗服柳泌药，日加燥渴，数暴怒责左右，竟以遇弑。穆宗以泌付京兆府杖死，是固知仙药之效果矣。乃未几，听赵归真之说，亦饵其药，疾作而崩。敬宗逐归真，而宠刘从政，发使采药江南。武宗召归真等八十一人，于禁中炼丹，饵之得疾崩。宣宗立，诛归真，既而饵太医所治丹剂，病燥，疽发背崩。　七八六节穆敬昏愚，其被惑固无足怪，太、宪、武、宣皆英主，乃甘以身试剧药，实由贪生之心太甚也。宣宗尝迎罗浮山轩辕集问长生道，集曰：王者屏欲而崇德，则自然受天遐福，何更求长生？使宣宗从集言，则纵令不得登仙，何至速其死哉！

第六章　基督教附苏鲁支教、摩尼教、摩哈麦教

七八七节东汉初，西历第一世纪。基督教起于犹太国，今土耳其国、叙利亚南部巴列斯丁。渐行于西亚细亚及欧逻巴波斯国。旧有苏鲁支教，敬火以表天神，故亦名事火教，其僧曰穆护。魏晋间，西历第三世纪。波斯人摩尼者自言受神命，绍基督之业，附会基督教，与苏鲁支教杂以佛说，世谓之摩尼教。或曰摩尼尝避难至印度及支那，其事不详。后魏太武帝时，宋文帝时，西历四百三十年前后。逻马东都有教主涅士脱流斯，以唱道新义，为众僧所责，远谪而死。其徒坚守师说，号涅士脱良派，波斯人多信奉之，波斯王斐鲁日斯遂建为国教，置教主于色流斯亚，波斯名都，故址在古巴毗伦城东北十六里底额里河西岸。敷化东方。至宣武帝时，梁武帝时，西历第六世纪之初。印度支那萨末鞬汉康居国，今露国撒马儿干。皆有教主所差僧正宣传其教，萨末鞬又有祆神祠，祭穆护所奉天神。据《魏书》，是时西僧至者极众，盖涅士脱良僧及穆护等，亦多在其中也。　七八八节北齐后主好亵鬼神，躬自鼓儛，以事胡天，后周欲招徕西域，亦有拜胡天制，其仪悉遵胡俗，胡天即祆神也。唐初，立祆祠于长安，置萨宝府，以主其祭，有祆正、祓祝等官，皆以胡人为之。其后平西域，祠部岁再祀碛西诸州火祆，而唐民自祈祭则禁之。　七八九节贞观中，我舒明帝时，西历六百三四十年。涅士脱良僧阿罗本赍经至长安，太宗使房玄龄宾迎，留禁中翻经，命有司造波斯寺，度僧二十一人，其徒自号景教。高宗更于诸州置景寺，号阿罗本为镇国大法主，于是景教大行。则天时，延载元年，我持统帝八年，西历六百九十四年。波斯人拂多诞持二宗经入唐，相传其徒不嫁娶，互持不语，病不服药，死则裸葬，是似摩尼戒法。开元二十年，我圣武

帝天平四年,西历七百三十二年。敕以摩尼法假冒佛教,邪见惑民,严加禁断,唯西胡等自行乡法不科罪。玄宗虽斥摩尼,而景教则颇奖之,尝令宁国等五王临波斯寺,建坛场,赐五圣高祖、太宗、高宗、中宗、睿宗。写真,奉安寺壁,又召众僧入宫修功德。天宝四年,我天平十七年,西历七百四十五年。改两京诸州波斯寺为大秦寺,时波斯既亡,国人归摩哈麦教,而大秦即逻马,基督教专行其国,故变寺号,以称其实也。肃宗于灵武属关内道,今甘肃宁夏府灵州。等五郡重兴景寺,朔方节度使郭子仪与印度僧伊斯修饰堂宇,每岁集四寺僧徒,施以衣食。德宗建中二年,我光仁帝天应元年,西历七百八十一年。西京大秦寺僧景净立景教碑,碑至今犹存,由是得知当时基督教流行之状。　七九〇节回纥素崇摩尼教,自肃宗借援回纥,其徒多入居内地。代宗命回纥在京者建摩尼寺,赐额为大云光明。回纥请于荆、荆南节度治,今湖北荆州府。扬、淮南节度治,今江苏扬州府。洪、江南西道治所,今江西南昌府。越属江南东道,今浙江绍兴府。等州皆置大云光明寺。宪宗时,我嵯峨帝时,西历第九世纪之初。河南、府名,东京所在。太原府名,河东节度治,今山西首府。亦置摩尼寺。于是西国宗教入支那者三种,时人谓之三夷寺。武宗之排佛也,大秦寺、摩尼寺皆废罢,京城女摩尼七十人皆死,流回纥于诸道,死者大半。景僧、祆僧二千余人,并放还俗。自是三教俱微,唐史无述焉,唯摩尼犹盛行于回纥,至宋代不衰。　七九一节隋世我推古帝时,西历第七世纪之初。摩哈麦兴于阿剌伯,以经与剑弘新教于四方,继位者皆称教皇。高宗时,我孝德帝时,西历第七世纪之半。击并波斯,疆土益广。东接葱岭,唐人谓之大食国。大食者,波斯人呼阿剌伯人之名也。大食屡朝唐,或由碛路,或从海程,其民善贾,唐以广、岭南节度治,今广东首府。杭属江南东道,今浙江首府。等州与之互市,于是摩哈麦教徒往往入唐。僖宗乾符四年,我阳成帝元庆元年,西历八百七十七年。流贼陷杭州,亚剌伯商亚伯斋都著《东洋纪行》,记澉浦杭州埠头,今浙江嘉兴府海盐县澉浦镇。屠掠之事,曰摩哈麦、基督、犹太、波斯诸教徒,死者十二万人,西人来集之多,可以见也。

第九篇　制度之沿革

第一章　职　　官

七九二节秦汉以丞相总百揆，御史大夫贰之，九卿奉常（后改太常），郎中令（后改光禄勋），卫尉、太仆、廷尉、典客（后改大鸿胪），宗正、治粟内史（后改大司农）、少府。分理国事。东汉置三司太尉、司徒、司空。分部九卿，而众务转归尚书，公卿稍以失职。魏置中书监令，委以机衡之任，而尚书亦疏外。侍中汉代为亲近之职，晋宋选用渐增华重，人主以其常在左右，多与之议政事，不专任中书，于是又有门下省，而中书之权始分。南朝后魏，皆有尚书、中书、门下、秘书、集书或曰散骑省。五省，而九卿犹沿秦汉。北齐加中侍中省为六省，尚书管六部吏部、殿中、祠部、五兵、度支、都官。事，门下掌献纳谏正，中书管司王言，秘书典司经籍，集书掌从容讽议，中侍中掌出入门阁，南北皆以侍中中书令总机要，而尚书唯听命受事而已。　七九三节后周依《周礼》，建天地四时之官，太师、太傅、太保谓之三公，少师、少傅、少保谓之三孤，皆为论道之官，不亲政务。天官大冢宰掌理邦国，以一官之长兼统五官，地官大司徒掌民事，春官大宗伯掌礼事，夏官大司马掌兵事，秋官大司寇掌刑事，冬官大司空掌工事，谓之六卿，小冢宰、小司徒等为之贰，皆上大夫也，其下有中、下大夫，上、中、下士，分属六官，武官及州县官参用秦汉。　七九四节魏晋以来，职制日增，尚书五六人，分领诸曹，令为之长，左右仆射贰之，设曹多至三十有余，其职多与九卿重复，庶务烦滞。后周六官，似无其弊，然官名奇古，国祚又短促，人情相习已久，不能革其视听。隋复废六官，多依北齐之旧，改侍中、中书令为纳言、内史令，是为宰相，以六部吏部、礼部、兵部、刑部、民部、工部。尚书领二十四司。吏部、主爵、司勋、考功、礼部、祠部、主客、膳部、兵部、职方、驾部、库部、刑部、都官、比部、司门、民部、度支、金部、库部、工部、屯田、虞部、水部。炀帝行新令，有五省、尚书、门下、内史、秘书、殿内。三台、御史、谒者、司隶。九寺、太常、光禄、卫尉、宗正、太仆、大理、鸿胪、司农、太府。五监、少府、长秋、国子、将作、都水。十二卫，左右卫、左右骁卫、左右武卫、左右屯卫、左右御卫、左右候卫。较之周制，如六尚书似其六卿，而别有寺监，则民部与司农太府分司徒职事，礼部与太常分宗伯职事，刑部与大理分司寇职事，工部与将作分司空职事，卫尉掌军器仪仗，太仆掌乘舆厩牧，而兵部又置驾部、库部司与之分职，鸿胪有典客署，而礼部又有主客司，都水领舟楫河渠署，而工部又有水部司，自余官司重设，多类于斯。　七九五节丞相之官，历代或置或省，或为赠官，汉末曹操自居之，遂建魏国，自是丞相相国，多为非常之任。丞相完臣节者，唯诸葛亮、王导、王猛等数人而已，司马昭、司马伦、桓玄、刘裕、萧道成、萧渊、陈霸先，皆为相国，尔朱荣、高欢、宇文泰、侯景、杨坚、李渊，皆为大丞相，莫非为篡夺之阶。三公位尊而职旷，宰辅任专而品卑，故奸雄谋擅代者，不屑居之，必先假上相之位，以自异于诸臣也。　七九六节唐职员多因隋制，虽小有变革，而大较不异，令三省之长中书令、侍中、尚书令。参议国事，不复置丞相。其后以太宗尝为尚书令，臣下避不敢居其职，由是仆射为尚书省长官，与侍中、中书令共称宰相。其位号既崇，不欲轻以授人，故以他官居宰相职，而假以他名参预朝政，参知政事、参知机务之类，其名非一。三省长官，既各有分掌，然宰相之职，无所不统，则不容局于一省，故合中书、门下之职，设政事堂于门下，以为宰相议事所，后徙之于中书。贞观中，李世勣以太子詹事同中书门下三品，谓同中书令、侍中也。高宗时为宰相者，皆加同中书门下三品，虽侍中、仆射亦然，唯中书令则否。其后高宗欲用侍郎郭待举等为相，以其资任尚浅，止令与中书门下同承受进止平章事，同平章事之名，盖起于此。则天改中书门下为凤阁鸾台，则同三品、同平章事，亦曰同凤阁鸾台三品、同凤阁鸾台平章事。同平章事，初在同三品之下，中世以后，则独为真宰相之官矣。宰相本无定员，玄宗常以二人为限，或多则三人，肃宗以后，功臣如郭、李，以节度使同平章事，谓之使相，故备相位者众，然其执朝政者，亦一二人而已。自后强藩田承嗣、李希烈之徒，相继皆为使相，于是同平章事有真假之别矣。　七九七节官人之数，逐世增加，后汉国大，内外官七千五百余人，内官千余人，外官六十五百余人。西晋稍小，六千八百余人。内官九百人，外官五千九百余人。宋后魏地半于汉晋，而官吏不减，宋几于西晋之数，内官八百余人，外官五千三百余人，合六千百余人。后魏则逾于后汉。太和中，内官二千三百余人，外官五千四百人，合七千七百余人。隋开皇中，官员一万二千五百余人，内官二千五百余人，外官一万人。三分后汉而加其二。唐贞观六年，我舒明帝四年。大省文武官，内官定员六百四十二人而已，其后稍置员外官。则天尝欲收人心，凡举人无贤不肖，咸加擢拜，大置试官以处之。中宗大增员外官，凡三千余人，于是遂有员外检校、试、摄、判、知之官。景龙中，我元明帝和铜初。太平、安乐诸公主及上官昭容等，树党鬻官，擅降墨敕，斜封以授，号为斜封官。时朝纲既紊，政出多门，迁除猥众，宰相至十余人，左右台御史及内外员外官，多者则数逾十倍，皆无厅事可以处之，时人谓之三无座处。谓宰相、御史及员外官也。　七九八节玄宗惩其弊，大革奸滥，至开元二十五年，我圣武帝天平九年。增删祖宗之旧制，著为格令，定省、尚书、中书、门下、秘书、殿中、内侍，凡六。台、御史。寺、同隋。监、少府、将作、国子、军器、都水，凡五。军、左右羽林。卫、卫、骁卫、武卫、威卫、领军、金吾、监门、千牛，各有左右，凡十六。东宫、詹事府、左右春坊，家令、率更、仆三寺，左右卫、司御、清道、监门、内率十率府。府、京兆、河南、太原，凡三。州、凡三百十六。督上、中、下都督府。护安东、安北、单于、安西、北庭、安南六都护府。之职员管掌，内官凡二千六百二十员，外官凡一万六千百八十五员。然法属具文，不能事事遵用，且本制之外，有因事置使者，采访处置使，以察访十五道，京畿、都畿、关内、陇右、河东、河北、河南、淮南、山南东、山南西、剑南、江南东、江南西、黔中、岭南。节度团练等使，以督府军事，租庸、转运、盐铁、青苗、营田等使，以毓财货。其余细务，便宜设官，名类繁多，莫能遍举，如宰相杨国忠，至一人领四十余使。其转运以下诸使，无适所治，废置不常。　七九九节天宝末，我孝谦帝天平胜宝八年。盗起兵兴，府库无蓄积，朝廷专以官爵赏功，诸将出征，皆给空名告身，自开府、特进、列卿、大将军，下至中郎将，听临事注名。其后，又听以信牒授人官爵，有至郡王者。诸军但以职任相统摄，不复计官资高下。至德二年，我孝谦帝天平宝字元年。郭子仪败于清沟，在陕西乾州武功县东。复以官爵收散卒，由是官爵轻而货重，大将军告身一通，才易一醉，凡应募入军者，一切衣金紫，至有朝士、僮仆衣金紫称大官而执贱役者，名器之滥极焉。代宗宠任宦官，置内枢密使，使之掌机密文书，德宗以禁军尽委宦官，自是庶柄归内侍，号曰北司，谓政府为南司。穆、敬以后，北司益横，南司常受劫制，台、省、寺、监不能举其职，贞观、开元之法度至是悉坏矣。历代官名沿革表、历代命品表、唐百官表，并见卷末附录。

第二章　州　　郡

八〇〇节晋兼三国之地，置州十九，曰司、今河南西北境及陕西商州、山西西南隅。雍、今陕西中部，及甘肃东境。秦、今甘肃南境。凉、今甘肃西境。并、今山西，除西南隅。冀、今直隶保定府以南。幽、今直隶北境。平、今盛京省。兖、今山东西境，及河南东境。青、今山东东北境。徐、今江苏江北，及山东沂州府、安徽泗州。豫、今河南东南境，及安徽淮北。扬、今江苏江南、安徽淮南，及江西闽浙。荆、今湖广及河南南阳府。梁、今陕西南境，及四川东北境。益、今四川西南境，及贵州大半。宁、今云南。广、今两广大半。交，今安南国及广东西南隅。后割荆、扬置江州，今湖北武昌府，及江西福建。割荆、广置湘州。今湖南大半，及两广北境。东晋偏安，河北关洛没于胡羯，诸州多侨置于南境，迁徙无常，秦寄治梁州，青、兖寄治徐州，司、豫寄治荆、扬之地，幽、平、并、凉则不置。孝武大破苻秦，复青、兖故土，侨置冀州于青境。又以广陵徐州属郡，今江苏扬州府。为南兖州，领今扬州、淮安二府。京口城名，扬州晋陵郡治，今江苏镇江府治。为南徐州，领今镇江、常州二府。姑熟城名，属扬州丹阳郡，今安徽太平府治。为南豫州。领今安徽中部。宋割荆、江置郢州，今湖北东境及湖南北境。割交、广置越州，今两广南境。齐割荆、益置巴州，今四川东境。青、冀、北兖寄治徐东，凡二十三州。扬、南北徐、南北兖、青、冀、豫、南豫、司、雍、秦、梁、荆、巴、益、宁、江、郢、湘、广、越、交。苻秦盛时，有二十一州，关西之雍、凉、秦、梁、益、宁，置于梁州巴郡，今四川重庆府合州。河南之豫、置于洛阳。荆、兖、青、徐、扬，置于徐州下邳，今江苏徐州府邳州。河北之并、冀、幽、平，并依晋旧名，以司州地置晋、今山西南境。洛今河南西境。二州，分雍置司隶，治长安。分秦置南秦州，今甘肃阶州。分凉置河州。今甘肃兰州府。元魏置州益多，孝文定为三十八州，在河北者十三，曰司、肆、并、汾、怀、相、定、冀、瀛、幽、安、平、营；在河南者十三，曰光、青、南青、齐、济、兖、徐、东徐、豫、洛、陕、荆、郢；在关西者十二，曰夏、华、雍、岐、豳、秦、南秦、梁、益、河、凉、沙。其后南北相高互增州郡，梁、魏各有州一百余。　八〇一节晋承汉魏，以州统郡，郡统县。县有令长，犹我郡区长也。郡有太守，犹我府县知事也。河南则曰尹，以帝都所在异于列郡。郡为诸侯王国，则有国相内史，内史职同太守，州有刺史，检察诸郡，京畿之地则以司隶校尉领之，称为司州。东晋都建康，今江苏江宁府治。扬州为京畿，司州常在边疆，皆刺史领之，罢司隶校尉官，唯改丹阳今江宁府。太守为尹。后魏、北齐，皆于其所都建司州，以牧领之，其郡置尹。后魏都平城，置司州牧及代尹，后迁洛阳，改洛州曰司州，置牧及河南尹。东魏迁邺，改相州曰司州，置牧及魏尹。北齐改魏尹为清都尹。后周都长安，置雍州牧及京兆尹，隋因之，自是无司州之称。　八〇二节两汉之世，州唯十三，郡国一百。迨周并北齐，州逾二百，郡逾五百，而陈犹有四十余州、一百余郡。隋初，杨尚希上表曰：当今郡县倍多于古，民少官多，十羊九牧，请存要去间，并小为大。文帝嘉之，悉罢诸郡，以州统县，自是刺史为治民之官，而非举刺之职。炀帝分遣十使，并省州县，改州为郡，置太守。唐高祖改郡为州，玄宗复改为郡，肃宗又复故。州曰刺史，郡曰太守，更相为名，其实一也。唐都长安，置雍州牧，后建东都，置洛州牧，并令亲王居其任，多以长史治民。玄宗改雍州为京兆府，洛州为河南府，亲王领牧如故，更长史为尹。又以并州属河东道，今山西太原府。为唐起兵之地，升为太原府，置北京，其牧尹之制同两京。　八〇三节魏晋以来，刺史往往加都督诸军事，周改都督为总管。唐初，复置总管于诸州，寻改为都督。睿宗置二十四都督，以并、益、属剑南道，今四川成都府。荆、属山南道，今湖北荆州府。扬属淮南道，今江苏扬州府。为四大都督府。玄宗加潞州属河东道，今山西潞州府。为五，其中下都督，亦增其员，又自京都谓京兆、河南、太原。及大都督府之外，以近畿之州为四辅，同、华、岐、蒲。余为六雄、郑、陕、汴、绛、怀、魏。十望、宋、亳、滑、许、汝、晋、洛、虢、卫、相。十紧后入紧州者甚多，不复具列。及上、中、下之差。又于边疆列置节度使，即都督加旌节者也，权任甚重，守令皆属之，牧民之政，寖移于藩镇。　八〇四节禹定九州，汉增为十三，晋又增为十九，是皆域内之大区划也。唐统州三百余，细于汉郡三倍，而莫有大区划。太宗因山川形便，分为十道，见五九〇节。遣使以“六条诏”巡按诸州，正是汉代举刺之职也。其后屡发使者，有存抚、巡察、按察等之名。玄宗复分为十五道，见六二三节。置采访处置使察访政迹，治于所部之大郡。肃宗改为观察处置使，诸镇之地则不置，多以节度兼之。德宗末年，节度使三十，观察使十，防御使四，经略使三，大者连州十余，小者犹兼三四，全国析为四十七道。自后纷纭变更，乍合乍离，无复常制。始时为唐患者，号河朔三镇，及其末也，国门以外，皆为强敌，唐以亡矣。

第三章 选　举

八〇五节秦自孝公，以富国强兵为务，仕进之途，唯辟田与胜敌而已。汉初，公卿多自武夫出，及国内既平，取士渐广，或郡国荐举，或公府辟召，或自州郡曹掾积累而升，或自军士进为将校，或以世胄为郎吏，谓之任子。其由郡国之荐者，士人出身之常涂也，其目大约有三：曰贤良方正，曰孝廉秀才，曰博士弟子。　八〇六节文帝重治，诏诸侯王公卿郡守举贤良方正能直言极谏者，帝亲策之，以为常侍、诸吏，贤良对策始于斯。武帝即位初，董仲舒对贤良策，劝以兴太学，及使郡国贡吏民之贤者，帝从之，始诏举孝廉秀才，县次续食，令与计偕。又令太常择关中民补博士弟子，郡国亦察好学者，诣太常，得受业如弟子，皆考试选用。是后秀才廉吏与公卿二千石子弟，多拜为郎，更直宿卫，无常员，或至千人，光禄勋考其德行而诠第之，他官有阙，即用补之。凡日蚀地震、天地灾变，诸帝皆诏举贤良，率以为常，又特有要任使，辄标材艺之目而令贡之，或遣使者搜举。　八〇七节东京公府辟召，最为儒者之荣，其郡国之常贡，则孝廉为盛，名士多出其中。章帝时，茂材孝廉，岁以百数，郡县不加简择，士或矫饰窃名，乃诏：凡举士，先试之以职，乃得充选。然守相怠于奉法，滥吹渐甚，请谒繁兴。旧制，贡士无黜落法，皆得入官，然贤良文学则有对策，足以见其才识。若孝廉，则取其履行，故莫须策试。顺帝时，尚书令左雄改察举之制，郡国举孝廉，限年四十以上，儒生试经学，文吏试笺奏，缪举者正其罪，察选清平，多得其人。后黄琼为尚书令，以孝廉专选儒学文吏，于取士犹有所遗，奏增孝悌及能从政者为四科。　八〇八节曹丕为魏王时，吏部尚书陈群奏立九品官人之法，州郡皆置中正，择本处之贤有识鉴者为之，区别所管人物第为九等上之，尚书据状选用。其武官之选，俾护军主之。晋因魏制，州有大中正，郡国有小中正，皆掌选举，自是州郡无计偕之事，公府无辟召之事，士之入仕者，中正铨其高下，吏部司其升沉而已。中正之设，本欲归重于乡评，以核其素行，当时虽风教颓失，然尚有清议足以劝惩，其后中正任久，爱憎由己，而九品之法渐弊，遂计官资以定品格，惟以阀阅为重，非复辨其贤愚，上品无寒门，下品无世族。南北朝选举之法，无大变更，虽有秀孝之目策试之事，多属具文，而九品及中正，至隋初始罢。　八〇九节汉法，刺史以六条察二千石，岁终奏之，三公定其殿最，而行赏罚。魏明帝时，以士人毁誉难辨，作都官考课之法，欲以考核百官，后竟不行。后魏孝文励精求治，内官五品以上，皆亲考核，六品以下，辄委尚书，三载一考，量其优劣为三等，上者迁之，下者黜之，中者守其本任，赏罚大行，然时俗专贵门地，吏部铨选，罕有才举。孝明时，有羽林之乱，胡太后乃命武人得依资入选，既而官员少，应调者多，吏部无以处之。侍郎崔亮奏立停年格，官不问贤愚，停罢年久者，则先擢用，自是选曹唯取年劳，勘簿呼名，无所鉴别。北齐革年劳之制，后周罢门资之例，皆颇谨察举，然国祚短促，法度不备。　八一〇节自古州郡僚属，皆长吏得自辟置。北齐后主多佞幸，屡降中旨，以州郡官与之，由是刺史太守辟士之权，寖移于中朝。至隋，内外六品以下官，咸吏部所掌，州郡无复辟署矣。　八一一节隋时，诸州常贡之士，随例铨注，不分优劣，唯举秀才者有策试。炀帝始建进士科，试诗赋及策。唐举人，由学馆者，曰生徒，博士课试，举其成者；不由学馆者，曰乡贡，投牒自举，州县试而送之，皆到尚书省应试。其科有秀才、明经、进士、明法、书算之目，皆岁举之常科也。秀才等最高，试以方略策五道，其后废绝。进士试杂文二篇，时务策五道。明经每经十帖，经策十条。帖者，掩经之两端，中间开唯一行，裁纸为帖，凡帖三字，而令读之。唐人尚文辞，进士为士林华选，俊乂多由是，而出或飏文名，或登显列。又岁举之外有制举，膺汉之贤良，数年一行之，所以待非常之才。试之日，唐帝亲临观之，文策高者，特授美官。开元以后，艺文甚盛，士竞举业，举人每岁二三千，得第者大抵二十而一，至制举则百才收一。时进士以声韵为学，多昧经史，明经俱务帖诵，罕穷旨趣。玄宗敕改试目，进士文策之外，试大经十帖，明经帖经之外，每经问大义十条，罢经策，代以时务策三道。玄宗方弘道教，遂设道举。代宗时，杨绾患举人之奔竞，奏设孝廉科，皆不久而罢。德宗以《开元礼》准经建为一科，宪宗以史学多废，立史科及三传科。 八一二节唐授官之制，多循前代，五品以上有册授，有制授，六品以下皆旨授。凡旨授官，悉由于铨选。选有文武，文选属吏部，武选属兵部，皆尚书侍郎主之。兵部课试，如举人之制，取其躯干雄伟，应对详明，有骁勇才艺，及可为统帅者。吏部择人以四事：一曰身，取其体貌丰伟；二曰言，取其言词辨正；三曰书，取其楷法遒美；四曰判，取其文理优长。白身求官者，则应贡举，有出身有前资者，则应文选。吏部之属，有考功司考功郎中掌考课，考官吏之功过，定其殿最而升降之。考功员外郎掌贡举，举人及落，一在其手。玄宗以员外郎望轻，移贡举于礼部，以侍郎主之，于是举士之与举官，分为二途。策试之法，铨选之法，日新月异，不相为谋，士之欲以文章达者，举于礼部，而不举于吏部，则不得官，登录既难，请托愈盛，考官又多偏私，衡鉴不明。以韩愈之才，四试于礼部，始得出身，三试于吏部，无成，十年犹布衣，寒士之难于进如此。 八一三节高宗以来，选人猥众，内外盈溢，门荫武功、艺术胥吏之类，众名杂目，不可胜纪。开元中，诸色出身每岁二千余人，方于明经进士，多十余倍。是时，内外官万八千余员，而合入官者，凡十二万余人，率十人争一官，有出身二十年不获禄者。吏部尚书裴光庭奏用循资格限年蹑级，毋得逾越，非负谴者，皆有升无降，盖本于崔亮停年之制也。自是有司但勘资例，考课遂为死法。肃、代以后，兵乱官弊，诠法无可道者。德宗时，国境既蹙，吏员减天宝三之一，而入流者加一，士人二年居官，十年待选，而考限迁除之法亦坏矣。

第四章 赋　　税

八一四节三代赋税之事不详，《禹贡》虽列九州田赋之差等，而不言取于民之多寡。相传殷人创作井田之制，谓之助法，周亦沿而行之，儒者夸说以为圣王之美政。其略曰：方里而井百亩者九，中为公田，八家皆私，百亩同养公田，不税其私田。公田百亩，庐舍在其中，名为九一，其实什一也。班田均平，收授在上，盖太古稼穑之始起也。黎民各占便地，皆为田主，及部族渐大，列为诸侯，则权力集于公家，农夫悉为贱隶，而有土田者，唯王与诸侯而已。其后户口滋繁，民或流徙，不得耕稼，于是均田之法起焉。其施行之难易、广狭与其及于民之利弊，则今不可得考。降及战国，其制久废，民自占田，贫富不均，史称秦商鞅除井田，然非鞅能除之，因其既废而设新法也。鞅开阡陌，计民田之多少，以制赋税，皆为永业，任其卖买，令力农相竞，以尽地利，于是田野大辟，数年而国富。　八一五节两汉取于民，有田租，有口赋，有更赋。田租，初十五而税一，文帝节俭，以蓄积岁增，除租者十余年。景帝继之，收半租，自是为三十之一。民年十五以上，至五十六，出钱人百二十，为一算，谓之口算；自三岁至十四，出钱二十三，谓之口钱。皆口赋也。元帝以后，令七岁始出口钱，二十乃算。汉时，民皆为更卒一月，戍边三日，次直者，不欲为卒，出钱二千，不愿戍者，出三百，是为更赋。自井田废绝，豪民兼并渐甚，汉田租极轻，田主得擅其利，货殖盛兴，或富比王侯，贫人耕其田，十分输五，而口赋、更赋，则不别贫富，均课之，穷饿无告者，多为奴婢。成哀之世，奴婢逾众，置市卖买，至与牛马同阑。王莽欲矫其弊，禁卖买田及奴婢，田有盈者，分以与不足者，犯令法至死。莽以此招民怨，遂取败亡。　八一六节晋武帝分民为正丁、男女年十六以上至六十。次丁、十五以下至十三，六十一以上至六十五。老、六十六以上。小，十二以下。定户调、丁男之户，岁输绢三匹、绵三斤，女及次丁男为户者半输。占地、男子一人七十亩，女子三十亩。课田丁男五十亩，丁女二十亩，次丁男半之，女则不课。之数，此似实行均田，然史不言其收授之法，至后魏，而均田始大行焉。盖魏晋以来，世久乱离，民户耗减，豪富亦失产，田多旷废，皆收在官。孝文帝好古道，遂效井田之意，立均给之制。太和九年，齐武帝永明三年。下诏给田，男夫十五以上，受露田四十亩，妇人二十亩，奴婢依良，牛一头，受三十亩，限止四牛。正田之外，皆给倍田，以供耕休及还受之盈缩。老及身没，或卖奴婢，牛则还田。男夫桑田二十亩，为永业，身终不还，有盈者，得卖其盈，不得卖其分，不足者，得买所不足，不得买过所足。麻布之土，别给麻田，男夫十亩，妇人五亩，皆从还受之例。其租调之率，史无明文，大约户粟三石，帛五匹。　八一七节北齐给授田令，仍依魏朝，武成帝定制，男子十五以下为小，十六十七为中丁，十八以上为丁，受田。

二十充兵，六十免力役，六十六以上为老，退田。一夫一妇为一床，租二石五斗，调绢一匹，绵八两，未娶者及奴婢半之。后周，有室者受田百四十亩，赋绢一匹，绵八两，粟五斛，单丁百亩，赋半。有室者，丰年全赋、役三旬，中年半赋、役二旬，下年赋一、役一旬，若凶札，无赋役。隋制，男女始生为黄，四岁以上为小，十六为中，二十一为丁，从课役，六十为老，乃免其永业露田，皆遵北齐，一床租粟三石，桑土调绢、絁，绵麻土调布、麻。文帝既平陈，益宽徭赋，民年五十者，免役收庸。 八一八节唐高祖沿齐隋之制，定均田租庸调法，丁中之民给田百亩，以二十亩为永业，其余为口分，死则收之，皆不得贴赁。及质田多可以足人者，为宽乡，少者为狭乡。狭乡授田减半，徙乡及贫无以葬者，得卖永业田，自狭乡而徙宽乡者，得并卖口分田，已卖者不复授，每丁租粟二石。调随乡土所宜，输绢、绫、絁、绵、布、麻，岁役二旬，不役则收庸，日绢三尺，有事而加役，旬有五日免其调，三旬租调俱免，水旱虫霜，什损四免租，损六免租调，损七课役皆免，岁造计帐，三年造户籍。 八一九节则天以来，民避徭役，逃亡渐多，田移于豪户，官不收授。开元后，久不为户籍，法令废弛，兼并之弊，有逾汉代。玄宗事夷狄，戍者多死，边将讳不以闻，故贯籍不除。天宝中，户口使王𫟹按旧籍责三十年租庸，民苦无告，法遂大弊。安史之乱，国用不给，科敛凡数百名，百姓残瘁荡为浮客。德宗时，杨炎为相，作两税法，夏输限六月，秋输限十一月，先度经费，而赋于民，量出制入，户无主客，以见居为簿，人无丁中，以贫富为差。行商者，在所州县税三十之一，度所取与居者，均使无侥利。其租庸杂徭悉省，而丁额不废，按诸道丁产等级，以前年垦田之数为定，而均收亩税，免鳏寡孤独不济者，于是民皆地著得其虚实，吏奸无所容，轻重之权，始归朝廷矣。 八二〇节德宗用兵两河，府库不支，横征苛敛以济时急，民心由是离怨。自初定两税，货重钱轻，乃计钱立税率而输绫绢，既而物价愈下，所纳愈多，至输一者过二，有司又折估以增征，重为民困，议者多归咎两税，然此乃掊克之吏所为，非法之不善也。自后魏以来，班田之权在官者，殆三百年。田之授受不常，簿籍烦杂，而租税不与贫富相应，及两税行，其弊始革，田皆为永业。是后历五代，以至宋明，租税之法，时有得失，而随产制赋之原则，则不得复改也。

附錄

晉及列國世系

晉

司馬氏、受魏禪、凡四世、五十二年、爲漢主劉聰所滅、元帝據江東、是爲東晉、凡十一世、一百四年、禪于宋、通前後凡十五世、一百五十六年、

舞陽宣文侯（高祖宣帝）懿
- 舞陽忠武侯（世宗景帝）師
- 晉文王（太祖文帝）昭 — (一)世祖武帝炎
  - (二)孝惠帝衷
  - 吳孝王晏 — (四)孝愍帝、漢懷安公業
  - (三)孝懷帝、漢會稽公熾
- 瑯邪武王伷 — 瑯邪恭王覲 — (五)中宗元帝睿
  - (六)肅宗明帝紹
    - (七)顯宗成帝衍
      - (十)哀帝丕
      - (十一)廢帝海西公奕
    - (八)康帝嶽 — (九)孝宗穆帝聃
  - (十二)太宗簡文帝昱 — (十三)烈宗孝武帝昌明
    - (十四)安帝德宗
    - (十五)恭帝、宋零陵王、德文

成

李氏、出於巴竇、壽改國號爲漢、有國、五世、四十四年、爲晉桓溫所滅

益州牧（始祖景帝）特
- 鎭軍將軍蕩 — (二)哀帝班
- (一)太宗武帝雄 — (三)廢帝卭都幽公期

漢獻王（獻帝）驤 — (漢一)中宗昭文帝壽 — (漢三)晉歸義侯勢

漢

劉氏、匈奴南單于之裔、曜改號趙、是爲前趙、有國四世、二十六年、爲後趙王石勒所滅、

(一)高祖光文帝淵 — (二)烈宗昭武帝聰 — (三)隱帝粲 — (趙)曜（淵之族子）

後趙

石氏、上黨羯人、有國七世、三十三年、爲冉閔所滅、

㈠高祖明帝勒
㈡廢帝海陽王弘
㈢太祖武帝虎（養子）
㈣廢帝譙王世
㈤遵
㈥鑑
㈦祗

燕

慕容氏，遼東鮮卑，稱帝二世，十九年，自廆為遼東公五十年，為秦王苻堅所滅，後燕建國五世，二十六年，馮跋代之，西燕三世，十年，為後燕主垂所滅，南燕二世，十三年，為晉劉裕所滅

遼東武宣公（高祖武宣帝）廆
燕文明王（太祖文明帝）皝
㈠烈祖景昭帝儁
㈡幽帝前秦新興侯暐
濟北王泓
（西一）威帝沖
（西二）忠
（西三）永（廆弟運之孫）
（後一）世祖成武帝垂
（後二）烈宗惠愍帝寶
（後三）中宗昭武帝盛
（後五）惠懿帝雲（寶養子，僞姓高氏）
（後四）昭文帝熙
（穆帝）納
（南一）世宗獻武帝備德
（南二）超

北燕

馮氏，代後燕，二世，二十八年，為魏太武帝所滅

㈠太祖文成帝跋
㈡昭成帝弘

秦

苻氏，畧陽氐人，有國六世，四十四年，為後秦主姚興所并

三秦王（太祖惠武帝）洪
㈠高祖景明帝健
㈡廢帝越厲王生
東海敬武王（文桓帝）雄
㈢世祖宣昭帝堅
㈣哀平帝丕
㈤太宗高帝登（堅之從孫）
㈥崇

後秦

姚氏，南安羌人，有國三世，三十四年，為晉劉裕所滅，

高陵公（始祖景元帝）弋仲—(一)太祖武昭帝萇—(二)高祖文桓帝興—(三)泓

西秦

乞伏氏隴西鮮卑有國四世四十七年爲夏主赫連定所滅

(一)烈祖宣烈王國仁
(二)高祖武元王乾歸—(三)太祖文昭王熾盤—(四)暮末

夏

赫連氏初姓劉漢主淵之族有國三世二十五年爲魏太武帝所弁

（太祖桓帝）劉衛辰—(一)世祖武烈帝勃勃—(二)昌
(三)定

前涼

張氏爲晋涼州刺史後或稱涼王領州九世七十五年爲秦王苻堅所滅

(一)西平武穆公軌—(二)西平元公寔—(四)涼文王駿—(五)西平敬烈公重華—(六)西平哀公曜靈
(八)西平冲公玄靚
(七)涼廢王祚
(九)涼王天錫
(三)涼成烈王茂

後涼

呂氏氐人有國四世十八年爲後秦王姚興所滅

(一)太祖懿武帝光—(二)隱王紹
(三)靈帝纂
（文帝）寶—(四)隆

南涼

禿髮氏河西鮮卑有國三世十八年爲西秦王乞伏熾盤所滅

(一)烈祖武王烏孤
(二)康王利鹿孤
(三)景王傉檀

北涼

段氏稱王一世五年沮渠氏代之沮渠匈奴左沮渠王之後有國二世三十九年爲魏太武帝所滅

(一)段業 (二)太祖武宣王沮渠蒙遜—(三)哀王牧健

西涼

李氏，有國二世，二十二年，為北涼沮渠蒙遜所滅。

(一)凉公（太祖武昭王）暠—(二)歆

南北朝隋唐世系

宋

劉氏，漢楚元王交之後，代東晉，凡八世，六十年，禪于齊。

(一)高祖武帝裕
- (二)廢帝營陽王義符
- (三)太祖文帝義隆
  - (四)世祖孝武帝駿—(五)廢帝子業
  - (六)太宗明帝彧
    - (七)廢帝（蒼梧王）昱
    - (八)順帝（齊汝陰王）準

齊

蕭氏，漢相國何之後，代宋，凡七世，二十四年，禪于梁。

（始安貞王）後（景皇）道生
- (一)太祖高帝道成—(二)世祖武帝賾—文惠太子（世宗文帝）長懋
  - (三)（廢帝鬱林王）昭業
  - (四)廢帝海陵恭王昭文
- (五)高祖明帝鸞
  - (六)（廢帝東昏侯）寶卷
  - (七)和帝（梁巴陵王）寶融

梁

蕭氏，齊之疎族，代齊，凡四世，五十六年，禪于陳。後梁建國三世，三十三年，為隋文帝所廢。

(一)高祖武帝衍
- 昭明太子（高宗昭明帝）統—(後一)中宗宣帝詧—(後二)世宗孝明帝巋—(後三)隋莒公琮
- (二)太宗簡文帝綱
- (三)世祖孝元帝繹—(四)敬帝（陳江陰王）方智

陳

陳氏，後漢太丘長寔之後，代梁，凡五世，三十二年，為隋文帝所滅。

（始興昭烈王）道譚 — (二)世祖文帝蒨 — (三)廢帝臨海王伯宗

(一)高祖武帝霸先 — (四)高宗宣帝頊 — (五)後主（隋長城煬公）叔寶

後魏

拓跋氏、漢魏以來世為索頭部可汗、西晉末封代王、道武稱魏王、尋稱帝、孝文改姓元氏、恭帝又復拓跋、凡十四世、百五十九年、自道武為王百七十一年、禪于後周、東魏一世、十七年、禪于北齊、

(索十五)（始祖神元帝）力微 — 文帝沙漠汗 — (代一)桓帝猗㐌；(代三)穆帝猗盧；思帝弗 — (代二)（平文帝）鬱律

文帝沙漠汗 — (代三)（惠帝）賀傉；(代四)（煬帝）紇那

(索十六)（章帝）悉祿

(索十七)（平帝）綽

(索十八)（昭帝）祿官

(代五)（烈帝）翳槐

(代六)（昭成帝）什翼犍 — 世子（獻明帝）寔 — (一)太祖道武帝珪 — (二)太宗明元帝嗣

(三)世祖太武帝燾 — 景穆太子（恭宗景穆帝）晃 — (四)高宗文成帝濬 — (五)顯祖獻文帝弘

(六)高祖孝文帝宏 — (七)世宗宣武帝恪 — (八)肅宗孝明帝詡

京兆王（文景帝）愉 — (十三)文帝寶炬 — (十二)廢帝欽；(十四)恭帝周宋公廓

范陽文獻王懌

清河文宣王亶 — (東)孝靜帝北齊中山王善見

廣平文穆王（武穆帝）懷 — (十一)孝武帝脩

彭城武宣王（肅祖文穆帝）勰 — (九)敬宗孝莊帝子攸

廣陵惠王羽 — (十)節閔帝恭

北齊

高氏、代東魏、凡六世、二十八年、為周武帝所滅

渤海獻武王（高祖神武帝）歡 — 渤海文襄王（世宗文襄帝）澄

(一)顯祖文宣帝洋 — (二)廢帝濟南閔悼王殷

(三)肅宗孝昭帝演

(四)世祖武成帝湛 — (五)後主周溫公緯 — (六)幼主恒

後周

宇文氏、鮮卑宇文部之裔、代魏、凡五世、二十五年、禪于隋、

安定文公（太祖文帝）泰
├ (一)孝閔帝覺
├ (二)世宗明帝毓
└ (三)高祖武帝邕—(四)宣帝贇—(五)靜帝（隋介公）闡

隋

楊氏，後漢太尉震之後，代後周，凡三世，三十九年，加恭帝侑爲四帝，侑禪于唐，恭帝侗禪于鄭。

(一)高祖文帝堅—(二)世祖明帝（唐謚煬帝）廣—元德太子（世宗成帝）昭
├ 恭帝（唐酅公）侑
└ (三)恭帝（鄭潞公）侗

唐

李氏，西涼公暠之後，代隋帝侑，凡二十世，二百八十九年，禪于朱梁。

(一)高祖神堯帝淵—(二)太宗文武帝世民—(三)高宗天皇治
├ (四)中宗哲—殤帝（襄王）重茂
└ (五)睿宗旦—(六)玄宗隆基—(七)肅宗亨—(八)代宗豫—(九)德宗适—(十)順宗誦—(十一)憲宗純
　├ (十二)穆宗恒
　│　├ (十三)敬宗湛
　│　├ (十四)文宗昂
　│　└ (十五)武宗炎
　└ (十六)宣宗忱—(十七)懿宗漼
　　├ (十八)僖宗儇
　　└ (十九)昭宗曄—(二十)哀帝（梁濟陰王）柷

三韓渤海世系

高句麗

高氏，三韓創建年代不詳，韓史雖皆置之前漢，難可確信，然他無所考，今姑據之，以算享國年數，高句麗凡二十八世，七百五年，爲唐高宗所滅。

(一)東明聖王朱蒙—(二)瑠璃明王類利
├ (三)大武神王無恤
├ (四)閔中王解邑朱—(五)慕本王解憂
└ 再思
　├ (六)太祖大王宮
　├ (七)次大王遂成
　└ (八)新大王伯固
　　├ (九)故國川王男武
　　└ (十)山上王延優

(十一)東川王憂位居—(十二)中川王然弗—(十三)西川王藥盧—(十四)烽上王相夫
咄固—(十五)美川王乙弗—(十六)故國原王釗—(十七)小獸林王丘夫
(十八)故國壤王伊連—(十九)廣開土王談德—(二十)長壽王臣璉—早多—(二十一)文咨明王羅雲—(二十二)安藏王興安
(二十三)安原王寶延
(二十四)陽原王平成—(二十五)平原王陽成—(二十六)嬰陽王元
(二十七)榮留王建武
大陽—(二十八)寶藏王藏

百濟

扶餘氏、凡三十一世、六百八十一年、爲唐高宗所滅、

(一)温祚—(二)多婁—(三)己婁—(四)蓋婁—(五)肖古—(六)仇首—(十)比流—(十二)近肖古—(十三)近仇首—(十四)枕流
(十五)辰斯
(七)古爾—(八)責稽—(九)汾西—(十一)契
(十六)阿花—(十七)直支—(十八)久爾辛—(十九)毗有—(二十)蓋鹵王慶—(二十四)武寧王隆—(二十五)聖王明
(二十一)文周—(二十二)三斤
昆支—(二十三)東城王牟大
(二十六)威德王昌—(二十七)惠王季明—(二十八)法王宣—(二十九)武王璋—(三十)義慈—(三十一)豐

新羅

三姓迭立、朴氏十王、初三世相繼、次四、後三、昔氏八王、初一、次四、又次三、金氏三十八王、初一、次三十六、後一、凡五十六世、九百九十二年、降于後高麗太祖、

(一)朴赫居世—(二)南解—(三)儒理—(七)逸聖—(八)阿達羅
(五)婆娑—(六)祇摩
(四)昔脫解 南解女婿—仇鄒—(九)伐休—太子滑正—(十一)助賁—(十四)儒禮
(十二)沾解
乞叔—(十五)基臨
伊買—(十)奈解—于老—(十六)訖解
(十三)金味鄒 助賁女婿
末仇—(十七)奈勿—(十九)訥祇—(二十)慈悲—(二十一)炤智
大西知—(十八)實聖
其—習寶—(二十二)智證王智大路—(二十三)法興王原宗
立宗—(二十四)新興王彡麥宗

太子銅輪—(廿六)眞平王伯淨—(廿七)善德女王德曼
國飯—(廿八)眞德女王勝曼
(廿五)眞智王金輪—(文興王)龍春—(廿九)太宗武烈王春秋—(三十)文武王法敏—(卅一)神文王政明
(卅二)孝昭王理洪
(卅四)孝成王承慶
(卅三)聖德王興光—(卅五)景德王憲英—(卅六)惠恭王乾運
(卅七)宣德王金良相 奈勿十世孫

(卅八)元聖王金敬信 奈勿十二世孫
(惠忠王)仁謙—(卅九)昭聖王俊邕—(四十)哀莊王重熙
(四一)憲德王彥昇
(四二)興德王景徽
忠恭—(四四)閔哀王明
(惠康王)禮英—(翼成王)憲貞—(四三)僖康王悌隆—懿恭王啓明
(成德王)均貞—(四五)神武王祐徵—(四六)文聖王慶膺
(四七)憲安王誼靖—泰封國王弓裔

(四八)景文王膺廉—(四九)憲康王晸—(五二)孝恭王嶢
(五十)定康王晃
(五一)眞聖女王曼

(五三)神德王朴景暉 阿達羅遠孫—(五四)景明王昇英
(五五)景襄王魏膺

(五六)敬順王金傅 文聖王五世孫

渤海

大氏，凡十四世，二百十五年，爲契丹太祖所滅。

(一)高王祚榮—(二)武王武藝—(三)文王欽茂—宏臨—(五)成王華璵
(四)元義 祚榮從孫
(六)康王嵩璘—(七)定王元瑜
(八)僖王言義
(九)簡王明忠

(十)宣王仁秀 祚榮弟野勃之玄孫—新德—(十一)彝震
(十二)虔晃
(十三)景王玄錫
(十四)哀王諲譔

諸帝在位年數及年號

表中言實止幾者皆改前帝末年爲新帝元年也解見第二卷附錄六十七葉裏、

晉

十五帝百五十六年、

武帝 魏元帝咸熙二年簒位、二十五年、泰始十、咸寧五、太康十、太康元年滅呉

惠帝 十七年、永熙一、元康九、永康一、永寧一、太安二、永興二、光熙一、

懷帝 六年、永嘉六、

愍帝 四年、建興四、

元帝 六年、建武一、大興四、永昌一、

明帝 三年、太寧三、

成帝 十七年、咸和九、咸康八、

康帝 二年、建元二、

穆帝 十七年、永和十二、升平五、

哀帝 四年、隆和一、興寧三、

廢帝奕 六年、太和六、

簡文帝 一年、咸安二、實止一、

孝武帝 二十四年、寧康三、太元二十一、

安帝 二十二年、隆安五、元興三、義熙十四、

恭帝 二年、元熙二、

宋

八帝六十年、

武帝 晉元熙二年簒位、三年、永初三、

廢帝義符 二年、景平二、

文帝 二十九年、元嘉三十、實止二十九、

孝武帝 十一年、孝建三、大明八、

廢帝子業 一年、景和一、

明帝 七年、泰始七、實止六、泰豫一、

廢帝昱 五年、元徽五、

順帝 二年、昇明三、實止二、

齊

七帝二十四年、

高帝 宋昇明三年簒位、四年、建元四、

武帝 十一年、永明十一、

廢帝昭業 一年、隆昌一、

廢帝昭文 不踰年、

延興一、即隆昌元年也、 明帝四年、建武四實止三、永泰一、 廢帝寶卷三年、永元三、 和帝一年、中興二、實止一、

梁四帝、五十六年、

武帝齊中興二年簒位四十八年、天監十八、普通七、大通二、中大通六、大同十一、中大同一、大淸三、 簡文帝二年、大寶二、 元帝三年、承聖三、

敬帝三年、紹泰一、太平二、

陳五帝、三十二年、

武帝梁太平二年簒位三年、永定三、 文帝七年、天嘉六、天康一、 廢帝伯宗二年光大二、 宣帝十三年、大建十三、 後主叔寶七年、至德四、禎明三、

後魏十四帝加東魏爲十五帝百五十九年、

道武帝晉孝武帝太元十一年爲王、十二年、登國十、皇始二、晉安帝隆安二年稱帝、十二年、天興六、天賜六、 明元帝十四年、永興五、實止四、神瑞二、泰常八、 太武帝二十九年、始光四、神麚四、延和三、太延五、太平眞君十三、 文成帝十三年、興安二、實止一、興光一、太安五、和平六、

獻文帝六年、天安一、皇興五、 孝文帝二十八年、延興五、實止四、承明一、太和二十三、 宣武帝十六年、景明正始、永平延昌各四、 孝明帝十三年、熙平二、神龜二、正光五、孝昌三、武泰一、 孝莊帝二年、安永三、實止二、 節閔帝二年普泰二、

孝武帝二年、永熙三、實止二、 文帝十七年、大統十七、 廢帝欽三年、無年號、 恭帝二年、無年號三、實止二、

東魏孝靜帝 魏孝武帝永熙二年立、十七年、天平四、元象一、興和四、武定八、

北齊 六帝、二十八年、

文宣帝 東魏武定八年簒位、十年、天保十、　廢帝殷 一年、乾明一、　孝昭帝 一年、皇建二、實止一、　武成帝 四年、太寧一、卽皇建二年、河清四、　後主緯 十一年、天統五、實止四、武平六、隆化一、　幼主恒 一年、承光一、

周 五帝、二十五年、

孝閔帝 魏恭帝四年簒位稱天王、一年、無年號、　明帝 三年、實止一、稱天王、無年號二、稱帝武成二、　武帝 十八年、保定五、天和六、建德六、宣政一、建德六年滅齊　宣帝 一年、天成一、　靜帝 二年、大象三、實止二、

隋 四帝、三十九年、

文帝 周大象三年簒位、二十四年、開皇二十、仁壽四、開皇九年滅陳、　煬帝 十四年、大業十四、　恭帝侑 稱帝二年、在煬帝在位之間、義寧二、卽大業十三、十四年也、　恭帝侗 大業十四年立、一年、皇泰二、實止一、

唐 二十帝、併武曌之世、二百九十年、

高祖 隋煬帝大業十四年稱帝、九年、武德九、　太宗 二十三年、貞觀二十三、　高宗 三十四年、永徽六、顯慶五、龍朔三、麟德乾封總章各二、咸亨四、上元二、儀鳳三、調露永隆開耀永淳弘道各一、　中宗 一年、嗣聖一、　睿宗 六年、文明光宅俱嗣聖元年也、垂拱四、永昌二、　周武曌 十五年、

永昌二年改元天授二、如意不踰年、長壽二、延載天冊萬歲萬歲通天神功各一、聖曆二、久視一、大足不踰年、長安五、中宗五年、長安五年改元神龍二、景龍四、睿宗二年、景雲二、實止一、太極一、玄宗四十四年、先天一、卽太極元年也、開元二十九、天寶十五、肅宗六年、至德二實止一、乾元上元各二寶應一、代宗十七年、廣德二、永泰一、大曆十四、德宗二十六年、建中四、興元一、貞元二十一、順宗不踰年、永貞一、卽貞元二十一年也、憲宗十五年、元和十五、穆宗四年、長慶四、敬宗二年、寶曆二、文宗十四年、太和九開成五、武宗六年、會昌六、宣宗十三年、大中十三、懿宗十四年、咸通十四、僖宗十五年、乾符六、廣明一、中和四、光啓三、文德一、昭宗十六年、龍紀一、大順二、景福二、乾寧四、光化三、天復三、天祐一、哀帝三年、仍用天祐至四、

支那通史卷之三終

平山政太郎書
江川八左衛門刻

歷代官名沿革表

後周立六官之制，名稱異於歷代，與寺監臺省之員全不相關。

	諸公	九寺	唐五監	臺	省　唐 隋 六部
秦及漢初	丞相（或置左右 或曰相國） 太尉 御史大夫	奉常 郎中令 衛尉 太僕 廷尉 典客 宗正 治粟內史 少府	將作少府 博士（屬奉常）		尚書令（屬少府）
前漢	三公：丞相（後改大司徒） 大司馬 御史大夫（後改大司空）	九卿：太常 光祿勳 衛尉 太僕 廷尉 大鴻臚 宗正 大司農 少府	將作大匠 左右都水使者 博士僕射（屬太常）	御史府中丞	尚書令（屬少府） 尚書僕射
後漢	太傅 大將軍 太尉 司徒 司空	太常 光祿勳 衛尉 太僕 廷尉 大鴻臚 宗正 大司農 少府（太尉所部 司徒所部 司空所部）	〃 河堤謁者 博士祭酒（屬太常）	御史臺中丞	〃 〃 尚書五曹：三公曹 吏曹 二千石曹 民曹 客曹
魏	〃 大司馬 大將軍 〃 〃 〃	太常 光祿勳 衛尉 太僕 廷尉 大鴻臚 宗正 大司農 少府	〃 水衡都尉 〃	御史臺中丞	尚書令 尚書僕射（或置左右） 吏部尚書 左民尚書 客曹尚書 五兵尚書 度支尚書
晉	八公：上公 太宰 太傅 太保 大司馬 大將軍 三公 太尉 司徒 司空	〃 〃 〃 〃 〃 〃 〃 〃 〃	〃 都水臺使者 國子學祭酒（屬太常）	〃	〃 〃 殿中尚書 左民尚書 〃 田曹尚書 度支尚書
宋（齊大抵同之）	太傅 太保 太宰 三公 太尉 司徒 司空 大司馬 大將軍	太常 光祿勳 衛尉（不常置） 太僕 廷尉 大鴻臚（不常置） 大司農 少府	將作大匠（臨時置） 國子祭酒（屬太常）	〃	尚書省令（僕射左右） 〃 祠部尚書 都官尚書 〃
梁（陳大抵同之）	太宰 太傅 太保 大司馬 大將軍 三公 太尉 司徒 司空	春卿：太常卿 宗正卿 司農卿 夏卿：太府卿 少府卿 太僕卿 秋卿：衛尉卿 廷尉卿 大匠卿	冬卿：光祿卿 鴻臚卿 大舟卿	〃	〃 〃 〃 〃 〃 〃 〃 〃
後魏	三師：太師 太傅 太保 二大：大司馬 大將軍 〃 〃 〃	三卿：太常 光祿勳 衛尉 六卿：太僕 廷尉 大鴻臚 宗正 大司農 太府	將作大匠 都水臺使者 〃	御史中尉	〃 〃 〃 〃 民曹尚書 七兵尚書
北齊	〃 〃 〃 〃 〃 〃 〃 〃	太常寺卿 光祿寺卿 衛尉寺卿 宗正寺卿 太僕寺卿 大理寺卿 鴻臚寺卿 司農寺卿 太府寺卿	將作寺大匠 〃 國子寺祭酒（屬太常寺）	御史臺中丞	〃 〃 〃 殿中尚書 祠部尚書 五兵尚書 〃 〃
後周	三公：太師 太傅 太保 三孤：少師 少傅 少保	六卿 上大夫 中大夫　天官大冢宰 小冢宰　司會 宗師 左宮伯 御正 御伯 主膳 太府	地官大司徒 小司徒　計部 民部 鄉伯 遂伯 稍伯 縣伯 畿伯 載師		春官大宗伯 小宗伯　師氏 禮部 守廟 典祀 內史 太史
隋文帝	三師：太師 太傅 太保 三公：太尉 司徒 司空	太常寺卿 光祿寺卿 衛尉寺卿 宗正寺卿 太僕寺卿 大理寺卿 鴻臚寺卿 司農寺卿 太府寺卿	將作寺大匠 都水臺使者 國子學祭酒	御史臺大夫	尚書省令（僕射左右） 吏部尚書 禮部尚書 兵部尚書 刑部尚書 民部尚書 工部尚書
隋煬帝	〃 〃 〃 〃 〃 〃	〃 〃 〃 〃 〃 〃 〃 〃 〃	少府監監 將作監大監 都水監監 國子監祭酒	〃	〃 〃 〃 〃 〃 〃 〃 〃
唐太宗	三師（唯贈官）：太師 太傅 太保 〃 〃 〃	〃 〃 〃 〃 〃 〃 〃 〃 〃	將作監大匠 都水監使者 〃 軍器監少監	〃	〃 〃 〃 〃 〃 〃 〃 〃（改民戶部）
高宗（龍朔 咸亨）	〃 〃 〃 〃	奉常寺正卿 司宰寺正卿 司衛寺正卿 司宗寺正卿 司馭寺正卿 詳刑寺正卿 司文寺正卿 司稼寺正卿 外府寺正卿	內府監監 繕工監大監 司津監丞 司成館大司成	憲臺大司憲	中臺左右匡政 司列太常伯 司禮太常伯 司戎太常伯 司刑太常伯 司元太常伯 司平太常伯
則天	〃 〃 〃 〃 〃 〃	司禮寺卿 司膳寺卿 司衛寺卿 司屬寺卿 司僕寺卿 司刑寺卿 司賓寺卿 司農寺卿 司府寺卿	尚方監監 營繕監大監 水衡監都尉 成均監祭酒	左右肅政臺大夫	文昌臺左右相 天官尚書 地官尚書 春官尚書 夏官尚書 秋官尚書 冬官尚書
玄宗	三師：太師 太傅 太保 〃	太常寺卿 光祿寺卿 衛尉寺卿 宗正寺卿 太僕寺卿 大理寺卿 鴻臚寺卿 司農寺卿 太府寺卿	少府監監 將作監大監 都水監使者 國子監祭酒 軍器監監	御史臺大夫	左右丞相（後復尚書） 吏部尚書 戶部尚書 禮部尚書 兵部尚書 刑部尚書 工部尚書

三省六省		東宮官	武官	地方官
侍中 黃門侍郎(屬少府) 中常侍(屬少府) 諫大夫(屬郎中令) 謁者令(屬郎中令)	將行	太子詹事 太子中庶子 太子庶子 太子率更令 太子家令 太子僕 太子衛率	左右前後將軍 中尉	內史 監郡御史 郡守尉 縣令長
侍中 〃 〃 諫大夫(屬光祿勳) 中書令(屬少府) 謁者僕射(屬光祿勳)	太后三卿大長秋	太子太傅 太子少傅 〃(屬二傅) 〃 〃 〃(屬詹事) 〃 〃	〃 驃騎車騎衛將軍 執金吾 八校尉	司隸校尉 三輔 州刺史 郡太守 王國內史 都尉 縣令長 侯國相
〃 給事黃門侍郎(屬少府) 〃 諫議大夫(屬光祿勳) 〃	〃	〃 〃 〃 〃 〃(屬少傅) 〃 〃	〃 五校尉	〃 河南尹 三輔 〃 郡太守 王國相 〃
侍中 散騎常侍 中書監 令 中書侍郎 〃	秘書監 殿中監 〃	太子詹事 〃 〃 〃 〃(屬詹事 下皆同) 〃 〃 〃	四征鎮等將軍 領軍 護軍	〃 河南尹 都督 〃 郡太守 國相 內史 〃
門下省 侍中 給事黃門侍郎(散騎屬門下 別爲一省) 〃 中書省 監 令 侍郎 謁者臺(屬御史)	〃 〃 〃	太子六傅 太師 太傅 太保 少師 少傅 少保 〃 太子三卿 家令 率更令 僕 左右前後衛率	〃 征鎮安平等將軍 撫軍等將軍 〃 〃	〃 〃 〃 〃 〃 〃
〃 散騎常侍(門下 集書二省) 〃 〃 〃 謁者僕射	〃 〃 大長秋	太傅 少傅 〃 〃 〃 〃 〃 〃 左右衛率	〃 〃 〃 〃	〃 丹陽尹 〃 〃 郡太守 內史 相 〃
〃 〃 散騎省常侍 〃 〃 謁者臺僕射	秘書省監 內外殿中監	〃 〃 〃 〃 〃 〃 〃	鎮衛驃騎車騎將軍 四征四中八鎮八安等將軍 領軍 護軍將軍 中領軍 中護軍	〃 〃 〃 〃 〃
〃 〃 集書省 散騎常侍 諫議大夫 〃 〃 〃	〃 殿中監 〃	太子三師 太師 太傅 太保 太子三少 少師 少傅 少保 左右詹事 〃 〃 〃 〃 〃 〃 〃	驃騎車騎衛將軍 四征將軍 四鎮中軍鎮軍 撫軍等將軍	司州牧 河南尹 〃 〃 〃
〃 〃 〃 〃 〃 〃	殿中局監(屬門下) 長秋寺卿 〃	詹事府詹事 門下坊中庶子 典書坊庶子 家令寺家令 率更寺令 僕寺僕 左右衛率	〃 〃 〃 〃	〃 清都尹 〃 郡太守 縣令
夏官 小司馬 大司馬 大冢宰 軍司馬 職方 吏部 宮伯 兵部 大馭 司右	駕部 武藏 司憲	秋官 小司寇 大司寇 刑部 蕃部 賓部 工部 匠師 冬官 小司空 大司空 司水 司上 司金 司水	柱國大將軍 大將軍 驃騎車騎 四征中軍鎮軍撫軍 等將軍	雍州牧 京兆尹 都督 〃 〃 〃
納言 門下省 給事黃門侍郎 散騎常侍 諫議大夫 內史省 令 侍郎 通事舍人(屬內史)	秘書省監 殿內局監(屬門下) 內侍省內侍	太子三師 太師 太傅 太保 太子三少 少師 少傅 少保 門下坊左庶子 典書坊右庶子 家令寺家令 率更寺令 僕寺僕	左右衛 左右宗衛 左右內 六率 左右衛 左右武衛 左右武候 左右領左右大將軍	〃 總管 〃 縣令長
納言 一 秘言 門下省 黃門侍郎 〃 〃 謁者臺大夫	〃 殿內省監(屬門下) 長秋監令	〃 〃 〃 〃 〃 〃 司府寺令	左右衛 左右侍 左右武衛 左右屯衛 左右武候 左右侍 左右內大將軍 左右翊衛 驍騎 武侯 十二衛大將軍	司隸臺大夫 京兆尹 刺史 郡太守
侍中 門下省 黃門侍郎 散騎常侍 諫議大夫 中書省 令 侍郎 通事舍人(屬中書)	〃 殿中省監 內侍省內侍	詹事府詹事 〃 〃 家令寺家令	左右衛 左右驍衛 左右武衛 左右威衛 左右領軍 左右金吾 左右監門 左右千牛 十六衛大將軍	雍州牧 巡察使 都督 州刺史 縣令
左相 東臺 東臺侍郎 左侍極 正諫大夫 右相 西臺 西臺侍郎 右侍極 通事舍人	蘭臺太史 中御府大監 內侍監內侍	太子賓客 端尹府端尹 左春坊左中護 右春坊右中護 宮府寺大夫 司更寺大夫 馭僕寺大夫	左右衛 左右驍衛 左右武衛 左右威衛 左右戎衛 左右金吾 左右監門 左右千牛 十六衛大將軍	雍洛州牧 都督都護 〃 〃
納言 鸞臺 鸞臺侍郎 鸞臺左散騎常侍 正諫大夫 內史 鳳閣 鳳閣侍郎 右散騎常侍 通事舍人	麟臺監 殿中省監 司宮臺內侍	〃 宮尹府宮尹 門下坊左庶子 典書坊右庶子 家令寺家令 率更寺令 僕寺僕	左右衛 左右驍衛 左右武威衛 左右鷹揚衛 左右玉鈐衛 左右監門 左右千牛 十六衛大將軍	十道存撫使
侍中 門下省 黃門侍郎 門下省 左散騎常侍 諫議大夫 中書令 中書侍郎 中書省 右散騎常侍 通事舍人	秘書省監 〃 內侍省內侍	〃 詹事府詹事 左春坊左庶子 右春坊右庶子 〃 〃 〃	左右衛 左右驍衛 左右武衛 左右威衛 左右領軍 左右金吾 左右監門 左右千牛 十六衛大將軍 左右羽林 左右龍武 左右神武 大將軍	京兆河南太原府牧尹 十五道採訪使 經略使 節度使 都督都護 防禦使 團練使 守捉使

歷代命品表

魏晉宋齊陳	梁	後魏北齊隋唐	後周 命數	後周 爵	後周 朝官	後周 諸侯官
一品	十八班	正一品	正九命	國公	三公	
	十七班	從一品	九命			
二品	十六班	正二品	正八命	侯	三孤	
	十五班	從二品	八命			
三品	十四班	正三品	正七命	伯	六卿	
	十三班	從三品	七命			
四品	十二班	正四品上下	正六命	子	上大夫	
	十一班	從四品上下	六命			
五品	十班	正五品上下	正五命	男	中大夫	
	九班	從五品上下	五命			
六品	八班	正六品上下	正四命		下大夫	公之孤卿
	七班	從六品上下	四命			
七品	六班	正七品上下	正三命		上士	公之大夫 侯伯之孤卿
	五班	從七品上下	三命			
八品	四班	正八品上下	正二命		中士	公之上士 侯伯之大夫 子男之孤卿
	三班	從八品上下	二命			
九品	二班	正九品上下	正一命		下士	公之中士 侯伯之上士 子男之大夫
	一班	從九品上下	一命			

唐百官表

依開元二十五年所制定　諸局署屬吏品卑者多略之

品九等十八階	爵九等	文散官二十九階	武散官二十九階	勳官十二階	歲給祿米（以石計之）	月俸料錢	職分田（以頃畝計）	師傅	三省 尚書省	三省 門下省	三省 中書省	六省 秘書省	六省 殿中省	六省 内侍省	御史臺	九寺 太常寺	九寺 光祿寺	九寺 衛尉寺	九寺 宗正寺	九寺 太僕寺	九寺 大理寺
正一品	王				七百石	二十四千文	十二頃	三師三公													
從一品	嗣王郡王國公	開府儀同三司	驃騎大將軍		六百石			太子三師													
正二品	開國郡公	特進	輔國大將軍	上柱國	五百石	十七千文	十頃														
從二品	開國縣公	光祿大夫	鎮軍大將軍	柱國	四百六十石	〃	〃	太子三少	左右僕射												
正三品		金紫光祿大夫	冠軍大將軍	上護軍	四百石		九頃	太子賓客	六部尚書	侍中	中書令					卿					
從三品	開國侯	銀青光祿大夫	雲麾將軍	護軍	三百六十石	〃	〃			左散騎常侍	右散騎常侍	監	監		大夫		卿	卿	卿	卿	卿
正四品上下	開國伯	正議大夫 通議大夫	忠武將軍 壯武將軍	上輕車都尉	三百石	十一千五百六十七文	七頃		左丞六部侍郎	黃門侍郎	中書侍郎					少卿					
從四品上下		太中大夫 中大夫	宣威將軍 明威將軍	輕車都尉	二百六十石	〃	〃					少監	少監	内侍			少卿	少卿	少卿	少卿	少卿
正五品上下	開國子	中散大夫 朝議大夫	定遠將軍 寧遠將軍	上騎都尉	二百石	九千二百文	六頃			諫議大夫給事中	中書舍人		尚食奉御 尚藥奉御	内常侍	中丞						
從五品上下	開國男	朝請大夫 朝散大夫	游騎將軍 游擊將軍	騎都尉	百六十石	〃	〃		左右司二十四司郎中			丞太史局令 著作郎	丞尚衣尚舍局 尚乘尚輦奉御	内給事		丞			太廟諸陵令	上牧監	正
正六品上下		朝議郎 承議郎	昭武校尉 昭武副尉	驍騎尉	百石	五千三百文	四頃							内謁者監				武庫署令		中牧監 上牧副監	
從六品上下		奉議郎 通直郎	振威校尉 振威副尉	飛騎尉	九十石				諸司員外郎	起居郎符寶郎	起居通事舍人	秘書郎 著作佐郎	侍御醫		侍御史	太公廟令	丞	丞	丞	丞下牧監 中牧副監	[illegible]
正七品上下		朝請郎 宣德郎	致果校尉 致果副尉	雲騎尉	八十石	四千五十文	三頃五十畝						六尚局直長	内寺伯						下牧副監	
從七品上下		朝散郎 宣義郎	翊麾校尉 翊麾副尉	武騎尉	七十石				都事	左補闕 錄事	右補闕 主事	太史局丞		掖庭宮闈奚官內僕內府局令	殿中侍御史 主簿	博士 主簿 郊社太樂鼓吹太醫署令	主簿 太官署令	主簿	主簿	主簿 乘黃典廄典牧署令	主簿
正八品上下		給事郎 徵事郎	宣節校尉 宣節副尉		六十七石	二千四百七十五文	二頃五十畝					靈臺郎	司醫		監察御史	協律郎 醫博士 太卜署令 廩犧署令	珍羞良醞掌醢署令	守宮武器署令	崇玄署令	車府署令	
從八品上下		承奉郎 承務郎	禦侮校尉 禦侮副尉		六十二石	〃	〃			左拾遺	右拾遺	保章正 挈壺正				針博士					評事
正九品上下		儒林郎 登仕郎	仁勇校尉 仁勇副尉		五十七石	千九百十七文	二頃					校書郎 正字 司辰	食醫 醫佐 [illegible]			太祝					
從九品上下		文林郎 將仕郎	陪戎校尉 陪戎副尉		五十二石							司曆 監候		宮教博士		奉禮郎 醫助教 按摩咒禁卜博士					獄丞

			五監					武官			東宮官							地方官											
鴻臚寺	司農寺	太府寺	少府監	將作監	國子監	軍器監	都水監	十六衛	左右羽林軍	諸折衝府	詹事府	二坊 左春坊	右春坊	三寺 家令寺	率更寺	僕寺	十率府	京兆河南太原三府	都督府 大都督府	中都督府	下都督府	都護府 大都護府	上都護府	諸州 上州	中州	下州	諸縣	鎮戍關津嶽瀆	親王府
																		牧	大都督			大都護							
								諸衛大將軍	大將軍		詹事									中都督			都護						
	卿	卿	監	大匠	祭酒			諸衛將軍	將軍									尹	長史		下都督	副都護		刺史					傅
						監		監門千牛衛親衛勳衛翊衛中郎將	中郎將	上府折衝都尉	少詹事	左庶子 左諭德	右庶子 右諭德				諸率府率						副都護		刺史	刺史			
少卿	少卿	少卿	少監	少匠	司業					中府折衝都尉							諸率府副率 親衛勳衛翊衛郎將	少尹	司馬			長史司馬		別駕					長史 司馬
					國子博士		使者	親衛勳衛翊衛郎將	郎將	下府折衝都尉		中允 左贊善大夫	右贊善大夫 中舍人	家令	率更令	僕	親衛勳衛翊衛郎將			長史司馬			長史司馬		別駕		京都諸縣令		諮議參軍
	苑總監									上府果毅都尉		司經洗馬	內坊典內								長史司馬			長史司馬		別駕			友
			中尚署令		太學博士			諸衛左右司階 千牛備身 備身左右		中府果毅都尉	丞	司議郎文學 典膳藥藏郎													長史司馬	長史	京兆河南太原府諸縣令	上鎮將	
丞	丞 苑總副監 諸園苑監	丞 兩京市令	丞	丞	丞 國子助教			諸衛長史	長史	下府果毅都尉		內直郎 典設郎 宮門郎					諸率府左右司階									司馬	諸州上縣令		文學 主簿 記室 錄事參軍
	諸倉監 司竹監 溫湯監				四門博士	丞		千牛衛長史 親衛諸衛左 左中候		上府別將長史	司直		通事舍人				左右衛司禦率清道率府長史 千牛	錄事諸曹參軍	錄事諸曹參軍	錄事參軍		錄事諸曹參軍	錄事參軍				諸州中縣令	中鎮將 下鎮將 上鎮副	諸曹參軍
主簿典客署令	主簿 諸屯監 上林太倉署令	主簿右藏平準常平署令	左右尚署令	主簿	主簿 太學助教		丞	監門直長 勳衛		中府別將長史	主簿	侍医	內坊丞	丞	丞	丞	監門率府長史親府監門直長諸率府左右中候			諸曹參軍	錄事諸曹參軍		諸曹參軍	錄事諸司參軍			中下縣令 下縣令 京縣丞	中鎮副 下鎮副	東西閣祭酒 親王國令
司儀署令	諸宮苑副監 鈎盾導官署令	左藏署令	織染掌冶署令	[illegible]署令		主簿[illegible]坊署令	[illegible]署令	諸衛錄事參軍諸曹參軍 翊衛	錄事諸曹參軍								勳衛	參軍	參軍			參軍			錄事諸司參軍		三府諸縣丞	上戍主	參軍
					四門助教 律學博士			千牛府錄事參軍諸曹參軍						食官典倉司藏署令		廄牧署令	左右衛司禦率清道率府錄事參軍諸曹參軍翊衛	博士	博士	參軍博士	參軍博士		參軍	參軍博士		錄事諸司參軍	上縣丞 中縣丞	上關令 中戍主	行參軍典籤 親王國大農
														主簿	主簿	主簿	監門率府錄事參軍諸曹參軍								博士參軍	博士	中下縣丞 下縣丞	嶽瀆令諸津中關令下戍主	親王國尉
					律學助教 書學算學博士																					參軍		下關令	親王國丞

支那通史卷之四

中世史下

第一篇　五代

第一章　后梁附列国及契丹

八二一节李唐失政，国内大乱，豪杰割据诸州，互相攻伐，虽号为藩镇，势与列国无异，李克用据河东节镇名，领今山西汾州府以北。为晋王，李茂贞据凤翔节镇名，今陕西凤翔府。为岐王，朱全忠据河南今河南山东二省。为梁王，王建据两川西川东川二镇，今四川省。为蜀王，杨行密据淮南节镇名，今江南、江淮之间。为吴王（行密卒，子渥代之），钱镠据两浙浙西浙东二镇，今浙江省。为越王，刘仁恭据幽州，今直隶顺天府。王潮据福建本二州名，为闽地总称。（潮卒，弟审知代之），马殷据湖南，今湖南省。刘隐据岭南。今两广。晋、梁最大，相雠甚深，梁王全忠遂移唐祚，称皇帝，更名晃，是为后梁太祖。　八二二节诸镇畏梁之强，皆禀其正朔，惟晋、岐、吴、蜀，犹称唐年号。吴、蜀移檄，欲兴复唐室，卒无应者。蜀王建乃遗书于晋，请各帝一方，晋王克用复书曰：誓于此生，靡敢失节。建遂自称蜀帝。　八二三节梁太祖以马殷为楚王，以钱镠为吴越王，以高季兴为荆南节度使，领荆、归、峡等州，治荆州，今湖北荆州府。以王审知为闽王。幽州刘仁恭为其子守光所囚，太祖以守光为燕王，寻自称帝。岭南刘隐卒，弟龑代之，后称汉帝，是为南汉。吴将张颢、徐温弑杨渥，渥弟隆演立。温又杀颢，自领升州，今江苏江宁府。后使养子知诰入辅吴政。　八二四节初，晋王克用有养子曰存孝，骁勇善战，养子存信疾而谮之，存孝惧祸而叛，克用讨擒之，惜其才，意临刑必有为之请者，诸将疾其能，竟无一人言，遂杀之。又有薛阿檀者，亦勇，密与存孝通，恐事泄自杀。自是晋兵势寖弱，唐末数为梁人所攻，失数州。梁军围晋阳，县名，大原府治，今山西太原府太原县。克用几欲走，会梁兵以疫还而止。克用不能与梁争者累年，忧形于色，子存勖幼，警敏有勇略，进言曰：朱氏穷凶极暴，人怨神怒，殆将毙矣，吾家世袭忠贞，大人当遵养时晦，以待其衰，奈何轻为沮丧，使群下失望乎？克用悦，临终立为嗣，谓群臣曰：此子志气远大，必能成吾事。克用以唐亡之明年梁太祖开平二年，我醍醐帝延喜八年。卒，存勖袭位，年十七。　八二五节是时，梁兵围晋潞州，今山西潞安府。晋将固守逾年，梁筑夹寨窘之，存勖与诸将谋曰：朱温所惮者，先王耳，闻吾新立，以为童子，必有骄怠之心，若简精兵，倍道趋之，出其不意，破之必矣，取威定霸，在此一举，不可失也。帅师发晋阳，伏三垂冈在潞安府潞城县西南。下，旦乘大雾直抵夹寨，填堑鼓噪而入，梁兵大溃南走，潞围遂解，晋自是连胜。太祖叹曰：生子当如李亚子，吾儿豚犬耳。亚子者，存勖小名也。　八二六节太祖欲除移镇、州名，成德军治，本恒州，今直隶正定府。定，州名，义武军治，今直隶定州。镇、定叛梁，共推晋王存勖为盟主。梁攻镇州，晋王击其军于柏乡，县名，属赵州，今属直隶赵州。大破之。晋与二镇兵伐燕，太祖自将救之，大败走还，疾剧，惭愤曰：我经营天下三十年，不意太原府名，河东节度治，此谓晋国也。遗孽更昌炽如此，吾观其志不小，我死，诸儿非彼敌也，吾无葬地矣。太祖素荒淫，常征诸子妇入侍，宠假子友文之妻，将立友文为嗣，实子友珪弑之而自立，命弟友贞杀友文。太祖初居汴州，号东都开封府，以洛阳为西都，后迁都洛阳，在位六年。友贞为东都指挥使，起兵诛友珪，即位于汴，改名瑱。晋王伐燕，入幽州，执刘守光及仁恭以归，斩之。与梁连岁交兵，取其数州，梁帝闻诸将败，叹曰：吾事去矣！　八二七节契丹者，古东胡遗种也。其国在潢河在直隶省北境、内蒙古部内，今名西喇木伦河。之北，本鲜卑旧地，后魏初，众稍滋蔓，唐时叛服不一，分为八部，各有大人，常推一大人建旗鼓以统之。唐末遥辇氏当国，为刘仁恭所攻，兵衰民困，众选耶律阿保机以代之。耶律氏世为遥辇之夷离堇，掌部族军民之政，阿保机勇智善骑射，诱八部大人尽杀之，击并奚、霫、室韦、以上三种，见五八五节。女真古靺鞨一种，居室韦之东南，今吉林省。诸部，以梁贞明二年朱瑱即位四年，契丹太祖神册元年，我延喜十六年。称帝建元，号曰天皇王，是为太祖，号其妻述律氏曰地皇后。后简重勇果，有权略，太祖行兵，后常预其谋。晋王克用尝与太祖约为兄弟，及存勖立，以叔父事太祖，以叔母事后。是时中国丧乱，汉人多北迁，太祖筑城邑立市里以处之，垦艺荒田，由是汉人安业，国势日盛，遂城临潢，在西喇木伦河之北，内蒙古巴林旗东北。以为皇都，作孔子庙亲谒之，始制契丹字，颁行之，又南略晋地，取代北代州名，今山西直隶州，代北谓朔、蔚、新、武、妫、儒等州，今山西大同朔、平二府，及直隶宣化府地。及平州，今直隶永平府。自此晋之北境残弊矣。　八二八节晋王存勖与梁夹河百战，互有胜负，时蜀主王建已殂，子衍立，吴王杨隆演亦卒，弟溥立。衍、溥以书劝晋王称帝，晋王不许，曰：先王有遗言，当务复唐社稷。既而得传国宝于魏州，今直隶大名府。将佐皆贺，劝进不已。初，河东监军张承业，故唐宦者也，为晋王劝课农桑，畜积金谷，收市兵马，晋王攻战连年，接应不乏，皆承业力。承业志在复唐室，闻王将称帝，力谏，知不可止，恸哭曰：诸侯血战，本为唐家，今王自取之，误老奴矣。悒悒成疾而卒。王即帝位于魏州，改晋为唐，奉唐祀，是为后唐庄宗，追尊父克用曰太祖武帝。　八二九节太祖养子嗣源勇而有谋，庄宗命袭梁郓州，今山东泰安府东平州。取之。梁骁将王彦章攻拔唐诸寨，至杨刘城名，今泰安府东阿县杨刘镇。力战，不克而退，梁军将攻郓州，庄宗自救之，以嗣源为前锋，击破梁军，擒彦章斩之，进逼大梁，战国魏都旧名，即梁东都今河南开封府治。梁帝朱瑱不知所为，聚众而哭，犹虑诸兄弟乘危谋乱，尽杀之，左右窃传国宝以迎唐军，瑱命其下杀己，在位十一年。后梁称帝二世，太祖、末帝瑱。十有七年而亡。

第二章　后唐附契丹及列国

八三〇节唐庄宗入大梁，寻迁都洛阳，梁诸藩镇入朝者，皆复其任。楚王马殷、吴王杨溥、吴越王钱镠、汉主刘龑，并遣使朝贡。荆南帅高季兴自入朝，封为南平王，岐王李茂贞以地入于唐。蜀主王衍昏呆荒纵，国乱盗起，庄宗遣皇子继岌与郭崇韬伐之，蜀人争先款附，衍率百官出降，蜀亡。崇韬荐孟知祥为西川节度使治成都府，今四川首府。以镇之。崇韬有智略，佐庄宗成业，宦官疾之，谮其专权，皇后密教继岌杀之。　八三一节庄宗幼善音律，或时傅粉墨，与优人共戏，自克梁后，骄恣耽声色，诸伶出入宫掖，侮弄缙绅，群臣愤嫉，莫敢出气，亦有反相附托，以希恩泽者，蠹政害人，恣为谗慝。帝疏忌宿将，不恤军士，又荒于游畋，蹂践民稼，上下咨怨。魏博节镇名，治魏州，今直隶大名府。兵戍瓦桥关名，故址在直隶保定府雄县南，易水上。代归，敕留屯贝州，今直隶广平府清河县。众怒作乱，奉赵在礼入据邺都，即魏州城，今大名府治。帝遣李嗣源讨之。至城下，军士大噪焚营，嗣源叱而问之，对曰：将士从主上十年，百战以得天下，而主上不恤，我辈初无叛心，但畏死耳，今欲与城中合势。拔白刃拥嗣源入城，城中不受外兵，逆击之，皆溃。嗣源诡辞得出，欲归藩待罪，安重诲曰：公为元帅，不幸为凶人所劫，不若星行诣阙见天子，庶可自明。嗣源乃趋相州，今河南彰德府。谮者奏嗣源已叛，嗣源由是疑惧，女婿石敬塘曰：安有上将与叛卒入贼城，而他日得保无恙者乎！大梁，天下要会，愿先往取之，则始可自全。康义诚曰：主上无道，军民怨望，公从众则生，守节必死。嗣源乃以敬塘为前锋，养子从珂为殿，引兵而南。帝如关东，谓虎牢关东，关在河南开封府汜水县西。欲自招抚，闻嗣源已据大梁，叹曰：吾不济矣。即命班师。有优人为亲军将者，帅兵攻而弑之，在位仅三岁。鹰坊人敛乐器，覆尸而焚之，嗣源闻之痛哭。乃入洛阳，百官上笺劝进，不许，又三请嗣源监国，乃许之。继岌自蜀归，途闻内难自杀。嗣源即位，更名亶，是为明宗。　八三二节契丹太祖征略吐谷浑、见五一三节及五八六节，时遗种移居内蒙古西部。党项、见五八五节及六五八节。阻卜夷种名。等部，逾流沙，取碛西诸城，又伐渤海，拔扶余城，故城在盛京奉天府开原县东北。进围忽汗城，渤海上京，在今吉林省内。其王大諲撰乞降，太祖改渤海为东丹国，册太子倍为人皇王以主之，还至扶余而崩。述律后集诸将难制者，谓曰：汝思先帝，宜往从之，因杀之。左右有桀黠者，皆送墓所杀之。有一人不肯行，曰：亲近先帝莫如后，后往，臣请继之。后曰：吾非不欲从先帝，顾嗣子幼弱，不得往耳，乃断一腕令置墓中。后舍人皇王而立次子德光，号嗣圣帝，是为太宗。人皇王失职怏怏，遂自东丹浮海奔唐，明宗赐姓名李赞华，以为节度使。太宗初立，太后决国事，立其侄为皇后，其后后族皆赐姓萧氏。萧氏之盛，比于宗室，世预北府宰相之选，而宗室为南府宰相。统契丹一代，任国政者，惟耶律与萧二族而已。　八三三节唐明宗性不猜忌，与物无竞，即位之岁，年已六旬，内无声色，外无游畋，不任宦官，废内藏库，赏廉吏，治赃蠹。帝本胡人，不知书，然所行暗合儒道，过举不至甚，兵革罕用，较于五代，粗为小康，在位八年崩，子宋王从厚立，是为闵帝。　八三四节潞王从珂与石敬塘，少从明宗，征伐有功，各得众心，从珂镇凤翔，敬塘镇河东，及闵帝立，执政忌二人，欲移其镇。从珂将佐皆谓离镇必无全理，乃拒命，移檄邻道，言将入清君侧，帅兵至陕，州名，今河南，直隶州。诸军迎降，闵帝出奔。从珂入洛阳，宰相冯道帅百官班迎，上笺劝进，遂即位，遣人弑闵帝于卫州。今河南卫辉府。　八三五节敬塘与从珂素不相悦，至是不得已入朝，凤翔旧将皆劝留之。时久病骨立，从珂不以为虞，因得还镇，阴为自全之计。敬塘妻，明宗之女也，亦辞归，从珂醉曰：何不且留，欲与石郎反邪？敬塘闻之益惧。寻敕移镇郓州，刘知远劝敬塘拒命，唐发兵讨之，敬塘求救于契丹，令桑维翰草表，称臣，且请父事之，约事捷割地。知远以为太过，厚赂金帛，足致其兵，不必许以土田，恐异日大为中国患，敬塘不从。契丹太宗得表大喜，自将骑五万赴之，败唐兵于汾曲，汾水在山西太原府城西，又西南至太原县城东，皆曰汾曲。策命敬塘为晋帝，亲解衣冠授之，是为后晋高祖。太宗以高祖南下，又破唐兵，至潞州而还。高祖引兵向洛阳，唐将校皆飞状以迎，从珂杀李赞华，携传国宝自焚死，在位三年。后唐四帝，庄宗、明宗、闵帝、从珂。实三姓，庄宗本姓朱邪氏，明宗本无姓氏，从珂本王氏。凡十四年而亡。晋帝入洛阳，寻迁都汴州，上契丹帝尊号二十字，割燕云十六州幽、蓟、瀛、莫、涿、檀、顺、新、妫、儒、武、云、寰、应、朔、蔚，今直隶顺天宣化二府、河间府北境，及山西大同、朔平二府地。献之，岁输帛三十万匹。契丹以临潢为上京，幽州为南京，辽阳府名，今盛京奉天府属州。为东京。　八三六节唐明宗之世，吴王杨溥、闽王王鏻皆称帝。鏻，审知之子也。荆南高季兴卒，子从诲代之；楚王马殷卒，子希声立，希声卒，弟希范立；吴越王钱镠卒，子元瓘立。西川帅孟知祥并东川，节镇名，治梓州，今四川潼川府。唐以知祥为蜀王。闵帝时知祥自称帝，是为后蜀，其岁殂，子昶立。从珂时闽主鏻为其下所弑，子昶立。初，吴丞相徐温卒，养子知诰专吴政，以中书令出镇升州，广金陵城，留其子江都县名，扬州治，为吴国都，今江苏扬州府治。辅政，知诰自为大元帅、齐王，至后晋初，遂受禅，奉吴主溥为让皇。知诰本李氏子，自谓唐后，国号唐，是为南唐，寻复姓李，更名昪。

第三章 后晋附辽及闽

八三七节晋高祖赖契丹得国，事之甚谨，奉表称臣，谓契丹帝为父皇帝。每北使至，即于别殿拜受诏敕，岁贡之外，庆吊赠献相继于道，乃至太后、太弟、诸王、大臣皆有赂遗。契丹有所责让，高祖常卑辞谢之，朝野咸以为耻。成德节镇名，治镇州，今直隶正定府。帅安重荣恃勇骄暴，每曰：今世天子兵强马壮则为之耳。执契丹使者，上表请伐契丹，遂发兵反。高祖遣将讨斩之，函其首以献契丹。 八三八节高祖在位六年崩，兄子齐王重贵立，景延广用事，致书契丹称孙而不称臣，太宗遣使让之，延广说重贵囚使者，既而遣归，大言曰：归语而主，先帝为北朝所立，故称臣奉表，今上乃中国所立，为邻称孙足矣，翁怒则来战，孙有十万横磨剑，足以相待。太宗大怒，始有南伐之意。桑维翰屡请逊辞以谢契丹，每为延广所沮。刘知远镇河东，高祖遗命召入辅政，重贵寝之，知远由是怨晋朝，知延广必致寇而不敢言，但益募兵，以备契丹。 八三九节晋开运元年，重贵即位二年，契丹太宗会同七年，我朱雀帝天庆七年。太宗伐晋，至澶州，今直隶大名府开州。不克引还，所过焚掠。晋以刘知远为行营都统，命会兵山东，谓大行山以东。知远不行。二年，太宗与晋军战于定州，败走。重贵既捷，心益骄。三年，下敕北征，以杜重威为都招讨使，太宗引兵围晋营，重威以二十万众降，遂遣兵取大梁，重贵请降，桑维翰被杀，太宗获景延广，诘之曰：两主失欢，皆汝所为，十万横磨剑安在？延广伏地请死，后自杀。 八四〇节明年，辽太宗大同元年，我村上帝天历元年。太宗入大梁，晋百官素服迎之降，封重贵为负义侯，徙之黄龙府。府，渤海扶余城也。晋诸藩镇皆附契丹，太宗行入閤礼，建国号曰辽，改元大同，以恒州即镇川。为中京，广受四方贡献，纵酒作乐，纵胡骑四出剽掠，谓之打草谷。郊畿数十里间，财畜殆尽。太宗谓判三司刘昫曰：契丹兵应有优赐，速宜营辨。时府库空竭，昫括借都城士民钱帛，又分遣使者诣诸州括借，皆迫以严诛，人不聊生，其实无所颁给，皆欲辇归，由是内外怨愤，皆思逐之，所在盗起。太宗曰：不知中国难制如此！居汴仅三月，置镇而还，途得疾，崩于栾城。县名，属恒州，今属直隶正定府。时述律太后及太弟李胡、皇子璟皆留临潢，唯人皇王之子阮在军中，大臣奉立之，是为世宗。太后怒，遣李胡帅师拒之，败还。世宗入上京，幽太后及李胡于祖州，在临潢西南，今内蒙古巴林旗之北。追尊父倍为帝。　八四一节晋高祖时，闽主王昶昏虐，叔父曦弑之而自立。曦亦虐，与弟延政相攻。重贵之世，延政称殷帝于建州，今福建建宁府。闽将朱文进弑曦而自立，延政讨之，闽人诛文进，传首于殷，殷改号闽。南唐主李璟遣将攻拔建州，延政出降，闽亡。唐兵攻福州，今福建福州府。吴越王钱弘佐遣兵救之，败唐兵，遂取福州。璟，昪之子；弘佐，元瓘之子也。

第四章　后汉附辽及楚

八四二节辽太宗之在汴也，河东节度使刘知远遣使奉表称臣，或劝举兵进取，知远曰：契丹所利，止于财货，财货既足，必将北去，宜待其去，然后取之。郭威、杨邠等劝称尊号，知远从之。及太宗崩，乃发太原入洛，辽将多弃城遁，遂入汴。知远本沙陀突厥别种，见六六一节。人，自以姓刘，称汉家之裔，国号曰汉，后更名暠，是为后汉高祖。即位之明年汉乾祐元年，辽世宗天禄二年，我天历二年。崩，皇子承祐立，是为隐帝。杨邠、郭威、史弘肇受顾命辅政，威专主征伐，出平叛藩，务施威惠，士众归心，寻镇邺都以备辽。初，高祖留弟崇镇河东，崇与威有隙，及威执政，阴为自全之计，选募勇士，缮修甲兵，罢上供财赋，诏令多不禀承。　八四三节隐帝左右嬖幸寖用事，杨邠等屡裁抑之，尝议事于前曰：陛下但禁声，有臣等在，帝益壮，积不能平，左右因谮之，帝遂杀邠、弘肇等，遣密诏欲杀郭威于邺，将佐劝威入朝自诉，威引大军至，帝遣兵拒之，或降，或不战而还，帝为乱兵所杀，在位三年。威白太后，迎武宁节度使治徐州，今江苏徐州府。赟欲立之。赟，崇之子也。会辽世宗伐汉，太后遣威将兵御之。威至澶州，将士大噪，裂黄旗，被威体，以拟天子袍，共扶抱之，呼万岁震地，拥威南还。威以太后诰，废赟为湘阴公，自为监国，遂代汉为帝，自谓周文王弟虢叔之后，建国号曰周，是为后周太祖。汉主中原仅二世，高祖、隐帝。不满四年。　八四四节刘崇初闻隐帝遇害，欲起兵南向，闻迎立赟，则曰：吾儿为帝，吾又何求！赟废死，崇乃称汉帝，是为世祖，史谓之北汉，所有者，山西十州并、汾、岚、石、辽、沁、忻、代、麟、宪、即今山西省中部。而已。谓诸将曰：我是何天子，汝曹是何节度使邪！遣皇子钧伐周，不克，遣使于辽，称侄乞师，辽世宗册世祖为神武皇帝，自将救汉，诸部不欲，世宗强之，行至归化州，本唐妫州，今直隶宣化府。太祖之侄察割作乱，弑世宗自立，太宗子寿安王璟诛察割而即位，是为穆宗，世祖以叔父事之，请兵以伐周，复不克。　八四五节汉初，楚王马希范卒，将佐舍长弟希萼，而立少弟希广，自是兄弟相攻阋。隐帝末年，希萼杀希广而立，称臣于南唐。周初，其下又逐希萼，而立其弟希崇，唐主李璟遣将击之，希崇迎降，楚亡。后楚旧将刘言等逐唐人，复取湖南，而附于周。

第五章　后　　周

八四六节周太祖恭俭，增修国政，在位三年崩，无子，尝养妻兄子柴荣为子，封晋王，至是即位，是为世宗。汉世祖闻周祖死，甚喜，乞师于辽，辽穆宗遣从弟敌禄将万余骑，世祖自将兵三万，共伐周，世宗自将御之。世祖军于高平，县名，属泽州，今属山西泽州府。世宗趣诸将亟进，合战未几，右军将遁走，步兵千余解甲降汉。世宗见军势危，亲犯矢石督战，宿卫将赵匡胤曰：主危如此，吾属何得不致死！与赵永德各将二千人进战。匡胤身先士卒，驰犯敌锋，士卒死战，无不一当百，汉军大败，敌禄不敢救，世祖昼夜北走，仅得入晋阳。世宗收将吏先遁者七十余人，责之曰：汝辈非不能战，正欲以朕为奇货，卖与刘崇耳，悉斩之。自是骄将惰卒，始知所惧。永德盛称匡胤智勇，擢为殿前都虞侯。世宗复攻汉，抵晋阳而还。世祖忧愤成疾而崩，子钧监国，告哀于辽，穆宗册钧为汉帝，是为孝和帝。　八四七节初，周宿卫之士承累朝姑息之后，骄蹇不用命，且羸老居多，世宗曰：兵务精不务多，今以农夫百，未能养甲士一，奈何浚民之膏血，养此无用之物乎？乃命大简诸军，又诏募诸道壮士，命赵匡胤选其尤者为殿前诸班，其骑步诸军各命将帅选之。由是士卒精强，所向克捷。　八四八节周显德二年，辽穆宗应历五年，我天历九年。遣将伐蜀，取秦、阶、二州皆今甘肃直隶州。成、今阶州属县。凤今陕西汉中府属县。四州。三年，世宗自将伐南唐，大败其兵于正阳，淮津名，在安徽凤阳府寿州城西。命赵匡胤袭滁州，今安徽直隶州。克之。帝还大梁，留兵围寿州。今凤阳府属州。四年，我村上帝天德元年。帝自将攻寿，破唐援兵于紫金山，在寿州城东北。寿州人以城降。又攻濠、州名，今凤阳府。泗州名，今安徽直隶州。降之，遣兵取扬、州名，今江苏扬州府。泰。州名，今扬州府属州。五年，帝克楚州今江苏淮安府。临江，遣水军击破唐兵，唐主李璟奉表献江北地，谓庐、舒、蕲、黄等州，今安徽庐州、安庆二府及湖北黄州府地。帝乃引还。璟避周讳更名景，去帝号，奉周正朔。六年，帝自将伐辽，取瀛、今直隶河间府治。莫、今河间府任邱县。易州，今直隶省直隶州。关南谓瓦桥关南。悉入于周，遂趋幽州，会不豫而止，以瓦桥关为雄州，益津关为霸州，今直隶顺天府属州。置戍而还，往还仅两月。　八四九节初，世宗在藩，多务韬晦，及即位，破高平之寇，人始服其英武，号令严明，将士莫敢犯，应机决策，出人意表，又勤于政事，发奸摘伏，用法甚严，性不好丝竹珍玩之物，常曰：朕必不因喜赏人，因怒刑人。文武参用，各尽其能，人畏其明而怀其惠，故能破敌广地，所向无前，在位六年崩。崩之日，远迩哀慕，子梁王宗训立，年七岁，是为恭帝。　八五〇节赵匡胤从世宗征伐，荐立大功，士卒服其恩威，迁殿前都点捡。及恭帝立，加捡校太尉，领归德军节度使。治宋州，今河南归德府。会汉辽会师伐周，诏匡胤率兵御之，夕次陈桥驿，在河南开封府城东北。时主少国疑，军士聚谋曰：先立点捡为天子，然后北征。匡胤弟光义，及归德掌书记赵普，部分都将，环列待旦，驰使入京，报宿卫将石守信、王审琦二人素归心匡胤者。黎明，将士逼匡胤寝所，露刃列庭，曰：诸将无主，愿册太尉为皇帝。即被以黄袍，罗拜呼万岁，拥上马南行。匡胤揽辔誓诸将，肃队入汴，周将相皆降，独侍卫副将韩通死节。恭帝禅位，时周显德七年，我村上帝天德四年也。匡胤称帝，奉恭帝为郑王，以所领归德军在宋州建国，号曰宋，是为宋太祖，或称艺祖。周三帝太祖、世宗、恭帝。九年而亡。　八五一节自唐亡以来，仅五十三年，而更十有三君，五易国而八姓。唐庄宗、明宗、从珂、周太祖、世宗各为一姓，与朱梁、石晋、刘汉而八。梁起于盗贼，后唐、晋、汉出于胡族，契丹以裔夷陵诸夏，群雄窃据方隅者，前后十二国，燕、岐、前蜀、后蜀、楚、荆南、吴、南唐、吴越、闽、南汉、北汉。四海浊乱，人不复知节义为何物，观冯道一传，则可以概见当时士风也。道初事刘守光，去仕唐庄宗始贵显，至周世宗世卒，历事五朝后唐、晋、辽、汉、周。八姓十一君，后唐四帝，晋二帝，辽一帝，汉、周各二帝。常不离将相公师之位，国存则依违保禄位，国亡则图全苟免，虽兴亡接踵，富贵自如，尝著《长乐老叙》，自述累朝荣遇之状，时人皆以为宽弘长者。盖五季之乱，民命倒悬，而道颇以救济为念，公正处事，以故遐迩倾服。若夫反面事敌，则既为士夫常事，世莫复讶之者，乃至以此无耻之人，而以德量见推焉！名教之废，至是而极矣。

第二篇　宋上

第一章　太祖削平诸国附辽穆宗遇弑

八五二节宋太祖移周祚，改元建隆，周诸藩镇皆服属，独昭义节度使治潞州，今山西潞安府。李筠不从，起兵会北汉伐宋。太祖遣石守信等击之，寻自将围筠于泽州，属昭义军，今山西泽州府。筠自焚死。淮南节度使李重进，周祖之甥也，谋起兵拒宋，太祖自将击之，重进亦自焚死。南唐、吴越皆遣使贺即位，太祖授吴越王钱俶大元帅。建隆三年，辽穆宗应历十一年，我村上帝应和元年。唐主李景惧宋逼，迁都南昌，府名，南唐南都，今江西首府。以太子煜守金陵，南唐国都，南朝建康，唐升州治，今江苏江宁府治。景殂，煜立于金陵，奉父遗表，愿追尊帝号，太祖许之。　八五三节周初，刘言、王逵等据湖南，周祖使言镇朗州，今湖南常德府。逵镇潭州，今湖南长沙府。既而逵袭杀言而取朗，令周行逢镇潭。世宗时，逵为其下所杀，将吏迎行逢入于朗。至是行逢卒，子保权嗣其将，张文表作乱，袭潭据之，保权表请援于宋。乾德元年，太祖即位四年。太祖遣慕容延钊等击文表，假道荆南，因袭江陵，府名，荆南节度治，今湖北荆州府。节度使高继冲出降，荆南亡。时文表已败死，而宋师继进不止，取潭州，将趋于朗，保权惧而拒守，延钊击破之，获保权，湖南亡。二年，我村上帝康保元年。遣王全斌等击蜀，明年克之，蜀主孟昶出降，后蜀亡，赐昶爵秦公。　八五四节开宝元年，太祖九年，我冷泉帝安和元年。汉孝和帝崩，养子继恩立，司空郭无为弑之，而立其弟继元，皆孝和之甥也。太祖遣李继勋击之，继元乞师于辽，辽穆宗遣将救之，继勋引还。穆宗耽酒，荒于畋猎，嗜杀不已，刑政紊乱，上下怨之。二年，辽应历十九年。畋于怀州，在临潢西南，今内蒙古巴林旗界内。为近臣所弑，世宗之子贤驰赴怀州即位，是为景宗。太祖自将击汉，围太原，景宗复遣援，太祖不能克，会暑雨军士多疾，尽弃粮储而还。三年，辽景宗保宁二年，我圆融帝天禄元年。遣潘美击南汉，明年，克广州，南汉国都，今广东广州府。汉主刘𬬮降。　八五五节唐末以来，安南不从朝命，部人割据，宋初驩州故城在安南国乂安府西南。刺史丁部领击，并诸州自立，号大胜王，寻逊位其子琏。及南汉亡，琏入贡于宋，封交趾郡王，自是交趾即安南。遂为外国。　八五六节唐主李煜闻南汉亡，惧甚，自贬国号曰江南，太祖欲伐之而无名，乃遣使谕其入朝，煜称疾不至。七年，我圆融帝天延二年。命曹彬、潘美等击之，诫曰：切勿暴掠生民，务广威信，使自归顺，不须急击。以剑授彬曰：副将而下，不用命者斩之。美以下皆失色。自王全斌平蜀，多杀降人，帝每恨之，彬性仁厚，故专任之。　八五七节八年，彬进围金陵，李煜遣徐铉求缓师，言于帝曰：煜以小事大，如子事父，未有罪过，奈何见伐？帝曰：尔谓父子为两家，可乎？铉不能对而还。寻复至，见帝，论辨不已，帝怒，按剑曰：不须多言，江南亦有何罪？但天下一家，卧榻之侧，岂容他人鼾睡乎！铉惶恐辞归。　八五八节金陵受围十月，势愈危迫，彬终欲降之，遣人告煜曰：某日城必破，宜早为之所。煜不听。一日彬忽称疾，诸将来问，彬曰：余疾非药能愈，惟须诸君诚心自誓，破城不妄杀一人，则自愈矣。诸将许诺，共焚香为誓。翌日城陷，煜出降，江南平。捷书至，帝泣曰：宇县分割，民受其祸，攻城之际，必有横罹锋刃者，可哀也。出米十万斛赈恤之。

第二章　太祖诸政

八五九节太祖受禅，将相群司，皆用周朝人，惟赵普以军府旧僚专预密议，石守信、王审琦等，皆帝故人，有功，典禁卫兵。普数以为言，帝曰：彼等必不吾叛。普曰：然数人者，皆非统御才，恐不能制伏其下。帝悟。一日因宴谕守信等，释去兵权，皆以为节度使。　八六〇节帝尝问普曰：吾欲息天下兵，为国家长久计，其道何如？对曰：唐季以来，帝王数易，由方镇太重，君弱臣强而已，今欲治之，宜稍夺其权，制其钱谷，收其精兵，则天下自安矣。帝从其谋，以渐削诸镇之权，或因其卒，或因迁徙致仕，以文臣代之，知州军事，又令镇府所领支郡皆直隶京师，设通判倅贰郡政，凡兵民之政，皆与郡守通签。别置转运使，掌各路之财赋；又选诸州骁勇，入补禁旅，立更戍法，分遣禁旅戍守边城。自是五代武断之弊始革，生民苏息，而兵势之弱，亦胚胎于此云。　八六一节帝一夕冒大雪微行至普第，计下太原，普曰：太原当西北二边，太原既下，则边患我独当之，不如姑俟削平诸国。帝曰：吾意正如此，特试卿耳。又尝以幽燕地图示普，问进取之策。普曰：图必出曹翰，翰能取之，孰可守？帝曰：以翰守之。普曰：翰死，孰可代？帝默然良久，曰：卿可谓深虑矣。于是专用力于南方，不复言伐燕。　八六二节普沈毅有谋略，帝甚任之，旧相范质等三人皆求避位，帝从之，以普同平章事。普尝荐某人为某官，帝不许，再三奏之，帝怒裂其奏，普徐拾以归，补缀以进，帝悟，卒用其人。又有朝臣当迁官，帝素嫌其人，不与，普力请，帝怒曰：朕固不与，奈何？普曰：刑赏，天下之刑赏，安得以喜怒专之？帝怒甚，起入宫，普随之，立宫门不去，竟得俞允。其刚直如此，然性多忌克，尝以私怨诬人论死，独相九年，为政颇专，又好货利，有不法事，为人告讦，帝始疑普，诏参知政事与普更奏事，以分其权，普不自安，乞罢政，出为节度使。　八六三节帝注意刑辟，命判大理寺窦仪重定刑统，颁行之，尝叹近世法网之密，定折杖法，以减流、徒、杖、笞之刑，犯大辟者，令诸州录案闻奏，付刑部详覆之，非情理深害者，多从宽恤，惟重贪墨之罪，赃吏必诛，未尝少贳，盖帝亲见五代时贪吏恣横，民不聊生，故以严法治之，欲塞浊乱之源也。　八六四节帝削平诸国，君长降者，皆不加戮，礼而存之，其族党皆见录用。尝幸武成王庙，观从祀有白起像，指曰：起杀已降，不武之甚，命去之。江南已平，吴越王钱俶自入朝，赏赉极厚，俶还，赐以黄袱，封缄甚固，戒曰：途中宜密观。启之，则群臣乞留俶章疏也，俶愈感惧。至太宗世，俶上表献其地，封为淮海王，于是五代列国皆入于宋，未服者惟北汉而已。太宗自将击之，围太原，刘继元出降，赐爵彭城公。当是时，诸降王皆赐第京师，得保富贵，子弟旧臣分职州郡，掌兵民之权，而朝廷无所猜防，太祖、太宗度量之大，可以观也。刘宋以来受禅之君，无能存前代之后者，独周世宗之裔，世受尊爵，延至宋末，亦宋人之厚也。

第三章　太宗继述附辽耶律休哥三败宋军

八六五节太祖母昭宪杜太后临崩，召赵普入受遗命，且问太祖曰：汝知所以得天下乎？太祖曰：皆祖考及太后之余庆。后曰：不然，正由周世宗使幼儿主天下尔。汝百岁后，当传位光义，光义传光美，光美传德昭，国有长君，社稷之福也。太祖泣曰：敢不如教。后命普为誓书，普署纸尾曰“臣普记”，藏之金匮。光义、光美皆太祖母弟，德昭太祖长子也。　八六六节太祖友爱光义，数幸其第，恩礼甚厚，为开封尹，封晋王，每言：光义龙行虎步，他日必为太平天子，福德非吾所及也。尝幸洛阳，有布衣张齐贤献十策，太祖善其四策，齐贤坚称余策皆善，太祖怒斥之。还语晋王曰：吾幸西都，得一张齐贤，吾不欲用之，异日可使辅汝为相也。据此言，则传位之约已定也。太祖在位十七年崩，晋王立，更名炅，是为太宗。或曰：上不豫，夜召晋王，属以后事，左右皆不得闻，但遥见烛影下，王时离席，有逊避之状，既而上引柱斧戳地，大声言“好为之”，遂崩。然实录、正史皆不记，如有所讳，故世或疑太祖不令终也。　八六七节太祖末年，辽景宗遣使通好，太祖遣使报之。太宗既灭汉，欲乘胜取幽蓟，蓟州，今直隶顺天府属州。自太原直东击辽，进围南京，景宗遣耶律休哥救之，大败宋军于高梁河，在今京城西。太宗走还，自是辽宋之好绝。明年，太宗太平兴国五年，辽景宗乾亨二年，我圆融帝天元三年。景宗自将击宋，围瓦桥关，休哥渡水击走宋兵，太宗自将至大名，府名，唐魏州，今直隶大名府。闻辽军引去，乃还。议者皆言，宜速取幽蓟，张齐贤上疏曰：自古疆场之难，非尽由戎狄，亦多边吏扰而致之。若缘边诸军，抚御得人，畜力养锐，以逸自处，则边鄙宁，而河北之民获休息矣。　八六八节太宗围燕之役，武功王德昭从行，军中尝夜惊，不知帝所在，有谋立德昭者，帝闻不悦。及归，以北伐不利，久不行平汉之赏，德昭言之，帝大怒曰：待汝自为之，赏未晚也。德昭退而自刎。后二年，德昭弟德芳卒，秦王廷美即光美。自二侄相继没，始不自安，或告其有阴谋，帝疑以问赵普，普因言愿备枢轴以察奸变，由此复相。既而帝以太后遗旨访之，普曰：太祖已误，陛下岂容再误？廷美遂得罪，勒归私第。普又讽知开封府李符，告其怨望，贬为县公，安置房州，今湖北郧阳府。以忧卒。普开国元勋，群臣莫与比肩，然及佐太宗，无相业可观。　八六九节辽景宗在位十四年崩，长子梁王隆绪立，是为圣宗，年甫十二，承天太后奉遗诏摄政，以耶律休哥总南面军务。后明达治道，闻善必从，又习知军政，赏罚信明，将士用命，圣宗称辽盛主，后教训为多。雍熙三年，太宗即位十一年，辽圣宗统和四年，我花山帝宽和二年。太宗遣曹彬等分道伐辽，取数州，休哥出御之，承天太后与圣宗将大军应援，彬兵引退，休哥追战于岐沟关，在直隶顺天府涿州西南。大败之。休哥智略宏远，料敌如神，每战胜，让功诸将，镇燕十七年，劝农桑，省赋役，恤孤寡，平时戒戍兵，无犯宋境，虽马牛来逸者悉还之，军民怀之，边疆大治。太宗之不得志于燕，以有休哥也。

第四章　澶渊之盟及天书

附李沆之明；王旦之悔；丁谓之奸

八七〇节太宗在位二十一年崩，太子恒立，是为真宗。景德元年，真宗七年，辽统和二十二年，我一条帝宽弘元年。辽圣宗奉承天太后伐宋，深入内地，宋人震骇。参政王钦若（江南人）请幸金陵，陈尧叟（蜀人）请幸成都。真宗以问宰相寇准，准曰：谁画此策？帝曰：卿姑断可否，勿问其人。准曰：臣欲得献策之臣，斩以衅鼓，然后北伐耳。遂定亲征之议，恐钦若沮议，出判天雄军，即大名府，属河北路，今直隶大名府。命朝士出知诸州，皆於殿前受敕。准戒曰：百姓皆兵，府库皆财，不责汝浪战，但失一城一壁，当以军法从事。辽军进围澶州，今大名府开州。太后亲御戎车督战，李继隆出御之，辽统军萧挞凛中弩死，钦若在大名闭门束手无策，修斋诵经而已。真宗至澶州南城，在开州城南。众请驻跸，准力劝渡河，殿前帅高琼亦固请，即麾卫士进辇，遂渡河，御北城今开州城。门楼，宋军望见御盖，踊跃呼万岁，声闻数里，辽人骇怖。　八七一节先是，宋将王继忠降在辽，遗书于宋劝和，真宗因遣曹利用诣辽军议和，太后欲得周世宗所取关南地，遣使持书与利用偕来，真宗曰：地不可许，宁与金帛。准欲邀其称臣，及献幽、蓟之地，因画策以进，曰：如此则可保百年无事，不然数十年后，戎且生心矣。帝曰：数十年后，当有能御之者，吾不忍生灵重困，姑听其和可也。乃复遣利用往，利用请岁币之数，帝曰：必不得已，虽百万亦可。准召语之曰：虽有敕旨，汝所许过三十万，吾斩汝矣。利用竟以银十万两、绢二十万匹定和议，南朝为兄，北朝为弟，交誓约，各解兵归。　八七二节寇准自澶州还，颇矜其功，真宗待之甚厚，王钦若深嫉之，一日会朝，准先退，帝目送之，钦若进曰：陛下敬准，为其有社稷功耶，城下之盟，春秋小国所耻也。帝愀然不悦，钦若曰：陛下闻博乎？博者输钱欲尽，乃罄所有出之，谓之孤注。澶渊唐故郡名，即澶州。之役，准以陛下为孤注。帝顾准寖衰，竟罢相，王旦代之。旦深沉有德望，帝深属心。　八七三节帝自闻王钦若言，深以澶渊之盟为辱，钦若知帝厌兵，谬曰：以兵取幽、蓟，可涤此耻。帝令思其次，钦若曰：惟封禅可以镇服四海，夸示外国，然封禅者，得天瑞然后可行，前代盖有以人力为之，河图洛书，果有此耶？圣人以神道设教耳。帝患王旦不可，钦若乘间为旦言之，帝赐旦樽酒，归发封，则皆美珠也。旦悟帝旨，自是不敢有异议。帝密作帛书，置之屋上，称天书降，百官拜贺，作玉清昭应宫，以奉天书，遂封泰山，禅社首，山名，在山东泰安府城西南。祭后土于汾阴，故城在山西蒲州府荣河县北。群臣争言祥瑞，颂功德，上帝尊号。帝又言：赵氏祖司命天尊，受玉皇命，自天降临，作景灵宫以奉圣祖，诸州天庆观并增建圣祖殿。　八七四节真宗在位二十六年，在相位者前后十余人，李沆最贤。当沆为相时，王旦甫参政，沆日取四方水旱盗贼奏之，旦谓细事不足烦上听，沆曰：人主少年，当使知人间疾苦，不然血气方刚，不留意声色犬马，则土木甲兵祷祠之事作矣，吾老不及见，此参政他日之忧也。丁谓机敏有智谋，寇准屡荐之，沆不用，曰：顾其为人，可使之在人上乎？准曰：如谓者，相公终能抑之使在人下乎？沆笑曰：他日当思吾言。沆卒后数年，封禅祠祀营建并兴，旦乃叹曰：李文靖真圣人也。每有大礼，旦辄以首相奉天书以行，常悒悒不乐，欲去，则帝遇之厚，及卒，遗令削发披缁以敛，盖悔其不谏天书也。　八七五节旦罢，王钦若相，钦若罢，寇准再相，以丁谓参政。谓事准甚谨，尝会食，羹污准须，谓起拂之，准笑曰：参政国之大臣，乃为官长拂须耶！谓大惭恨，遂谮准罢其政。李迪与谓并相，时帝有疾昏眩，谓白中宫，窜准远州。

迪罢，谓独相，弄权专恣，众莫敢抗，独参政王曾正色立朝，时倚为重。帝崩，太子祯立，是为仁宗，年十三，章献明肃刘太后垂帘听政，谓以营山陵不谨免，王曾代之，窜谓远州。曾为相，所进退士，莫有知者，范仲淹谓之曰：明扬士类，宰相任也，公之盛德，独少此尔。曾曰：恩欲归己，怨使谁当？仲淹服其言。

第五章 西夏建国

八七六节唐末，党项拓跋思恭起兵讨黄巢，以功授定难军节度使，治夏州，故城在陕西榆林府怀远县西、内蒙古鄂尔多斯界内。赐姓李氏，子孙世袭其职，臣事五代，数传至继捧，率其族朝宋，献境内四州。银、夏、绥、宥。继捧族弟继迁走入地斤泽，在夏州故城东北。聚众袭银州今陕西绥德州米脂县。据之，降于辽，圣宗以为定难节度使，以宗女妻之，寻封夏王。继迁数侵宋边，赵普白太宗，复以继捧镇夏州，赐姓名赵保忠，使图继迁，继迁奉表谢罪，已而复叛，太宗命李继隆讨之。时保忠亦已附辽，继隆入夏州，执保忠送汴。继迁叛服不常，继隆等击之，不克。真宗初立，拜继迁节度使，以五州夏、绥、银、宥、静。与之，后复叛，攻陷灵州，唐灵武郡，今甘肃宁夏府属州。又攻西蕃，取西凉，府名，今甘肃凉州府。六谷地名，在凉州府境内。酋长潘罗支伪降，袭败之，继迁中流矢走死，其子德明嗣。

八七七节德明归款于宋，真宗厚赐以羁縻之，辽又册为夏王，德明臣事两朝，然于本国则称帝，立其子元昊为太子。元昊雄毅多大略，数谏其父勿臣宋，德明曰：吾族三十年衣锦绮，此宋恩也，不可负。元昊曰：衣皮毛，事畜牧，国俗所便，英雄之生，当霸王耳，何锦绮为？

八七八节德明卒于仁宗明道元年，仁宗即位十年，辽兴宗重熙元年，我后一条帝长元五年。元昊嗣立，修明号令，以兵法勒诸部，置文武官，立蕃汉学，自制蕃书，以教国人，击回鹘，尽取河西地，据有十八州，夏、银、绥、宥、静、灵、盐、会、胜、甘、凉、瓜、沙、肃、洪、定、威、龙，今陕甘北境，及内蒙古西南部。都兴庆，府名，今甘肃宁夏府。阻河依贺兰山为固，自号大夏皇帝，遗书于宋，邀其册命，且请续邻好，仁宗诏削其官爵，绝互市，自是连年侵寇，西边骚然。

第六章　仁宗守文附英宗入嗣

八七九节章献太后称制十一年崩，仁宗始亲政，时王曾已罢相，李迪、吕易简并相。仁宗宠尚美人，因废郭后，易简有憾于后，赞其议，台谏孔道辅、范仲淹等争之，易简奏谪之。李迪罢，王曾复相，而权在易简。仲淹迁知开封府，言事愈急，数议时政，易简诉其越权，复贬谪，馆阁余靖、尹洙争之，皆坐贬。欧阳修责司谏高若讷不谏，言不知人间有羞耻事，若讷怒上其书，修亦贬。蔡襄作四贤一不肖诗，以誉仲淹、靖、洙、修，而毁若讷，都人传诵，鬻书者得厚利。王曾求罢，帝问其故，曾因斥易简纳赂，二人俱罢。　八八〇节李元昊攻延州，属陕西路，今陕西延安府。边将刘平、石元孙战没，知延州范雍闭门不救，坐贬。时军兴多事，首相张士逊无所补，谏官以为言，士逊致仕，吕易简复相，以夏竦经略陕西，路名，今陕甘之大半，及河南陕州、山西解州蒲州府。韩琦、范仲淹副之，仲淹兼知延州。夏人相戒曰：毋以延州为意，小范老子，胸中自有数万甲兵，不比大范老子可欺也。大范指雍也。竦无功而免，琦、仲淹专膺边任，推诚抚绥，诸羌服其恩威，边人为之谣曰：军中有一韩，西贼闻之心胆寒。军中有一范，西贼闻之惊破胆。元昊之不得大逞，藉二人宣力居多。　八八一节宋朝民殷国富，数倍契丹，而武力或不及之。辽兴宗乘宋有西夏之挠，欲取关南地，庆历二年，仁宗二十年，辽重熙十一年，我后朱雀帝长久三年。遣使求之，且责宋修边备，聚兵于燕，声言南下。仁宗不欲与地，欲增岁赂，或结婚以和，择报聘者，吕易简不悦富弼，因荐之，易简奏建大名为北京，示将亲征。弼至辽，反覆论难，力拒其割地，且辨和战之利害。弼还，复持国书往，且受口传之辞于政府，途谓副使曰：吾不见国书，脱书辞与口传异，吾事败矣。启视，果不同，驰还白之，易书而行，增岁币银绢各十万，互致誓书，自是通好如故。　八八二节宋夏用兵日久，仁宗心厌之，元昊上书请和，呼帝为父，更名曩霄，而不称臣。寻上誓表，乞岁赐银绮绢茶二十五万，仁宗许之。会辽夏衅起，兴宗遣使请无与夏和，及闻辽夏平，乃册元昊为夏国主，约称臣奉正朔，而元昊帝其国自若。宋致岁币二国，于夏则曰赐，于辽则曰纳。　八八三节仁宗增置谏官，以欧阳修、王素、蔡襄、余靖为之，修等论事切直，小人不便。帝召夏竦为枢密使，韩琦、范仲淹为副使，谏官论竦罢之，以杜衍代之。国子直讲石介喜曰：此盛事也。乃作庆历盛德诗，有曰：众贤之进，如茅斯拔。大奸之去，如距斯脱。大奸盖指竦也。仲淹得诗，拊股谓琦曰：为此怪鬼辈坏事。群邪造论，目衍等为党人，修乃作《朋党论》上之，以为人君当退小人之伪朋，而进君子之真朋也。　八八四节时吕易简已罢，章得象、晏殊并相，范仲淹迁参政，富弼为枢副。帝方锐意求治，数召辅臣条对，仲淹才兼文武，有大节，常曰：士当先天下之忧而忧，后天下之乐而乐。于是与弼日夜谋虑，欲革弊政，而谤毁愈盛，不自安于朝，皆请出，按西北边。　八八五节晏殊罢，杜衍代之。衍务裁侥幸，每有内降，率寝格不行，积诏旨至十数，辄纳帝前，帝尝语欧阳修曰：外人知杜衍封还内降邪？凡有求于朕，每以不可告而止者，多于所封还也。会衍婿苏舜钦有过失，御史中丞王拱辰欲倾衍等，因劾舜钦，得罪者十余人，拱辰喜曰：吾一网打尽矣。衍与仲淹、弼并罢，韩琦亦请外，皆出知州。　八八六节衍去后相继为相者，率无伟迹，帝尝问相于王素，素曰：惟宦官宫妾不知姓名者，可充其选。帝曰：如是则富弼尔。遂召弼，与文彦博并相，士大夫相庆于朝。帝语欧阳修曰：古之命相，或得诸梦卜，今朕用二相，岂不贤于梦卜哉！其后彦博以老求罢，韩琦为相，富弼以母丧去位，曾公亮相，欧阳修参政。琦位首相，法令典故问公亮，文学之事问修，三人同心辅政，百官奉法循理，朝廷称治。仁宗在位四十二年，恭俭爱民，终始不变，庆历以后，贤者满朝，国内承平少事，进士诸科得名臣之多，超绝古今。然吏治愉惰，兵备不振，宋之威德，卒不能及汉唐盛时。　八八七节仁宗无子，养太宗曾孙宗实为皇子，赐名曙。仁宗崩，慈圣光献曹后召曙入立之，曙固避数四，而后嗣位，是为英宗。英宗有疾，皇太后权同听政。英宗举措或改常度，遇宦官尤少恩，左右多不悦，内侍任守忠等共为谗间，两宫遂成隙。韩琦、欧阳修等委曲调护，及英宗疾瘳，始亲政，太后撤帘。谏官司马光、吕诲论守忠罪，韩琦坐政事堂，召守忠立庭下，曰：汝罪当死。责窜之。　八八八节英宗父允让卒于仁宗时，追封濮王，及英宗立，韩琦请议崇奉典礼，司马光立议曰：为人后者为之子，不得顾私亲。翰林学士王珪等又议曰：濮王宜称皇伯。

欧阳修驳之曰：《丧服大记》云：为人后者，为其父母降服，而不没父母之名，以见服可降，而名不可没也。议久不定，侍御史吕诲、范纯仁，监察御史吕大防等，固执珪议，遂劾执政，至乞皆贬黜执政，以太后诏，令帝称濮王为亲，诲等皆辞台职，光亦请与俱贬，不许。英宗在位四年崩，太子顼立，是为神宗。自濮议以来，论者妄诋琦、修等，修遂请罢。

第三篇　宋中

第一章　神宗行新法

八八九节神宗少有雄心，欲大攘四夷，恢张先烈，以为养兵奋武，不可不先聚财，而环顾朝臣，皆习故守，莫有能任其事者，素闻王安石之名，以问辅臣，曾公亮曰：真辅相才。参政吴奎曰：安石护非自用，所为迂阔，万一用之，必紊纲纪。公亮力荐之。韩琦求去，帝曰：卿去，谁可属国者，王安石何如？琦曰：安石居翰林则有余，处辅弼之地则不可。　八九〇节安石博学善属文，欧阳修尝为之延誉，擢进士上第，仁宗召为度支判官。安石议论高奇，能以辨博济其说，慨然有矫世变俗之志，尝上万言书，痛论时政，每迁官，逊避不已，及除知制诰，则不复辞。尝侍钓鱼宴，误食钩饵，已悟而食之，既仁宗以其不情而遂，非恶之。安石有重名，士争向之，惟苏洵不见，著《辨奸论》以毁之，英宗之世，退居不出，至是召为翰林学士。熙宁元年辽道宗咸雍四年，我冷泉帝治历四年。入对，首以择术为言，言必称尧舜。神宗语之曰：魏征、诸葛亮，诚不世出之人也。安石曰：陛下诚能为尧舜，则必有皋夔稷契，彼二子者，何足道哉！富弼自汝州属京西路，今河南直隶州。入觐，帝问以边事，弼窥见帝喜事功，对曰：陛下临御未久，当布德惠，愿二十年口不言兵。帝默然，然以弼有德望，召为相，以安石参政。　八九一节安石既入政府，士大夫多以为得人。时吕诲为御史中丞，将对，学士司马光亦将诣经筵，相遇并行，光密问：今日所言何事？诲曰：袖中弹文。乃新参也。光愕然曰：众喜得人，奈何弹之？诲曰：君实亦为此言邪？安石执偏见，喜人佞己，天下必受其弊。上疏言：大奸似忠，大诈似信，安石外示朴野，中藏巧诈，骄蹇慢上，阴贼害物。帝还其章疏，诲乃辞职。 八九二节安石视时人所为，斥为流俗，别思创建非常，突过前代，神宗适如所愿，倾心纳之。安石论事，多引《周官》为据，建议言：周置泉府之官，以变通天下之财，后世惟桑弘羊、刘晏粗合此意，今当修泉府之法，以收利权。乃立制置三司条例司，掌经画邦计，议行新法。安石实不晓世务，每事与吕惠卿谋，凡所建请章奏，多惠卿笔也。人号安石为孔子，惠卿为颜子。于是遣八使察农田、水利、赋役，以求遗利，置卖盐场于永兴军，即京兆府陕西路治，今陕西西安府。行均输法于淮浙江湖六路。淮南两浙、江南东西、荆湖南北。 八九三节初，陕西转运使李参以部内多戍兵，而粮储不足，贷民以钱，令出息二分，春散秋敛，号青苗钱。安石欲行之诸路，以为《周官》国服为息法也。条例司官属苏辙苏洵次子。谓安石曰：以钱贷民，吏缘为奸，钱入民手，虽良民不免妄用，及其纳钱，虽富民不免违限，如此则鞭棰必用，州县不胜烦矣。安石不从，遂行青苗法，以广惠仓钱谷充其本钱，置各路提举官以掌之。诸路往往以多散为功，随户等高下品配，又恐其逋负，必令贫富相保，抑配掊克，至与诏旨相违。 八九四节苏辙及谏官范纯仁、范仲淹子。侍御史刘述等，皆以论事忤安石，罢参政。唐介与安石争辩，不胜其愤，疽发背卒。时人有“生、老、病、死、苦”之喻，谓安石为生，曾公亮为老，唐介死，富弼议论不合，称病，参政赵抃无如安石何，惟称苦苦而已。安石折抃曰：君辈坐不读书耳？抃曰：皋夔稷契，何书可读？安石亦不能对。弼遂去位，陈升之相，公亮罢，升之亦罢，安石相。 八九五节凡安石所行新法，青苗最为深害，其他保甲、募役、市易、保马、方田均税、免行钱诸役，相继并兴，其法虽未必皆恶，行之不得其人，且以违祖法，乖民情，故上下不便，怨议纷起。汉人深畏天变，安石独谓灾异皆天数，非关人事得失，时人皆以为慢天悖经。帝尝亲策试进士，叶祖洽等三百人及第，祖洽诋祖宗而美新政，故得擢第一。直史馆苏轼苏洵长子。慨之，拟对策论新法，献之，又上万言书，极论其害，因贬。帝又亲策贤良，吕陶、孔文仲力诋新法，皆报罢。翰林学士范镇尝荐苏轼、孔文仲，且数忤安石，致仕。是时在朝名士，如文彦博、吕公弼、吕公著、二人皆吕易简子。张方平、孙觉、程颢、韩维、李常、苏颂、刘挚等，以议新法贬黜，或自求去者，前后相继，外官亦多以沮格新法得罪者。京城置逻卒，以察谤时政者。　八九六节帝尝问司马光曰：安石何如？光曰：人言安石奸邪，则毁之太过，但不晓事，又执拗耳。光数贻书谏安石，安石却忌之。帝以光为枢密副使，力辞不拜，反覆论新法之害，遂请外知永兴军，上言：臣之不才，最出群臣之下，先见不如吕诲，公直不如范纯仁、程颢，敢言不如苏轼、孔文仲，勇决不如范镇，今陛下唯安石是信，附之者谓之忠良，攻之者谓之谗慝，若臣罪与范镇同，即乞依镇例致仕。久之得请，判西京即洛阳。留台，自是绝口不复论新法。欧阳修文名高于世，以风节自持，年已六十，连被污蔑，尝守青州，属京东路，今山东青州府。上疏请止散青苗钱，徙知蔡州。属京西路，今河南汝宁府。富弼判亳州属淮南路，今安徽颍州府属州。亦坐格青苗法，徙判汝州。寻皆致仕。　八九七节安石执政六年，老成正士，废黜殆尽，儇慧少年，超进用事，举国怨之，而帝委任益专。慈圣太皇太后尝语帝曰：祖宗之法，不宜轻改，吾闻民间甚苦青苗助役，宜罢之。后又流涕曰：安石乱天下，奈何？帝始疑之。会大旱岁饥，东北穷民流入京城，累累不绝，监安上门郑侠绘所见为图，上疏曰：陛下南征北伐，皆以战胜之势作图来上，无一人以天下忧苦、妻子不相保、流离困顿之状为图而献者，安上门逐日所见，百不及一，亦可流涕，况千万里外哉！时帝以天灾忧形于色，诏求直言，言者皆咎新法。安石不自安，求去位，乃知江宁府。江南东路治，即升州，今两江总督治。安石荐韩绛代己，吕惠卿参政，二人守其成规不少失，时号绛为传法沙门，惠卿为护法善神。惠卿既得势，忌安石复用，又数与绛忤，绛白帝，复相安石，安石罢不一年再入，闻命不辞，疾走至京。后数月，绛与惠卿相继罢，安石再相二年，屡谢病请罢，帝亦厌其所为，出判江宁府，遂不复召。

第二章　神宗用兵附苏轼诗案

八九八节神宗之方用王安石也，锐意进取，自期立盖世之功，更法度，事聚敛，四方骚然，而国未尝富，边疆生事徒耗财帑，而国未尝强。自西夏请和后，西边无警者二十余年。李元昊卒于庆历末，子谅祚立。帝即位初，边将种谔袭夏取绥州，今陕西绥德州。边衅复起。谅祚卒，子秉常立，大举入环庆。路名，今陕西庆阳府地。王韶者诣阙上平戎策，谓欲取西夏，当先复河湟，谓黄河、湟水之间，今甘肃兰州、西宁二府地。武威汉郡名，即西凉府，今甘肃凉州府。之南，洮、河、兰、鄯，四州名，皆属西蕃，今皆属甘肃。洮，洮州厅；河，兰州府属州；兰，兰州府治；鄯，西宁府。皆故汉郡，幸今诸羌瓜分，无能统一，宜并有之，使夏人无所连结。安石以为奇谋，始开河湟之役，取武胜吐蕃地名，今兰州府狄道州。城之，置熙河路，治熙州，即武胜地，统熙、河、洮、岷等州。以韶为经略安抚使。韶取河、洮、岷今甘肃巩昌府属州。等州，边堠益斥，而役兵死亡甚多，构怨吐蕃，致鬼章等屡为寇患。 八九九节帝以章惇为湖北路名，今湖北大半，及湖南西北境。察访使，经制南北江事。南北江，古武陵汉郡名，今湖南西部。之地，蛮傜据之。惇招降梅山在湖南长沙府安化县西南，接宝庆府新化县界。峒蛮，遂平南江，降五溪雄溪、明溪、酉溪、武溪、辰溪也，皆在湖南辰州府。蛮。又命熊本察访梓、夔，二路名，梓州路，今四川中部；夔州路，今四川东境、贵州北境，及湖北施南府。击泸州名，属梓州路，今四川直隶州。夷降之，复降渝州属夔州路，今四川重庆府。獠，然西南竟不靖。又以沈起知桂州，广西路治，今广西桂林府。生衅交趾。刘彝继之，大治戈船，禁遏交人来互市。交趾王李乾德大举击宋，取钦、廉、邕州，三州属广西路。钦，今广东廉州府属州；廉，今廉州府治；邕，今广西南宁府。声言中国作青苗助役法以困民，今出兵相救。安石怒，遣郭逵等击败之，宋军死者过半。九〇〇节河东路沿边增修戍垒，起铺舍，侵入辽蔚、今直隶宣化府属州。应、今山西大同府属州。朔今山西朔平府属州。三州界内。辽道宗遣使如宋，乞行毁撤，别立界至。帝遣官即境，上议不能决，安石曰：将欲取之，必姑与之。遣韩缜定新界，东西失地数十里。帝事太皇太后极孝，后亦慈爱天至。帝与大臣议取燕，诣后白其事，后曰：事体极大，吉凶悔吝生乎动，得之不过南面受贺而已，万一不谐，则生灵所系，未易以言，苟可取，则太祖、太宗已取之矣，何俟今日？帝乃止。 九〇一节安石已罢，王珪、蔡确用事。时苏轼知湖州，属两浙路，今浙江湖州府。数以诗讽刺时事，台官言轼怨谤君父，逮系台狱。太皇太后谓帝曰：尝忆仁宗以制科得轼兄弟，喜曰：吾为子孙得两宰相。今闻轼系狱，得非仇人中伤之乎？宜熟察之。帝曰：谨受教。王珪摘轼诗句，言有不臣意，遂贬轼，安置黄州，属淮南西路，今湖北黄州府。弟辙亦坐救轼而贬。坐轼诗案黜罚者，司马光、张方平、范镇等二十余人。神宗实怜轼，寻移汝州且复用矣，为蔡确等所沮。　九〇二节元丰三年，神宗即位十三年，辽道宗太康六年，我白河帝承历四年。诏改官制，帝欲取新旧人两用之，曰：御史大夫非司马光不可。王珪、蔡确相顾失色，确曰：国是方定，愿少迟之。珪忧甚，确谓珪曰：上久欲收灵武，唐郡名，即灵州。公能任责，则相位可保也。珪喜，如其言，遣内侍李宪等分道伐夏，攻灵州不克，士卒冻馁死者十五六。帝中夜得报，起环榻而行，彻旦不寐。　九〇三节五年，我白河帝永保二年。官制成，以珪为尚书左仆射兼门下侍郎，确为右仆射兼中书侍郎。帝虽以次叙相珪、确，不加礼重，尝语辅臣，有无人才之叹。尚书左丞蒲宗孟曰：人才半为司马光邪说所坏。帝不语，直视久之，曰：蒲宗孟乃不取司马光邪。李宪上再举之议，珪赞之，帝命给事中徐禧护诸将往城永乐，故城，在陕西绥德州米脂县西。夏人大举攻拔之，将校死者数百人，丧士卒役夫数十万。帝闻奏，痛悼不食。　九〇四节神宗在位十八年，平生不御宴游，劳心政务，日昃不暇食，然求治太急，进人太锐，误用安石，变坏法度，竟遗国之大患，常愤国威不伸，慨然有攘斥契丹之志，欲先取灵夏，灭西羌，乃图北伐，乃安南失律，喟然叹赤子无罪而死。永乐之败，益知用兵之难，始息念征伐，卒无一事如意而崩，年三十八。

第三章　正邪分党相挤

九〇五节神宗崩，太子煦即位，是为哲宗，生十年矣，神宗母宣仁圣烈高后为太皇太后，临朝同听政。后知国民厌苦日久，首散遣修京城役夫，止造军器及禁庭工技，戒中外无苛敛，宽民间保户马，事由中旨，王珪等弗预知也。又罢京城逻卒及免行钱，废濬河司，蠲逋赋。　九〇六节仁宗名臣韩琦、富弼、欧阳修等，已没于神宗世，文彦博、司马光犹存。光居洛十五年，人皆以为真宰相，至是入临，民争拥马首，呼曰：公毋归洛，留相天子、活百姓，所在数千人聚观之，光惧亟还。未几，王珪卒，蔡确、韩缜为左右仆射，章惇知枢密院事，起光为门下侍郎。是时国民拭目以观新政，而议者谓三年无改于父之道。光曰：先帝之法，其善者虽百世不可变也。若安石、惠卿所建，为天下害者，当如救焚拯溺，况太皇太后以母改子，非子改父。众议少止，乃罢保甲、方田、市易、保马法。 九〇七节元祐元年，辽道宗太安二年，我白河帝应德三年。谏官王觌极言，蔡确、韩缜、章惇等朋邪，章数十上，台谏刘挚、吕陶、孙觉、苏辙、王岩叟、朱光庭等，连章论劾，太后先黜确，以光为左仆射，寻罢缜，以吕公著代之。光言文彦博宿德元老，起平章军国重事，斑宰相上，时年八十余矣。章惇、吕惠卿等皆贬窜。 九〇八节光执政，两宫虚己以听，时已得疾，然自见言行计从，欲以身徇社稷，力疾视事，躬亲庶务，不舍昼夜，开言路，进贤才，凡王、吕所建新法，青苗助役之类，划革略尽。或曰：熙丰旧臣，多俭巧小人，他日有以父子之义间上，则祸作矣。光正色曰：天若祚宋，必无此事。遂改之不疑。安石每闻朝廷变其法，夷然不以为意，及闻罢助役复差役，愕然失声曰：亦罢至是乎？良久曰：此法终不可罢。盖差役之复，识者亦议其不便也。安石寻卒。光为相八阅月而卒。太皇太后哭之恸，与哲宗临其丧，赠太师温国公，谥文正，京师民罢市往吊，哭之如丧私亲，四方皆画像以祀。 九〇九节程颐为崇政殿说书，苏轼为翰林学士，轼喜谐谑，而颐以礼法自持，轼谓其不近人情，每嘲侮之，二人遂成隙。颐门人贾易、朱光庭等为言官，力攻轼。吕陶言易等徇私，胡宗愈、孔文仲又连章诋颐。是时熙丰用事之臣，退休散地，皆衔怨入骨，阴伺间隙，而诸贤不悟，方自分党相攻，有洛党、蜀党、朔党之目。洛党以颐为首，易、光庭为辅。蜀党以轼为首，陶等为辅。朔党以刘挚、梁焘、王岩叟、刘安世为首，而辅之者尤众。颐罢不复召，久之轼亦罢，后再入三入，皆不久而出。 九一〇节吕公著以老辞位，乃拜司空同平章军国事，寻卒。吕大防、范纯仁为左右仆射，蔡确失势怨望，台谏言确讥讪朝廷，乞正其罪，论之不已，遂安置新州。属广东路，今广东肇庆府新兴县。纯仁曰：圣朝宜务宽厚，不可以语言文字之间，窜诛大臣，且以重刑除恶，如以猛药治病，其过也，不能无损焉。争之不得，台谏交章攻纯仁党确，纯仁辞位，确至新州，未几卒。自司马光卒，王、吕之党，多为蜚语，以摇在位，大防等畏之，欲用其徒以平旧怨，谓之调停。苏辙等力陈其不可乃止。刘挚、苏颂相继为右仆射，颂罢，纯仁又代之。 九一一节宣仁太后听政九年，以至公治国，不加恩外家，以拥佑幼孙之故，二子一女皆疏，当世贤者，毕集于朝。后世以庆历、元祐并称，人以为女中尧舜，承神宗厌兵之后，与民休息，吐蕃鬼章为边将擒献，释不杀，以招其部属。夏主秉常卒，子乾顺立，已与宋和，受其册命，而屡侵扰边境，亦不敢加讨伐，诏诸路严兵自备而已。辽道宗戒群臣曰：南朝尽行仁宗之政矣，谨勿生事于疆场。临崩，谓吕大防、范纯仁等曰：老身没后，必多有调戏官家者，宜勿听之，公等亦宜早退，令官家别用一番人。　九一二节后崩，哲宗始亲政，群小力排垂帘时事。礼部侍郎杨畏首叛大防，上疏乞绍述神宗之政，且劝相章惇。绍圣元年，哲宗九年，辽太安十年，我堀河帝嘉保元年。大防、纯仁皆罢，召章惇为左仆射，惇既至，引其党蔡京、京弟卞等居要地，以渐尽复熙丰之政，治元祐诸臣之罪无虚日，司马光、吕公著、王岩叟、傅尧俞等已死者，皆夺其赠谥，追贬，大防、纯仁、刘挚、梁焘、范祖禹、刘安世、韩维、苏轼、苏辙、王觌、吕陶、孔文仲、程颐、贾易、朱光庭、孙觉等三十余人，皆连贬窜。文彦博已以太师致仕，亦降为太子太保，寻卒。　九一三节哲宗皇后孟氏，宣仁后所选聘也，在中宫五年，遭谗而废。章惇、蔡卞遂诬宣仁尝有废立计，请追废之，赖向太后泣谏，事得寝。惇、卞坚请施行，哲宗怒曰：卿等不欲朕入英宗庙庭乎？抵其奏于地。

第四章　徽宗昏德

九一四节哲宗在位十五年崩，无子，弟端王佶立，是为徽宗。钦圣宪肃向太后权同听政，擢韩忠彦韩琦子。为右仆射，收叙范纯仁、苏轼，追复司马光、文彦博、吕公著等三十三人官。太后垂帘半年而还政，未几崩。章惇、蔡京、蔡卞等为台谏所攻，相继贬窜，韩忠彦、曾布为左右仆射。布初附惇，已而叛之，然知帝意在绍述熙丰，渐排元祐诸臣，正议之士不容于朝，遂罢忠彦职，再追夺司马光等官，籍记元祐党人。蔡京复入，代布为相，又贬窜忠彦等，令州县立奸党碑，图熙丰功臣于显谟阁，以王安石配享孔子。　九一五节蔡京执政二十年，其间暂罢者三。赵挺之、张商英、郑居中等为相，稍与京立异，然于京之权宠无损也。京子攸亦嬖于徽宗，至权势与父相轧，满朝皆其父子之党。内侍童贯以佞媚得幸，专务应奉，以蛊上心。京使贯领兵击吐蕃，复所尝失三州，湟、鄯、廓，皆在甘肃西宁府境内。贯遂建节为三路熙河、兰湟、秦凤，今甘肃兰州、西宁、巩昌三府，秦阶二州。安抚使，恃功骄恣，选置将吏，皆取中旨，不复关朝廷。　九一六节是时宋国升平，府库盈溢，蔡京托绍述之名，益修财利之政，以为当丰亨豫大之运，专以奢侈劝徽宗，穷极土木之功。命朱勔搜集东南珍奇，舳舻相衔于淮汴，号花石纲。嘉花名木怪石珍禽奇兽，无远不致，民间有一花一木之妙，辄令上供。作延福宫六位，殿阁亭台相望，岩壑幽胜，宛如天成。又作万岁山，山高林深，禽兽成群，园池台观，备极巧妙。徽宗崇道教，自言见天帝降临，建迎真宫，作《天真示现记》，置道阶道官，立道学，编道史，作玉清神霄宫，以奉安道像，自号曰教主道君皇帝，宠信方士林灵素等，其徒美衣玉食者几二万人。

第五章　辽末诸帝

九一七节契丹建国百年，至圣宗尤盛，一举而攘却宋寇，再举而蹂躏河朔，宋人长绝北伐之念，然狃胜穷兵，辄不免挫衄。高丽自太祖王建开国，世朝贡南朝，五传至成宗治，始受制于辽圣宗，以鸭绿江东地赐之。治卒，穆宗诵立，大臣康肇弑诵，而立显宗询，圣宗自将讨破之，获康肇，进围开京，高丽国都，今京畿道开城府。询弃城走。师还，诸降城复归高丽，询遣使乞称臣如故。诏取江东六州，兴、铁、通、龙、龟、郭，皆在平安道西境。询不从，乃连发兵讨之，战于茶、陀二河，俱在平安道龟城府界内。大败而还，询寻请降，后不复叛。帝又遣将击回鹘，围甘州，今甘肃甘州府。亦败还，自是党项阻卜诸部多叛。　九一八节圣宗能勤于政，举才行，察贪残，理冤滞，抑奢僭，赈穷乏，城辽西，秦汉故郡名。建为中京大定府，本奚王牙帐，在内蒙古喀喇沁右翼南。自上京移都之，在位四十九年，辽国治强。齐天皇后无子，养庶子宗真，立为太子。宋仁宗天圣九年，辽太平十一年，我后一条帝长元四年。帝崩，太子即位，是为兴宗，生母萧元妃自立为太后，摄政，迁齐天后于上京杀之，又阴谋立少子重元，重元告之兴宗，兴宗嘉之，立为太弟，收太后符玺，迁之庆州，属上京道，在临潢府西，今内蒙巴林旗西北。后迎归，侍养益谨。　九一九节初，夏人叛宋建国，故事辽甚恭。兴宗时，党项诸部叛去，夏主元昊助之，帝自将讨夏不克，许之和而还，建云州为西京大同府，古平城地，今山西大同府。以镇西边。于是北朝所统，京五、上京临潢府、中京大定府、南京析津府、东京辽阳府、西京大同府。府六，定理、率宾、铁利、安定、长岭、镇海，皆在盛京、吉材二省界内。州军城百五十六，属国六十。帝尝欲南伐，感宋使富弼之言，增其岁币，而申和好，两国得免兵祸。在位二十四年，虽无善政可称，国之强盛自若也。　九二〇节兴宗以宋至和二年仁宗三十三年，兴宗重熙二十四年，我后冷泉帝天喜三年。崩，长子燕赵王洪基立，是为道宗，以太弟重元为太叔。重元负宠骄恣，与其子楚王涅鲁古谋反，枢密使耶律仁先、耶律乙辛讨平之。道宗劝农兴学，诏求直言，初政颇可观，既而乙辛专权，势倾中外，忌懿德皇后明敏，谗而杀之。太子濬，后所生也，亦为乙辛所构诬。帝废濬，徙于上京，乙辛窃令人杀之，又欲害濬子延禧，帝始恶其专恣，出之兴中府，属中京道，唐营州都督府治，今直隶承德府朝阳县地，故城在内蒙古土默特右翼西。后谋亡入宋，事觉伏诛。帝在位四十六年，自乙辛用事，群邪竞进，忠士斥逐，诸部反侧，兵革岁动，以宋哲宗崩之明年徽宗建中靖国元年，道宗寿隆七年，我堀河帝康和三年。崩，燕王延禧立，号天祚帝，追尊父濬曰顺宗，戮乙辛尸，诛其党与。时国势已衰，武备颓弊，天祚暗弱不能振作，在位二十四年，正与徽宗同世，南北俱下末运，东夷乃起而乘之，辽先亡而宋亦继坏矣。

第四篇　宋下

第一章　金灭辽

九二一节辽之东边，有女真族，盖东胡别种也。其地南接高丽，东至日本海，汉魏谓之挹娄，后魏谓之勿吉，三韩、隋唐谓之靺鞨，唐初有黑水、粟末二大部，后粟末盛强，建渤海国，黑水靺鞨役属之。渤海既灭靺鞨之民，居混同江今名松花江，在吉林省界内。西南者系籍于辽，号熟女真；居江东者不籍于辽，号生女真，然亦臣属焉。后避兴宗讳，改真为直。生女直僻处东北，风俗极朴陋，其民鸷悍善骑射，有完颜部者，世居按出虎水按出虎，土言金也，今云阿勒楚喀河，发源小白山之北，北流入松花江。之源，初甚微，道宗时完颜乌古乃袭辽，叛臣擒而献之，始为节度使。乌古乃有九子，劾里钵、颇剌淑、盈哥相继袭职，兄弟叔侄同心协力，务开土疆，兵势渐强，遂雄诸部。　九二二节劾里钵有十一子，第二子曰阿骨打，沈毅有大志。劾里钵临终谓盈哥曰：长子乌雅束柔善，若办集契丹事，阿骨打能之，故盈哥传位乌雅束。以及阿骨打时，辽天祚帝荒于禽色，不恤国政，每岁遣使索名鹰海东青于女直，女直发甲马，侵其东北邻五国，国名，今吉林省三姓地。获此禽以献，不胜其扰，诸边帅又征求无艺，阿骨打遂叛辽，举诸部兵，得二千五百人，攻克宁江州，属东京道，在今吉林省打牲城北松花江东岸。迎击辽军于出河店，地名，在吉林省伯都讷城南，内蒙古科尔沁右翼前旗界内。大败之。宋政和五年，徽宗十五年，辽天庆五年，我鸟羽帝永久三年。诸酋劝阿骨打称帝，国号大金，是为太祖武元帝，以弟吴乞买为谙班勃极烈，从兄撒改、劾里钵兄劾者之子。弟斜也为国论勃极烈。天祚帝遣使赍诏书，谕太祖降，太祖报书亦谕天祚降，攻黄龙府取之。天祚下诏亲征，兵号七十万，进渡混同江，会有一大帅亡归，反于上京，天祚乃引还，太祖追及于护步答冈，所在不详。大败之，又遣撒改弟斡鲁袭破辽叛将于辽阳，于是东京州县及熟女直皆降于金。天祚以族父秦晋王淳为都元帅，会四路上京、中京、黄龙府、兴中府。兵于徽州，属上京道，在内蒙古奈曼部界内。金将斡鲁古击走之，取辽八州。显、乾、懿、壕、徽、成、川、惠。　九二三节辽人既屡败，请成于金，或言于太祖曰：自古英雄开国，必先求大国封册。太祖从之，求封册于辽，且曰：必以兄事我，岁贡方物。辽七遣使议册礼，遂册为东怀国皇帝，文无兄事之语，又不称大金而云东怀，即小邦怀其德之义。太祖怒却之，辽复遣萧习泥烈往议，太祖不许，和议遂绝。　九二四节初，宋童贯既得志于西羌，遂谓契丹亦可图，乃目请使辽以觇之。燕人马植见贯，陈取燕之策，贯挟以归，易姓名曰李良嗣。良嗣见徽宗，说与女直夹攻辽，徽宗嘉之，赐姓赵氏。其后闻女直建国屡破辽师，遣马政由海道如金通好，太祖遣使报聘，宋人谕以夹攻之意，差呼庆送其使，太祖语庆曰：归见皇帝，果欲结好，早示国书，若仍用诏，决难行也。庆归宋，更遣赵良嗣往。　九二五节太祖自将伐辽，以萧习泥烈、赵良嗣从行，谓之曰：汝可观吾用兵，以卜去就。进攻上京，克其外城，守将以城降，太祖乃还。良嗣谓太祖曰：两国夹攻，金取中京，燕云本汉地，宋取之。太祖许之，因邀岁币，以手札付良嗣，使还，期以金兵自平地松林蒙古名阿它尼喀喇莫多，在内蒙古克什克腾部西潢河之源。趋古北口，关名，在顺天府密云县东北。宋兵自白沟河名，在直隶保定府定兴县南。夹攻。徽宗遣马政持国书往，订彼此兵不得过关，岁币如与辽之数。　九二六节天祚畋游不悛，忠臣多被疏斥，次子晋王敖卢斡仁孝有人望，枢密使萧奉先讽人诬晋王母文妃与都统耶律余睹等谋立晋王，天祚遂赐文妃死，余睹大惧，叛降于金。撒改子粘没喝曰：辽主失德，中外离心，今乘其衅，中京可取。太祖然之，以斜也都统内外诸军，从弟蒲家奴劾里钵弟劾孙之子。及粘没喝、皇子斡本斡离不、吴乞买子蒲卢虎等副之，余睹为乡导，以趋中京，攻克之。天祚时猎于鸳鸯泺，湖名，蒙古名昂吉尔图，在内蒙古阿巴噶右翼西南。余睹引敌奄至，天祚忧甚。奉先曰：余睹来，欲立晋王耳，若为社稷计，不惜一子诛之，可不战而退。天祚乃使人缢敖卢斡，诸军闻之流涕，人心解体。金兵逼行宫，天祚率卫士五千余走西京，粘没喝率精兵追之，天祚计不知所出，乘轻骑入夹山，在山西朔平府城东北边墙外。始悟奉先之不忠，挥之勿从，寻被诛，金兵进克西京。 九二七节时秦晋王淳守燕京，参政李处温等立淳为主，号天锡帝，以军事委耶律大石。宋童贯、蔡攸帅师伐燕，大石与都统萧斡击却之。已而淳病死，斡等立淳妃萧氏为太后主国事，以李处温谋反赐死。童贯、蔡攸再举兵，辽将郭药师以涿、易二州属南京道。涿，今顺天府属州；易，直隶直隶州。降于宋，宋军进驻卢沟，河名，在今京城西南。萧斡出拒，药师间道袭燕，斡还救死斗，药师败走，卢沟之师遂溃。贯不克成功，惧得罪，密遣客祷金图之。太祖由居庸关在顺天府昌平州西北。入燕，辽群臣奉表降，太祖命守旧职，抚定州县而还，萧妃、萧斡西走，天祚杀萧妃，追废淳为庶人，斡奔奚。 九二八节初，宋与金约，但求石晋赂契丹故地，而不思营、平、滦三州，属南京道。营，今直隶永平府昌黎县；平，永平府治；滦，永平府属州。乃刘守光所与者。既宋相王黼悔之，欲并得三州，屡遣赵良嗣求之，太祖不许，且责宋出兵失期，止许与燕京及山前六州。蓟、景、檀、顺、涿、易，今顺天府及直隶遵化州、易州。及既克燕，赠书曰：燕京用本朝兵力攻下，其租税当输本朝。宋遂约岁币四十万之外，加代税钱百万缗，且许更与粮二十万石，以得燕京六州。金人驱燕之职官富民东徙，贯收入燕，所得空城而已。 九二九节斡鲁斡离不等复西伐，至居庸关，擒耶律大石，强使为向导，追袭天祚于青冢，寨名，在大同府城西北塞外。获其子女、族属、辎重、牧马。天祚奔云内，州名，属西京道，在内蒙古乌喇特部西北。夏主李乾顺遣使请天祚临其国，天祚乃南渡河。都统萧特烈等立天祚子梁王雅里为帝，雅里寻死，特烈亦为乱兵所杀，萧斡自立为奚帝，引兵攻燕，与郭药师战，败走死。 九三〇节女直初无文字，及获契丹汉人，始通契丹汉字。太祖颇留心于文事，使诸子皆学，命完颜希尹制女直字颁行之，又令所在访求文学之士，敦遣赴阙。金人命名，皆本其国语，及通汉文义，又用汉字制名，太祖名旻，吴乞买名晟，斜也名杲，粘没喝名宗翰，斡本名宗干，斡离不名宗望，蒲卢虎名宗磐。盖国语之名，便于彼此相呼，而诏令章奏，则用汉名也。宋宣和五年，徽宗二十三年，辽保大三年，金太祖天辅七年，我鸟羽帝保安四年。太祖崩，在位九年，弟晟立，是为太宗文烈帝，以杲为谙班勃极烈，宗干为国论勃极烈。 九三一节六年，金太宗天会二年，我崇德帝天治元年。夏国奉表称藩于金，耶律大石自金逃归天祚，天祚复渡河东迁，谋出兵收复燕云。大石谏曰：当养兵待时而动。不听，与金人战，败走山阴。谓夹山之北。七年，遂趋党项，为完颜娄室所追擒，太宗封为海滨王。辽称帝九世、太祖、太宗、世宗、穆宗、景宗、圣宗、兴宗、道宗、天祚帝。二百十年而亡。大石者，辽太祖八世孙也，率众西走，谋兴复，别失八里今甘肃迪化州。之回鹘迎降，愿为附庸，征行千余里，军势益盛，至别喇萨军，城名，在吹河上，今露国中亚细亚七川州界内。其王弃国而遁，大石因建都城，名虎思斡耳朵，自立为阔儿汗，号天祐帝，是为西辽。德宗遂出兵征略都儿格诸部，时塞尔受克王桑察儿霸有西亚细亚，自将诸国兵攻西辽，进渡亚母河，德宗击走之，悉平河东地，哥烈斯母在亚母河西，今露国所统基华汗国。亦降为属国。

第二章　金克宋京

九三二节辽帝之西走也，平州军乱，杀节度使，州民推副使张瑴领州事。金人入燕，瑴降之，金以为留守。已而瑴以州叛，请降于宋，王黼劝徽宗纳之，赵良嗣谏曰：国家新与金盟，如此必失其欢，后不可悔。不听。金太宗使弟阇母及宗望袭平州，瑴奔燕，金人责宋纳叛，宋不得已，命边帅缢杀瑴，函送其首。　九三三节宋内侍谭稹宣抚两河燕山路，两河，谓河东路、河北东西路；燕山，即燕京六州地。招纳金叛亡。金索宋所许粮，稹不与，曰：良嗣口许，岂足凭也。金人大怒。辽帝在山阴，宋密遣人诱降，命童贯代稹宣抚，将迎辽帝，辽帝畏宋不可仗，不来。宗望遣人如宋，索叛亡户口，宋不遣，且闻燕山治兵，请于太宗曰：苟不先举伐宋，恐为后患。耶律余睹、刘彦宗亦言：南朝可图，师不必众，因粮就兵可也。及既获辽帝，即决意南伐，以谙班勃极烈杲领都元帅，居京师，宗翰为左副元帅，自西京趋太原。府名，河东路治，今山西首府。宗望自平州入燕山，童贯自太原逃归汴。知府张孝纯叹曰：平时童太师作几许威望，今乃畏怯如此，何面目复见天子乎？宗翰围太原，孝纯悉力固守，宗望取燕，郭药师降之，以为向导，长驱而进，宋人奔窜，莫敢撄锋。　九三四节金军既深入，宋相白时中等唯建出奔之策而已。徽宗急下诏罪己，征兵四方，传位太子桓，是为钦宗。太学生陈东等伏阙上书，乞诛戮蔡京、童贯、王黼、梁师成、李彦、朱勔六贼，以谢天下。黼，以邪佞致位首相，误国事者也；师成，以宦者用事，窃弄威福者也；彦，以根括农田，破荡民产，结怨于西北者也；勔，以花石纲扰害州县，聚怨于东南者也。钦宗诛彦，窜黼、勔，寻杀之，师成、童贯、蔡京父子，前后皆诛窜。钦宗遣使至金军请和，宗望不许。靖康元年，金天会四年，我崇德帝大治元年。宗望进渡河，钦宗欲奔，兵部侍郎李纲泣谏：愿以死守宗社。钦宗乃以纲为亲征行营使，治守战之具。金军围汴京，纲力战御之。太宰李邦彦等皆欲割地求和，遣使诣金营，宗望谓之曰：宋京破在顷刻，若欲议和，当输犒师金五百万两，银五千万两，牛马万头，表段百万匹，割中山、府名，属河北西路，今直隶定州。太原、见上。河间府名，属河北东路，今属直隶。三镇地，尊金帝为伯父，以宰相亲王为质。使归，钦宗一依其言，使弟康王构与少宰张邦昌往质，括借京城民财，仅得金二十万，银四百万，而藏蓄已空。

九三五节既而四方之师渐至，钦宗又欲战，都统制姚平仲夜袭金营，不克遁去，钦宗大惧，废行营，罢李纲，以谢金人。陈东及都人数万诣阙乞复用纲，钦宗勉从之，充纲防御使，众始退。金人疑康王非亲王，请以他王代之，钦宗命弟肃王枢往。康王、张邦昌还，遂遣使与割三镇御笔书，宗望得书，不俟金币数足而引还。宋又密诏三镇固守不割，宗翰亦还西京，留军围太原，金以宗望为右副元帅。是岁，高丽王王楷奉表称藩，以事辽之礼事金，太宗赐以保州地。今朝鲜平安道安州。

九三六节宋以耶律余睹本辽贵戚，当有亡国之感，密遗蜡书，使为内应，为宗望所得。又闻耶律雅里在西夏之北，欲致书招之，亦为宗翰所得。太宗闻之甚怒，复命两帅分道伐宋。宗望克真定，府名，河北西路治，今直隶正定府。长驱抵汴。宗翰克太原，执张孝纯，克河东诸郡，克洛阳抵汴。二帅所向无敌，官吏弃城走者，远近相望。宋累遣使请和，二帅要尽割河东河北地。宋相唐恪、耿南仲等，恃和议不设战备，有卒郭京者，言能用六甲法，生擒金两将，钦宗赐金帛数万，使自募兵。京尽令守御人下城，自座城楼上，出兵挑战，金人鼓噪而进，京兵败死。京曰须自下作法，因引余兵遁去。金兵登城，城兵披靡大溃，钦宗率大臣诣金营奉表请降，献两河地，金人更索金一千万锭，银二千万锭，帛一千万匹。钦宗还，大括民财不能盈数。靖康二年，金人再邀钦宗至营，命宋有司行根括甚急，续逼徽宗出宫，后妃、太子、宗戚、男女三千余人悉赴军前，城中子女、金帛、宝玩、车服、器用、图书，无不邀索，公私上下俱空。二帅令宋百官议立异姓，百官希金旨，连署推张邦昌。金人册邦昌为楚帝，以二帝以下北还。徽宗在位二十五年内禅，钦宗仅一年余而失位。太宗召二帝至会宁，府名，金之旧土，为京师，即按出虎水源之地，在吉林省宁古塔城西。封徽宗为昏德公，钦宗为重昏侯，后迁于五国城又曰五国头城，今吉林省三姓城。以卒。

第三章　高宗南渡附金立刘豫又废之

九三七节汴京受围，时康王构出在相州。属河北西路，今河南彰德府。钦宗遣使拜王为大元帅，汪伯彦、宗泽为副。王领兵渡河将入卫，闻京城陷，移军东平，府名，属京东西路，今山东泰安府东平州。进次济州。属京东西路，今山东济宁州。及金人去，张邦昌恐宋人不服己，迎哲宗废后孟氏入宫听政，以后手书俾康王嗣统。宗泽等劝王趋南京本宋州归德军治，今河南归德府治。即位，是为高宗，尊孟后为太后，召李纲为右仆射兼御营使，贬窜主和误国者李邦彦、耿南仲等及张邦昌党与。邦昌后伏诛。　九三八节纲整军政，讲边防，以宗泽守汴，金人惮之。而黄潜善、汪伯彦复主和，高宗怯懦，日与潜善等为避敌之计。纲相七十余日而罢，诛上书论事者陈东、欧阳彻，决策南幸，至扬州。淮南东路治，今江苏扬州府。时金宗望已卒，宗翰与宗望之弟宗辅、宗弼、完颜娄室等分道伐宋，连克诸郡。建炎二年，金天会六年，我崇德帝大治三年。宗弼至汴，为宗泽所败。泽招抚群盗，募四方义士合百余万，粮支半岁，表疏连数十，请车驾还汴。潜善等从中沮之，泽忧愤成病而没。　九三九节三年，宗翰渡淮，将至扬州，高宗得报亟出，奔镇江，府名，属两浙路，今属江苏。潜善、伯彦等方听僧说法，罢会食，吏呼曰：驾已行矣。二相仓皇，乃戎服南驰，高宗遂如杭州，两浙路治，今浙江首府。罢潜善、伯彦。御营将苗傅、刘正彦作乱，逼高宗传位于皇子，専请孟太后听政。吕颐浩、张浚、韩世忠会兵讨乱者，高宗复位，傅、正彦走，世忠追获诛之。高宗以浚为川、谓成都、梓州、利州、夔州四路，大抵今四川。陕、谓永兴、鄜延、环庆、泾原、秦凤、熙河六路，大抵今陕甘。京、谓京西南北路，今河南之大半，及湖北北境。湖谓荆湖南北路，大抵今湖广。宣抚使，治兵兴元。府名，利州路治，今陕西汉中府。　九四〇节宗翰还西京，宗辅还燕京，宗弼复请于太宗，大起燕云河朔兵伐宋，下令禁民汉服，又令髡发遵金俗，不如式者杀之。遂自两道渡江，破江东、又曰江南东路，今江苏江宁府及安徽南境。江西又曰江南西路，今仍曰江西。诸郡，高宗奔明州，属两浙路，今浙江宁波府。乘船避敌。四年，次于温州。属两浙路，今浙江温州府。宗弼焚临安，府名，即杭州。饱掠北还，高宗回驻越州，属两浙路，今浙江绍兴府。两江复为宋，然四京东京开封府、西京河南府、南京应天府、北京大名府。竟皆属于金。娄室攻陕西，张浚出兵拒之。太宗遣宗辅往督师，宗弼自淮上引兵西驰，与娄室合。浚合五路熙河、秦凤、泾原、环庆、利州。兵四十万至富平，县名，属永兴路耀州，今陕西西安府属县。娄室力战败之，宋军皆溃，浚退保兴州，属利州路，今陕西汉中府略阳县。遣吴玠守凤翔府名，属秦凤路，今属陕西。之和尚原。在宝鸡县西南。　九四一节宗翰之南下也，太宗喻之曰：俟宋平，当援立藩辅如张邦昌者。及取京东西，京东东西路，及京西北路，大抵今山东河南。宗翰建议册刘豫为齐帝。豫本宋臣，知济南府，属京东东路，今山东首府。以地降金，为京东安抚使，节制河外诸军，至是为金子皇帝，以张孝纯为丞相，都大名，寻徙居汴。　九四二节绍兴元年，金天会九年，我天承元年。宗弼攻吴玠于和尚原，玠与弟璘力战大破之。金已得陕西地，悉以赐齐，宗辅东还，使撒离喝守冲要。三年，我长承二年。撒离喝克金州，属利州路，今陕西兴安府。长驱趋洋、州名，属利州路，今汉中府洋县。汉，古汉中郡，即兴元府。玠引兵疾驰，扼饶风关，在汉中府西乡县东北。金人击破之，入兴元，食尽引还。四年，宗弼与撒离喝破和尚原，进攻仙人关，在汉中府凤县西南。玠、璘击却之，金人还屯凤翔。为持久计，张浚本欲由关陕取中原，乃尽丧关陕，赖得玠、璘保蜀而已。以无功召还。　九四三节齐主刘豫遣将攻宋，取襄、京西南路治，今湖北襄阳府。邓属京西南路，今河南南阳府属州。等州，宋使岳飞击之，克复诸郡。豫乞师于金，太宗命宗辅、宗弼、从弟挞懒盈哥子。援之。豫遣其子麟、侄猊将兵会金军南下，宋相赵鼎劝高宗亲征，御舟次平江，府名，属两浙路，今江苏苏州府。韩世忠屯扬州，大败金军于大仪。镇名，在扬州城西，今属江苏扬州府甘泉县。宗弼等不得志，又闻太宗疾笃，引兵还，麟、猊弃辎重遁。五年，金天会十三年，我保延元年。

高宗还临安，遂定都焉。　九四四节金以谙班勃极烈为最尊官，即储副也。自皇弟杲卒，其位久虚，宗幹、宗翰等，以太祖之孙亶嫡统当立，定议入奏，太宗以义不可夺，舍己子宗磐，而立亶为谙班勃极烈。宗磐、宗幹、宗翰并为国论勃极烈，宗翰兼都元帅。太宗在位十二年崩，亶即位，是为熙宗，尊考宗峻为景宣帝，追帝始祖函普以下十君，以宗磐、宗幹、宗翰为三师，并领三省事。绍兴七年，金熙宗天会十五年。宗翰所善高庆裔以赃诛，宗磐素忌宗翰，欲因挫之，多治其党。宗翰以忧死，挞懒为左副元帅，宗弼为右副元帅。　九四五节宋自徽宗末年，群盗蜂起，至南渡后益剧，大者数十万，小者数万人。江、江南东西路。淮、淮南东西路。楚、荆湖南北路。粤，广南东西路。率为盗薮。诸将分讨，随剿随起，韩世忠、岳飞等剿抚，数立奇功。洞庭贼杨太最盛，飞招降其骁将，急攻水寨，太穷蹙赴水死，湖湘谓洞庭湖及湘水之滨，即今湖南也。平。飞又数破齐兵，请进取中原，高宗不许。　九四六节初，刘豫因宗翰得立，奉之特厚，诸将多憾之。豫欲击宋，请援于金，宋王宗磐沮之。熙宗遣宗弼提兵黎阳县名，河北西路濬州治，今河南卫辉府濬县。以观衅，豫使麟、猊分道入淮西，即淮南西路，今安徽、江淮之间，及河南光州、湖北黄州府。败还，金人诘其状，始有废豫之意。及宗翰卒，豫又乞师，熙宗令挞懒、宗弼伪称南征，驰入汴，宣诏废之，与家属徙临潢。齐建国八年而亡。

第四章　金 宋 讲 和

九四七节宋自二帝北迁，中原沦陷，举国怨金人彻骨，思有以报之，而完颜氏国势方盛，群臣辑睦，士马精强。宋承累世积弱之余，兵气自馁，每与金人遇，十战九败。高宗乏统御之才，朝论数动，国是不定，勇者浪战以挑强寇，懦者假和议以图偷安，是以封疆日蹙，敌人益张。高宗数募人使金，名祈请使，称臣奉表，以求缓师，且请还二帝，金人不许，使者多被拘囚。王伦尝奉使问二帝起居，时宗翰等方大举南下，伦邀说百端，欲使其还二帝归故地，宗翰不答，拘于云中。唐故郡名，即西京大同府。其后宗翰有许和意，纵伦归报，值宋齐交兵，议遂中格。　九四八节初，秦桧在汴京，争立异姓之议，为金人所执，从二帝至燕。太宗以桧赐挞懒,为其任用。挞懒素持和议,纵桧使还。桧见宰执曰:欲天下无事,须是南自南,北自北。张浚荐之,渐用事。及闻徽宗及郑太后崩于五国城,高宗复以伦充使,奉迎梓宫及生母韦后,并乞河南地。刘豫既废,挞懒自河南还,请以齐旧地与宋。熙宗会群臣议,宗斡力言其不可,宗磐赞挞懒议,遂遣使偕伦如宋。时桧已专朝政,请使伦再如金定议。金以张通古为江南诏谕使,与伦偕至,言先归河南陕西地,徐议余事。高宗闻金使以诏谕为名,心不自安,诏群臣议和好得失。直学士院孙开等二十余人,皆极言不可和,枢密院编辑胡铨抗疏,请斩伦、桧及参政孙近,羁留虏使,责以无礼。桧怒,谪铨广州。李纲、张浚、韩世忠、岳飞皆自外上疏论谏,桧惧生变,力排言者,谋夺诸将兵权,士论藉藉皆咎桧。及通古还,世忠欲要杀之以坏和议,不克而罢,时绍兴八年金熙宗天眷元年,我崇德帝保延四年。也。九年,王伦受命至汴,受地于金。　九四九节金宋王宗磐自以太宗长子跋扈甚,太祖子陈王宗隽为左丞相,挞懒方持兵柄,俱附宗磐。挞懒尝与秦桧善,故力成和议。宗弼以割地与宋为非计,言于熙宗曰:挞懒、宗磐主割地,必有阴谋,今宋使在汴,勿令逾境。宗磐、宗隽、挞懒遂谋反,相继伏诛,宗弼为都元帅。王伦将赴金都议事,途被执。时岁贡、正朔、誓表、册命等事,议久不决。十年,熙宗遂变约,使宗弼取河南,撒离喝取陕西。宋刘琦败宗弼于顺昌,府名,属京西北路,今安徽颍州府。岳飞败之于郾城。县名,属京西北路颍昌府,今河南许州属县。进至朱仙镇,在河南开封府城南。两河豪杰往往应飞,秦桧奏急谕飞班师,诸将皆还镇。十一年,金皇统元年,我永治元年。宗弼渡淮入庐州,属淮南西路,今安徽庐州府。刘琦、杨沂中败之于橐皋。镇名,在庐州府巢县西北。高宗复召还诸将,遣使乞罢兵。宗弼遗桧书曰:尔朝夕以和请,而岳飞方为河北图,必杀飞始可和。枢密使张俊素忌飞,构成其罪,桧逮飞父子下狱杀之。飞有怪力,能挽弩三石,忠义出于天性,御军严而有恩,善以少摧众,金人所畏者惟飞,及闻其死,诸将酌酒相贺。韩世忠见事不可为,辞官去。　九五〇节宗弼许和,划淮水为界,唐、邓二州俱属京西南路,入金属汴京路。唐,今河南南阳府唐县;邓,今南阳府属州。入金,陕西以大散关在陕西凤翔府宝鸡县西南和尚原之西。为界,岁贡银、绢二十五万两、匹。高宗先已称臣,金人不以帝称之,而言康王。十二年,我近卫帝康治元年。熙宗遣使以衮冕、圭册册康王为宋帝，归梓宫及韦太后，自是信使往来不绝。 九五一节讲和已成，秦桧自以为功，惟恐人议己，起文字之狱，以倾陷善类，附势干进之徒，承望风旨，有一言一句稍涉忌讳者，无不争先告讦，异议之人如赵鼎、张浚等，贬窜殆尽，揽权十有八年，高宗仰成而已，尝书赵鼎、李光、胡铨三人姓名于阁，必欲杀之，鼎已窜死于海南，而憾不已，下鼎子汾狱，使汾自诬与张浚及光、铨等五十三人谋大逆，会桧病死，始得免。

第五章 金亮淫虐附高宗内禅

九五二节金熙宗委政于从父宗幹、宗弼，虽国家多故，而吏清政简，百姓乐业。既而裴满后干政，熙宗为其所制，因纵酒自遣，屡酗怒杀从臣。时宗幹、宗弼已卒，宗幹子平章政事亮密谋篡位。绍兴十九年，金皇统九年，我近卫帝久安五年。亮谗杀二皇弟，胙王元及查剌。帝积怒于后，亦杀之，亮因作乱，弑帝而自立。熙宗在位十四年。 九五三节帝亮残忍肆虐，大忌骨肉，杀太宗子孙七十余人，宗翰子孙三十余人，杲子孙百余人，诸内族数十人，草薙株连，几无噍类。又杀宋、辽皇族百三十余人，勋旧大臣亦多诛夷。宗室被杀者，选其妇女为妃妾，宗妇、诸从姊妹满后宫，荒淫秽乱，无复人理。 九五四节初，金取辽五京，袭其旧称，仍居金源即按出虎水之源。之地，名会宁府。熙宁升会宁为上京，改辽上京为北京。亮慕中国侈靡之俗，以上京僻在一隅，迁都于燕，大营宫殿，务极华丽，尽毁上京宫庙，削上京、北京之号，改燕京为中都大兴府，以中京为北京，汴京为南京，而东京、西京如旧。 九五九节亮欲灭宋，开一统之业，尝因遣使密隐画工，俾写临安湖山以归，题诗其上，有“立马吴山第一峰”之句。籍诸路兵，虽亲老丁多，亦不许留侍，大括民马，令户自养以俟，营汴宫徙居之。绍兴三十一年，金正隆六年，我二条帝应保元年。遂渝盟南伐，嫡母徒单太后谏，亮杀之以威众，兵六十万，由五道进，亮自将克淮西诸郡，欲由采石江津名，在安徽太平府城西北。济江，为宋兵所破，会闻从弟乌禄已自立于辽阳，大愕，乃回扬州，召诸将约：三日必济，过期尽杀。诸将遂弑亮，举军北还。亮在位十二年而亡。 九五六节方亮之发汴，辽阳一军亡归，公言于路曰：我辈往东京，立新天子矣。入东京，奉留守乌禄即位。乌禄汉名雍，许王宗辅之子也，是为世宗，追尊宗辅曰睿宗，遂入燕，追废亮为海陵王，后又降为庶人。世宗诏散南征之众，遣使谕宋，宋报聘，书用敌国之礼。　九五七节初，宋太祖以国授太宗，约兄弟相传，仍及于其子，太宗背之，而自传其子孙。至徽宗朝，独推濮王胄裔，以为近属，太祖之后皆零落，仅同民庶。汴京之亡，太宗子孙多遭金人之虐，徽宗之子九人，唯存高宗。高宗早丧太子旉，后竟无子，于是选太祖后，得秦王德芳六世孙伯琮，鞠于宫中为皇子，遂立为太子，赐名昚。高宗在位三十六年而内禅，太子即位，是为孝宗。

第六章　两国贤主同世

九五八节金亮之开衅也，宋兵取唐、邓、二州见上。海属金山东东路，今江苏直隶州。泗属金山东西路，今安徽直隶州。诸州，吴璘自蜀出兵，取陕西十三州。秦、陇、洮、环、巩、熙、河、兰、会、商、虢、陕、华。孝宗诏璘班师，十三州复入金。世宗以宋不称臣，命都元帅仆散忠义往南京，节制诸军，副元帅纥石烈志宁驻军淮阳，故郡名，即陈州，属南京路，今河南陈州府。谕曰：宋若归侵疆，贡礼如故，则可罢兵。孝宗以张浚为枢密使，督师江淮，志宁以书抵浚，欲凡事一依熙宗以来故约，不然请会兵相见。浚遣将袭金军破之，既而兵溃，金人不追。孝宗锐意恢复，以是役不利，乃议讲和。浚为右仆射，仍以都督视师，数月而罢。　九五九节先是，两国遗书，用君臣之礼，金曰下诏，宋曰奉表，大宋去大字，皇帝去皇字。金使至宋，则宋帝起立，问金帝起居，降坐受诏，馆伴之属，皆拜金使。宋使至金，自同陪臣。孝宗三遣使议和，始为叔侄之国，得称皇帝，改诏表为国书，易岁贡为岁币，岁币减银、绢各五万，地界如熙宗之时，而余礼竟不能尽改。孝宗屡请改受书仪，且还河南陵寝地，世宗不许。　九六〇节世宗贤明仁恕，金人号为小尧舜。龙潜时，夫人乌林答氏逼于海陵，守节而死，世宗追册曰昭德皇后，终身不立后，雅尚俭素，宫中之饰，不用黄金，或有兴造，即损宫人岁费以充之，诫宗戚当务俭约，无忘祖宗艰难，尝谓从官曰：女直旧风，最为纯直，汝等当习学之，不可忘也。遂禁女直人学南人衣饰，命学士以女直字译经史，令京府设学养士，又建女直太学。　九六一节世宗尝谓太子曰：天下当无复有经营之事，汝惟无忘祖宗纯厚之风，勤修道德，明信赏罚。昔唐太宗谓高宗曰“吾伐高丽不克终，汝可继之”，如此之事，朕不以遗汝。太宗又黜李勣，以遗高宗，君人者，焉用伪为？受恩于父，安有忘报于子者乎？举贤、求言，待臣下以诚，辑睦宗族，以受海陵屠戮之后，太祖子孙无几，曲为保全，从弟寿王京宋王宗望之子。谋逆当诛，犹贷其死。宋钦宗卒于海陵末年，帝葬以一品礼。宋、辽宗室死者，皆葬之巩洛、巩，河南府属县，县西南洛水上，宋诸陵在焉。广宁府名，属北京路，辽诸陵所在，今盛京锦州府广宁县。旧陵。最用心民治，慎守令之选，严廉察之责，罢诸关征，去金银坑冶之税，不禁民采，群臣守职，上下相安，刑部断死罪，至岁或十七人，在位二十八年，民富国强，夷蕃宾服。《金史》所载“嘉谟懿训”甚详，较《贞观政要》，更多数倍。　九六二节西夏、高丽自辽亡，皆臣附于金。夏崇宗乾顺卒于熙宗时，子仁宗仁孝立，国乱，其臣任得敬抗御有功，专政二十余年，阴蓄异志，诬杀宗亲大臣，仁孝不能制，分其国与之，上表于金，为得敬求封。世宗曰：此必权臣逼夺，非夏王本意，朕为四海主，宁容此邪？彼若不能自正，则当以兵诛之，不许其请。得敬始有惧心，仁孝乃诛之。高丽仁宗楷卒，子毅宗晛立，世宗时，武臣作乱，废晛而立弟明宗晧，以让国奏告，帝却其使，而命有司详问，晧取晛表，言父楷遗训传位于晧，帝乃授封册。其后高丽西京今平安道平壤府。留守赵位宠以慈悲岭在平壤府东南。北四十余城叛附于金，帝曰：朕怀绥万邦，岂助叛臣为虐？执其使付高丽，晧诛位宠，奉贡谢恩。太子允恭先卒，以允恭子原王璟为右丞相，使习知朝政。宋淳熙十六年金大定二十九年，我后鸟羽帝文治五年。崩，璟即位，是为章宗，追尊允恭曰显宗。　九六三节是岁，宋孝宗传位太子，在位二十七年。孝宗亦南宋贤主，宋人称其英明，尝非无报金之志，值北方隆盛之运，无衅可乘而止，然金人易宋之心，寖异前时，南北讲和，各治其国，生民由此暂得休息。孝宗以远族入继大统，事高宗孝养备至，及高宗崩，哀慕尤切，欲退终丧制，乃内禅，太子惇即位，是为光宗，尊孝宗为寿皇圣帝。

第七章　宋韩侂胄擅国

九六四节光宗皇后李氏骄悍，与寿皇忤，谓寿皇有废立意，光宗惑之，不复朝寿皇。又有心疾，多不视朝，在位五年，遭寿皇崩，不能执丧。知枢密院事赵汝愚密建内禅之议，令知閤门事韩侂胄入白太皇太后吴氏。侂胄，韩琦五世孙，而吴后女弟之子也。后垂帘，引光宗子嘉王扩入即位，代执孝宗之丧，是为宁宗。汝愚荐大儒朱熹，召入经筵，时侂胄自负有定策功，窃弄威柄，熹上疏忤侂胄，立朝二月而罢。侂胄又窜逐汝愚，引群小为鹰犬，搏击善类无遗，籍记汝愚、熹等数十人，目曰伪学，在籍者严禁进用。侂胄专政十四年，以太师平原郡王平章军国事，权倾人主，威制上下，服御拟于乘舆，土木侈于禁苑，其嬖妾皆封郡国夫人，谀者至称为恩王圣相。　九六五节金章宗初政清明，众贤在朝，既而佞臣嬖妾用事，纪纲不修，北边为阻韃等部所扰，连年讨伐，民困财匮，国势日弱，韩侂胄闻之，以为中原可图，聚财募卒，命吴璘之孙曦练兵西蜀，开禧二年，金泰和六年，蒙古太祖元年，我土御门帝建永元年。遂叛盟伐金。吴曦首叛附于金，封为蜀王，赖安丙招义徒诛曦，仅得保蜀。宋军北伐皆溃败而退，章宗大发兵，连克荆、唐州名，即江陵府，属湖北路，今湖北荆州府。襄、两淮诸郡，江南大震。三年，我土御门帝承元元年。侂胄悔其前谋，遣使通谢求和，金人欲罪首祸之臣，侂胄闻之怒，复锐意用兵，宋人忧惧。皇后杨氏密令礼部侍郎史弥远图侂胄，一日侂胄入朝，弥远使殿前帅夏震以兵邀途，拥去杀之，诏流窜侂胄党与。嘉定元年，金泰和八年。和议复成，改叔侄为伯侄，增岁币为三十万两、匹，犒军银三百万两，函侂胄首献之，以赎淮南侵地。弥远以功累迁，遂为丞相。

第八章　金 宋 之 灭

九六六节金章宗无子，疏忌宗室，以叔父卫王永济柔弱爱之，欲传位焉，在位十九年，与宋和之岁崩，永济嗣位。时蒙古兴于漠北，连侵金边，西京留守纥石烈执中弃城遁，西北诸州，皆降蒙古，辽遗族耶律留哥叛附于蒙古，取辽东州郡。山东又盗贼群起，永济几不能支，且失将士心。嘉定六年，金至宁元年，我顺德帝建保元年。执中作乱，弑永济，迎章宗庶兄昇王珣立之，是为宣宗，追废永济为东海郡侯，后追复卫王，执中为术虎高琪所杀。　九六七节蒙古分兵破两河、山东诸郡，所过无不残灭，人民屠戮不知其几百万，金帛、子女、兽畜皆席卷而去。七年，金宣宗贞祐二年。蒙古太祖还自山东，屯燕城北，宣宗乞和，太祖欲得其公主，宣宗以永济之女及金帛、童男女各五百、马三千与之，太祖许和而归。宣宗以兵弱财匮，不能守中都，迁都于汴，留平章完颜承晖奉太子守忠守中都。太祖闻之怒曰：既和而迁，是疑我而不释憾也。遣兵围燕，守忠走汴，寻卒。八年，燕城陷，承晖自杀，蒙古别军自河东渡河，经京兆趋汝州，距汴二里而还。自是金地势日蹙，西夏叛之，山东群盗益盛，金人北保真定、东阻河、西阻潼关今陕西潼关厅所在。而已，欲窥宋淮、汉、川、蜀以自广。宋人自金有外难，不输岁币，宣宗屡督责之，不从，于是分道南侵。宋边帅赵方等饰兵御之，互有胜败，山东大盗李全率众降宋，号忠义军。宣宗在位十年崩，太子守绪立，是为哀宗。　九六八节宋宁宗无子，遵高宗故事，养太祖十世孙贵和为皇子，赐名竑。竑慧而轻，疾史弥远专政，尝书几上曰：弥远当决配八千里。弥远闻而恶之，日媒蘖其失。嘉定十七年，金哀宗正大元年，蒙古太祖十九年，我后堀河帝元仁元年。宁宗崩，在位三十年。弥远矫诏迎沂靖惠王宁宗从弟。嗣子昀立之，昀亦太祖十世孙也，是为理宗，封竑为济王，出居湖州。属浙西路，今浙江湖州府。州人作乱，欲拥立竑，竑讨平之，弥远遣人逼竑缢之。李全叛于淮安，军名，即楚州，属淮东路，今江苏淮安府。南向围扬州，几陷。绍定四年，金正大八年，蒙古太宗三年，我宽喜三年。赵范、赵葵兄弟赵方之子。大败之，全走死，遂收复淮安。　九六九节蒙古太宗与太弟拖雷入陕西，攻取凤翔，遣使假道于宋，以趋河南，且请以兵会之，宋人杀之。拖雷进入宋境，屠洋州，取兴元，太宗东破河中。府名，属京兆路，今山西蒲州府。五年，金天兴元年，我贞元元年。由白坡镇名，在河南怀庆府孟县西南。渡河，次郑州，属南京路，今河南开封府属州。使其将速不台围汴。拖雷自金州东驰，破金军于禹山，在河南南阳府邓州西南。又破之于三峰，山名，在开封府禹州西南。进克钧州，属南京路，今禹州。潼、蓝二关名，潼关见上，蓝田关在陕西西安府蓝田县东南。之戍皆溃。哀宗遣侄曹王讹可为质以请和，速不台退军河洛之间。太宗北还，既而金人杀蒙古行人，和议遂绝。蒙古遣王楫如宋，议夹攻金，京湖制置使史嵩之弥远之侄。以闻，宋人皆以为可遂复雠之举，独赵范不喜，曰：宣和海上之盟，厥初甚坚，迄以取祸，不可不鉴。理宗不从，诏嵩之遣使报谢，蒙古许俟成功以河南地归宋。　九七〇节汴京粮尽援绝，哀宗出奔河北，速不台复围汴。六年，我四条帝天福元年。哀宗走归德，府名，本宋应天府，金改之属南京路，今属河南。寻走蔡州，属南京路，今河南汝宁府。金将崔立作乱，以汴城降蒙古，执后妃、诸王宗室男女五百余人送军前，速不台杀梁王从恪卫绍王之子。等，以后妃等北还，在道艰楚万状，尤甚于徽钦之时。哀宗遣使乞粮于宋，谕之曰：宋人为谋亦浅矣！蒙古灭国四十，以及西夏，夏亡及于我，我亡必及于宋，唇亡齿寒，自然之理，若与我连和，所以为我者，亦为彼也，卿其以此意晓之。使至，宋人不许。蒙古兵围蔡州，史嵩之使孟珙等帅师会之。　九七一节是岁，史弥远以疾求解政，诏褒勤劳，封会稽郡王，越八日而卒。弥远为相二十六年，初欲反韩侂胄所为，故收召贤才老成布于朝廷，及济王不得其死，论者纷起，遂专任憸壬，以居台谏，一时君子，贬斥殆尽。理宗德其立己，惟言是从，故恩宠终其身。理宗始亲政，励精求治，丞相郑清之，亦慨然以国家为己任，任贤使能，擢用真德秀、魏了翁等，然蒙古已跨中原，势烈于辽金之初，宋人谋与之并立，固既属难事，清之等乃遽欲斥攘之，安可望其成功哉！　九七二节端平元年，金天兴三年，我文历元年。金哀宗传位于宗室承麟，孟珙与蒙古兵入蔡州城，哀宗自经死，承麟为乱兵所杀，金凡九帝，太祖、太宗、熙宗、废帝亮、世宗、章宗、废帝永济、宣宗、哀宗。百二十年而亡。赵范、赵葵欲乘时抚定中原，建收复三京之议，朝臣多以为未可，独郑清之力主其说。时范为两淮制置使，乃命移司黄州，属淮西路，今湖北黄州府。刻日进兵。范参议官丘岳曰：方兴之敌，新盟而退，气盛锋锐，宁肯捐所得以与人邪？开衅致兵，必自此始。范不从。知枢密院事乔行简上疏谏轻举，史嵩之亦言荆襄方饥，未可兴师，杜杲复陈出师之害，理宗皆不听。赵葵、全子才率淮西兵趋汴，汴人以城降。葵遣将取洛阳，蒙古戍者无几，姑避去，宋军入洛，明日食竭，闻蒙古且大至，皆溃而归。蒙古遣王檝责宋败盟，自是淮汉之间无宁日矣。　九七三节理宗无子，养弟荣王与芮之子禥，立为太子，在位四十年崩，太子立，是为度宗。度宗时，蒙古建国号曰元，度宗在位十年崩，皇子㬎立。元世祖命左丞相伯颜帅诸军伐宋，进入临安，宋人以帝㬎降，在位二年。㬎兄益王昰逃至福州，福建路治，今福建福州府。为众所立，是为端宗。元军追之，端宗航海西走，在位三年，崩于硇洲。岛名，在广东高州府吴川县南。宋遗臣立端宗弟卫王昺，迁于崖山。岛名，在广东广州府新会县南。明年，宋帝昺祥兴二年，元世祖至元十六年，我后宇多帝弘安二年。元将张宏范袭之，宋兵败溃，帝昺崩于海。宋凡十八帝、太祖、太宗、真宗、仁宗、英宗、神宗、哲宗、徽宗、钦宗、高宗、孝宗、光宗、宁宗、理宗、度宗、帝㬎、端宗、帝昺。三百二十年而亡。　九七四节宋自开国以来，常以契丹为至忧，徽宗幸契丹之衰，助金灭之，而不虑金之可忧更大于契丹，及已与金接壤，始悔招强敌，自开争衅，以速祸变，其后称臣称侄，受屈辱殆百年。宋之君臣，唯念世雠之必报，而不暇虑后事，且若蒙古之实力，则南人所未详悉，于是理宗助蒙古灭金，取快一时，既而轻举败盟，挑怒强邻，正与徽宗之失计，归于一辙，欲以保邦图全，难矣！虽然艺祖本以忠厚建国，重以仁宗恭俭爱民，自余诸帝，亦莫有嗜杀人者，至后妃之贤，尤汉唐诸朝之所不及也。是以国势虽衰，民讴歌赵氏不忍舍，忠臣义士殉国难者甚众。及蒙古代金，则废兴之数已定，犹能以至弱抗至强、支持宗社者四十余年，不似辽金忽焉而亡，此乃赖祖宗仁厚之余泽也。

第五篇　学艺

第一章　北宋儒学

九七五节孔门之学主道德，始于修己，终于治人，而文学唯居四科德行、言语、政事、文学。之一，学者未专以读书为儒业也。秦汉以后，距圣已远，诸儒依遗文求道，世相师承，五经既各有专门，一经又分为数家，儒道遂为章句训诂之学矣。申培、毛亨、伏胜之徒，传授旧经，贾、马、郑、王，训解古言，后人得因以窥先哲之遗意，其功诚伟，然此皆经师而已，以为道师则未也。自秦汉至宋初千二百余年，举其能论道者，仅得四人：汉有董仲舒、杨雄，隋有王通，唐有韩愈。董醇而拘，杨深而僻，王博而迂，韩正而粗，皆不能及宋儒之大且高也。　九七六节魏晋以来，道、释之教流布已久，至唐禅学又盛行，其说高远，超出尘俗之外，学士文人，往往信而好之，顾蔑儒者日用彝伦之谈，以为浅近。韩愈愤之，极力排之。然愈之言类怒骂，未尝打破彼宗旨，且其于道造诣未深，故文章虽雄，不足以大振起儒风。宋儒盖有察于此，因先哲之微言，凿而深之，高谈性命，详析理气，以敌佛家奥妙之说。于是儒学始为穷理之学，汉儒训诂之习一变，虽有异于孔孟切实之言，而至其精博深远，包括天人，则多古人所未论到。　九七七节宋代儒学之盛，始于仁宗时，胡瑗、周敦颐实为先河。胡瑗，泰州属淮南路，今江苏扬州府属州。人，七岁善属文，十三通五经，即以圣贤自期许，家贫无以自给，往泰山，与孙复同学，攻苦食淡，一坐十年不归，后以经术教吴中，范仲淹聘为苏州属两浙路，今江苏苏州府。教授，令诸子从学，滕宗谅知湖州，亦聘为教授，训人有法，科条纤悉备具，以身率先，时方尚诗赋，湖学独立经义治事斋，以敦实学。庆历中，仁宗兴太学，诏下湖州取其法，著为令，后被召为国子监直讲，学者争归之，至黉舍不能容，礼部所得士，瑗弟子十常居四五。尝以颜子所好何学试诸生，得程颐作，大奇之，即请相见，处以学职，知契独深。颐之言曰：凡从安定先生学者，其醇厚和易之气，一望可知。　九七八节周敦颐，道州属荆湖南路，今湖南永州府属州。濂溪在道州城西。人，以舅任为分宁江南西路隆兴府属县，今江西南昌府宁州。主簿，决疑狱有声，调南安军名，属江南西路，今江西南安府。司理，持法不阿，历任县令、州佐，所至有治绩。熙宁中，迁知南康军属江南东路，今江西南康府。而卒。敦颐博学力行，为政精密严恕，务尽道理，掾南安时，通判程珦知其深于道，使二子颢、颐师之，敦颐每令寻孔颜乐处、所乐何事，尝著《通书》及《太极图说》，以探天理之根源，究万物之终始。　九七九节邵雍，共城县名，属河北路卫州，今河南卫辉府属县。人，少时自雄其才，慷慨欲树功名，始为学，坚苦刻励，寒不炉，暑不扇，夜不就枕者数年。既而逾河汾，涉淮汉，周流于齐、鲁、宋、郑，久之翻然来归曰：道在是矣。遂不复出。后迁河南，府名，即西京。富弼、司马光诸贤敬之，恒相从游。仁、神两朝诏求逸士，雍皆中选，称疾不就官，安贫乐道，未尝皱眉，自号安乐先生。德气粹然，望之可知其贤，群居燕笑，不为甚异，人无贵贱少长，一接以诚，士之道洛者，莫不慕其风而造其庐，著书曰《皇极经世》，晚喜作诗，有《击壤集》。　九八〇节周、邵之学，本出于道家。五代时，有道士陈抟，隐于华山，聪悟博览，道业甚高，得太极及先天图，以授种放，放授之穆修，修以太极图授敦颐，以先天图授李之才，之才授之雍。敦颐由是演无极太极之说，雍由是探赜索隐，推论天地之消长。雍精象数，知虑绝人，遇事能前知，然二程、张载皆重其德，而不贵其术，故其传不广。至太极说，则朱熹特为之注解，极其推崇，谓得千圣不传之秘，孔子后一人而已。陆九渊不以为然，朱、陆之同异，由是而起。　九八一节张载，郿县属陕西凤翔府，今同。横渠镇名，在郿县东。人，少喜谈兵，至欲结客取洮西，谒范仲淹，仲淹警之，因劝读《中庸》，载犹以为未足，搜究释老之说，知无所得，反而求之六经，与二程语道学之要，涣然自信曰：吾道自足，何事旁求？尽弃异学，淳如也。第进士，为州掾县令，以敦本善俗为务。熙宁中，以吕光著荐，召为崇文院校书，王安石问新政，载直规之不合，移疾屏居南山在陕西西安府城南。下，志道精思，未尝须臾息，著《正蒙西铭》及《易说》，每告诸生以知礼成性，变化气质，学必如圣人而后已。吕大防复荐之，召同知太常礼院，以疾归，道卒。　九八二节程颢、程颐兄弟，河南人，初同学于周敦颐，后颐游太学，师事胡瑗。颢第进士，调鄠、县名，属陕西路永兴军，今属陕西西安府。上元县名，与江宁县共为江南东路江宁府治，今隶江苏，为两江总督治。主簿，为晋城县名，河东路泽州治，今山西泽州府治。令。皆有异政，敦教化，为民所怀，以吕光著荐，权监察御史里行。神宗敬之，数咨治道，颢进说甚多，大要以正心、窒欲、求贤、育才为先。王安石更法令，颢指其不便，而每从容平议，安石亦愧屈，寻乞罢，改州县官。哲宗立，召为宗正丞，未赴而卒。颢资性过人，充养有道，和粹之气溢于面背，门人交友从之，岁久未尝见忿厉之容，遇事优为，虽当仓卒，不动声色。其为学泛滥于诸家，出入于老释者几十年，而竟归宿于孔孟，所著有《定性书》，学者咸传诵之。文彦博采众论题其墓曰"明道先生"。　九八三节颐尝应进士举，值廷试报罢，遂不复试。治平、元丰间，大臣屡荐，皆不起。元祐初，司马光、吕光著疏荐颐力学好古，真儒者之高蹈，召入经筵，每进讲，色甚庄，继以讽谏，既因与苏轼不相能。又更张国子条制，及请经筵坐讲，廷议多难之，遂出管勾西京国子监。绍圣中，罹党祸，窜涪州，属夔州路，今四川重庆府属州。后得还洛，复宣义郎致仕，卒于家，世称伊川先生。颐诲人不倦，学者多出其门，其学本于诚，以四书为标指，而达于六经，著《易》《春秋传》《孟子解》。张载谓其兄弟得孔孟不传之学，为诸儒倡。颢尝言：异日能尊严师道者，吾弟也。若接引后学，随人才而成就之，则予不得让焉。盖颢之和、颐之严，风指自不同也。　九八四节当邵、张、二程讲学之时，诸儒崛起者甚众，如司马光、吕光著、王安石、范镇、韩维、吕大防，虽不专以儒著，皆深于经术。刘安世、范祖禹师事光，皆为名儒。二程之门，游学尤盛，谢良佐、杨时、游酢、吕大临，大防弟。号程门四先生。谢、杨颇夹杂禅旨，故其徒多陷于异学。尹焞在程门为晚出，而守师说最醇。胡安国与谢、游、杨三子交，以讲程学，尤深于《春秋》，至高宗时，作《春秋传》上之。

第二章　南宋儒学

九八五节南渡诸儒，以杨时为魁，尹焞、胡安国亚之。时南剑州名，属福建路，今福建延平府。人，倡道东南，闽人宗程学，由时之传。安国二子寅、宏皆学于时，有重名，宏作《知言》，吕祖谦以为过于《正蒙》。宏高弟张栻，魏公浚之子也，颖悟夙成，宏一见，即以孔门论仁之旨告之，曰圣门有人矣。栻益自奋励，以学行政事，名显于孝宗朝，所著有《易》《论语》《孟子说》等。　九八六节宋人世传家学者，吕氏为最，初吕蒙正事太宗，为时名相，其侄易简三相仁宗，易简子光著相哲宗，德望勋猷，亚司马光。世家之盛，古今所稀，而光著不以门阀自高，益能守正不挠。其子希哲，初学于焦千之，欧阳修门人。又学于胡瑗、孙复、邵雍、王安石，后从程颢游，以儒行著，故其家有中原文献之传。希哲孙本中，亦从刘安世、游酢、杨时、尹焞等，博学以畜其德，其不名一师，盖家风也。然光著家学未醇，希哲、本中皆参禅悦。本中从孙祖谦，师林之奇、汪应辰、共本中门人，汪又师胡安国及杨门张九成。胡宪，安国族子，学易于程门谯定。讲索益精，纯以张、程为宗，心平气和，不立崖异，事孝宗为太学博士、国史编辑，所著有《读诗记》《大事记》《书说》《左氏说》《阃范》等。祖谦与朱熹、张栻为讲友，其学亦相伯仲，然栻、祖谦皆早死，故其传不甚广，熹独老而益勉，竟为道学大宗。　九八七节朱熹，婺源县名，属江东路徽州，今属安徽徽州府。人，少有求道之志，受父遗命，适崇安，福建路建宁府属县，今同。从胡宪、刘勉之、谯定、刘安世、杨时门人。刘子翚所师不详。禀学，第进士，主同安福建路平海军属县，今属福建泉州府。簿，罢归，闻延平津名，在福建延平府城西。李侗受业杨时门人罗从彦，隐居乐道，徒步往从之，卒得其传。孝宗求言，熹上封事陈修攘之大计，其后屡起旋罢，大抵持正不合。其知南康军，值岁歉，讲求荒政，多所全活。丞相王淮荐提举浙东路名，今浙江钱塘江以南。常平茶盐，所部肃然。既而淮怨其切直，阴导言者排击道学。及淮罢入对，或要于路曰：诚意正心之论，上所厌闻。熹曰：吾平生所学，惟此四字，岂可隐默以欺吾君乎？侃侃如初。宁宗立，召为侍讲，以上疏忤韩侂胄罢，寻遭诬劾，落职罢祠。熹登第五十年，仕于外者九考，立朝才四十日，卒年七十二，著述甚富，如《易本义》《诗集传》《四书集注》《小学》《近思录》《家礼》《通鉴纲目》，其最著者。其学大要，格物以致其知，反躬以养其性，而以居敬为主，盖本于周、张、二程之说，而发明光大之。周出于濂溪，二程居洛，张居关中，而熹学于闽，故世称

“濂洛关闽”云。　九八八节陆九渊，金溪江西路抚州属县，今属抚州府。人，小时举止异凡儿，谓伊川之言，与孔孟不类，登乾道进士，历国子正，慨然陈恢复大略，除将作监丞不果，罢祠还乡，学者辐辏，或劝著书，九渊曰：学苟知道，六经皆我注脚。光宗初，差知荆门军，属荆湖北路，今湖北直隶州。有异政，郡以为神，时相周必大称为躬行之效。初，九渊与兄九龄讲贯理学务穷本原，以顿悟为宗，稍近于禅，人号江西二陆。其学无所师承，然程门如谢良佐、王蘋，已发其萌芽，二陆因遂成一派矣。吕祖谦尝约二陆，会朱熹于鹅湖，山名，在江西广信府铅山县。论辨多牴牾。盖熹之教人，以穷理为始事，谓此理已明，则可以诚意正心。二陆欲先发人之本心，而后使人博览，以应万物之变。后九渊访熹于南康，熹俱至白鹿洞，在南康府城西北庐山五老峰下。九渊争讲君子小人喻义利章，听者至有泣下，熹以为深中学者隐微深痼之病。至于无极太极之辨，则贻书往来，论难不置焉。熹弟子甚盛，蔡元定、蔡沉、元定子。黄幹、辅广、陈淳辈，皆能传其道，真德秀受业朱门，詹体仁、魏了翁私淑朱、张之学，并著于理宗朝。九渊门人稍逊于朱，杨简、袁燮最知名。　九八九节宋室南渡，学统与之俱迁，金据中原百年，文士不乏，而无有一名儒，垂晚有赵秉文，本学佛而袭以儒；若李纯甫，雄文名世，而溺于佛老。凡宋儒之辟佛者大肆掊击，司马、邵、张、程、朱之徒，皆不免焉。及蒙古兴，程朱之道始入河北。宋既灭矣，而宋学益炽，上虽贱之，下自趋之，是则洛闽之沾溉者宏也。诸儒传授图，见卷末附录。

第三章　学制、科举及党禁

九九〇节唐末之乱，文学废坠极焉，唯印书之术，则创于唐，而扩于五代，钞录省功，卷轴变为书册。冯道相后唐，奏令国子监校正九经，诗、书、易、三礼、春秋三传。雕印卖之，由是经籍传布渐广，文学普洽之端，实启于斯矣。然运属否塞，干戈无已，文明之利器，亦莫能效其力也。　九九一节周世宗以史馆乏书，锐意求访，凡献书者，悉加优赐。宋太祖数临国子监，诏修饰学舍，塑绘圣哲群贤像，自为先圣、亚圣赞，命文臣分撰余赞，自是臣庶始贵儒学。太宗好学，诏中外购募亡书，立崇文院，贮书八万卷。又命有司摹印《史记》、两《汉书》，是后书籍刊镂者益多。真宗幸曲阜京东路兖州属县，今属山东兖州府。谒孔子庙，追谥曰“玄圣文宣王”，封七十二弟子、二十一先儒为公侯伯，然所崇在道教，天书封祀制作纷纷，奖学之政，殆属空文。仁宗广太学，置生员二百，召名儒胡瑗为讲师，且诏诸州皆立学校，于是儒风大兴。文教之盛，遂出于汉唐之上矣。　九九二节唐朝取士，专由科举，五代虽乱离，贡举不废，有进士科，有明经诸科。周世宗又置制举三科，贤良方正科、经学优深科、详闲吏理科。令朝野之士，并得应举，试以策论。宋亦沿之，有制举、常贡之别。制举不常，或行或罢，真宗增科为六，贤良方正、博通坟典、才识兼茂、详明吏理、识洞韬略、材任边寄。未几废之。仁宗复六科以待京朝官，别增三科，高蹈丘园、沉沦草泽、茂材异等。以待布衣，置书判拔萃科，以待选人之应书者，皆先试秘阁，中格然后帝亲策之。　九九三节其常贡，则诸州每秋发解，冬集礼部，春考试。凡进士试诗赋论及帖经、墨义，诸科九经、五经、通礼、三礼、三传、三史、学究一经等。专试帖经、墨义。开宝中，有进士诉知举官用情取舍，太祖乃择下第并中选者，亲御讲武殿别试，自是殿试遂为永制，虽非制科，亦得对御试。太宗以来，贡举每间一二年行之，举人集京者率逾一万，赐第甚广，岁或至千余人，恩礼优厚，皆直授官秩，年老屡举者，虽试文不中格，亦免黜落。而进士得人最盛，英俊名贤，多由是而出，其高第者不数年辄赫然显贵，或至公辅。仁宗切于求士，庆历中，命范仲淹等更张贡举，先策论而后诗赋，欲使文士留心于治乱也。罢帖、墨而问大义，欲使执经者不专于记诵也。然人情沿习已久，不喜变更。明年，仲淹等去朝，此制遂不行。　九九四节神宗笃意儒学，悯举人奔竞之弊，诏议矫正之。王安石言，士少壮时，正当讲求天下正理，乃闭门学作诗赋，及其入官，世事皆所未习，此科法败坏人材也。于是罢诗赋及帖、墨，专以经义论策试士。帝又以学者多不通法律，立明法科，令进士选人任子悉试律义。时制举人吕陶、孔文仲对策切直，忤安石，后吕惠卿奏罢制科。　九九五节安石欲取士本于学，增修太学，生徒厘为三舍。始入为外舍生，定额七百人，后增为二千，内舍三百人，上舍百人，月考试其业，优等以次升舍。元丰颁学令，上舍试分三等，上等不须殿试而命以官，中等免礼部试，下等免解试。安石与其子雱、吕惠卿训释《诗》

《书》《周礼》，诏颁于学官，号曰《三经新义》，主司纯用以取士，先儒传注，一切废弃，又罢《春秋》，不列学官。安石又以字学久不讲，作《字说》以进，多穿凿附会，糅杂佛老。　九九六节元祐除新法，立十科师表、献纳、将帅、监司、讲读、顾问、著述、听讼、治财、能谳。举士法，令侍从以上每岁保举三人，复制科，置春秋博士。禁科举引用《字说》及佛老之书，解经参用诸儒说，毋得专取王氏。又复诗赋，与经义兼行，立为两科。罢明法科。时程颐看详学制，以为学校礼义相先之地，而月试使争，殊非教养之道，请改试为课，不考定高下，置尊贤堂，以延道德之士，设待宾吏师斋，立观光法，若是者数十条，皆不果行。　九九七节绍述之论起，罢十科举士法，诏进士罢诗赋，专习经义，除《字说》之禁，罢制举，设宏词科，复废春秋科，置律学博士。国子监请以安石所撰《字说》《洪范传》及王雱《论语孟子义》，刊板传学者，学校举子之文靡然从之。　九九八节崇宁再倡绍述，作辟雍于京城南，以处外舍生，而太学专处上舍、内舍。增上舍至二百人，内舍六百人，外舍三千人。令州县皆兴学，推行三舍法，自县选考升诸州，自州贡入辟雍，州发解及省试并罢，岁差知举试太学上舍，意若尊经重学，而其实驱学者专宗王氏。后又以八行孝、友、睦、姻、任、恤、忠、和。举士，不试而补三舍，其弊滋出。罪状元祐诸贤，谓之奸党，禁其学术，毁范祖禹《唐鉴》及三苏、黄庭坚、秦观文集，以程颐邪说诐行惑乱众听，诏河南府悉逐学徒，其所著书，令监司严加觉察。以安石配享文宣王，位次孟子，其后王雱亦从祀焉。宣和中，罢州县三舍法，复行科举，再禁元祐学术，举人传习者，以违制论。闽人印造司马光等文集，诏毁其版，有收藏习用苏、黄之文者，并令焚毁，犯者以大不恭论。　九九九节靖康难起，始除元祐党籍学术之禁，复置春秋博士，禁用王氏《字说》。国子祭酒杨时请毁安石配享之像，诏罢其配享，降居从祀之列。是时诸生习用王学以取科第者，已数十年，忽闻杨时目为邪说，群论籍籍，时力请致仕。　一〇〇〇节高宗中兴，科举兼用经义诗赋，复贤良方正科，复十科举士法。是时王学与程学并行于朝野，而程门杨时、尹焞等为世所重，陈公辅不喜专门之学，上疏论安石学术坏人心，高宗然之。公辅又力诋程学，乞禁止之。时方召尹焞、胡安国，安国疏请裒邵、张、二程遗书，羽翼六经，以遏邪说。公辅等论安国学术，颇僻沮之，焞以师程颐之久辞经筵。　一〇〇一节和议始定，诏诸州修学宫，又建太学，养士七百人，重修三舍旧法，别立宗学，以教诸宗子。盖秦桧以之文太平，而恶士论不服己，力摈正人，言官何若指张、程遗书为专门曲学，请加禁绝，桧从之。自是程学为世大禁者十余年，及桧死始解。　一〇〇二节孝宗喜苏轼之文，刻其集赐序，策进士，多自升黜，于是苏氏文学大重于世，科场奉为程式。淳熙中，谢廓然请毋以程、王之说取士，赵彦中又疏排洛学，孝宗纳其言。后郑丙、陈贾承时相王淮之意，痛陈道学之弊，请摈斥其人，盖指朱熹也。由是道学之名，贻祸于世。淮罢，周必大欲用熹，林栗劾熹，以为乱人之首。光宗时，刘光祖请禁讥道学者，进士王介策亦极赞道学，由是谤讥少沮。　一〇〇三节宁宗庆元初，我后鸟羽帝建久六年。韩侂胄用事，群邪辅之，疏道学姓名，以次斥逐，京镗、何澹等，以为道学名美，更目为伪学，诏榜于朝堂。二年，叶翥、刘德秀知贡举，文稍涉性理者，悉皆黜落，奏毁近世语录之类。胡纮论伪学之祸，请锢其党，自是学禁愈急。纮又教人诬论熹十罪，褫其职。三年，置伪学之籍，号为逆党，著籍者五十九人。六年，我土御门帝正治二年。熹卒，言官以伪徒会送伪师之葬，乞令守臣严行约束。嘉泰中，我土御门帝建久中。侂胄稍悔前事，学禁始弛。　一〇〇四节侂胄已诛，宁宗赐熹谥文公，以《语》《孟》集注列于学官。理宗深崇理学，以周、张、二程与熹并从祀孔庙。先是，从祀有安石父子，淳熙始罢王雱，至是安石亦黜。度宗为太子，奏增祀张栻、吕祖谦，既即位，又增邵雍、司马光，进曾参、孔伋配享，与颜、孟为四配。详见卷末历代文庙从配表。　一〇〇五节宋世朋党之论起于景祐间，君子小人迭为消长。元祐贤者满朝，亦有洛蜀自分党相攻。自绍圣以来，权奸屡当国，党禁迭出，而道学唯行于草泽，未能有大施于朝政。及理宗表章程朱，则宋祚既倾矣。然元明相承，以至于清，虽文教时有隆替，洛闽之说，常为儒学之正嫡，贡举、学校皆由是取士，盖贤哲之言，诎于当时而信于后代者，自孔孟皆然也。

第四章　诗　文

一〇〇六节宋承五季之弊，文章卑弱不振，太宗时，柳开、王禹偁始为古文。开力涤排偶，转成艰涩。禹偁之文，简雅务实，去浮靡之习，而世未知崇尚。真宗时，杨亿、刘筠等，名耸于翰苑，文虽属骈体，典雅赡丽，尚有燕许遗轨，然至为诗，专宗李商隐，精致华巧、而气骨不存，号为西昆体，后进竞摸仿之。其后士子益尚险怪奇涩之文，各出新意，相胜为奇。仁宗患其弊，屡下诏书戒敕，而士习不改。 一〇〇七节是时东平府名，属京东路，今山东泰安府属州。穆修表章韩、柳，尹洙从之，相共振起古文。又有苏舜钦、梅尧臣等，矫正诗风。庐陵县名，江南西路吉州治，今江西吉安府治。欧阳修，少工偶俪之文，擅名科场，及于河南见洙，乃出所尝获韩文遗稿学之，苦心探赜，至忘寝食，遂以文章名冠一代。修盖得法于洙，然洙之文简直谨严，与修之浑厚丰腴，而多曲折抑扬，结体迥异，则各得其性之所近也。修又与尧臣等锐意作诗，力排昆体，专以气格为主，时称欧梅。苏轼曰：欧阳子论道似韩愈，论事似陆贽，记事似司马迁，诗赋似李白。世以为确评。 一〇〇八节嘉祐中，修知贡举，痛抑时文，凡为当世所推誉者皆被黜。榜出，浇薄之士俟修晨朝，聚噪于马首，逻卒不能禁。是科得士八百余人，大儒如程颢、张载，文才如苏轼、苏辙、曾巩，俱在其中。自是场屋之习一变，雕章绘句始熄，而宋之文章，炳然复古。 一〇〇九节曾巩，南丰县名，属江南西路建昌军，今属江西建昌府。人，师事修，能传其学，文章温雅，近于刘向，而乏精彩。少与临川县名，江南西路抚州治，今江西抚州府治。王安石游，安石声誉未振，导之于修，修以荐于朝。及安石得志，巩不与之合，屡规讽之，亦莫能回焉。安石明经，兼工诗文，然如其经术，则用以坏人国家，无足称者，唯其文奇峭可喜处，自不可废也。 一〇一〇节苏洵，眉山县名，成都路眉州治，今四川眉州。人，少不喜学，年二十七，始发愤读书，三应科举皆不中，归焚所为文数百篇，勤学五六年，文气大进。至和中，携二子轼、辙至京师，修见其文而爱之，以为贾谊不过也，荐除校书郎，编礼书，书方成而卒。其文峭劲雄伟，多权数机变之言，盖自《国策》《韩非子》得之。轼、辙皆能文，得于天成，举进士，俱在高第，世谓之大小苏，号洵为老苏，并称“三苏”。 一〇一一节轼平生笃孝友，轻财好施，勇于为义，自为举子。至出入侍从，必以爱君为本，忠规谠论，挺挺大节，数为小人忌害，不得久居朝。为文如行云流水，初无定质，虽嬉笑怒骂之语，皆可书而诵，位益黜而名益高，才落笔，四方已皆传诵。辙性安详高洁，文如其为人，而秀杰之气，殆与兄相迫，进退出处，无异于兄。二人所交，皆一世英豪，门下客如黄庭坚、秦观、晁补之、张耒，元祐中尝同入阁，世号“四学士”。又加陈师道、李廌，称苏门六子。晁、张长于文，黄、陈长于诗，而黄诗尤高奇，世以配大苏，谓之苏黄。　一〇一二节后世论宋词艺，于文推欧阳、三苏、曾、王，于诗推欧、梅、苏、黄，欧与大苏，则在两科，均称大家。二氏之门，实为一代文学之总汇，盖自韩愈以来未之有也。是时文运极盛，学者皆善词章，贤相如范仲淹、司马光，经学如孙复、李觏、刘敞、刘攽，皆有名文脍炙人口者。　一〇一三节崇观间，尚王氏经学，风雅殆废，又洛学诸儒作语录，多用俗语，延及于高文典策，不免鄙俚拙陋，由是南渡文章，与国运俱衰，然仍有李纲之雅健、胡诠之严正。诠争和议一疏，发于忠愤，剀切动人，古今弹劾之文，莫出其右。乾道、淳熙，苏文盛行，举子翕然效之，号乾淳体，虽不及元祐之盛，出文士颇多，如王十朋、叶适、陈亮，皆笔力纵横。朱熹、吕祖谦，道学大家，不专事词章，而其文平正明畅，无语录粗鄙之态。诗人则有尤袤、杨万里、范成大、陆游，称南宋四家。及宋之亡，文天祥、谢枋得，并以节义显，而文辞伟丽，亦足为一代掉尾。　一〇一四节金起于夷狄，文艺非其所长，然太祖以来，留心于汉文，宗室诸王，颇与文事相亲，是以朝野习尚，文物之盛，遥胜辽代。其能文之士，则有王寂、赵秉文、李纯甫、元好问等，皆生长中土，诗文不染宋季冗沓猥琐之习，故格力遒劲，近于北宋。好问才雄而学赡，金元两代谈艺者，奉为大宗。

第六篇　制度

第一章　宋官制

一〇一五节唐自中叶以后，专以同中书门下平章事为宰相，虽三省长官，尚书左右仆射、侍中、中书令。不加平章，则非宰相。武臣以节度使兼平章，或兼侍中、中书令，皆称使相，有相名而无相职。五代重武夫，带使相者益多。宋太祖收藩镇威柄，节度使皆失职任，仍存其官，以待勋贤故老，宰相久次罢政者，亦系此衔以宠之，谓之使相，与唐之使相，事体微异，唐则宠将以相之名，而宋则宠相以将之名也。三师、太师、太傅、太保。三公太尉、司徒、司空。不常置，为亲王宰相使相加官。唐宰相无贰，太祖虑相臣之专，置参知政事以副之，参预庶务，谓之参政。　一〇一六节唐代宗置枢密使，以内侍为之，掌表奏宣传之事，如汉中书谒者之职，其后权任渐重，与神策中尉专擅朝政。后梁革宦官之弊，改枢密院为崇政院，始用士人为使，参谋议于中。后唐以来，复为枢密，常以腹心大臣领之，权重于宰相。宋以枢密院专掌兵事，犹秦之太尉，与中书对持文武二柄，号为二府，其长官或称使，或称知院事，置使则副使为之贰，置知院则同知院为之贰。　一〇一七节唐季五代，官职繁冗，名器紊乱，宋承其弊，百官无定员，三省寺监无专职，互以他官主判，六部不厘本务，给舍不领本职，谏议无言责，起居不记注，司谏正言，非特旨供职，亦不任谏诤。凡仕者有官有差遣，官以寓禄秩、叙位著，差遣以定其职事，如以中书舍人判吏部事，吏部郎中知审刑院，大理寺丞知某州，舍人、郎、丞为官，而判、知之职则差遣也。故士人以登台阁、升禁从为显宦，而不以官之迟速为荣滞，以差遣要剧为贵途，而不以阶、勋、爵邑高卑为轻重。　一〇一八节真、仁以来，议者多以正名为请，神宗慨然欲更其制，置局中书，详定官制，凡领空名者，一切罢去，而易之以阶，因以寄禄。省、台、寺、监之官，各还所职。议者又欲罢枢密院归兵部，帝恶兵柄归有司，不从。元丰五年，我白河帝永保二年。官制成，仿《唐六典》，分三省之职，中书取旨，门下审覆，尚书受而行之。三省分班奏事，并归中书。时王珪、蔡确并相，确言于帝曰：三省长官尚书令、侍中、中书令。位高，不须设，但令左右仆射分兼两省侍郎足矣。帝然之，以珪为尚书左仆射兼门下侍郎，以行侍中之职，确为右仆射兼中书侍郎，以行中书令之职。于是确名为次相，实颛大政，珪虽为首相，拱手而已。别置两省侍郎、尚书左右丞，以代参知政事，与知枢密院、同知院皆为执政官。厘正枢密之职事，细务分隶六部，专以军机边防为职，事干体要，则与三省合奏。元祐初，我白河帝应德三年。司马光上言：三省分职，徒启争论，事致留滞。吕光著又请令三省长贰集议政事堂，同进呈取旨。从之。　一〇一九节蔡京当国，率意自用，政和二年，我鸟羽帝天永三年。诏更官名，以三师古三公之官，合为真相之任，司徒、司空本周卿，太尉，秦主兵之任，并非三公，宜罢。又依周制置三少少师、少傅、少保。为次相，改左右仆射为太宰、少宰，仍兼两省侍郎。罢勋官，以太尉冠武阶。京以太师总治三省事，是时群小满朝，员冗名紊，甚者走马承受，升拥使华，黄冠道流，亦滥朝品。元丰之制，至是大坏。及宣和末，三公至十八人，三少不计也。靖康复改宰臣，依旧为仆射。建炎三年，我崇德帝大治四年。两仆射并加同平章事，改两省侍郎为参知政事，废尚书左右丞。乾道八年，我高仓帝承安二年。仆射依汉制改为左右丞相，除去三省长官。仆射旧为从一品，以丞相为百僚师长，升为正一品。　一〇二〇节平章之官有加军国字者，吕易简、吕光著同平章军国事，文彦博平章军国重事，皆班宰相上，所以处硕德老臣也。宁宗时，韩侂胄专政，以太师平章军国事，说者谓：省同字则所任者专，省重字则所预者广。度宗时，贾似道专政，亦以太师平章军国重事。丞相既为极贵之官，而平章又踞其上，盖韩、贾揽权已久，卑宰相而不屑为，而欲加于相以自比于文、吕也。　一〇二一节唐玄宗设翰林院，以居技能之士，既而以中书务剧，文书多壅滞，乃置翰林学士，掌制诏书命，多以他官兼之。其后选用渐重，至号为内相，入院一岁，迁知制诰。宋以知制诰掌外制，翰林学士掌内制，谓之两制。侍讲、侍读之官，亦玄宗置之，隶集贤殿，宋移隶翰林，资浅者为崇政殿说书。元丰罢知制诰，以其职还中书舍人，而翰林之职仍旧。讲读去翰林之名，与说书自为经筵之官。宋朝重文士，待遇甚优，而翰苑经筵，最为清要。　一〇二二节修史之职，历代多属秘书，唐太宗始移史馆于门下，令宰相监修，玄宗复移之中书。又门下有弘文馆，太宗所建，中书有集贤殿书院，玄宗所置，皆贮图籍，多大臣兼领。宋改弘文为昭文，与史馆、集贤院，谓之三馆，皆寓崇文院，无所隶。上相充昭文馆大学士，监修国史，次相充集贤院大学士，或置三相，则分领三馆。三馆及秘阁，号为储才之地，置修撰、直馆、校理等职，高者备顾问，其次任纂修，典校雠，均谓之馆职，必试而后命，一经此职，遂为名流。其以他官兼者，谓之贴职。又有殿学士，观文殿、资政殿、保和殿，各置大学士、学士。端明殿置学士，以宠宰执之去位者。真宗建龙图阁，以藏太宗御制文集，置学士、直学士、待制掌之。自后诸帝御集，皆仿此例。仁宗建天章阁，藏真宗御集；英宗建宝文阁，藏仁宗御集；神宗以英宗御书亦附宝文；哲宗建显谟阁，藏神宗御集；徽宗建徽猷阁，藏哲宗御集；高宗建敷文阁，藏徽宗御集；孝宗建焕章阁，藏高宗御集；宁宗建华文阁，藏孝宗御集，又建宝谟阁，藏光宗御集；理宗建宝章阁，藏宁宗御集；度宗建显文阁，藏理宗御集。元丰以崇文院为秘书省，罢三馆之职，自是诸阁学士、待制，为朝臣补外加恩之官。直龙图阁、直秘阁，为藩阃监司之贴职，皆不试而除。政和增贴职，置修撰三等，集英殿、右文殿、秘阁。直阁六等，龙图、天章、宝文、显谟、徽猷、秘阁。于是带职者甚众，滥及俗吏童騃，其名始轻。其后设阁益多，职亦随增，而学士、待制直阁之官，不可胜计矣。

第二章　辽金官制

一〇二三节辽本陋夷，官制简朴。于越极崇无职掌，坐而论议，非有大功德者不授。太祖以遥辇氏于越受禅，终辽之世，居其位者不过数人。其次曰宰相。太祖以皇后兄为北府宰相，以皇弟为南府宰相。其后两府各置左右宰相，皇族四帐，世预南府之选；国舅五帐，世预北府之选。夷离堇掌部族军民之政，太祖在遥辇之世，尝为此官。太宗改夷离堇为北南院大王，分管北南部族。夷离毕掌刑狱，林牙掌文翰，敌烈麻都掌礼仪，皆总于两府宰相。　一〇二四节又有御帐官。贵戚为侍卫，北南部族为护卫，武臣为宿卫，亲军为禁卫，俱掌防卫御帐。有皇族帐官，皇族之疏远者，隶于北南二王，近属四帐，以大内惕隐及四常衮治之，而大惕隐总诸皇族之政教。太祖尊遥辇九帐，居皇族之上，又重国舅，以耦皇族，皆置常衮治之。　一〇二五节初，契丹为唐属国，习闻河北藩镇受唐官爵，乃置太师、太保、司徒、司空，施于部族。辽兴因之，北南院及御帐诸帐僚属，多有师、保等官，其名益轻，与唐公师夐异。太宗得燕代十六州，始效唐制，设公、师、省、台、寺、监之官，谓之南面，以治汉地租赋军民之事。号契丹官为北面，依旧掌宫帐部族属国之政，南北各因俗而治。及入汴，复设枢密之职，北面有北南院枢密使，北院掌兵机武诠群牧之政，南院掌文诠部族丁赋之政。南面置汉人枢密使，掌汉人兵马之政，中叶弥文，有给练，有郎官，有诸卫，有东宫官，翰林掌内制，中书舍人掌外制，国史有院，起居有注，京府方州兵刑财赋之官，亦皆用汉名，于是南面之官，殆遍于国内矣。　一〇二六节金初设官最简，官长皆名勃极烈，太祖以都勃极烈嗣位，太宗、熙宗居储位，号谙版勃极烈。谙版者，尊大之称也。其次国论勃极烈，有忽鲁及左右之别，皆国相也。其下有诸勃极烈，概以宗室任之。部族之长曰孛堇，统数部者曰忽鲁。　一〇二七节太宗兼制中国，始置枢密院、尚书省。熙宗改定官制，废女直旧官，置尚书左右丞相、平章政事，并为宰相。尚书左右丞，参知政事贰之，而三师领三省事者为元辅，侍中、中书令虽有其官，常以左右丞相兼之。至正隆初，废帝亮八年，宋高宗绍兴二十六年，我后白河帝保元元年。遂罢两省，以尚书令代领三省事之职。尚书六部之外，有院、枢密、宣徽、翰林、谏院。台、御史。寺、太常、大理。监、秘书、国子、太府、少府、都水。府、大宗正。司殿前都点捡司、武卫军司、卫尉司。之官，大率循辽宋之旧，而加精整。官有常职，员莫甚繁。世宗时，文武官不满二万，女直什四，汉人什六。章宗末年，乃增至四万七千余员，而冗官之弊，与宋不异也。

第三章　宋滥费暴敛

一〇二八节宋朝待士甚优，俸禄之制，较前代为厚。文武阶官，月给料钱，春冬给绫绢及绵。在京职事官，别有职钱，如大夫为郎官者，既请大夫俸，又给郎官职钱，公孤宰执及诸武官，俸钱之外有禄粟，有随身衣粮及餐钱，京朝官及诸司使副等，有傔人餐钱。其官于外者，有公用钱，有职田，选人使臣无职田者，有茶汤钱。　一〇二九节禄秩之外，又时有赐与，以施恩泽、酹功劳。仁宗崩，遗赐大臣各百余万钱，谏官司马光率同列上疏，乞罢之，不许。宋制三岁一亲郊，每次赏赉数百千万，转运使于常赋外进羡余，以助其费，无名科敛，由是而起。神宗时，光又请听百官辞南郊赏赉，亦不许。　一〇三〇节又有祠禄之制，以佚老优贤。初，真宗建玉清昭应宫，以宰相王旦充使，后旦以病致仕，乃命以太尉领宫使，给宰相半俸。又有景灵宫、会灵观、祥源观等，皆以宰执充使，丞、郎、学士以上充副使，庶僚充判官、都监等，初设时员犹少，后以优礼大臣之老，而罢职者日渐增多。熙宁中，王安石欲以此处异议者，遂著令，宫观毋限员数。又诏诸州宫观五岳庙，并置管勾提举等官，以此食禄，仍听从便居住。自是朝官请罢者及责降者，率皆奉祠。　一〇三一节恩荫之制，历代皆有之，而至宋滥甚。文臣中散大夫以上，得荫小功以上亲；保和殿大学士以上，荫至异姓亲；公孤宰相仪同三司，荫至门客。武臣亦准之。郊祀之岁，宰执荫本宗异姓及门客、医士各一人。大小各官，皆得荫子，约四千人。又有致仕荫补、遗表荫补。由是一人显仕，则子孙亲族俱可得官。如奏荫异姓者，至得高资为市，然此犹属定例，非出于特恩也。天圣中，诏五代时三品以上告身存者子孙，听用荫，则并及于前代矣。明道中，录故宰臣及员外郎以上致仕者子孙，授官有差，则并及于故臣矣。甚至新帝即位，监司郡守遣亲属入贺，亦命以官，则更出于常荫之外矣。此外因优眷赏恤加荫者，亦多不拘定例也。　一〇三二节太祖开国时，设官分职，尚有定数，其后贡举之盛，荐辟之广，杂流之猥，恩荫之滥，日增月益，至不可纪极。真宗之世，郎官四百余人，太常国子博士等数百人，率为常参，不知职守，祗以恩泽而序迁，内外官通一万三千余员，而吏胥不与焉。咸平中，尝减冗吏十九万人，所减如此，未减者可知也。英宗时，诸官至三万四千员，大臣罢退者，多优以藩镇空名，待制以下，亦或带留后观察等衔，于是节度使至八十余人，刺史以上数千人，禄赐例与现任者同，皆坐糜国用。南渡以后，封疆既蹙，而冗员更多，内外官逾四万，如川陕一军，兵数不满七万，内有军官万余人，其俸禄比兵士之给、过于十倍，冗官糜费，至此而极矣。　一〇三三节宋初国用虽滥，然主皆宽厚，吏治亦淳，尚无病民之事。自神宗行青苗等法，而民始受害，然犹为富国强兵起见也。及蔡京当国，专以奢侈惑暗主，动引《周官》“惟王不会”为词，遂至牟取无艺。是时赋税之外，有御前钱物、朝廷钱物、户部钱物，裒敛各不相知，肆行催索。又有大礼进奉银绢，有赡学粜本钱，陕西、河东最遭根括之害，富民多弃产而迁京师，或入川蜀。甚至花石纲之扰，运一石，民间用三十万缗，而东南又大困。　一〇三四节南渡后，因军需紧急，取民益无纪极。高宗在扬州，四方贡赋不至，吕颐浩、叶梦得奏增添酒钱、卖糟钱，典卖田宅，增印契钱，官吏请给，除头子钱，楼店务增收房钱，令各路宪臣领之，号为经制钱。绍兴五年，我崇德帝保延元年。孟庾总领财用，增经制之额，析为总制钱。州县所收头子钱，贯收二十三文，以十文作经制上供，余十三文充本路用，他杂税亦一切仿此。其常平钱物，旧法贯收头子钱五文，亦增作二十三文，以十八文入总制司。乾道中，又诏诸路出纳，每贯收五十六文，以充经总制钱。　一〇三五节又有月桩钱。绍兴二年，我崇德帝长承元年。韩世忠军驻建康，吕颐浩等议，令江东漕臣每月桩发大军钱十万缗。漕司不量州军之力，一例均科，于是州县横征，江东西之害尤甚。两浙福建则有板帐钱，亦军兴后所创，其额太重，州县苦于趁办，于是输米则增收耗利，交钱帛则多收縻费，幸富人之犯法，而重其罚，恣胥吏之受赃，而课其入，索盗赃则不偿失主，检财产则不及卑幼，亡僧绝户，不待核实而入官，逃产废田，不为消除而勒纳。有司固知其违法，而非此则无以办板帐之额也。淳熙五年，我高仓帝治承二年。诸州上供，比绍兴额增至七倍，此在孝宗有道之世，已极朘削之害也。至贾似道创议买田三百五十余万亩，令民以私家之租为输官之额，民力既竭，国亦随亡。统观南宋之取民，盖不减于五代武人之暴敛，民之生于是时者，不知何以为生也。

第四章　路 府 州 军

一〇三六节五代初，唐土分为十一国，北有燕、晋，西有岐、蜀，南有荆、楚、吴、吴越、闽、南汉，梁虽代唐祚，其地不过七十八州，四分唐而得其一。晋平燕灭梁，岐王称臣，是为后唐，地较五代为稍大。蜀为后唐所灭，后蜀踵起。南唐代吴，戡闽破楚而不能有。周篡汉，而北汉分。列国纷争，得失不常，大约前后蜀、今四川。南汉今两广。各有四十余州，吴、南唐共今江南三省。三十余州，湖南、今湖南。吴越、今浙江及江苏太湖以东。北汉今山西中部。十余州，荆南今湖北荆州、宜昌二府。最小，仅有三州。而唐、晋、汉、周相继，皆统百余州。 一〇三七节宋太祖代周，平荆湖、蜀、南汉、南唐，太宗受之，平北汉，吴越献地，于是唐之旧域始归于一。然唐中叶以后，辽东今盛京省。悉属渤海，陇右大半今甘肃巩昌府以西。陷于吐蕃，剑南之姚州今云南楚雄府属州。没于南诏，安南亦拒唐命，至宋初自立为王国。燕云之地，今直隶山西北境。自石晋献于契丹，历汉、周迄宋，不能复取，及西夏叛去，陕西北境今陕西北境及甘肃宁夏府。又失，故宋之建国，虽文治轶于汉唐，而版图之大，则不及远矣。 一〇三八节太宗置十五路，曰京东、京西、河北、河东、陕西、淮南、江南、荆湖南北、峡西、西川、河东，今山西代州以南；荆湖北路，今湖北南境及湖南西北境；荆湖南路，今湖南长沙府以南。余八路，见下文分路之注。两浙、今浙江，及江苏镇江府以东。福建、今福建。广南东西，东路，今广东大半；西路，今广西及广东高州府以南。真宗分峡西为利州、夔州路，利州路，今陕西汉中、兴安二府及四川保宁、龙安二府；夔州路，今四川夔州、绥定、重庆三府，忠、酉阳二州。分西川为梓州、成都路，梓州路，今四川潼川、顺庆、叙州三府，资、泸二州；成都路，今四川成都、雅州、嘉定三府，绵、茂、邛、眉四州。分江南为东西二路。东路，今江苏江宁府、安徽大江以南及江西饶州、广信二府；西路，今江西。仁宗分京东置京畿路，今河南开封府。神宗分河北、京东、淮南各为东西路，河北东路，今直隶天津、河间、大名三府、冀州，及山东东昌、武定二府、临清州；河北西路，今直隶保定府以南，及河南怀庆府以北；京东东路，今山东东境；京东西路，今山东西南境，及河南归德府、江苏徐州府；淮南东路，今江苏大江以北，及安徽滁、泗二州；淮南西路，今安徽大江以北，及河南光州、湖北黄州府。分京西为南北路，北路，今河南中部，及安徽颍州府。南路，今河南南阳府，及湖北北境。分陕西为永兴、秦凤路，永兴路，今陕西大半，及河南陕州、山西解州、蒲州府、甘肃庆阳府；秦凤路，今陕西凤翔府，及甘肃东南境。凡二十四路，府、州、军、监三百五十余，县千二百余。 一〇三九节神宗务辟国，北复绥、银，二州名，属永兴路。绥，今陕西绥德州；银，今陕西榆林府。西取熙、河，二州名，属秦凤路，今甘肃兰州府属州。熙，今名狄道州。南剿苗傜，攘交趾，征役骚然。绍圣、崇宁，频用兵西边，虽夏人寖衰，而宋民力亦弊。是时边将邀功，梓、夔、广西、荆湖，迭相视效，斥大土宇，鲜有宁岁。徽宗与金约夹攻辽，欲收塞内旧境，而宋兵不利，燕云皆为金有。宋人请于金，得燕京六州及云中之朔、武二州，朔，今山西朔平府属州；武，今山西宁武府。因建燕山、云中二路。甫阅二岁，而祸衅起，京师失守，二帝为虏，京东、河南、陕西皆没，自是宋所有，淮汉以南十六路淮南东西、江南东西、浙东西、福建、广南东西、荆湖南北、京西、利州、夔州、潼川、成都。而已。　一〇四〇节唐时，节度使为阃帅，观察团练使为监司，防御使为边将，刺史为郡宰，至宋皆有其官，而无职任，特以为武臣迁转之次序，置知府、知军州事及通判，以掌郡政，转运使总各路漕运、财赋、刑狱，兼按察所部官吏，马步军都总管、兵马钤辖、经略安抚使，膺阃帅边将之任。真宗置诸路提点刑狱，掌狱讼及按察之事，于是漕司之权始分。神宗重财政，差官提举各路常平仓，掌常平敛散之法，亦兼按察之职。徽宗加置茶盐提举，高宗合为一司，名提举常平茶盐公事。阃帅、转运、提刑、提举，谓之帅、漕、宪、仓，俱为监司，郡县皆受制焉。四司各自建台，专有掾佐，而号令之行于统属者极烦矣。　一〇四一节辽起临潢，降奚霫、室韦，略营平，灭渤海，援立石晋，得燕云十六州，自是国力强大，动陵南夏，举全宋之力不能有以加焉。当其盛时，府州军城一百六十余，因五京上京临潢府、中京大定府、东京辽阳府、南京析津府、西京大同府。之名，分为五道，上京道，今内蒙古克什克腾以东诸部之地；中京道，今直隶承德府，及盛京锦州府；东京道，今盛京奉天府、吉林省，及朝鲜北境；南京道，今直隶顺天、永平二府，易、遵化二州；西京道，今直隶宣化府，山西大同、朔平、宁武三府。五道内外，部族属国甚众，东至海，西至金山，阿尔泰山南支，在外蒙古科布多西南。北至胪朐河，今名克鲁伦河，在外蒙古车臣汗部。南与宋、夏、高丽相接。　一〇四二节金据渤海之旧壤，西向剪辽，数年之间，悉平五道，继取宋四京，东京开封府、西京河南府、南京应天府、北京大名府。割地至淮汉。辽之藩属，自夏、高丽以下，前后降附。升辽南京为中都大兴府，以府尹兼中都路兵马都总管，改中京为北京，宋东京为南京，东京、西京，仍辽之旧，号金源旧都曰上京会宁府，海陵尝削上京之号，世宗复之。五京皆置留守，带府尹兼本路都总管。京府之外有诸府，府尹带总管者曰总管府，不带总管者曰散府。州有节度使曰节镇，有防御使曰防御郡，有刺史曰刺史郡。总管府凡十五，曰曷懒、今吉林省南境。咸平、今盛京奉天府东北境。婆速、今奉天府东南境。山东东西、东路，今山东东境；西路，山东西境，及江苏徐州府。河北东西、东路，今直隶天津、河间二府，深、冀二州；西路，直隶定州以南及河南彰德、卫辉二府。大名、今直隶大名府。河东南北、北路，今山西中部；南路，山西南境，及河南怀庆府。京兆、今陕西西安、同州二府，乾、商二州。鄜延、今陕西鄜州以化。庆原、今甘肃泾州、庆阳府，及陕西邠州。凤翔、今陕西凤翔府，及甘肃秦州。临洮，今甘肃兰州、巩昌二府。与中都五京，为二十一路，速频、今吉林省东南境。胡里改、今吉林省东境。蒲与今黑龙江省南境。三路，不置总管，以节度使统之。散府凡十一，广宁、兴中、临潢、德兴、中山、彰德、济南、归德、河南、河中、平凉。州一百四十七。内节镇三十六、防御郡二十二、刺史郡八十九。又置转运司十三、上京大名及东边诸路不置，合咸平、东京为一路，曰辽东，京兆、鄜延曰陕西东路，庆原、凤翔、临洮曰陕西西路。提刑司九，五京及河北、河东、山东、陕西。分掌各路财赋刑狱之政，与总管各自为监司。　一〇四三节女直旧制，管军民者有谋克，百夫长也，有猛安，千夫长也，平时课其所属耕牧，有事则率之出战。及得中原后，虑汉民怀贰，移种人散处中原，给地屯种，以功臣为猛安谋克总之，世袭其职，不隶州县。世宗患种人为民害，令其众自为保聚，土田与民犬牙相入者互易之，各有界址。章宗时，主兵者谓种人田少，请括民田之冒占者给之，于是种人倚国威，侵夺民田，民怨之彻骨。及宣宗南迁，乱民争屠种人，虽赤子亦不免，故金之亡也，女直之民不留踪于汉地矣。

第五章　货币之制

一〇四四节汉人设市，昉于太古，用龟贝为货，以计粟帛之价，故货、财、卖、买、贵、贱等字皆从贝。又币者，本礼物也，古人多用帛，故其字从巾，然珠、玉、金、银、皮、马，皆可以为币。古者珠玉甚多，朝觐聘享皆用之，故古之言货言币者，非今所谓钱币，然其用则已与钱币同。周人始铸铜为钱，于是有刀布泉货之称。刀者，言其利于民；布者，言其分布；货者，言其化易；泉者，言其流行。后世制钱字以代泉，而刀布之名废。　一〇四五节秦铜钱重十二铢，文曰半两，汉初以其重难用，更行荚钱，薄如榆荚。文帝时，钱益多而轻，乃更造四铢钱，除盗铸钱令，使民放铸。是时吴王濞有豫章铜山，幸臣邓通亦赐蜀山冶铸，吴、邓钱布全国。其后复禁民铸钱，景帝严其律，犯者弃市，然奸铸益盛，或磨钱取镕。武帝令郡国铸五铢钱，寻以钱多，禁郡国勿铸，专令上林三官掌之，敕非三官钱不得行，郡国前所铸钱，皆废销之，由是盗铸始少。　一〇四六节王莽造契刀、错刀，形如刀，与五铢钱并行，寻又罢之，作金、银、龟、贝、钱、布之品，名曰宝货，凡二十八品。金货一品，银货二品，龟宝四品，贝货五品，钱货六品，布货十品。钱布皆铜货也，十二铢以下为钱，十五铢以上为布，时百姓不便，私以五铢市买，坐盗铸及沮宝货抵罪者，不可胜数。光武中兴，复行五铢。　一〇四七节战国以来，各地产金银极饶，献遗赐赉，率皆以金，秦以二十两为镒，汉以十六两为斤，唯衡其轻重而用之，未尝以铸钱。王莽时，金一斤若银五斤，直小钱重一铢者万，万铢者，二十六斤有奇也，然则铜之二十六，可以易金之一，可以易银之五，当时铜贵而金银贱如此。　一〇四八节降及南北朝，钱法屡有变更，梁武帝尝行铁钱，魏之河西，或用西域金银钱，而五铢流通最盛，然民多私铸，益以薄小，有名为五铢而无二铢之实者，或铸大钱，以当五铢之十，而重不及六铢。唐初，旧钱滥恶不可用，乃铸新货，名开元通宝，重二铢四絫。唐大秤三倍古秤，故唐钱实重于汉钱。终唐之世，率依其式，置监于产铜之地，以掌鼓铸。肃宗时，铸乾元重宝，以一当十，又铸重轮钱，一当五十，皆重仅倍开元，于是物价腾踊，死者满道。既而递减其直，至代宗时，皆以一当一，自是民间乾元、重轮二钱铸为器，不复出矣。　一〇四九节五代时，闽、楚、蜀皆用铁钱，与铜钱兼行。宋太祖铸宋元通宝，重准开元，禁诸州轻小恶钱，旧俗用铁钱者听之。太宗铸太平通宝及淳化元宝，自后每改元更铸，皆称元宝，冠以年号。设池、今安徽池州府。饶、今江西饶州府。江、今江西九江府。建今福建建宁府。州四监铸铜钱，邛、今四川直隶州。嘉、今四川嘉定府。兴今陕西汉中府遂县。州三监铸铁钱。庆历中，西事棘而军乏需，陕西请铸当十大钱，河东又铸铁钱，寻敕江南诸州杂铸大小钱，悉辇致关中，于是盗铸者云起，钱文甚乱。其后以小铁钱三当铜钱一，当十铜铁钱，减作当二，盗铸乃熄。熙宁中，铸铜铁钱皆当二，谓之折二钱。是时诸路铜钱监十七，岁铸五百余万贯，铁钱监九，岁铸八十余万贯，官铸之盛，数十倍汉唐，而国用日广，常苦钱少。崇宁中，铸折十铜钱及夹锡大铁钱行之，立法苛切，所在骚然。其后复废大钱，而折二钱独行。建炎兵革，州县鼓铸皆废，驯及绍兴，所铸无几，乃造楮币以佐国用。　一〇五〇节初唐元和中钱少，商贾至京师，委钱诸路进奏院及诸军使富家，以轻装趋四方，合券取之，号飞钱。太祖效其故事，许民入钱左藏库，于诸州便换，置便钱务，作券以给之。又蜀富人患铁钱重，私作券以便贸易，每以三年为界而收之，谓之交子。后赀衰不能偿，争讼数起，转运使薛田请置交子务提衡之，禁民私造。至崇宁间，陕西、河东、京东西、淮南，亦皆行交子。交子又名钱引，义与茶盐钞引同，暂以代钱，故必积钱为本，乃可通行。大观中，不蓄本而增发，始壅而不通，至引一缗直十余钱。　一〇五一节绍兴初，造见钱关子付州将，募商人纳钱以给军，执关子诣榷货务请钱，愿得杂货钞引者听。既而出纳留难，人皆嗟怨。关子亦钱引也，后又改为会子，通行于淮、浙、京、湖诸路，凡上供及民间典卖皆用之，虽三年为界，唯造新换旧而已，无偿还之期，实始以楮为钱。孝宗用心铸钱，虑会子病民，屡出钱银收换，使无壅滞。光宁以后，发楮愈多，折阅日甚，称提无策，国大耗弊。　一〇五二节金初不铸钱，用辽宋旧钱，海陵循宋交子之法造交钞，不限行用年月，若岁久字昏，许于所在官库纳旧换新，或听便支钱。正隆中，始置钱监，然鼓铸不广，敛散无方，大抵楮多钱少。章宗铸银货，每两折钱二贯，寻以奸铸难禁罢之。宣宗南迁，用度繁殷，专仰于钞，有出无入，至老钞几贯，惟易一饼，而金祚亡矣。　一〇五三节钞法本由钱重而起，宋金皆以钱为本，与钱并行，至元则专用宝钞，未尝铸钱。武宗一行钱法，仁宗以鼓铸弗给罢之，故元之诸钞，虽文依钱名而常以银为本，各路立平准库，交易金银，又立回易库，钞之昏敝者，许以易新钞，赋税皆以钞输纳。及法之弊也，伪造日滋，回易库不敢易昏钞，遂成废纸，民之苦于钞不减于宋金也。

附錄

五代列國世系

梁

朱氏，代唐，凡二世，十七年，為後唐莊宗所滅。

(一)太祖晃—(二)末帝瑱

後唐

本姓朱邪氏，沙陀人，唐賜姓李，稱帝四世，十四年，自克用為晉王四十二年，為晉高祖所滅。

晉武王（太祖武帝）克用—(一)莊宗存勗
　　　　　　　　　　　—(二)明宗亶(養子)—(三)閔帝從厚
　　　　　　　　　　　　　　　　　　　　—(四)末帝從珂(養子，本姓王氏)

晉

石氏，沙陀人，稱帝二世，十一年，為遼太宗所滅。

宋王敬儒—(一)高祖敬塘
　　　　—(二)出帝重貴

漢

劉氏，沙陀人，稱帝二世，四年，為周太祖所篡。北漢稱帝四世，二十九年，降于宋太宗。

(一)高祖暠—(二)隱帝承祐
(北一)世祖旻—(北二)孝和帝鈞
　　　　　　—公主—(北三)廢帝繼恩(孝和長子，本姓薛氏)
　　　　　　　　　—(北四)宋彭城公繼元(孝和養子，本姓何氏)

周

郭氏，自謂周虢叔之後，代漢，凡三世，十年，禪于宋。

(一)太祖威—(二)世宗榮(養子，本姓柴氏)—(三)恭帝宗訓(宋鄭王)

前蜀

王氏，稱帝二世，十九年，自為蜀共三十四年，為後唐莊宗所滅。

(一)高祖建—(二)衍

後蜀
孟氏、稱帝二世、三十二年降于宋太祖、

○高祖知祥—(二)宋秦公昶

吳
楊氏、稱帝一世十一年、自行密為吳王、四世三十六年、禪于南唐

(一)武忠王(太祖武帝)行密—(二)景王(烈祖景帝)渥
　　　　　　　　　　　　—(三)宣王(高祖宣帝)隆演
　　　　　　　　　　　　—(四)睿帝溥

南唐
李氏、自稱唐憲宗子吳王恪之後、代楊吳、二世二十九年降于宋太祖、

(一)烈祖昇—(二)元宗景—(三)江南主宋隴西公煜

南漢
劉氏稱帝四世、五十五年降于宋太祖

南海王(襄帝)隱
(一)高祖龑—(二)殤帝玢
　　　　　—(三)中宗晟—(四)宋衛公鋹

閩
王氏稱帝四世十三年、自審知為閩王、六世三十七年降于南唐元宗

(一)忠懿王(太祖昭武帝)審知—(二)延翰
　　　　　　　　　　　　　—(三)太宗惠帝鏻—(四)康宗昶
　　　　　　　　　　　　　—(五)景宗曦
　　　　　　　　　　　　　—(六)延政

吳越
錢氏、王兩浙五世七十二年、獻地于宋太宗

(一)武肅王鏐—(二)文穆王元瓘—(三)忠獻王弘佐
　　　　　　　　　　　　　　—(四)廢王弘倧
　　　　　　　　　　　　　　—(五)宋南陽王俶

楚

馬氏、王湖南六世四十五年、為南唐元宗所滅、

(一)武穆王殷
(二)希聲
(三)文昭王希範
(五)希萼
(四)希廣
(六)希崇

荊南

高氏、領鎮五世五十七年、降于宋太祖

(一)楚武信王季興—(二)南平文獻王從誨—(三)南平貞懿王保融—(五)繼冲
(四)保勗

宋遼金夏世系

宋

趙氏、漢京兆尹廣漢之後、代郭周、九世百六十八年、降于金太宗、高宗南渡、是為南宋、九世百五十二年、為元世祖所滅、通前後、凡十八世三百二十年、

○宋代諸后謚皆二字、稱諡者特加四字、

(一)太祖皇帝匡胤
孝明王皇后
孝章宋皇后
燕懿王德昭
秦康惠王德芳—英公惟憲—新興侯從郁—華陰侯世將—東頭供奉令繪—秀安僖王子稱—(十一)孝宗皇帝昚 高宗養子—(十二)光宗皇帝惇—(十三)寧宗皇帝擴

(二)太宗皇帝炅
明德李皇后
(三)真宗皇帝恒
章穆郭皇后
章獻明肅劉皇后
(四)仁宗皇帝禎
郭皇后
慈聖光獻曹皇后
商恭靖王元份—濮安懿王允讓—(五)英宗皇帝曙
宣仁聖烈高皇后
(六)神宗皇帝頊
欽聖憲肅向皇后

(七)哲宗皇帝煦
昭慈聖獻孟皇后
昭懷劉皇后

(八)徽宗皇帝佶
顯恭王皇后
顯肅鄭皇后
(九)欽宗皇帝桓
仁懷朱皇后
(十)高宗皇帝構
憲節邢皇后
憲聖慈烈吳皇后

成恭夏皇后
成肅謝皇后
慈懿李皇后
恭淑韓皇后
恭聖仁烈楊皇后

榮文恭王希瓐 燕王德昭九世孫
(十四)理宗皇帝昀 寧宗養子
謝皇后

福王與芮
(十五)度宗皇帝禥 理宗養子
全皇后
(十六)德祐帝㬎
(十七)端宗皇帝昰
(十八)祥興帝昺

遼

耶律氏，初號契丹，太宗改號遼，聖宗復契丹，道宗又號遼，凡九世二百十年，為金太宗所滅，西遼建國，四世八十八年，禪于乃蠻王屈出律。

(一)太祖天皇帝億 — 人皇王（讓國帝）倍 — (三)世宗天授帝阮 — (五)景宗天贊帝賢 — (六)聖宗天輔帝隆緒

(二)太宗嗣聖帝德光 — (四)穆宗天順帝璟

(七)興宗文成帝宗眞 — (八)道宗天祐帝洪基 — 昭懷太子（順宗）濬 — (九)天祚帝（金豫王）延禧

宋魏王和魯斡 — 天錫帝淳

(西一)德宗天祐帝大石（太祖八世孫） — (西二)仁宗伊列 — (西四)天禧帝直魯台

(西三)承天太后普速完

金

完顏氏，女直人，世臣屬契丹，烏古迺始為生女直部節度使，稱帝九世百二十年，為元太宗所滅。

（始祖景元帝）函普 — （德帝）烏魯 — （安帝）跋海 — （獻祖定昭帝）綏可 — （昭祖成襄帝）石魯

(節一)（景祖惠桓帝）烏古迺

烏骨出

7 金源郡王習不失（安帝六世孫）

17 金源郡王撒离喝

直离海（始祖弟保活里四世孫）

金源郡王石土門 — 21 習失

15 金源郡王迪古乃（漢名忠）

9 陳王谷神（漢名希尹，與金同姓）

10 金源郡王婁室（與金同姓）

（景宣帝）繩果（漢名宗峻） — (三)熙宗合剌（漢名亶）

3 梁宋王斡本（漢名宗幹） — (四)廢帝（海陵庶人）迪古乃（漢名亮）

5 宋王斡离不（漢名宗望）

6 梁王兀朮（漢名宗弼）

兗王訛魯觀（漢名宗雋）

劾者 — 2 金源郡王撒改 — 4 晉王粘沒喝（漢名宗翰）

8 鄭王斡魯

(節二)（世祖聖肅帝）劾里鉢 — (節五)（康宗恭簡帝）烏雅束 — 11 楚王謀良虎（漢名宗雄）

(一)太祖武元帝阿骨打（漢名旻）

(二)太宗文烈帝吳乞買（漢名晟） — 宋王蒲魯虎（漢名宗磐）

13 蜀王銀朮可（宗室子）

1 遼王斜也（漢名杲）

12 魯王闍母

(節三)（肅宗穆憲帝）頗剌淑

劾孫 — 16 蒲家奴（漢名昱）

(節四)（穆宗孝平帝）盈哥

14 阿离合懣

金源郡王烏野（漢名勗）

謾都訶

魯王撻懶（漢名昌）

19 斡魯古（宗室子）

18 劉彥宗

20 韓企先（共異姓功臣）

（睿宗）訛里朶 漢名宗輔 —（五）世宗烏祿 漢名雍 — 宣孝太子（顯宗）胡土瓦 漢名允恭 —（六）章宗麻達葛 漢名璟
　　　　　　　　　　　　　　　　　　　　　　　　　　　　　　　　　　　　　　　—（八）宣宗吾睹補 漢名珣 —（九）哀宗寧甲速 漢名守緒
　　　　　　　　　　　　　　　　　　　　　　　—（七）廢帝（衛紹王）永濟
曹王阿魯補 漢名宗敏

金之初起、兄弟叔姪、同心協力、絶無猜忌之狀、故開國功臣、多出於宗室、世宗思祖宗創業之艱難、求當時群臣勲業顯著者、圖像于衍慶宮、大功臣凡二十一人、亞大功臣凡二十二人、大功臣中異姓唯二人、今紀帝系、幷列舉大功臣、標亞剌伯數字、以示衍慶圖像之位次、

夏

本姓拓跋氏、党項人、唐季賜姓李、世為定難節度使、繼遷受遼封為夏王、曩霄以後稱帝、十世、百九十年、自繼遷為王、十二世、二百三十八年、為元太祖所滅

（節一）思恭 — 某 —（節三）彝昌
（節二）思諫
（節四）仁福 思恭之族 —（節五）彝超
　　　　　　　　　　　—（節六）彝興 —（節七）克叡 —（節八）繼筠
　　　　　　　　　　　　　　　　　　　　　　　　　—（節九）繼捧
思忠 益思恭弟 — 仁顏 — 彝景 — 光儼 —（節十）夏王（太祖神武帝）繼遷 — 夏王（太宗光聖帝）德明

（一）景宗武烈帝曩霄 —（二）毅宗昭英帝諒祚 —（三）惠宗康靖帝秉常 —（四）崇宗聖文帝乾順
（五）仁宗聖德帝仁孝 —（六）桓宗昭簡帝純祐
越王仁友 —（七）襄宗敬穆帝安全
某 — 齊忠武王彥宗 —（八）神宗英文帝遵頊 —（九）獻宗德旺
　　　　　　　　　　　　　　　　　　　　　— 清平郡王某 —（十）晛

諸帝在位年數及年號

表中言實止幾者、皆改前帝末年為新帝元年也、解見第二卷附錄六十七葉裏、

梁 二帝、十七年、

太祖 唐天祐四年簒位、六年、開平四、乾化二、

末帝瑱 十一年、仍用乾化至四、貞明六、龍德三、

後唐 四帝、十四年、

莊宗 梁龍德三年稱帝滅梁、四年、同光四、 明宗 七年、天成四、實止三、長興四、 閔帝 一、應順 末帝從珂 二年、清泰三、實止二、

晉 二帝、十一年、

高祖 唐清泰三年、遼太宗天顯十一年稱帝、滅唐、七年、天福七、 出帝重貴 四年、仍用天福至八、開運三、

漢 二帝、四年、

高祖暠 遼太宗大同元年稱帝、二年、仍稱晉天福十二年、是歲改號漢乾祐一、 隱帝 二年、仍用乾祐至三

周 三帝、十年、

太祖 漢乾祐四年稱帝、四年、廣順三、顯德一、 世宗 五年、仍用顯德至六、 恭帝 一年、年號不詳、恐仍用顯德七年、

宋 十八帝、三百二十年、

太祖 周顯德七年簒位、十七年、乾隆三、乾德五、開寶九、 太宗 二十一年、太平興國八、實止七、雍熙四、端拱二、淳化五、至道三、 眞宗 二十五年、咸平六、景德四、大中祥符九、天禧五、乾興一、 仁宗 四十一年、天聖九、明道二、景祐四、寶元二、康定一、慶曆八、皇祐五、至和二、嘉祐八、 英宗 四年、治平四、

神宗 十八年、熙寧十、元豐八、 哲宗 十五年、元祐八、紹聖四、元符三、 徽宗 二十五年、建中靖國一、崇寧五、大觀四、政和七、重和一、宣和七、

欽宗 二年、靖康二、 高宗 三十五年、建炎四、實止三、紹興三十二、 孝宗 二十七年、隆興二、乾道九、淳熙十六、 光宗 五年、紹熙五、

寧宗三十年、慶元六、嘉泰四、開禧三、嘉定十七、理宗四十年、寶慶三、紹定六、端平三、嘉禧四、淳祐十二、寶祐六、開慶一、景定五、度宗十年、咸
淳十、帝㬎二年、德祐二、端宗二年、景炎三、實止二、帝昺一年、祥興二、實止一、

遼九帝、二百十年

太祖梁末帝貞明二年稱帝改元、一年、神冊六、天贊四、天顯一、太宗二十一年、仍用天顯至十二、會同九、大同一、會同九年滅晉、世宗
四年、天祿五、實止四、穆宗十八年、應曆十九、實止十八、景宗十三年、保寧十、實止九、乾亨四、聖宗四十九年、統和二十九、
開泰九、太平十一、興宗二十四年、景福一、卽太平十一年也、重熙二十四、道宗四十六年、清寧十、實止九、咸雍太康太安各十、壽隆七、天祚
帝二十四年、乾統十、實止九、天慶十、保大五、

金八帝、百二十年、

太祖宋徽宗政和五年、遼天祚帝天慶五年、稱帝、九年、收國二、天輔七、太宗十二年、天會十三、實止十二、天會三年滅遼、熙宗十四年、
仍用天會至十五、天眷三、皇統九、廢帝亮十二年、天德四、實止三、貞元三、正隆六、世宗二十八年、大定二十九、實止二十八、章宗十九年、
明昌六、承安五、泰和八、廢帝永濟五年、大安三、崇寧一、至寧一、宣宗十年、貞祐四、實止三、興定五、元光二、哀宗十一年、正大
八、天興三、

宋儒傳授圖

元儒金履祥趙復以下八名附之

◎名儒清朝以從祀于孔子廟者、

○亦名儒然不列于從祀者、

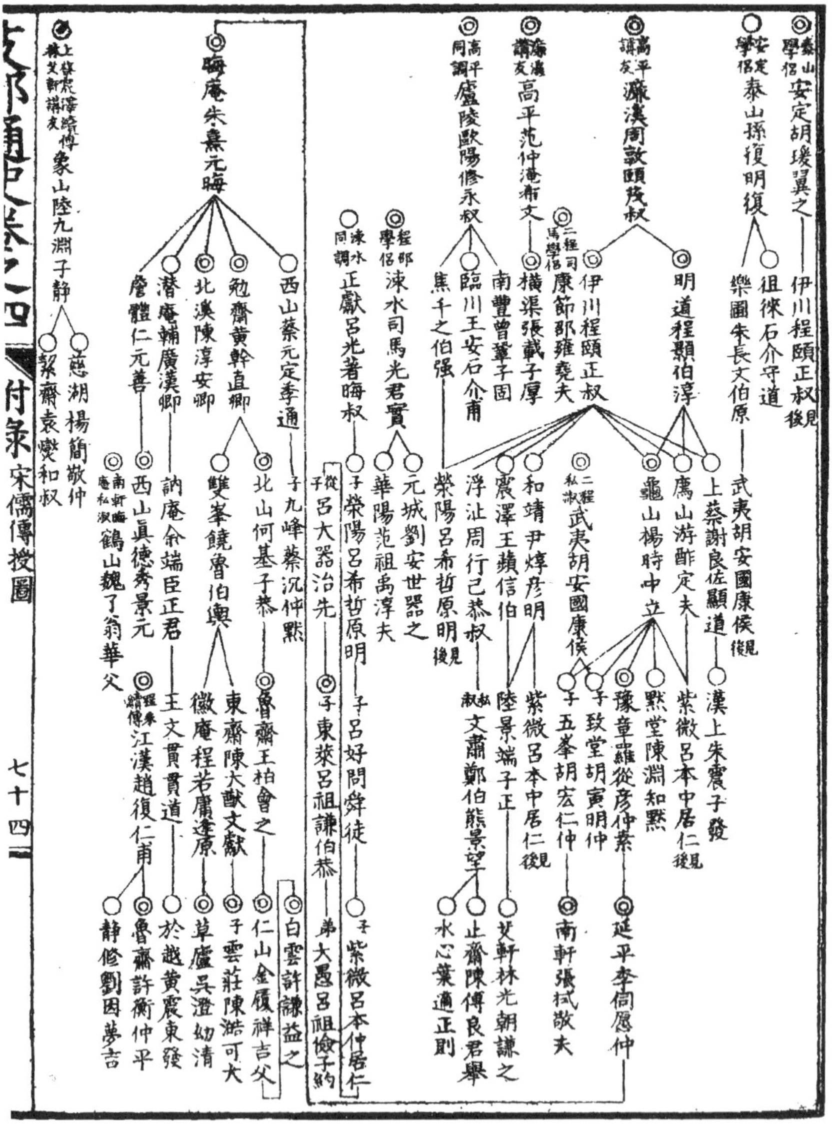
支那通史卷之四 付錄 宋儒傳授圖
泰山學侶 安定胡瑗翼之
伊川程頤正叔 見後
安定學侶 泰山孫復明復
徂徠石介守道
樂圃朱長文伯原
武夷胡安國康侯 見後
高平講友 濂溪周敦頤茂叔
明道程顥伯淳
伊川程頤正叔
上蔡謝良佐顯道
廌山游酢定夫
龜山楊時中立
漢上朱震子發
紫微呂本中居仁 見後
默堂陳淵知默
豫章羅從彦仲素
子 致堂胡寅明仲
子 五峯胡宏仁仲
延平李侗愿仲
南軒張栻敬夫
二程私淑 武夷胡安國康侯
二程司馬學侶 康節邵雍堯夫
濂溪講友 高平范仲淹希文
橫渠張載子厚
和靖尹焞彦明
震澤王蘋信伯
浮沚周行己恭叔
紫微呂本中居仁 見後
陸景端子正
私淑 文肅鄭伯熊景望
艾軒林光朝謙之
止齋陳傅良君舉
水心葉適正則
高平同調 廬陵歐陽修永叔
南豐曾鞏子固
臨川王安石介甫
焦千之伯强
滎陽呂希哲原明 見後
程邵學侶 涑水司馬光君實
元城劉安世器之
華陽范祖禹淳夫
涑水同調 正獻呂公著晦叔
子 滎陽呂希哲原明
子 呂好問舜徒
子 紫微呂本中居仁
從子 呂大器治先
子 東萊呂祖謙伯恭
弟 大愚呂祖儉子約
晦庵朱熹元晦
西山蔡元定季通
子 九峯蔡沈仲默
勉齋黃榦直卿
北山何基子恭
魯齋王柏會之
仁山金履祥吉父
白雲許謙益之
雙峯饒魯伯輿
東齋陳大猷文獻
子 雲莊陳澔可大
徽庵程若庸逢原
草廬吳澄幼清
北溪陳淳安卿
潛庵輔廣漢卿
訥庵余端臣正君
王文貫貫道
於越黃震東發
詹體仁元善
西山眞德秀景元
南軒晦庵私淑 鶴山魏了翁華父
程朱續傳 江漢趙復仁甫
魯齋許衡仲平
靜修劉因夢吉
上蔡震澤續傳 林艾軒講友 象山陸九淵子靜
慈湖楊簡敬仲
絜齋袁燮和叔
七十四

文廟從配沿革表

	孔子諡號	配享（後號四配）	十哲（後爲十二哲）	先賢從祀	歷代增減	周儒
唐初	先聖孔子 高祖武德七年配享周公大宗貞觀二年升爲先聖	顏回 曾參 貞觀二年顏回配享高宗總章元年曾參配享			貞觀二十一年從祀凡二十二人	左丘明 卜商 公羊高 穀梁赤
唐玄宗以後	先聖文宣王 玄宗開元二十七年追謚	兖國公顏子 開元二十七年追封	閔損 冉耕 冉雍 宰予 端木賜 冉求 仲由 言偃 卜商 曾參 開元八年以閔損等九人與顏回同從祀曾參列于其次後降居七十子之首	曾參 顓孫師 澹臺滅明 有若等七十三人 開元二十七年從祀	開元八年卜商入十哲凡二十一人	左丘明 公羊 穀梁
宋	至聖文宣王 眞宗咸平三年謚曰玄聖文宣王大中祥符五年改玄聖爲至聖	兖國公顏子 鄒國公孟子 舒王王安石 神宗元豐中封孟軻配享徽宗崇寧三年王安石配享欽宗時罷安石	閔損 冉耕 冉雍 宰予 端木賜 冉求 仲由 言偃 卜商 曾參 宗以顏回特稱配享而曾參補十哲之闕	顓孫師 澹臺滅明 有若 孔伋等七十二人 眞宗咸平三年罷公夏首等十一人進曾參於十哲徽宗大觀二年增祀孔伋四年復祀公夏首等十人	元豐七年增荀況揚雄韓愈凡二十四人徽宗政和三年增王雱欽宗時王安石罷配享仍居從祀之列孝宗淳熙四年罷王雱	左丘明 荀況 公羊高 穀梁赤
宋	至聖文宣王	兖國公顏子 郕國公曾子 沂國公子思 鄒國公孟子 度宗咸淳三年進封曾參孔伋升之配享	閔損 冉耕 冉雍 宰予 端木賜 冉求 仲由 言偃 卜商 顓孫師 咸淳三年曾參進配享以顓孫師補闕	澹臺滅明 有若等七十一人 咸淳三年升孔伋于配享升顓孫師于十哲而增祀孔鯉	理宗淳祐元年黜王安石增周張二程朱熹景定二年增張栻呂祖謙度宗咸淳三年增邵雍司馬光凡三十三人	左丘明 荀況 公羊高 穀梁赤
元及明	大成至聖文宣王 元成宗大德十一年加號	兖國復聖公 郕國宗聖公 沂國述聖公 鄒國亞聖公 元仁宗延祐三年加封	閔損 冉耕 冉雍 宰予 端木賜 冉求 仲由 言偃 卜商 顓孫師	澹臺滅明 有若等七十一人	元仁宗時增許衡明太祖時罷揚雄增董仲舒英宗正統中增胡安國蔡沈眞德秀吳澄孝宗時增[illegible]凡三十八人	左丘明 荀況 公羊高 穀梁赤
明世宗以後	至聖先師 世宗嘉靖九年改號	復聖顏子 宗聖曾子 述聖子思子 亞聖孟子	閔損 冉耕 冉雍 宰予 端木賜 冉求 仲由 言偃 卜商 顓孫師	澹臺滅明 有若等六十二人 嘉靖九年罷曾點遽瑗孔鯉等九人	嘉靖九年罷荀況戴聖劉向及鄭衆以下十一人增后蒼王通歐陽脩胡瑗陸九淵穆宗時增薛瑄神宗時增王守仁[illegible]凡三十一人	左丘明 公羊高 穀梁赤
清	至聖先師	復聖顏子 宗聖曾子 述聖子思子 亞聖孟子	閔損 冉耕 冉雍 宰予 端木賜 冉求 仲由 言偃 卜商 顓孫師 有若 朱熹 聖祖康熙五十一年朱熹自先儒進高宗乾隆中有若自先賢進號十二哲	遽瑗 澹臺滅明 左丘明等六十八人 及樂正克 公都子 萬章 公孫丑 周敦頤 邵雍 張載 程顥 程頤 世宗雍正二年復祀遽瑗等四人增祀縣亶牧皮及孟子高第四人而左丘明及宋儒五人自先儒進從祀者列於十哲凡七十七人	世祖時從祀二十五人聖祖特升朱熹于十哲之次雍正二年周張二程進于先賢復祀尹焞黃榦陳淳魏了翁何基王柏趙復金履祥許謙陳澔其十四人後又復吳澄凡四十六人	公羊高 穀梁赤

先儒從祀

漢儒	魏儒	晉儒	隋儒	唐儒	宋儒	元儒	明儒	清儒
伏勝 高堂生 孔安國 戴聖 毛萇 劉向 杜子春 鄭衆 賈逵 馬融 盧植 鄭玄 服虔 何休	王肅 王弼	杜預 范甯						
伏勝 高堂生 孔安國 戴聖 毛萇 劉向 杜子春 鄭衆 賈逵 馬融 盧植 鄭玄 服虔 何休	王肅 王弼	杜預 范甯						
伏勝 高堂生 孔安國 戴聖 毛萇 劉向 楊雄 杜子春 鄭衆 賈逵 馬融 盧植 鄭玄 服虔 何休	王肅 王弼	杜預 范甯		韓愈	王安石 王雱			
伏勝 高堂生 孔安國 戴聖 毛萇 劉向 楊雄 杜子春 鄭衆 賈逵 馬融 盧植 鄭玄 服虔 何休	王肅 王弼	杜預 范甯		韓愈	周敦頤 邵雍 司馬光 張載 程顥 程頤 朱熹 張栻 呂祖謙			
伏勝 高堂生 孔安國 董仲舒 戴聖 毛萇 劉向 杜子春 鄭衆 賈逵 馬融 盧植 鄭玄 服虔 何休	王肅 王弼	杜預 范甯		韓愈	周敦頤 邵雍 司馬光 張載 程顥 程頤 楊時 胡安國 朱熹 張栻 呂祖謙 蔡沉 眞德秀	許衡 吳澄		
伏勝 高堂生 孔安國 董仲舒 后倉 毛萇 杜子春			王通	韓愈	歐陽脩 胡瑗 周敦頤 邵雍 司馬光 張載 程顥 程頤 楊時 胡安國 朱熹 張栻 呂祖謙 陸九淵 蔡沉 眞德秀	許衡	薛瑄 王守仁	
伏勝 高堂生 孔安國 董仲舒 后倉 毛萇 杜子春 鄭玄 諸葛亮		范甯	王通	韓愈	范仲淹 歐陽脩 胡瑗 司馬光 楊時 尹焞 胡安國 羅從彥 李侗 張栻 呂祖謙 陸九淵 蔡沉 黃幹 陳淳 眞德秀 魏了翁 何基 王柏	趙復 許衡 金履祥 許謙 吳澄 陳澔	薛瑄 胡居仁 陳獻章 王守仁 蔡清 羅欽順	陸隴其

卷四之末

宋百官品秩表

元豐以後官制屢有更革，今據孝宗寧宗所修定。閤門及府州軍等不載，長官此皆以他官攝其職也。

一品九等十八階	爵九等	勳官十二階（政和三年罷）	文階官・元豐以前	文階官・舊官	文階官・元豐改新官二十九階（政和中增為三十七階）	文階官・料錢	選人八階官・舊官	選人八階官・新官	武階官・政和以前舊官	武階官・政和新官五十二階	武階官・料錢	武階官・祿粟	方州散官	方州散官・料錢	環衛官二十六階	醫階官・政和前舊官	醫階官・政和新官二十二階	公師賓客	尚書省	門下省	中書省	樞密院	御史臺	學士院及經筵
正一品	王												元豐政和依舊不更唯承宣使政和七年改留後為之					三公三孤	左右丞相					
從一品	嗣王郡王國公			三省長官 尚書左右僕射	開府儀同三司 特進	[illegible]												太子三師				使		
正二品	開國郡公	上柱國		吏部尚書	金紫光祿大夫	[illegible]				太尉	百貫[illegible]	[illegible]							參知政事			知樞密院事		
從二品	開國縣公	柱國	吏部尚書以下諫議大夫以上曰侍從官	五部尚書	銀青光祿大夫	[illegible]							節度使	四百[illegible]	左右金吾衛上將軍 左右衛上將軍			太子三少	六部尚書			簽書院事	大夫	
正三品		上護軍		尚書左右丞	宣奉大夫 正奉大夫	[illegible]													權六部尚書	左散騎常侍	右散騎常侍	直學士		翰林學士
從三品	開國侯	護軍		六部侍郎	正議大夫 通奉大夫	[illegible]									左右驍衛武衛等上將軍 [illegible]			太子賓客	六部侍郎				中丞	
正四品	開國伯	上輕車都尉		給事中	通議大夫	[illegible]							承宣使	三百[illegible]	十六衛大將軍					給事中	中書舍人			
從四品		輕車都尉		左諫議大夫	太中大夫	[illegible]									十六衛將軍				權六部侍郎	左諫議大夫	右諫議大夫			
正五品	開國子	上騎都尉	左右司郎中以上曰御監	秘書監	中大夫	[illegible]			客省閤門以上曰橫班		[illegible]	[illegible]	觀察使	二百[illegible]										
從五品	開國男	騎都尉		光祿衛尉卿 [illegible] 少府監	中奉大夫 中散大夫	[illegible]			客省使 引進使 [illegible]	中亮大夫 中衛大夫 [illegible]	[illegible]	[illegible]	防禦使 團練使 刺史	[illegible]								都承旨		
正六品		驍騎尉		[illegible]	朝議大夫 奉直大夫	[illegible]			東西上閤門使	拱衛大夫 [illegible]	[illegible]								左右司郎中	檢正諸房公事	檢正諸房公事	副都承旨		
從六品		飛騎尉	正郎	[illegible]	朝請大夫 朝散大夫 朝奉大夫	[illegible]			[illegible] 閤門副使	[illegible]	[illegible]					[illegible]	和安大夫 成安大夫 [illegible] 成安大夫		左右司員外郎 諸司郎中	起居郎	起居舍人	檢詳諸房文字	侍御史	
正七品		雲騎尉	員外郎	[illegible]	朝請郎 朝散郎 朝奉郎	[illegible]			諸司正使	[illegible]	[illegible]					翰林醫官使	[illegible] 保安大夫 翰林良醫		諸司員外郎	左司諫	右司諫	諸房副承旨	殿中侍御史	侍讀侍講
從七品		武騎尉	太子洗馬以上曰陞朝官	左右正言 [illegible] 博士	承議郎	[illegible]			諸司副使	[illegible] 八階 [illegible]	[illegible]					翰林醫官副使	和安郎 [illegible] 翰林醫正 醫官 醫效 醫痊			宣德員外郎	右正言	計議官 編修官	監察御史	崇政殿說書
正八品				[illegible]	奉議郎 通直郎	[illegible]			三班使臣以上曰使臣	訓武郎 修武郎	[illegible]								都事	錄事	錄事			
從八品			將作監主簿以上曰京官	著作佐郎 大理寺丞	宣教郎 宣義郎	[illegible]	留守節察判官 [illegible]	承直郎 儒林郎 文林郎 從事郎 從政郎 修職郎	東頭供奉官 西頭供奉官	從義郎 秉義郎	[illegible]						翰林醫[illegible] 醫證 醫診 醫候		主事	主事	主事	主事		檢法官主簿
正九品				大理評事 太祝奉禮郎	承事郎 承奉郎	[illegible] 八貫			左右侍禁 左右班殿直	忠訓郎 忠翊郎 成忠郎 保義郎	七貫[illegible] 五貫[illegible]													
從九品				校書郎正字 將作監主簿	承務郎	七貫	[illegible] 簿尉	迪功郎	三班奉職 三班借職	承節郎 承信郎	四貫六[illegible]						翰林醫學							

殿閣				觀文殿大學士	觀文殿學士 資政殿保和殿大學士 [illegible] 端明殿學士 [illegible]	諸閣直學士		保和殿[illegible]待制			集英殿修撰	右文殿修撰 秘閣修撰	直龍圖閣 直天章閣 [illegible]	直[illegible]閣	直秘閣			
秘書省							監			少監		太史局令		丞 著作郎	秘書郎 著作佐郎 太史局五官正	校書郎 正字 太史局丞 直長[illegible]保章正		
九寺 太常寺							卿			少卿				丞	博士	主簿 奉禮郎 協律郎 太祝		
九寺 宗正寺							卿			少卿				丞		主簿		
九寺 光祿衛尉太僕鴻臚四寺								卿			少卿				丞	主簿	光祿太官令	
九寺 大理寺								卿			少卿			丞	丞 司直 評事	主簿		
九寺 司農太府二等								卿			少卿				丞	主簿		
五監 國子監								祭酒			司業				丞 國子博士	太學博士 [illegible]		
五監 少府監								監				少監				丞 主簿		
五監 將作監								監				少監				丞 主簿		
五監 軍器監											監	少監				丞 主簿		
五監 都水監											使者					丞 主簿		
武監 殿前都指揮司				都指揮使			副都指揮使			都虞候 捧日天武四廂都指揮使								
武監 侍衛馬軍司									都指揮使 副都指揮使	都虞候 龍衛四廂 都指揮使								
武監 親軍步軍司									都指揮使 副都指揮使	都虞候 神衛四廂 都指揮使								
武監 閤門														宣贊舍人		祗候		
內侍省										內客省使 延福宮使 景福殿使 宣慶使 宣政使 昭宣使	都知 副都知 押班				內常侍	東頭供奉官 西頭供奉官 殿頭 高品	高班 黃門	
東宮官						詹事				左庶子 右庶子	少詹事[illegible]		侍講 侍讀	中舍人 舍人				
親王府													資善堂翊善 贊讀 直講		王府教授 小學教授	記室參軍		
地方官 開封府				牧		尹						少尹 判官 推官	司錄參軍		諸曹參軍 左右軍巡判官			
地方官 諸府															判官	推官 司錄參軍 諸曹參軍 軍巡判官		
地方官 州																判官 推官 錄事參軍 司理 司法 司戶參軍		中州諸司參軍
地方官 軍及監																判官		
地方官 縣													京師赤縣令		京都西京赤縣丞 諸赤縣畿縣令	京都西京[illegible]	次畿縣[illegible]尉	諸縣[illegible]尉

宋朝百官多依隋官受俸而公孤宰執則別有官祿在京職事官則別有職錢今以四品官以上俸給附于左御史大夫以下階卑于官則職錢稍減

職事官俸給

官名	料錢 職錢	祿粟 隨身
三公三孤	[illegible]	百石百人
宰相樞密使	[illegible]	百石七十人
參知政事 樞密副使 同知院 簽書院	[illegible]	百石五十人
太子三師	[illegible]	
太子三少	[illegible]	
開封牧	[illegible]	
御史大夫 六部尚書	[illegible]	
御史中丞 [illegible] 六部侍郎	[illegible]	
翰林學士	[illegible]	
太子賓客	[illegible]	
太子詹事	[illegible]	
給事中 [illegible]	[illegible]	
左右諫議大夫	[illegible]	
權六部侍郎	[illegible]	
秘書監	四十二貫	
太常宗正卿	三十八貫	
七寺卿 國子祭酒	三十五貫	
少府將作軍器監	三十二貫	

文臣通直郎以上武臣大使臣以上春冬服綾羅絹綿之外每春給羅一匹公孤則給三匹

外任官常俸之外別有公用錢使相至二万貫至[illegible]貫節度使自万貫至七千貫[illegible]防團以下[illegible]又有職田兩京大藩府四十頃次藩鎮三十五頃防團以下各[illegible]品級為差[illegible]

選人階官與階官內侍官別有祿制與文武官不同今以選人七階俸給于下

選人七階 階名	料錢 [illegible]	俸給 [illegible]
承直郎	[illegible]	十四貫[illegible]
儒林郎	[illegible]	十四貫[illegible]
文林郎	十[illegible]四兩	十貫[illegible]
從事郎 從政郎 修職郎	十六貫	十[illegible]四石
迪功郎	十二貫	十貫三石

卷四之末

宋遼金職官沿革表

		唐末五代	宋初	元豐以後	政和以後	南宋	遼北面官	遼南面官	金
三師三公		太師太傅太保 太尉司徒司空	太師太傅太保 太尉司徒司空	太師太傅太保 太尉司徒司空	(三公)太師太傅太保 (三孤)少師少傅少保	(三公)太師太傅太保 (三孤)少師少傅少保	于越 無職掌而論親	太師太傅太保 太尉司徒司空	太師太傅太保 太尉司徒司空
宰執	宰相	同中書門下平章事	同中書門下平章事	尚書令 侍中中書令（並不除人） 尚書左僕射 尚書右僕射	左輔 右弼（並不除人） 太宰 少宰	左丞相 右丞相	北府左右宰相 南府左右宰相 或置總知軍國事 知國事	中書令 侍中 尚書令 左右僕射 或置大丞相 左右丞相及 同平章事等官	尚書令 左右丞相 平章政事
	參政		參知政事	門下中書侍郎 尚書左右丞	門下中書侍郎 尚書左右丞	參知政事		兩省侍郎 尚書左右丞 或置參知政事	尚書左右丞 參知政事
	樞密院	(唐內樞密使後省內字) 五代更改使樞密使或知樞密院事	使 或稱知院事 副使 或稱同知院事	知院事 同知院事 簽書院事	知院事 同知院事 簽書院事	使 知院事 同知院事 簽書院事	(北樞密院掌兵機武銓群牧之政)使 副使 (南樞密院掌文銓部族丁賦之政)使 副使 各院或置知同知簽書	漢人樞密院掌漢人兵馬之政 使 副使 或置 知院事 同知院事	使 副使 簽書院事 同簽院事
給舍		給事中 中書舍人	判門下省事 知制誥 直舍人院	給事中 中書舍人	給事中 中書舍人	給事中 中書舍人		給事中 中書舍人	
學士院		翰林學士	翰林學士 翰林侍讀侍講學士	翰林學士	翰林學士	翰林學士	(大林牙院掌文翰之事) 北面都林牙 林牙	翰林都林牙 翰林學士	翰林學士 翰林侍讀侍講學士
諫院		左右散騎常侍 左右諫議大夫	知諫院	左右散騎常侍（不除人） 左右諫議大夫	左右諫議大夫	左右諫議大夫		散騎常侍 諫議大夫	左右諫議大夫
六部	吏部	尚書 侍郎	知審官院 判部事	尚書 侍郎	尚書 侍郎	尚書 侍郎		尚書 侍郎	尚書 侍郎
	戶部	三司使 尚書侍郎	三司使 判部事	尚書 侍郎	尚書 侍郎	尚書 侍郎	(北南大王院分掌部族軍民之政) 北南院大王	尚書 侍郎	尚書 侍郎
	禮部	尚書 侍郎	判禮儀院 判部事	尚書 侍郎	尚書 侍郎	尚書（不常置） 侍郎	(敵烈麻都司掌禮儀) 敵烈麻都	尚書 侍郎	尚書 侍郎
	兵部	尚書侍郎	判部事	尚書侍郎	尚書侍郎	尚書（不常置）侍郎		尚書侍郎	尚書侍郎
	刑部	尚書 侍郎	知審刑院 判部事	尚書 侍郎	尚書 侍郎	尚書（不常置） 侍郎	(夷离畢院掌刑獄) 夷离畢亦分左右	尚書 侍郎	尚書 侍郎
	工部	尚書侍郎	判部事	尚書侍郎	尚書侍郎	尚書侍郎		尚書侍郎	尚書侍郎
御史臺		大夫 中丞	中丞	大夫（不除人） 中丞	中丞	中丞		大夫 中丞	大夫 中丞
殿閣		弘文館集賢院殿學士	三館及諸殿閣學士	諸殿閣學士	諸殿閣學士	諸殿閣學士		諸殿館閣學士	知弘文院
祕書省		監		監	監	監			
殿中省		監	判省事	監	監				
九寺	太常寺	卿	判寺事 判太常禮院	卿	卿	卿		卿	卿
	宗正寺	卿	知大宗正事 判寺事	知大宗正事 卿	知大宗正事 卿	判大宗正事 卿（不常置）	(皇族帳官掌皇族之政教) 大內惕隱 [illegible] 孟仲季父族三帳常袞		判大宗正事 同判大宗正事
	光祿寺	卿	判寺事	卿	卿			崇祿寺卿	
	衛尉寺	卿	判寺事	卿	卿			卿	
	[illegible]	[illegible]	[illegible]牧使	[illegible]	[illegible]		[illegible]	[illegible]	[illegible]

寺	太僕寺	卿	判寺事	卿	卿		[illegible]	卿	[illegible]
	大理寺	卿	判寺事	卿	卿	卿		卿	卿
	鴻臚寺	卿	判寺事	卿	卿			卿	
	司農寺	卿	判寺事	卿	卿	卿		卿	勸農使司勸農使
	太府寺	卿	判寺事	卿	卿	卿			
五監	祕書監							監	監
	國子監	祭酒	判監事	祭酒	祭酒	祭酒		祭酒	祭酒
	太府監							監	監
	少府監	監	判監事	監	監			監	監
	將作監	監	判監事	監	監	監		監	
	軍器監	監		監	監				
	都水監	使者	判監事	使者	使者				監
	司天監	監	監					監	
禁軍	殿前司	（五代）都點檢副都點檢 都指揮使	都指揮使	都指揮使	都指揮使	都指揮使或主管殿前司	（御帳官） 侍衛太師太保司徒司空	都點檢副都點檢 都指揮使	殿前都點檢兼侍衛親軍都指揮使 都指揮使
	侍衛親軍	（五代）都指揮使 馬軍都指揮使 步軍都指揮使	馬軍都指揮使 步軍都指揮使	馬軍都指揮使 步軍都指揮使	馬軍都指揮使 步軍都指揮使	馬軍步軍都指揮使 或主管侍衛馬步軍司	北南護衛太師太保司徒 （著帳官） 著帳郎君節度使司徒	都指揮使 馬軍都指揮使 步軍都指揮使	殿前左右副都點檢兼侍 衛親軍副都指揮使
	宣徽院	宣徽南院使 宣徽北院使	宣徽南院使 宣徽北院使				北南院宣徽使 或知北南院宣徽事	宣徽使 或知宣徽院事	左宣徽使 右宣徽使
	客省		使	使	使			使	使屬宣徽院
	引進司		使	使	使			使	使屬宣徽院
	四方館		使	使	使			使	使屬兵部
	東西上閤門		使	使	使	知閤門事		使	使屬宣徽院
	內侍省	監	入內內侍省都知 內侍省左右班都知	入內內侍省都知 內侍省左右班都知	知入內內侍省事 知內侍省事	知入內內侍省事 知內侍省事		內省使 黃門令	內侍屬宣徽院
	東宮官	三師三少賓客 詹事庶子諭	三師三少賓客 詹事庶子諭德 主管左右春坊事	三師三少賓客 不盡人 詹事庶子諭德	三師三少賓客 詹事庶子諭德 不備員	三師三少賓客 詹事庶子諭德 不備員 主管左右春坊事	皇太子惕隱	三師三少賓客 詹事庶子諭德 三令議率府率	三師三少 詹事諭德 左右衛率府[illegible]
	親王府	傅長史						傅內史	傅府尉
地方官	京師	唐京兆府牧尹 （五代）開封府牧尹	權知開封府	權知開封府	開封府牧尹	知臨安府帶浙西安撫使		大定府尹	大興府尹兼本路兵馬 都總管
	陪京	河南府尹兼東京留守 太原府尹兼北京留守	知河南應天大名府兼西 南北京留守	知河南應天大名府兼西 南北京留守	河南應天大名府尹兼西 南北京留守			諸京留守兼本府尹 或諸京總管知本府事	諸京留守帶本府尹兼 本路兵馬都總管
	大藩府	諸道節度使觀察使 團練使防禦使	河東陝西廣南路經略安 撫使兼馬步軍都總管	知府兼京路經略安撫使 馬步軍都總管或以知州 兼或不加經略字	知府州兼本路安撫使馬 步軍都總管太原府及陝 西諸路則加經略字	知府州兼本路安撫使馬 步軍都總管廣東西荊南 襄陽則加經略字	諸路兵馬都統署 諸軍詳穩		府尹兼本路兵馬都總管
	統軍司							諸路統軍使	南邊西路統軍使
	招討司					諸路招討使		西邊三路招討使	西北三路招討使
	漕司	諸道轉運使	諸路轉運使	諸路轉運使	陝西都轉運使 諸路轉運使	江東西四川等都轉運使 諸路轉運使		山西路及諸州轉運使	中都路都轉運使 諸路轉運使
	憲司		提點諸路刑獄公事	提點諸路刑獄公事	諸路提刑武提刑	諸路提刑			諸路提刑使
	倉司			提舉諸路常平倉	常平提舉茶鹽提舉	提舉常平茶鹽公事			
	列郡	諸州刺史	知州軍事	知州軍事	知州軍事	知州軍事	諸部族節度使	諸州節度使觀察使 團練使防禦使 刺史	諸府尹諸州節度使防 禦使部族節度使 刺史猛安
	縣	縣令	知縣	知縣	知縣	知縣		縣令	縣令謀克

图书在版编目（CIP）数据
支那通史 /（日）那珂通世著 ; 周保明点校．
上海 : 上海古籍出版社, 2024．12．--（中国近代史学文献丛刊）．-- ISBN 978-7-5732-1127-9
Ⅰ．K22
中国国家版本馆 CIP 数据核字第 20245UK916 号

中国近代史学文献丛刊
支那通史
［日］那珂通世　著
周保明　点校
上海古籍出版社出版发行
（上海市闵行区号景路 159 弄 1-5 号 A 座 5F　邮政编码 201101）
（1）网址：www.guji.com.cn
（2）E-mail：guji1@guji.com.cn
（3）易文网网址：www.ewen.co
浙江新华数码印务有限公司印刷
开本 635×965　1/16　印张 22.5　插页 6　字数 324,000
2024 年 12 月第 1 版　2024 年 12 月第 1 次印刷
ISBN 978-7-5732-1127-9
K·3581　定价：108.00 元
如有质量问题，请与承印公司联系